관리가 합격의 차이!
해커스이기에 가능한 **단기합격 관리 시스템**

**업계 단독! 어디서도 볼 수 없었던
논술 끝장 집중케어 시스템**

**실전 대비 필수 코스!
해커스 전국 실전 무료 모의고사**

**수강생이라면 누구나! 1:1 집중케어
교수님께 질문하기 서비스**

**카톡, 전화로 언제 어디서나!
1:1 전문 상담진과 학습 상담**

해커스행정사
핵심이론 강의 20% 할인권

4259D938K4AKB000

이용 경로
해커스행정사(adm.Hackers.com) 접속 후 로그인 ▶
메인페이지 우측 하단 [쿠폰&수강권 등록] 입력란에 쿠폰번호 등록 후 이용

* 유효기간: 2026년 12월 31일까지(등록 후 7일간 사용 가능)

▲ 쿠폰 등록 바로가기

해커스행정사
쌩기초특강 무료 수강권

이용 경로
해커스행정사(adm.Hackers.com) 접속 후 로그인 ▶
사이트 메인 상단의 [이벤트] 클릭 ▶
[★쌩기초특강 전과목 무료!] 배너 클릭 후 수강 신청 ▶
[마이클래스 - 패스 강좌]에서 강의 수강

* 신청 후 15일간 수강 가능(매일 선착순 100명 제공, ID당 1회에 한해 이용 가능)

▲ 지금 바로 무료 수강

한 번에 합격! 해커스행정사 adm.Hackers.com

해커스행정사 하성우 행정법

1차 핵심요약집

하성우 | **약력**
성균관대 법학과 수석졸업

현 | 해커스행정사 행정법, 행정사실무법 전임교수
　　메가로스쿨 전임교수
　　에듀윌 공무원 헌법, 행정법 전임교수
전 | ㈜ 논리와 비판 연구소 전임 연구원
　　메가스터디, 메가스터디 러셀 전임강사

저서
해커스행정사 하성우 행정법 1차 기본서
해커스행정사 하성우 행정법 1차 핵심요약집
리갈마인드 헌법·행정법 기본서, 메가로스쿨
LEET 논술 기본서, 메가로스쿨
공무원 헌법 문제집, 에듀윌
공무원 행정법 심화이론서, 에듀윌

서문

행정사 1차 시험의 핵심 과목인 행정법은 방대한 범위와 복잡한 체계를 지닌 과목입니다. 이론과 판례 그리고 법령이 유기적으로 얽혀 있어, 단순히 읽고 외우는 것만으로는 실전에 대비하기 어렵습니다. 따라서 기본서를 통해 전체적인 흐름과 체계를 충분히 이해한 뒤, 시험 직전에는 핵심 내용을 빠르고 정확하게 정리하여 실전에 맞게 다듬는 과정이 반드시 필요합니다.

『해커스행정사 행정법 핵심요약집』은 이러한 학습 흐름에 맞추어, 출제 가능성이 높은 이론·판례·주요 법령을 엄선하여 한 권에 담았습니다. 단순한 요약에 그치지 않고, 최신 출제경향과 각 주제의 중요도를 종합적으로 고려하여 재구성하였기에, 수험생 여러분은 시험장에서 즉시 활용할 수 있는 실전 지식을 얻을 수 있습니다.

『해커스행정사 행정법 핵심요약집』은 아래와 같은 특징이 있습니다.

첫째, 체계적인 흐름 속에서 행정법의 핵심만 빠르게 학습할 수 있습니다.

둘째, 이론 전반에 최신 판례와 개정 법령을 철저히 반영하였습니다.

셋째, 불필요한 설명은 최소화하고, 시험에 직결되는 핵심 이론을 집중적으로 다루었습니다.

짧은 시간 안에 최대의 학습 효과를 거두기 위해, 본서는 단순 암기에 머무르지 않고 정확한 이해와 반복 학습에 초점을 맞추었습니다. 이를 통해 수험생은 학습한 내용을 머릿속에 확실히 각인시키고, 시험장에서 정확하고 흔들림 없는 답안을 작성할 수 있는 자신감을 얻게 될 것입니다.

더불어, 행정사 시험 전문 사이트 해커스행정사(adm.Hackers.com)에서 교재 학습 중 궁금한 점을 나누고, 다양한 무료 학습 자료를 함께 이용하여 학습효과를 극대화할 수 있습니다. 부디 『해커스행정사 행정법 핵심요약집』과 함께 행정사 시험 고득점을 달성하고 합격을 향해 한 걸음 더 나아가시기를 바랍니다.

끝까지 포기하지 않고 핵심에 집중하며, 반복 학습으로 완성도를 높여 간다면 합격은 결코 멀지 않습니다. 본서가 여러분의 학습 여정을 완성하고, 마지막까지 든든한 동반자가 되기를 진심으로 바랍니다.

2025년 가을의 초입에
하성우

목차

이 책의 구성	6
행정사 시험안내	8
출제경향분석 및 수험대책	10

제1부 | 행정법 총론

제1편 행정법 서론

제1장 행정이란?	15
제2장 행정법	20
제3장 행정상 법률관계	42
제4장 행정법상의 법률요건과 법률사실	58
제5장 사인의 공법행위	63

제2편 행정작용법

제1장 행정입법	69
제2장 행정행위	80
제3장 행정행위의 내용	89
제4장 행정행위의 부관	102
제5장 행정행위의 성립요건과 효력발생요건	107
제6장 행정행위의 하자	113
제7장 그 밖의 행위작용	121
제8장 행정절차법	137
제9장 공공기관의 정보공개에 관한 법률	145
제10장 개인정보 보호법	149

제3편 행정의 실효성 확보수단

제1장 전통적 실효성 확보수단	155
제2장 새로운 실효성 확보수단	170

제4편 행정구제법

제1장 손해전보	177
제2장 국가배상법 제2조 - 공무원의 직무행위로 인한 손해배상	180
제3장 국가배상법 제5조 - 영조물 책임	185
제4장 손실보상	190
제5장 행정쟁송	196
제6장 행정심판법	197
제7장 항고소송 중 취소소송	205
제8장 항고소송 중 그 밖의 소송	232

제2부 | 행정법 각론

제1편 행정조직법

제1장 정부조직법
- 제1절 행정조직 ... 241
- 제2절 행정권한 ... 242
- 제3절 행정관청 상호 간의 관계 ... 246

제2장 지방자치법
- 제1절 자치행정조직 ... 249
- 제2절 지방자치법 ... 251

제3장 공무원법
- 제1절 공무원관계의 발생·변경·소멸 ... 262
- 제2절 공무원관계의 권리·의무 ... 266

제2편 개별행정작용법

제1장 경찰작용법
- 제1절 경찰의 개념과 조직 ... 273
- 제2절 경찰권의 근거와 한계 ... 274

제2장 공물작용법
- 제1절 공물의 개념과 분류 ... 281
- 제2절 공물의 성립과 사용·관리 ... 283

제3장 공용부담법
- 제1절 공용부담의 종류 ... 288
- 제2절 공용수용과 환매 ... 290

제4장 규제행정법
- 제1절 토지에 대한 규제 ... 294
- 제2절 환경행정 ... 297

제5장 재무행정법
- 제1절 재무행정의 기본내용 ... 299
- 제2절 조세행정의 기본원칙 ... 301

이 책의 구성

꼭 알아야 하는 필수개념 압축정리!

행정사 1차 시험 대비를 위한 필수개념만을 압축정리하여, 행정법 과목을 단기간에 효과적으로 학습할 수 있도록 구성하였습니다.

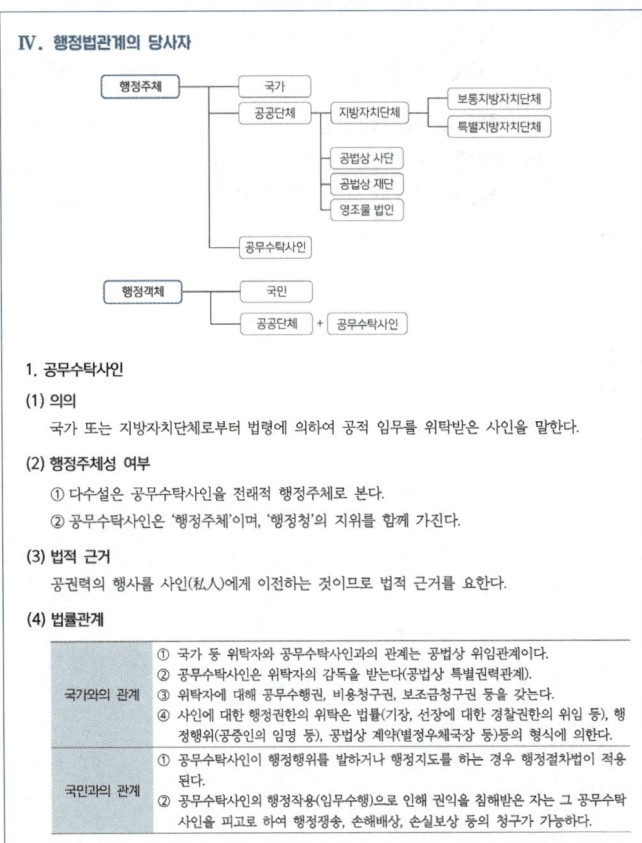

1. 출제 가능성이 높은 핵심이론을 선별하여, 시험에 나올 내용만을 단기간에 집중적으로 학습할 수 있습니다.

2. 최근 개정된 법령을 교재 내 이론에 전면 반영하여 학습 시점에 맞는 정확한 내용으로 학습할 수 있습니다.

3. 복잡하거나 이해하기 어려운 내용은 도식화하여 쉽게 이해하고 효과적으로 암기할 수 있으며, 헷갈리는 이론은 표를 통해 쉽게 비교하고 정리할 수 있습니다.

다양한 학습장치를 통한 효율적인 학습!

압축 이론을 빠르게 정리하고 반복할 수 있도록, 다양한 학습장치를 통해 실전 대비에 효과적인 구조로 구성하였습니다.

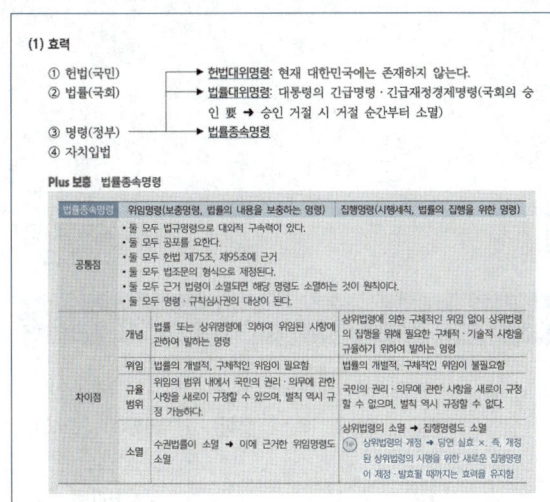

1. Plus 보충
압축 이론과 관련하여 추가로 알아두면 좋을 내용을 "Plus 보충" 코너로 선별하여, 심화 학습이 가능하도록 구성하였습니다.

2. 판례 및 조문
반드시 알아야 할 핵심 판례와 조문을 이론과 연계하여 수록하였습니다. 이를 통해 단순 암기를 넘어 이론을 유기적으로 연계하여 학습할 수 있도록 구성하였습니다.

3. Tip
학습 시 주의해야 할 내용이나 헷갈리기 쉬운 이론은 "Tip"을 통해 한 번 더 설명하였습니다. 이를 통해 세부적인 내용까지 꼼꼼히 확인하고 정리할 수 있습니다.

행정사 시험안내

▍원서 접수방법

- 국가자격시험 행정사 홈페이지(www.Q-net.or.kr/site/haengjung)에 접속하여 소정의 절차를 거쳐 원서를 접수합니다.
- 인터넷 원서 접수 시 최근 6개월 이내에 촬영한 본인의 여권용 사진(300×400 이상, dpi 300 권장, JPG, 용량 200KB 이하)을 등록합니다.
- 응시 수수료는 1차 25,000원, 2차 40,000원입니다.
  *2025년 제13회 행정사 시험 일반응시자 기준

▍시험 과목 및 시간

차수 및 교시		시험 과목		문항 수	시간
1차	1교시	• 민법(총칙 관련 내용으로 한정) • 행정법 • 행정학개론(지방자치행정 포함)		과목당 25문항 (총 75문항)	75분 (09:30~10:45)
2차	1교시	• 민법(계약 관련 내용으로 한정) • 행정절차론(행정절차법 포함)		과목당 4문항 (논술 1문제, 약술 3문제)	100분 (09:30~11:10)
	2교시	[공통] 사무관리론(민원 처리에 관한 법률, 행정업무의 운영 및 혁신에 관한 규정 포함)	[선택(택1)] • 행정사실무법(행정심판사례, 비송사건절차법) • 해사실무법(선박안전법, 해운법, 해사안전기본법, 해상교통안전법, 해양사고의 조사 및 심판에 관한 법률) • 해당 외국어(외국어능력검정시험으로 대체)		일반 · 해사 100분 (11:40~13:20) 외국어번역 50분 (11:40~12:30)

■ 시험일정 및 방법

구분	2025년 제13회 1차	2025년 제13회 2차
시험일정	2025년 5월 31일(토)	2025년 9월 27일(토)
합격자 발표	2025년 7월 2일(수)	2025년 12월 10일(수)
방법	• 객관식 5지 선택형 • 국가전문자격 공통 표준형카드에 답안 작성	• 논술형 및 약술형 • 국가전문자격 주관식 답안지에 답안 작성

*2025년 제13회 행정사 시험 기준
*정확한 일정은 국가자격시험 행정사 홈페이지 공지사항 참고

■ 최종 정답 및 합격자 발표

최종 정답 발표	인터넷(www.Q-net.or.kr/site/haengjung)을 통하여 확인 가능합니다.
합격자 발표	최종 합격자 발표는 1차 및 2차 시험을 각각 치른 약 한 달 후에 행정사 홈페이지 (www.Q-net.or.kr/site/haengjung) 혹은 ARS(1666-0100, 유료)를 통하여 확인 가능합니다.
합격자 결정 방법	• 제1차 시험과 제2차 시험 합격자는 과목(제2차 시험의 외국어시험은 외국어능력검정시험으로 대체)당 100점을 만점으로 하여 모든 과목의 점수가 40점 이상이고, 전 과목의 평균 점수가 60점 이상인 사람을 합격자로 합니다. • 단, 2차 시험 합격자가 최소 선발인원보다 적은 경우에는 최소 선발인원이 될 때까지 모든 과목의 점수가 40점 이상인 사람 중에서 전 과목 평균 점수가 높은 순으로 합격자를 추가로 결정하고, 이 경우 동점자가 있어 최소 선발인원을 초과하는 경우에는 그 동점자 모두를 합격자로 합니다. • 최소 선발인원이 적용되는 일반·해사행정사(공무원 경력에 의해 2차 시험 일부 과목을 면제받는 응시자 포함) 2차 시험에서 합격자 결정 시, 공무원 경력 일부 과목 면제 합격자 수에 상관없이 일반 응시자가 최소 선발인원에 도달할 때까지 점수 순위에 따라 추가 합격자로 합니다.

출제경향분석 및 수험대책

▌편별 출제비중(제13회~제1회)

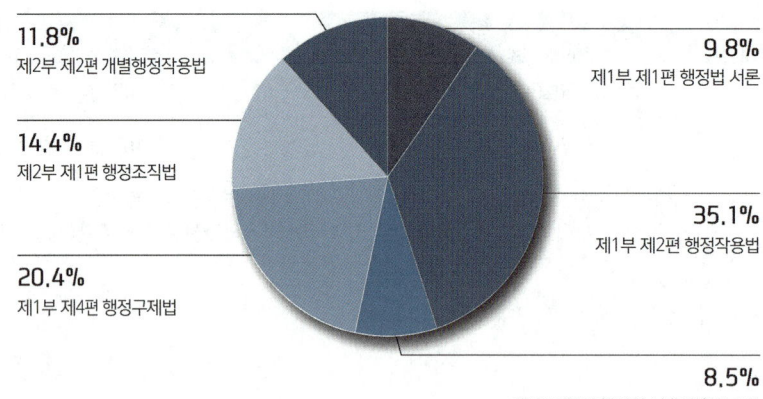

- 11.8% 제2부 제2편 개별행정작용법
- 14.4% 제2부 제1편 행정조직법
- 20.4% 제1부 제4편 행정구제법
- 9.8% 제1부 제1편 행정법 서론
- 35.1% 제1부 제2편 행정작용법
- 8.5% 제1부 제3편 행정의 실효성 확보수단

▌장별 출제비중(제13회~제1회)

구분			출제비율
제1부 행정법 총론	제1편	제1장 행정이란?	1.4%
		제2장 행정법	0.5%
		제3장 행정상 법률관계	3.4%
		제4장 행정법상의 법률요건과 법률사실	1.4%
		제5장 사인의 공법행위	3.1%
	제2편	제1장 행정입법	4.6%
		제2장 행정행위	0.5%
		제3장 행정행위의 내용	4.1%
		제4장 행정행위의 부관	3.4%
		제5장 행정행위의 성립요건과 효력발생요건	1.4%
		제6장 행정행위의 하자	3.6%
		제7장 그 밖의 행위작용	5.4%
		제8장 행정절차법	4.6%
		제9장 공공기관의 정보공개에 관한 법률	4.1%
		제10장 개인정보 보호법	3.4%
	제3편	제1장 전통적 실효성 확보수단	6.4%
		제2장 새로운 실효성 확보수단	2.1%
	제4편	제1장 손해전보	0.0%
		제2장 국가배상법 - 제2조	2.1%
		제3장 국가배상법 - 제5조	1.0%

		제4장 손실보상		2.1%
		제5장 행정쟁송		0.0%
		제6장 행정심판법		5.2%
		제7장 항고소송 중 취소소송		7.9%
		제8장 항고소송 중 그 밖의 소송		2.1%
제2부 행정법 각론	제1편	제1장 정부조직법		5.8%
		제2장 지방자치법		5.1%
		제3장 공무원법		3.5%
	제2편	제1장 경찰작용법		2.9%
		제2장 공물작용법		3.5%
		제3장 공용부담법		2.9%
		제4장 규제행정법		0.4%
		제5장 재무행정법		2.1%

▎2025년 제13회 행정법 총평

1. 행정법 총론 18문제, 행정법 각론 7문제 등 기존의 출제비율과 비슷하게 출제되었습니다.
2. 기존 시험과 달리 기출문제의 반복만으로는 미흡했던 시험이었습니다.
3. 행정법과 관련된 기본적인 내용이 출제되었으나 개별 법령과 판례에 대한 숙지가 필요했습니다.

▎2026년 제14회 행정법 수험대책

제1부	제1편	행정법 서론은 행정의 개념, 행정법의 특성, 법원(성문법, 불문법)을 이해하고, 행정법의 체계와 법원 간의 관계를 파악하는 것이 중요합니다. 많이 출제되지는 않지만, 행정법의 전반적인 토대를 이루는 영역이므로 밀도 있게 정리해야 합니다.
	제2편	행정작용법은 압도적으로 많이 출제되므로 행정입법, 행정행위, 그 밖의 행정작용 등 다양한 행정작용의 유형과 절차, 효력 등을 학습해야 합니다. 특히, 행정행위의 분류 및 위법성 판단 기준과 구제 절차를 중점적으로 학습해야 하며, 이는 행정구제 중 행정쟁송과 연결됩니다.
	제3편	실효성 확보수단은 행정행위의 확장이라고 생각하며 공부하는 영역입니다. 특히, 행정대집행, 이행강제금, 행정벌과 과징금 등 빈출 주제를 중심으로 학습해야 합니다. 공부할 때에는 어렵지만 실제 시험에서는 정답을 쉽게 맞힐 수 있는 영역이기도 합니다.
	제4편	행정구제 중 국가배상은 국가배상법 제2조와 제5조의 분석 중 손실보상은 토지보상법과 관련된 수용절차를 세밀하게 학습해야 하며, 행정쟁송은 행정쟁송의 종류, 각각의 요건과 절차 등을 정확히 이해해야 합니다. 또한 본안 전 요건과 본안을 구분하여 정리해야 합니다.
제2부	제1편	행정법 각론인 행정조직법은 정부조직법과 지방자치법, 공무원법으로 구성됩니다. 각 분야별로 적용되는 법규와 중요판례를 숙지하고 정리해야 하며, 전략적인 접근이 필요합니다. 전체적인 맥락을 이해한 후 기출문제를 중심으로 역으로 공부하는 방법이 좋습니다.
	제2편	행정법 각론인 개별행정작용법은 경찰행정, 급부행정(공물), 공용부담, 토지행정, 환경행정, 재무행정 등 수많은 법령으로 구성된 영역으로, 전략적인 접근이 필요합니다. 전체적인 맥락을 이해한 후 기출문제를 중심으로 역으로 공부하는 방법이 좋습니다.

해커스행정사
adm.Hackers.com

제1부

행정법 총론

제1편　행정법 서론
제2편　행정작용법
제3편　행정의 실효성 확보수단
제4편　행정구제법

제1편
행정법 서론

제1장   행정이란?
제2장   행정법
제3장   행정상 법률관계
제4장   행정법상의 법률요건과 법률사실
제5장   사인의 공법행위

제1장 행정이란?

Ⅰ. 권력분립과 행정

(1) 행정관념의 성립

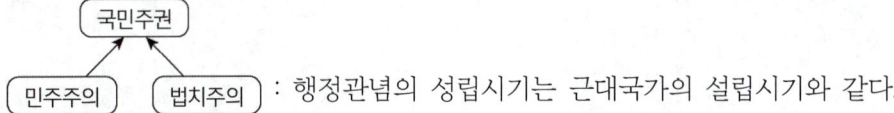
: 행정관념의 성립시기는 근대국가의 설립시기와 같다.

(2) 권력분립

① 국가권력을 나누어 각각 다른 기관에 분담시켜 서로 견제·균형하게 함으로써 국민의 자유와 권리를 보장하려는 제도
② 로크(2권 분립), 몽테스키외(3권 분립) 등

Ⅱ. 행정의 의의

(1) 행정의 정의

2가지 방법 - 형식적 행정, 실질적 행정

(2) 형식적 의미

기관을 기준으로(누가?)

(3) 실질적 의미

성질을 기준으로(내용, 성질 등)

형식적 의미의 입법	실질적 의미의 입법	법률의 제정, 국회규칙의 제정 등
	실질적 의미의 행정	국회예산의 집행, 국회사무총장의 공무원 임명 등
	실질적 의미의 사법	국회행정심판위원회의 행정심판에 대한 재결, 국회소청심사위원회의 결정, 국회의원의 징계의결 등
형식적 의미의 행정	실질적 의미의 입법	대통령의 긴급명령·긴급재정경제명령, 대통령령·총리령·부령의 제정, 조례·규칙의 제정, 행정규칙의 제정, 조약의 체결 등
	실질적 의미의 행정	토지수용, 조세체납처분, 대집행의 계고, 징계처분, 각종 증명서의 발급, 영업허가, 특허 등 예산편성 및 예산집행, 군의 징발처분, 공무원의 임명, 대법원장·대법관의 임명 등

형식적 의미의 사법	실질적 의미의 사법	중앙행정심판위원회의 행정심판에 대한 재결, 소청심사위원회의 결정, 징계의결, 토지수용위원회의 이의재결, 통고처분, 대통령의 사면·복권 등
	실질적 의미의 입법	대법원규칙(예 법무사규칙)의 제정 등
	실질적 의미의 행정	법원의 등기, 일반법관의 임명, 법원행정처장의 직원 임명 등
	실질적 의미의 사법	각종 소송에 대한 재판 등

Ⅲ. 통치행위

1. 의의

① **개념**: 고도의 정치적 성격을 띤 국가지도적 행위 ➡ 즉, 사법심사를 배제함(소 제기 시 각하됨), 법치주의가 적용되지 않음

② **연혁**: 실정법상 개념이 아닌 프랑스 등의 판례를 통해 정립된 개념이다(프랑스 최고행정재판소인 국참원 판례).

> TIP 프랑스 최고행정재판소에서 최초로 인정된 것: 통치행위, 행정법의 성립, 국가배상

③ **성격**: 제4의 국가작용(O. Mayer)

④ **제도적 전제**: 통치행위는 '법치주의가 확립되어 있고, 개괄주의가 채택'되어 있어야 한다.

Plus 보충

개괄주의, 열거주의 – 어떠한 국가작용을 행정소송으로 다룰 수 있는지 문제
- **열거주의**: 법률에 열거된 것만 인정
- **개괄주의**: 원칙적으로 모두 인정(특별히 법률에서 다툴 수 없도록 한 것 제외)

2. 통치행위의 인정 여부

(1) 통치행위 긍정설

① **사법자제설**: 사법부가 심사할 수 있으나 자제

② **권력분립설(내재적 한계설)**: 미국 Luther vs Borden

③ **재량행위설**: 재량행위이므로 사법심사의 대상에서 제외된다. 독일, 일본 ➡ 비판: 최근 재량행위도 사법심사의 대상

④ **대권행위설**: 국왕의 대권행위이므로 사법심사의 대상에서 제외된다. 영국 ➡ 비판: 시대착오적

(2) 통치행위 부정설

법치주의가 확립, 재판청구권 보장, 개괄주의 채택 ∴ 모든 국가작용은 사법심사의 대상

3. 각국의 예

① 프랑스: 최고행정재판소(꽁세유데타)의 판례를 통해 발전함
② 독일: 학설, 이론에 의해 발전함
③ 영국: 의회주권, 국왕의 대권에 대하여는 사법심사 불가
④ 미국: Luther vs Borden 사건 이래 정치적 문제는 법원이 판단하지 않는다는 원칙이 확립됨
⑤ 일본: 미·일 안보조약체결, 중의원해산행위를 통치행위로 인정한 바 있음

4. 우리나라의 경우

(1) 학설

① 다수설
 ㉠ 통치행위를 인정한다. 이론적 근거로는 권력분립설을, 정책적 근거로는 사법자제설을 취하고 있다.
 ㉡ 다수설은 법치주의의 예외와 개괄주의의 예외를 기반으로 하는 견해이다.

② 소수설
 ㉠ 통치행위를 부정한다. 다만, 헌법 제64조 제4항만 인정, 법치주의, 개괄주의
 ㉡ 소수설은 법치주의와 개괄주의를 기반으로 하는 견해이다.

> TIP 참고: 헌법 제64조 제4항 – 국회의원의 자격심사, 징계, 제명처분은 법원에 제소할 수 없다.
> TIP 소수설의 경우 논리적으로 명확하다는 장점이 있다. 그러나 현실을 간과한다는 단점도 가지고 있다.

(2) 판례

통치행위를 인정한다.

판례 통치행위

구분	통치행위 인정 판례	통치행위 부정 판례
대법원	• 계엄선포[한일국교정상화(최초), 10.26 사태] • 군사시설 보호구역 설치, 변경, 해제 • 사면권의 행사(행정법원 판례) • 남북정상회담 • 영전(서훈)수여행위 • 대통령의 조약체결비준 • 국무총리 및 국무위원의 임명 • 법률안 거부권 행사 • 중요정책의 국민투표 부의권 행사 • 외교사절의 신임, 접수, 파견 • 선전포고 및 강화 • 국가의 승인 • 국무총리, 국무위원 해임건의 • 국회의원의 자격심사 · 징계 · 제명 TIP 주의: 지방의회의원의 징계는 행정행위에 해당하여 사법심사가 가능	• 대북송금행위 – 통치행위와 관련된 국가작용이라 할지라도 분리 가능한 경우 사법심사 가능 • 군사반란 / 내란행위 • 국헌문란목적의 계엄 확대 • 서훈취소결정 – 독립운동유공자의 서훈을 친일을 이유로 취소한 사안

헌법재판소	• 이라크 파병 결정 • 긴급재정·경제명령권의 행사(다만, 국민의 기본권 침해와 직접 관련될 경우 헌법심사 가능)	• 신행정수도 이전에 관한 법률(헌법재판소는 관습헌법에 위반된다는 이유로 위헌결정을 하였음) • 한미군사훈련

5. 통치행위의 주체, 판단 주체

(1) 주체
입법부, 행정부 ⓣⓘⓟ 주의: 사법부는 인정하기 어려움

(2) 판단 주체
최종 판단권은 사법부(모든 법원) ⓣⓘⓟ 검사는 인정되지 않음

6. 통치행위의 한계 및 범위

(1) 한계
① 헌법의 기본원리 및 헌법상의 원칙: 국민주권, 법치국가, 자유민주주의 등
② 정치적 책임: 국회나 여론에 의한 정치적 책임은 면제되지 않음
③ 기본권 관련: 국민의 기본권과 관련된 통치행위는 극히 제한적으로 인정되어야 함
④ 가분행위: 통치행위의 후속조치 또는 분리될 수 있는 작용(계엄선포와 계엄집행행위, 남북정상회담과 대북송금)
⑤ 국가배상책임: 통치행위일지라도 누구에게도 일견하여 헌법이나 법률에 위반되는 것으로서 명백하게 인정될 수 있는 등 특별한 사정이 있는 경우에는 법원의 심리가 가능하므로 국가배상책임이 인정될 수 있다. 하지만 그러한 경우가 아닌 한 통치행위는 사법심사의 대상에서 제외되므로 국가배상책임의 요건인 위법성을 인정받기 어렵고, 따라서 국가배상을 받기도 사실상 불가능하다고 볼 수밖에 없다(제한적 긍정설).
⑥ 손실보상책임: 적극·소극의 견해대립이 있으나 통치행위로 인해 개인에게 재산상의 특별한 희생이 가해진 경우 손실보상을 받을 수 있다고 해석하여야 할 것이다. 다만, 국가배상책임과 마찬가지로 제한적 긍정설로 봄이 타당하다.

(2) 범위
오늘날 통치행위의 범위는 축소되는 경향이 있다.

Ⅳ. 행정의 분류

(1) 주체에 의한 분류	(2) 내용에 의한 분류	(3) 법 효과에 의한 분류	(4) 법 형식에 따른 분류	(5) 법의 기속에 따른 분류
① 국가행정 ② 자치행정 ③ 위임행정	① 질서행정 ② 급부행정 ③ 계획행정 ④ 공과행정 ⑤ 조달행정 ⑥ 유도행정	① 수익적 행정 ② 침익적 행정 ③ 복효적 행정	① 공법적 행정 ② 사법적 행정	① 기속행정 ② 재량행정

제2장 행정법

I. 행정법의 의의

행정의 조직·작용·구제에 관한 국내 공법

II. 행정법의 성립과 발전

(1) 대륙법계 국가(200년의 역사) TIP 민사의 경우 2,000년의 역사

대륙법계는 공법과 사법의 구별을 강조하면서 행정사건은 사법법원이 아닌 별도의 법원(재판소)의 관할에 속하도록 하고 있다.

① **프랑스 행정법**: 행정재판소의 판례를 통해 발전, 공역무(공적인 일과 관련) 중심, 행정법의 범위가 넓다.

② **독일 행정법**: 공권력 개념을 중심으로 한 제정법에 의해 성립·발전, 국고학설의 영향

(2) 영미법계 국가

영미법계는 공법과 사법의 구별을 강조하지 않으며 행정사건은 통상의 사법법원이 행사한다. 그러나 영미법의 경우도 오늘날 행정의 특수성은 인정한다.

① 영국의 자연법사상인 보통법사상에 의하면 보통법(Common Law) 아래에서는 국왕을 위시한 국가작용이든 일반 국민의 민사작용이든 불문하고 법의 지배를 받는다는 원칙이 확립되었다. 이에 의해 국가 등의 공행정 역시 사인의 행위와 동일하게 취급되어 영미에서는 오랫동안 행정법이 정립되지 아니하였다.

② 20세기 들어 자본주의 발달과정에서 각종 사회·경제적 문제가 대두됨에 따라 행정분야에서 특수한 전문적, 기술적 사무를 담당하는 행정위원회가 등장하면서 이를 중심으로 행정법이 성립되고 있다.

(3) 우리나라

① 우리나라 행정법은 전통적으로 대륙법계의 영향을 받아 행정에 특유한 공법으로서의 성격을 강조하고 있으면서도(공사법 이원체계), 행정사건은 행정소송법에 따라 처리되며 사법(司法)법원의 관할에 속한다.

② 따라서 우리나라는 영미법계와 같은 사법(司法)국가이면서도 대륙법계 국가의 행정국가적 요소가 가미되어 있다.

Ⅲ. 행정법의 특질

(1) 개설
단일법전으로 구성되어 있지 않고, 많은 법령으로 구성된다. 하지만 공통의 지도원리를 기준으로 통일적인 법체계를 유지하고 있다.

(2) 규정내용상의 특징
① 행정주체의 우월성 인정(효율적인 행정을 위해 법에서 권한을 부여하고 있음)
② 공익우선성
③ 집단성, 평등성

(3) 규정형식상의 특징
① 성문성 - 단, 불문법도 행정법의 보충적 법원이 될 수 있다.
② 형식의 다양성 - 법률, 명령, 조례, 규칙, 국제법규 등

(4) 규정성질상의 특징
① 재량성
② 획일성·강행성
③ 기술성·수단성
④ 명령성(단속규정성)

Ⅳ. 우리나라 행정법의 기본원리

(1) 민주(행정)주의
대통령의 직선제 및 중임제한(헌법 제67조, 제70조), 국회의 국무총리 및 국무위원 해임건의권(헌법 제63조), 공무원을 국민 전체에 대한 봉사자로 규정하고 있는 민주적 공무원제도(헌법 제7조 제1항), 행정조직법정주의 등

(2) 지방분권주의
지방자치단체는 주민의 복리에 관한 사무를 처리하고 재산을 관리하며, 법령의 범위 안에서 자치에 관한 규정을 제정할 수 있다(헌법 제117조 제1항).

(3) 실질적 법치주의
우리나라는 헌법과 법률에 의한 기본권 보장, 법률에 의한 행정의 원리의 보장 및 구제제도의 확충 등을 통해 실질적 법치주의를 채택하고 있다.

(4) 사법국가주의

우리나라는 행정사건의 경우 역시 사법법원이 담당하도록 하여 사법국가주의를 채택하고 있다. 다만, 우리나라는 공·사법 이원적 법체계를 취하고 있으며, 행정사건에 대해서는 민사소송과는 다른 특례를 인정하고 있다는 점에서 영·미의 사법국가주의와는 다른 점이 많다.

(5) 사회국가주의

우리 행정법은 국가권력의 적극적 관여를 필요로 하는 사회국가주의(복리국가주의)를 취하고 있다.

V. 법치행정

> **행정기본법 제8조【법치행정의 원칙】** 행정작용은 법률에 위반되어서는 아니 되며, 국민의 권리를 제한하거나 의무를 부과하는 경우와 그 밖에 국민생활에 중요한 영향을 미치는 경우에는 법률에 근거하여야 한다.

1. 의의

① 인치가 아닌 법치
② 행정권도 법의 기속을 받고 법을 준수하여야 한다(법률적합성).
③ 행정권이 위법한 행정작용으로 국민권익을 침해할 경우 사법심사 등 구제제도 要(행정작용에 대한 사법심사)

2. 대륙법계, 영미법계의 법치행정원리의 발전

(1) 대륙법계

형식적 법치주의 ➡ 실질적 법치주의

(2) 영미법계

rule of law(실질적 법치주의)

3. 법치행정 원리의 내용(O. Mayer)

(1) 법률의 법규창조력

① 의의
  ㉠ 법규(국민의 권리, 의무에 구속력을 가진 규범)를 창조하는 것은 의회의 전속적인 권한
  ㉡ 법률의 전권적 법규창조력
  ㉢ 법률의 시원적 법규창조력
② 의미의 변화: 오늘날 법률이 아닌 일반원칙이나 관습법도 법규성이 인정됨
  ∴ 법률만이 법규를 창조한다는 의미는 조금 퇴색

(2) 법률우위의 원칙 - 소극적 의미의 법률적합성의 원칙

① 의의: 의회가 제정한 법률이 행정보다 우위, 행정은 법률에 위반, 저촉되어서는 안 됨
② 의미의 변화: 오늘날 법률우위에서의 법률은 헌법을 포함한 모든 성문, 불문법이 포함됨
③ 적용범위: 법률우위의 원칙은 모든 행정작용에 적용됨(침익, 수익불문, 공법, 사법형식 불문)

(3) 법률유보의 원칙 - 적극적 의미의 법률적합성의 원칙

① 의의: 행정활동은 의회제정법인 법률에 근거가 있어야 한다. 즉, 법률의 수권을 요한다.
② 개별적인 작용법적 근거
③ 의미의 변화: 오늘날 법률유보에서의 법률은 법률(의회제정법)뿐만 아니라 행정입법인 법규명령도 포함
④ 적용범위: 후술(p.24 참고)

Plus 보충 법률유보, 법률우위의 비교

구분	법률유보의 원칙	법률우위의 원칙
의의	행정작용은 법률이나 법률의 위임에 의한 법규명령의 수권에 의해서만 행하여져야 한다는 원칙	행정작용은 법률에 위반하여 행하여져서는 안 된다는 원칙
법률	• 형식적 의미의 법률 • 구체적 위임이 있을 경우 법규명령도 포함	성문법과 불문법(행정규칙 ×)
적용범위	일정 영역	모든 영역
법률적합성의 원칙과의 관계	적극적. 즉, 국가권력 발동의 근거, 입법과 행정 사이의 권한의 문제	소극적. 즉, 국가권력을 제한, 통제, 법의 단계와 질서의 문제
양자의 관계	법률유보는 법률우위보다 더 중요한 원칙이다. 그것은 법률우위는 소극적으로 기존 법률의 침해를 금하는 것이나, 법률유보는 적극적으로 행정기관이 행위를 할 수 있게 하는 법적 근거의 문제이기 때문이다.	
위반의 효과	법률유보의 원칙 또는 법률우위의 원칙을 위반한 행정작용은 위법하다. 그 법적 효과는 행정행위에 따라 다르다.	

4. 법치행정의 원리에 반하는 행정활동

① 위법함
② 행정입법, 공법상 계약은 무효, 행정행위는 위법의 정도에 따라 무효 또는 취소

5. 실질적 법치주의의 확립

(1) 개설

형식적 법치주의에 대한 반성

(2) 법률의 법규창조력 원칙의 관철

① 오늘날 법률 이외에 법규도 인정(예 법규명령). 다만, 법률의 수권이 있어야 행정부가 법규명령을 제정할 수 있다.

② 대통령의 긴급명령, 긴급재정·경제명령(헌법 제76조)은 헌법에 의해 직접 인정됨 ∴ 법률의 법규창조력의 원칙 예외

(3) 합헌적 법률의 우위
법률의 합헌성 심사제도의 도입(위헌법률심사제)

(4) 법률유보의 원칙의 적용범위의 확대
① 개설: 오늘날 실질적 법치국가의 원칙상 법률의 근거가 필요한 행정작용의 범위를 침해행정에 국한하지 않고 확대하는 것이 필요하다.
② 전부유보설: 행정의 자의방지, 의회민주주의의 존중. but 행정위축, 현대 권력분립과 행정의 목적에 부합하지 않음
③ 침해유보설(O. Mayer): 개인의 자유나 권리를 침해하거나 의무를 부과하는 침해행정의 경우에만 법률의 근거를 要. but 행정작용의 중심이 침해행정에서 급부행정으로 옮겨가는 현대국가의 현실을 반영하지 못함
④ 신침해유보설: 침해행정의 경우에만 법률의 근거를 요한다는 점에서 침해유보설과 유사하다. 하지만 그 적용범위를 일반 권력관계뿐만 아니라 특별권력관계까지 확장한 견해이다.
⑤ 권력행정유보설: 행정작용이 부담적(침해영역)인가, 수익적(급부영역)인가를 불문하고 행정권의 일방적 의사에 의하여 국민의 권리와 의무를 결정하는 모든 권력적 행정작용은 법률의 근거를 요한다. but 단순한 구분, 기본적으로 침해유보설의 변형에 불과
⑥ 급부행정유보설: 권력행정(침해영역, 급부영역)뿐만 아니라 비권력적 행정작용 중 급부행정 영역까지 법률유보의 원칙이 적용되어야 한다는 견해이다. 복지국가와 평등권의 실현을 이론적 기초로 함. but 예산확보의 어려움
⑦ 중요사항유보설(본질성설) - 다수설 판례: 법률유보의 범위를 행정작용의 속성에 따라 일률적으로 정할 것이 아니라 법적 규율이 국민 일반 및 개인에 대하여 가지는 중요도 등에 따라 구체적으로 결정되어야 한다고 보면서, 헌법상의 법치주의원칙, 민주주의원칙 및 기본권 규정과 관련하여 볼 때 각 행정부문의 본질적 사항에 관한 규율은 법률에 유보되어야 한다는 견해. but 중요사항이라는 것이 매우 모호하여 판단에 어려움이 있다.

본질적으로 중요한 사항으로 본 예	본질적으로 중요한 사항이 아니라고 본 예
• 교육제도에 관한 기본방침(중학교 의무교육의 실시 여부 등) • TV수신료의 결정 • TV수신료의 금액, 부과대상 • 사병의 복무기간 • 지방의회의원이 유급보좌인력을 두는 경우 • 납세의무자의 과세표준·세액계산 신고의무 • 도시환경정비사업의 시행자인 토지소유자가 사업시행인가 신청 시 다른 토지소유자의 동의요건(헌재)	• 교육제도에 관한 기본방침을 제외한 세부적인 사항(중학교 의무교육 실시시기 등) • TV수신료의 징수방법 • 국가유공자단체의 대의원선출에 관한 사항 • 아파트 입주자대표회의 구성원이 될 수 있는 자격 • 주택재개발사업의 시행자인 조합에 의한 사업시행인가 신청 시 토지소유자의 동의요건(대판)

- 개발부담금의 부과개시시점의 지가
- 토지초과이득세법상의 기준시가
- 중과세의 대상이 되는 고급주택, 고급오락장의 확정
- 특별부가세의 과세대상의 범위
- 퇴역연금지급정지의 요건 및 내용의 규정에 있어서 소득의 유무와 그 수준에 대한 고려

(5) 법치행정원리의 일반적 적용
조직, 작용 모두에 적용됨. 특별권력관계에도 원칙적으로 적용됨

(6) 구제제도의 강화
행정상 손해전보제도, 행정쟁송제도(행정소송사항 – 개괄주의), 위헌법률심사제도 등

6. 법치행정원리의 한계

(1) 기존
통치행위, 재량행위, 특별권력관계

(2) 최근
① 신뢰보호의 원칙
② 행정계획
③ 비공식적 행정작용 등

VI. 행정법의 법원(法源)

1. 개설

(1) 법원
① 법의 존재형식, 인식근거, ② 크게 성문법원, 불문법원으로 나뉜다.

(2) 법원의 범위
① 협의설(법규설): 대외적 구속력이 있는 규범(행정규칙의 법원성을 부정함) – 판례의 입장
② 광의설(행정기준설): 행정사무처리의 기준이 되는 모든 법규범(행정규칙의 법원성을 인정함) – 다수설의 입장

(3) 성문법 주의
다만, 불문법도 보충적인 법원으로 인정됨

(4) 행정법이라는 하나의 통칙적·일반적 법전(法典)이 없으나 2021년 행정기본법이 제정되어 통칙적·일반적 법전 작업이 시작됨

2. 성문법원

(1) 개설
① 헌법, 법률, 명령, 조례, 규칙 등이 있다.
② 제정주체가 있음
③ 우선의 원칙: 상위법 우선의 원칙 ➜ 특별법 우선의 원칙 ➜ 신법 우선의 원칙

(2) 헌법
① 최고의 법원, 가장 기본적인 법원
② 행정법은 '헌법의 구체화법', 하지만 헌법은 변해도 행정법은 그에 따라 언제나 변하는 것은 아님
③ 헌법은 행정법 해석의 지침과 기준
④ 헌법의 가치관념, 기본원리는 행정을 구속하는 행정법의 기본원리를 구성하게 됨
⑤ 헌법의 구체화 법리로 평등원칙, 비례원칙, 신뢰보호의 원칙 등 행정법의 일반원칙 등이 있음

(3) 법률
의회의 의결에 의해 제정되는 법 형식, 행정법의 가장 중요한 법원

TIP 대통령의 긴급명령, 긴급재정·경제명령: 행정부가 만든 법령임에도 법률과 동일한 효력을 가짐(국회에 보고 ➜ 승인을 요함)

(4) 명령
① 법규명령
  ㉠ 법규의 성질을 갖는 명령
  ㉡ 헌법상 - 대통령의 긴급명령, 긴급재정·경제명령, 대통령령, 총리령, 부령
  ㉢ 법률상 - 감사원규칙, 중앙노동위원회규칙 등
② 행정규칙
  ㉠ 행정조직 내부, 특별권력관계의 내부에서만 효력을 가지는 법규가 아닌 명령
  ㉡ 법규성 인정 여부 ➜ 판례는 법규성을 부정하나, 학설은 법규성을 인정한다.

행정입법	법규성 인정 여부	
법규명령	법규명령(대통령령·총리령·부령 등): 외부관계를 규율하며 법규성이 인정됨	위임명령
		집행명령
행정규칙	행정규칙(훈령·고시·지침 등): 내부관계를 규율하며 법규성이 부정됨 TIP 예외적으로 법령보충적 행정규칙과 재량준칙은 법규성을 인정함	

(5) 조약 및 국제법규
① 조약이란 국가 간 또는 국가와 국제기구 간의 문서에 의한 합의를 말하며, 국제법규란 우리나라가 체약국이 아닌 조약으로서 국제사회에서 일반적으로 승인된 것과 국제관습법을 말한다.

② 헌법 제6조 제1항: 헌법에 의하여 체결·공포된 조약과 일반적으로 승인된 국제법규는 국내법과 같은 효력을 가진다.

③ 효력: 헌법보다는 하위이며, 법률 또는 명령과 동등한 효력을 가진다(통설). 즉, 입법사항에 관한 조약(헌법 제60조 제1항)에 열거된 국회의 동의를 요하는 조약은 법률과 동등한 효력을 가지며 입법사항과 관계가 없는 조약은 원칙적으로 명령과 동등한 효력을 가진다.

∴ 조약이 국내법과 충돌할 경우 상위법 우선의 원칙, 특별법 우선의 원칙, 신법 우선의 원칙 등을 적용하여 해결

> (TIP) 주요판례: 학교급식을 위해 국내 우수농산물을 사용하는 자에게 식재료나 구입비의 일부를 지원하는 전라북도 학교급식 조례안은 GATT(관세 및 무역에 관한 일반협정)나 AGP(정부조달에 관한 협정)에 위반되어 무효이다.

(6) 자치법규

지방자치단체가 자치입법권에 근거하여 법령의 범위 내에서 제정하는 자치에 관한 법규(조례, 규칙, 교육규칙 등)

판례

1. **남북 사이의 화해와 불가침 및 교류협력에 관한 합의서는 조약이 아니다.**
   1992.2.19. 발효된 '남북 사이의 화해와 불가침 및 교류협력에 관한 합의서'는 일종의 공동성명 또는 신사협정에 준하는 성격을 가짐에 불과하여 법률이 아님은 물론 국내법과 동일한 효력이 있는 조약이나 이에 준하는 것으로 볼 수 없다(헌재 2000.7.20, 98헌바63).

2. **GATT에 위반된 조례안은 그 효력이 없다.**
   특정 지방자치단체의 초·중·고등학교에서 실시하는 학교급식을 위해 위 지방자치단체에서 생산되는 우수농수축산물과 이를 재료로 사용하는 가공식품(이하 '우수농산물'이라고 한다)을 우선적으로 사용하도록 하고 그러한 우수농산물을 사용하는 자를 선별하여 식재료나 식재료 구입비의 일부를 지원하며 지원을 받은 학교는 지원금을 반드시 우수농산물을 구입하는 데 사용하도록 하는 것을 내용으로 하는 위 지방자치단체의 조례안이 내국민대우원칙을 규정한 GATT에 위반되어 그 효력이 없다(대판 2005.9.9, 2004추10).

3. **WTO협정 위반이라는 이유만으로 사인이 직접 국내법원에 회원국 정부를 상대로 그 처분의 취소를 구할 수 없다(대판 2009.1.30, 2008두17936).**

3. 불문법원

(1) 관습법

> **국세기본법 제18조 【세법 해석의 기준 및 소급과세의 금지】** ③ 세법의 해석이나 국세행정의 관행이 일반적으로 납세자에게 받아들여진 후에는 그 해석이나 관행에 의한 행위 또는 계산은 정당한 것으로 보며, 새로운 해석이나 관행에 의하여 소급하여 과세되지 아니한다.
> **행정절차법 제4조 【신의성실 및 신뢰보호】** ② 행정청은 법령 등의 해석 또는 행정청의 관행이 일반적으로 국민들에게 받아들여졌을 때에는 공익 또는 제3자의 정당한 이익을 현저히 해칠 우려가 있는 경우를 제외하고는 새로운 해석 또는 관행에 따라 소급하여 불리하게 처리하여서는 아니 된다.

① 의의
- ㉠ 행정관습법은 '행정영역에서 국민 사이에 장기적, 계속적으로 관행이 반복'되고, 그 관행이 국민 일반의 법적 확신을 얻어 법적 규범으로 승인된 것이다.
- ㉡ 법적 확신의 존재 여부는 특정인이 아닌 일반인을 기준으로 함
- ㉢ 국세기본법, 행정절차법에 규정
- ㉣ 거듭된 관행만을 기준으로 하는 '사실인 관습'과 구별됨

② 행정관습법 성립의 어려움

③ 성립요건
- ㉠ 법적확신설(통설, 판례)
- ㉡ 국가승인설

④ 관습법의 효력
- ㉠ 보충적 효력설(다수설, 판례)
- ㉡ 개폐적 효력설

⑤ 관습법의 종류
- ㉠ **행정선례법**: 행정에 대한 신뢰보호, 실정법상 - 국세기본법 제18조 제3항, 행정절차법 제4조 제2항
- ㉡ **민중관습법**
    - ⓐ 주로 공물, 공수의 이용관계에서 발생[입어권(관행어업권), 관습상 유수사용권]
    - ⓑ 실정법상 - 수산업법에서 입어권을 규정하고 있음

(2) 조리

① 의의: 일반 사회의 정의감에 비추어 반드시 그러할 것이라고 인정되는 사물의 본질적인 법칙 = 경험칙, 사회통념

② 기능: 행정법 해석의 기본원리로서 성문법, 관습법, 판례가 없는 경우 적용되는 최후의 보충적인 법원이다.

③ 중요성: 하나의 통칙적·일반적 법전이 없다(다만, 행정기본법에 행정법의 일반원칙이 제정됨). 하지만 법의 흠결이 많은 행정법에서 조리의 기능은 대단히 중요하다. 즉, 법원은 적용할 법이 없다는 이유로 재판을 거부할 수 없다. ➔ 조리에 따라 재판하여야 함

④ 내용
- ㉠ 과거: 평등의 원칙, 신뢰보호의 원칙, 비례의 원칙, 자기구속의 원칙, 부당결부금지의 원칙 등을 조리의 내용으로 봄
- ㉡ 오늘날: 평등의 원칙, 신뢰보호의 원칙, 비례의 원칙, 자기구속의 원칙, 부당결부금지의 원칙 등은 행정법의 일반원칙

(3) 판례법

① 의의: 법원이 어떤 사건에 대해 판결을 내린 예
② 법원성 인정 여부
  ㉠ 영미법계 국가: 선례구속성(판례구속성)의 원칙에 의해 판례는 가장 기본적인 법원
  ㉡ 대륙법계 국가: 선례구속성의 원칙이 없다.
    ∴ 상급법원의 판결은 당해 사건 외에 하급법원을 구속하는 효력이 없다.
  ㉢ 우리나라
    ⓐ 판례의 법원성 여부: 사실상 구속력을 가진다.
      (TIP) 법적 구속력이 없음에 주의할 것

> **법원조직법 제8조** 상급법원 재판에서의 판단은 해당 사건에 관하여 하급심을 기속한다. → 판례의 법원성을 인정하는 조문 ×

    ⓑ 헌법재판소의 법률에 대한 위헌결정의 법원성 여부: 일반법원의 판례와 달리 법원(法源)으로서의 성격을 가진다.

> **헌법재판소법 제47조** ① 법률의 위헌결정은 법원과 그 밖의 국가기관 및 지방자치단체를 기속한다.

    ⓒ 헌법재판소가 위헌결정을 한 경우 대법원의 입장: 헌법재판소의 법률해석에 대해 대법원은 법률해석에는 법원이 구속되지 않는다는 입장이다.
      ∵ 합헌적 법률해석을 포함하는 법령의 해석·적용권한은 대법원을 최고법원으로 하는 법원에 전속하기 때문이다.

판례

1. 관련 판례
   판례가 사안이 서로 다른 사건을 재판하는 하급심 법원을 직접 기속하는 효력이 있는 것은 아니다(대판 1996.10.25, 96다31307).
2. 비교 판례: 상고법원으로부터 사건을 환송받은 하급심 법원은 그 사건을 다시 재판함에 있어서 상고법원이 파기이유로 한 사실상과 법률상의 판단에 기속을 받는다.
   상고법원으로부터 사건을 환송받은 하급심 법원은 그 사건을 다시 재판함에 있어서 상고법원이 파기이유로 한 사실상과 법률상의 판단에 기속을 받는 것이나, 파기의 이유로 된 잘못된 견해만 피하면 다른 가능한 견해에 의하여 환송 전의 판결과 동일한 결론을 가져온다고 하여도 환송판결의 기속을 받지 아니한 위법을 범한 것이라고는 할 수 없다(대판 2001.6.15, 99두5566).

Ⅶ. 행정법의 일반원칙

1. 개설

① 행정의 모든 분야에 적용되고, 모든 분야를 지배하는 일반적 원칙
② 대부분 헌법원칙을 구체화

③ 불문법적 원칙, 특히, 실정법 여부와 상관없이 인정되는 원칙
④ 행정에서 특히, 재량행위를 통제하는 기능, 즉 재량권 행사의 한계로 적용함
⑤ 행정법의 법원 중 하나
　㉠ 행정법의 일반원칙에 위반되는 행정은 위법
　㉡ 위법성 정도에 따라 무효 또는 취소사유 있는 행정행위(중대명백설)가 됨
　㉢ 대부분은 취소사유 있는 행정행위

2. 비례의 원칙(과잉금지의 원칙): 헌법 제37조 제2항

> **헌법 제37조** ② 국민의 모든 자유와 권리는 국가안전보장·질서유지 또는 공공복리를 위하여 필요한 경우에 한하여 법률로써 제한할 수 있으며, 제한하는 경우에도 자유와 권리의 본질적인 내용을 침해할 수 없다.
> **행정기본법 제10조【비례의 원칙】** 행정작용은 다음 각 호의 원칙에 따라야 한다.
> 1. 행정목적을 달성하는 데 유효하고 적절할 것
> 2. 행정목적을 달성하는 데 필요한 최소한도에 그칠 것
> 3. 행정작용으로 인한 국민의 이익 침해가 그 행정작용이 의도하는 공익보다 크지 아니할 것

(1) 의의, 연혁
① 행정주체가 구체적인 행정목적을 실현함에 있어 목적과 수단 간에 합리적 비례관계가 유지되어야 함
② 경찰행정영역에서 처음 성립 ➡ 행정의 전 영역으로 확대(예 급부행정 역시 적용됨)

(2) 근거
헌법 제37조 제2항, 행정기본법 제10조, 경찰관직무집행법 제1조 제2항, 행정절차법 제48조 제1항, 행정소송법 제27조 등

(3) 내용
① 최광의의 비례원칙: 헌재의 위헌법률심사의 기준

헌법학계	행정법학계
목(목적의 정당성)	
수(수단의 적절성)	적[적합성의 원칙(수단의 적절성)]: 행정기관이 취하는 조치 또는 수단은 적절해야 한다.
해(침해의 최소성)	필[필요성의 원칙(침해의 최소성)]: 행정기관은 상대방에게 가장 덜 침익적인 수단을 선택하여야 한다.
법(법익의 균형성)	상[상당성의 원칙(협의의 비례 원칙, 법익의 균형성)]: 공익 > 사익 ➡ 이익형량, 비교형량

② 적용영역
　㉠ 경찰행정법에서 생성, 발달 ➡ 오늘날은 침해행정, 급부행정 등 행정의 전 영역에 걸쳐 적용
　㉡ 특히, 행정청의 재량권을 통제

③ **위반의 효과**: 비례의 원칙은 헌법 차원의 원칙으로서의 성질과 효력을 가지며 이를 위반한 경우 위헌, 위법하다.

비례의 원칙에 위배된다고 판단한 판례	비례의 원칙에 위배되지 않는다고 판단한 판례
• 변호사 개업지 제한규정 • 근무시간 중 10분간 외출한 공무원에 대한 파면처분 • 양도인의 위법사유로 선의의 석유판매업 양수인에게 한 최장기 6월의 사업정지처분 • 운전직 공무원의 다른 차량 진로를 위한 25m의 부득이한 음주운전을 이유로 한 운전면허취소 • 수용시설 밖에서 미결수용자의 재소자용 의류 착용 • 지병, 과음으로 부득이 대리운전 시킨 자에 대한 자동차운송사업면허취소 • 사원판매행위에 대한 과징금이 매출액에 육박한 경우 • 청소년유해매체물 고시 8일 후 적발된 도서대여업자에게 700만 원의 과징금 부과 • 근무지를 이탈하여 기자회견을 한 검사장의 면직처분 • 공익사업을 위하여 필요한 한도를 넘는 공용수용 • 자동차 등을 이용하여 범죄행위를 한 때 필수적으로 운전면허를 취소하는 규정	• 음주운전으로 인한 면허 취소 • 자연환경보전 등 공익을 이유로 산림훼손허가 거부 • 개인택시면허 신청자격을 해당지역 운수업체 근무경력이 있는 경우에만 부여하는 개인택시 운송사업면허규정 • 공항, 항만 등 국가 중요시설의 경비업무를 담당하는 특수경비원에게 일체의 쟁의행위 금지 • 도로교통법을 2회 이상 위반한 것에 음주운전 전과도 포함된다고 해석한 경우 • 택시운송사업자의 자동차운송사업계획변경인가 신청에 대하여 교통행정 및 주거환경 등의 공익을 이유로 한 거부처분 • 수입 녹용 측정결과 회분함량이 기준치를 0.5% 초과하여 수입 녹용 전부에 대하여 전량 폐기 또는 반송처리를 지시한 처분

3. 평등의 원칙

> **헌법 제11조** ① 모든 국민은 법 앞에 평등하다. 누구든지 성별·종교 또는 사회적 신분에 의하여 정치적·경제적·사회적·문화적 생활의 모든 영역에 있어서 차별을 받지 아니한다.
> **행정기본법 제9조 【평등의 원칙】** 행정청은 합리적 이유 없이 국민을 차별하여서는 아니 된다.

(1) 의의

평등의 원칙(자의금지의 원칙)이란 차별적 대우를 할 만한 합리적인 사유가 존재하지 않는 한 행정기관은 행정작용을 함에 있어서 국민을 공평하게 대우해야 한다는 원칙. 즉, 같은 것은 같게, 다른 것은 다르게

(2) 근거

① 헌법 제11조에 직접 명시된 법원칙으로 보는 견해

② 헌법 제11조로부터 도출되는 불문법의 원리로 보는 견해

(TIP) 행정기본법 제9조에 명시적으로 규정됨

(3) 효과

평등의 원칙은 헌법적 효력을 갖는 것으로서 이에 위반한 행정작용은 위헌, 위법이 됨

평등의 원칙에 위반된다고 판단한 판례	평등의 원칙에 위반되지 않는다고 판단한 판례
• 당직근무 중 화투놀이를 한 사람 중 한 명만 파면처분한 경우 • 국유일반재산(잡종재산)에 대한 시효취득배제 • 선등록단체의 존재 이유만으로 사회등록신청을 반려한 경우 • 자도소주구입명령제도 • 기초의회의원선거 후보자의 정당표방금지 • 불출석, 증언거부 증인의 신분·지위에 따라 과태료를 차등 부과하는 조례안 • 제대군인의 공무원시험에서의 군가산점제도 • 국가유공자 가족에게 10% 가산점 부여(5% 가산점 부여는 ○) • 약사에게 법인구성을 못하도록 한 약사법 규정 • 초등학교 졸업 이하 학력소지자 집단과 중학교 중퇴 이상 학력소지자 집단으로 나누어 각 집단별로 같은 비율로 감원 인원을 산정한 경우	• 같은 정도의 비위를 저지른 공무원들에게 징계의 종류의 선택과 양정에 있어서 차별적으로 취급한 경우 • 유예기간 없이 개인택시면허기준 변경 • 한전 교환직렬에 대한 정년 차등 • 이륜차의 고속도로 통행금지규정 • 인천공항고속도로 통행료지원 조례안 • 미신고집회의 주최자를 미신고시위 주최자와 동등하게 처벌하는 규정 • 주유소와 달리 연구단지 내 녹지구역에 LPG충전소의 설치금지 • 초·중등학교 교원에 대하여는 정당가입을 금지하면서 대학 교원에게는 허용 • 시각장애인에 대해서만 안마사 자격을 인정

4. 행정의 자기구속의 법리

(1) 의의

① 개념: 재량권의 행사에 있어서 행정청은 스스로가 정하고 시행하고 있는 기준(준칙)을 합리적인 사유 없이는 일탈할 수 없다는 법리, 즉 합리적인 사유가 없는 한 상대방과의 관계에서 행정청은 동종사안에 대해 제3자에게 적용하였던 결정기준에 구속된다.

② 구별개념: ㉠ 타자구속, ㉡ 공법상 계약, 확약에의 구속, ㉢ 행정규칙에의 구속, ㉣ 불가변력과의 구별

(2) 근거

① 실정법적 근거: 행정기본법 제9조(평등의 원칙), 제13조(신뢰보호의 원칙), 국세기본법 제18조 제3항, 행정절차법 제4조 제2항 등

② 이론적 근거
　㉠ 학설: 평등의 원칙
　㉡ 판례: 평등의 원칙 또는 신뢰보호의 원칙

(3) 요건

① 1회 이상의 행정(즉, 거듭된 행정을 반드시 요구하는 것은 아님)
> TIP 최초 행정은 자기구속의 법리가 적용되지 않음

② 재량행위[기속행위(타자구속의 법리)는 적용되지 않음]
③ 동종사안: 동일한 상황에서 동일한 법적용이 문제되는 경우
④ 동일한 행정청(처분청)에만 적용
⑤ 행정작용이 적법한 경우에만 적용, 위법한 행정작용의 경우는 적용되지 않음
⑥ 행정규칙 중 재량준칙: 대법원은 재량준칙이 단순히 공포된 것만으로는 자기구속의 법리가 적용될 수 없고, 재량준칙에 따른 행정관행이 성립한 경우 자기구속의 법리가 적용될 수 있다고 본다.

(4) 효과·기능

① 순기능: 행정의 자의방지(재량통제)
② 역기능: 행정의 경직성 초래
③ 재량준칙의 (준)법규화

(5) 한계

① 위법에서의 평등대우: 위법에 있어서의 평등대우는 인정될 수 없다. 따라서 위법한 행정관행이 있을지라도 자기구속의 법리를 주장할 수 없다.
② 특수한 사정변경의 경우: 기존의 행정관행과 다른 결정을 해야 할 명백한 이유가 있고, 신뢰보호의 원칙에 반하지 않는 등 종래의 행정관행을 번복할 정도의 특수한 사정이 있는 경우 자기구속의 법리는 적용되지 않는다.

5. 신뢰보호의 원칙

> **행정기본법 제12조 【신뢰보호의 원칙】** ① 행정청은 공익 또는 제3자의 이익을 현저히 해칠 우려가 있는 경우를 제외하고는 행정에 대한 국민의 정당하고 합리적인 신뢰를 보호하여야 한다.
>
> **행정절차법 제4조 【신의성실 및 신뢰보호】** ② 행정청은 법령 등의 해석 또는 행정청의 관행이 일반적으로 국민들에게 받아들여진 때에는 공익 또는 제3자의 정당한 이익을 현저히 해할 우려가 있는 경우를 제외하고는 새로운 해석 또는 관행에 의하여 소급하여 불리하게 처리하여서는 아니 된다.

(1) 의의

① 행정기관의 언동의 정당성 또는 존속성에 대한 국민의 보호가치가 있는 신뢰는 보호되어야 한다.
② 20C 초 독일의 급부행정 등 수익적 행정영역에서 발전됨
③ 미망인 판결(동독을 탈출한 후 과부수당지급신청 but 거절 당함)을 계기로 급속히 발전
④ 영미법상 금반언(禁反言)과 비슷

(2) 근거

① 이론적 근거
- ㉠ 신의칙설: 사법상 신의성실의 원칙(민법 제2조, 행정절차법 제4조)
- ㉡ 법적안정성설: 헌법상 법치국가의 원리 및 그 요소인 법적 안정성에 근거(통설, 판례)
- ㉢ 사회국가원리설: 헌법상 사회국가원리에 근거

② 실정법적 근거: 행정기본법 제12조, 행정절차법 제4조, 국세기본법 제18조 제3항, 행정심판법 제27조 제5항 등

(3) 요건

① 선행조치
- ㉠ 행정청의 선행조치 없이 기대이익, 예상이익을 이유로 신뢰보호를 주장할 수는 없다.
- ㉡ 적극, 소극, 명시적, 묵시적 언동 모두를 포함한다. 법률적 행위, 사실행위(권력적, 비권력적)를 모두 포함한다.
- ㉢ 적법뿐만 아니라 위법한 행정행위도 포함한다.
- ㉣ 무효인 행정행위(즉, 중대·명백한 하자)는 선행조치에 해당하지 않는다.
    - TIP 국민의 주의의무 위반
- ㉤ 보조기관인 담당공무원의 공적 견해의 표명도 신뢰보호의 대상이 된다.
- ㉥ 입증책임은 신뢰보호를 주장하는 자가 부담한다.

공적 견해의 표명을 인정한 것	공적 견해의 표명을 부정한 것
• 의료취약지 병원설립운영자에 대한 보건사회부장관의 비과세 발언 • 폐기물처리업 사업계획에 대한 적정통보 후 다수업자의 난립을 이유로 불허가한 경우 • 대통령 담화에 이은 국방부장관의 삼청교육대 관련 피해자에 대한 보상공고 • 음주운전 취소사유에 해당하는 음주운전에 대해 착오로 내린 운전면허정지처분 • 도시계획사업 준공 시 완충녹지지정 해제 및 종전 토지소유자에게 환매하겠다는 도시계획국장 등의 약속 • 과세할 수 있음을 알면서도 수출확대라는 공익상 필요에서 4년 동안 비과세한 경우 • 종교법인의 토지거래계약 허가과정에서 토지형질변경이 가능하다는 담당공무원의 답변 • 구청장의 지시에 따른 소속직원의 대체취득 시 취득세 면제약속	• 도시계획사업시행자 지정 전 정구장시설 설치의 도시계획결정 • 공무원임용결격사유가 있는 자를 임용하였다가 사후에 취소하는 경우 • 납세자의 추상적인 질의에 대한 과세관청의 일반적인 견해표명 • 비업무용 토지에 대한 재정경제부의 시행규칙 개정 예정에 관한 보도자료 • 국회에서 법률안을 심의하거나 의결한 사정 • 조세법령의 규정내용 및 행정규칙 • 헌법재판소의 위헌결정, 과태료재판에 의한 과태료부과 • 폐기물처리업 사업계획에 대한 적정통보 후 국토이용계획 변경승인신청 또는 토지형질변경허가신청에 대해 거부한 경우 • 병무청 총무과 민원팀장의 민원봉사차원의 안내 • 문화관광부장관이 지방자치단체장에게 한 사업승인가능성에 대한 회신

- 개발이익 환수에 관한 법률에 정한 개발사업 전 민원예비심사 통보서에 첨부된 관련 부서의 '저촉사항 없음'이라는 기재
- 단순한 과세누락(착오로 인한 장기간의 비과세)
- 대지에 대한 재산세를 부과함에 있어 공한지에 관한 중과 세율의 적용을 누락하여 온 경우

② 보호가치가 있는 신뢰 ➡ 선행조치의 정당성, 존속성을 믿음
  ㉠ 행정기관의 선행조치를 신뢰, 그 신뢰는 보호가치가 있는 것이어야 한다. 판례는 이 요건을 '귀책사유가 없을 것'이라고 함
  ㉡ 보호가치가 있는 신뢰인지 여부: 정당한 이익형량
  ㉢ 행정행위 등의 하자가 수익자의 책임일 때, 수익자가 행정행위 등의 위법성을 알았을 때, 중과실로 그 위법성을 알지 못한 때에는 보호가치를 인정하지 않는다.
    (TIP) 수익자에게 귀책사유가 있기 때문에
  ㉣ 귀책사유의 유무는 관계자 모두를 기준으로 한다(예 건축설계를 위임받은 건축사 판례).
③ 상대방의 처리
  ㉠ 신뢰보호의 원칙은 신뢰 그 자체를 보호하려는 원칙이 아닌 신뢰에 기초한 상대방의 처리를 보호하려는 것
  ㉡ ∴ 신뢰에 입각하여 상대방이 어떤 처리를 한 경우에 신뢰보호의 원칙이 적용된다.
④ 인과관계
  ㉠ 행정기관의 선행조치 및 상대방의 신뢰, 상대방의 처리 사이에 인과관계가 존재하여야 한다.
  ㉡ 인과관계의 유무는 일반인을 기준으로 상당인과관계를 판단한다.
⑤ 선행조치에 반하는 행정작용의 존재 - 선행조치를 신뢰한 개인의 이익이 침해될 것
⑥ 공익 or 제3자의 정당한 이익을 현저히 해할 우려가 있는 경우가 아닐 것(소극적 요건)

(4) 한계
① 공익과 사익의 형량에 의한 제한 - 비례의 원칙에 의한 제한
  ㉠ 신뢰보호의 원칙과 비례의 원칙: 행정청이 선행조치에 반하는 행정처분을 함으로써 달성하려는 공익이 그 행정처분으로 인한 사익의 침해를 정당화할 수 있을 정도로 강한 경우에는 비례의 원칙상 신뢰보호의 원칙을 들어 그 행정처분을 위법하다고 할 수 없다(판례).
  ㉡ 신뢰보호의 원칙과 법률적합성 원칙의 충돌(특히, 위법한 선행조치를 신뢰한 경우): 선행조치가 위법한데 그 위법한 선행 조치를 신뢰한 경우에는 행정의 법률적합성 원칙과 신뢰보호의 원칙이 충돌하게 되며 이때 그 충돌을 해결하는 것과 관련하여 법률적합성 우위설, 이익형량설이 있으며 이익형량설이 통설과 판례이다.
② 존속보호와 보상보호: 존속보호가 원칙이다. 다만, 존속보호가 어려운 경우 보충적으로 상대방의 피해를 보상하는 보상보호도 가능하다(통설).

③ 제3자의 정당한 이익
  ㉠ 제3자의 정당한 이익이 신뢰보호를 위해 희생될 수 없다.
  ㉡ 행정청의 선행조치가 복효적 행정행위로서 제3자에 의하여 취소소송이 제기되거나 예상되는 경우: 신뢰보호의 원칙의 기속력이 상실됨
    TIP 기속력: 법원이나 행정기관이 자기가 한 재판이나 처분에 스스로 구속되어 자유롭게 취소·변경할 수 없는 효력 (= 자박력)
④ 사정변경의 경우: 선행조치와 관련하여 신뢰형성에 결정적인 요인이 되는 사실(예 법령)이 사후에 변경되고 관계인이 이를 인식하였거나 인식할 수 있는 상태가 된 경우에는 관계인은 신뢰보호를 주장할 수 없다.

(5) 효과
① 신뢰보호의 원칙에 반하는 행정작용은 위법하다.
② 행정입법이나 공법상 계약은 무효
③ 행정행위의 경우 하자의 중대·명백성 여부에 따라 무효 또는 취소

(6) 대표적인 적용영역
① 위법한 수익적 행정행위: 취소제한 TIP 취소: 성립 시 하자, 소급하여 소멸
② 적법한 수익적 행정행위: 철회제한 TIP 철회: 성립 시 유효·적법, 새로운 사유 발생, 장래효력 소멸
③ 확약(일방적 약속)
④ 공법상 계약(쌍방적 약속)
⑤ 행정계획: 다만, 계획보장청구권은 원칙적으로 인정되지 않음(통설, 판례)
⑥ 행정지도
⑦ 실권
  ㉠ 권리자가 권리를 행사할 수 있음에도 장기간 권리를 행사하지 않음 ➔ 의무자에게 권리자가 권리를 행사하지 않을 것이라는 믿음이 생김 ➔ 권리자의 권리행사는 허용되지 않는다.
  ㉡ 독일의 행정절차법은 실권의 법리를 명문화하고 있는 반면 우리나라의 행정절차법에는 이러한 규정이 없음. 하지만 최근 행정기본법이 제정되며 명문화되었으며, 판례 역시 실권 또는 실효의 법리를 신의성실의 원칙의 파생원칙으로 인정하고 있음

> **행정기본법 제12조【신뢰보호의 원칙】** ② 행정청은 권한 행사의 기회가 있음에도 불구하고 장기간 권한을 행사하지 아니하여 국민이 그 권한이 행사되지 아니할 것으로 믿을 만한 정당한 사유가 있는 경우에는 그 권한을 행사해서는 아니 된다. 다만, 공익 또는 제3자의 이익을 현저히 해칠 우려가 있는 경우는 예외로 한다.

기출 주요 판례 실권의 법리

실권의 법리적용 긍정	택시운전사가 운전면허 정지기간 중에 운전행위를 하다가 적발되어 형사처벌을 받았으나 행정청으로부터 아무런 행정조치가 없어 안심하고 계속 운전업무에 종사하던 중 3년여가 지나서 이를 이유로 운전면허를 취소하는 행정처분을 하였다면 신뢰보호의 원칙에 반한다.
실권의 법리적용 부정	• 자동차 운수사업법상의 '중대한 교통사고'를 이유로 교통사고 후 1년 10개월 후 사고택시에 대하여 행한 운송사업면허의 취소는 재량권을 일탈·남용한 것이 아니다. • 행정서사업무허가를 행한 뒤 20년이 다 되어 허가를 취소하였더라도, 그 취소사유를 행정청이 모르는 상태에 있다가 취소처분이 있기 직전에 알았다면, 실권의 법리가 적용되지 않고 그 취소는 정당하다.

⑧ 법령의 소급효금지
⑨ 소급과세금지의 원칙
⑩ **사실상 공무원이론**: 선의의 상대방의 신뢰보호와 법적 안정성을 고려하여, 공무원으로 적법하게 선임되지 아니한 자 또는 적법하게 선임되었으나 이미 공무원의 신분을 상실한 자 등이 행한 행위를 유효한 것으로 인정하는 이론

TIP 주의: 사실상 공무원이론에 의해 무효인 임용행위의 하자가 치유되는 것은 아니다. 그리고 공무원이 사실상 공무원이론을 자신을 위해 원용할 수 없다.

6. 부당결부금지의 원칙

> **행정기본법 제13조【부당결부금지의 원칙】** 행정청은 행정작용을 할 때 상대방에게 해당 행정작용과 실질적인 관련이 없는 의무를 부과해서는 아니 된다.

(1) 의의
행정기관이 행정작용을 함에 있어서 그것과 실질적 관련성이 없는 상대방의 반대급부와 결부시키거나 그에 의존해서는 안 된다는 원칙

(2) 근거
① 이론적 근거와 지위
  ㉠ **헌법적 효력설(다수설)**: 헌법상의 법치국가의 원리와 자의금지의 원칙에서 도출
  ㉡ **법률적 효력설**: 권한법정주의와 권한남용금지의 원칙에서 도출
② **실정법적 근거**: 헌법 제37조 제2항, 행정기본법 제13조, 경찰관직무집행법 제1조 제2항, 주택법 제17조 제1항 등

(3) 적용요건
① 행정기관의 공권력(권한) 행사
② 행정청의 권한행사가 상대방의 반대급부와 결부 또는 의존
③ 공권력의 행사와 반대급부 사이에 실체적인 관련이 없을 것

(4) 적용영역

① **행정계약**: 행정계약을 체결함에 있어 반대급부를 결부시키는 경우에 부당결부금지의 원칙이 적용된다.
② **부관**: 부관에 의해 행정행위의 반대급부를 결부시키는 경우에 부당결부금지의 원칙이 적용된다.
　(TIP) 주의: 법정부관은 가능(판례)
③ **급부행정**: 급부행정 시 상대방에게 반대급부를 요구하는 경우에 부당결부금지의 원칙이 적용된다.
④ **새로운 의무이행 확보수단**: 특히, 위법사실의 공표(명단의 공표), 공급거부, 관허사업의 제한 등에 있어 부당결부금지의 원칙이 적용된다.
⑤ 복수의 운전면허의 취소(철회)

(5) 운전면허의 취소(철회)

운전면허의 경우
비례의 원칙 • 음주운전을 근거로 한 면허취소는 비례의 원칙에 위배되지 않는다. • 벌점누적을 근거로 한 면허취소는 비례의 원칙에 위배되지 않는다.
1. 부당결부금지의 원칙(원칙적으로 해당 차량을 운전할 수 있는 면허가 무엇인지를 기준) 2. 참고 　• 2종 보통: 승용차, 10인 이하 승합차, 4톤 이하 화물차, 원동기장치자전거(125cc 이하) 　• 1종 특수: 2종 보통 + 트레일러, 레카 　• 1종 보통: 2종 보통 + 11~15인 승합차, 3톤 이하 지게차 　• 1종 대형: 1종 보통 + 대형승합차, 덤프트럭 등 　• 2종 소형: 125cc 초과 오토바이
1. 원칙적 판례 　• 승합차 음주적발 – 1종 대형, 1종 보통 모두 취소: 부당결부 ×(∵ 승합차는 1종 대형, 1종 보통으로 모두 운전 가능) 　• 택시 음주적발 – 1종(2종) 보통, 1종 특수면허 모두 취소: 부당결부 ×(∵ 택시는 1, 2종 보통, 1종 특수면허로 영업이 가능) 　• 400cc 오토바이 절취검거 – 1종 보통, 1종 대형 모두 취소: 부당결부 ○(∵ 비록 범죄이지만 400cc 오토바이는 2종 소형면허가 필요) 2. 예외적 판례 　• 승합차 음주적발 – 1종 보통, 원동기장치자전거 모두 취소: 부당결부 ×(∵ 1종 보통면허로 운전할 수 있는 것은 모두 취소 가능 – 주의) 　• 2륜 자동차(125cc 초과) 음주적발 – 1종 대형, 보통, 특수, 2종 소형면허 모두 취소: 부당결부 ×(∵ 125cc 이하 오토바이는 운전가능 – 주의)

(6) 위반의 효과

위헌(헌법적 효력설), 위법

> **판례** 부당결부금지의 원칙 중 주의 판례
> - 주택사업계획승인 + 토지기부채납: 부당결부금지의 원칙 위반 ○(취소)
> - 주택사업계획승인 + 진입로 개설, 대체 통행로: 부당결부금지의 원칙 위반 ×
> - 공법상 제약을 회피할 목적으로 사법상 계약: 부당결부금지의 원칙 위반 ○
> - 송유관이설비용을 부담하도록 한 부관: 부당결부금지의 원칙 위반 ×, 특히 이후에 도로법 시행규칙이 개정되어 관리청의 허가 없이도 송유관을 매설할 수 있게 된 경우에도 부당결부금지의 원칙에 반하지 않는다.

7. 성실의무 및 권한남용금지의 원칙

> 행정기본법 제11조【성실의무 및 권한남용금지의 원칙】① 행정청은 법령 등에 따른 의무를 성실히 수행하여야 한다.
> ② 행정청은 행정권한을 남용하거나 그 권한의 범위를 넘어서는 아니 된다.

Ⅷ. 행정법의 효력

1. 시간적 효력

(1) 법령의 효력발생시기

> 법령 등 공포에 관한 법률 제13조【시행일】대통령령, 총리령 및 부령은 특별한 규정이 없으면 공포한 날로부터 20일 경과함으로써 효력이 발생한다.
> 제13조의2【법령의 시행유예기간】국민의 권리 제한 또는 의무 부과와 직접 관련되는 법률, 대통령령, 총리령 및 부령은 긴급히 시행하여야 할 특별한 사유가 있는 경우를 제외하고는 공포일로부터 적어도 30일이 경과한 날부터 시행되도록 하여야 한다.
> 행정기본법 제7조【법령 등 시행일의 기간 계산】법령 등(훈령·예규·고시·지침 등을 포함한다. 이하 이 조에서 같다)의 시행일을 정하거나 계산할 때에는 다음 각 호의 기준에 따른다.
> 1. 법령 등을 공포한 날부터 시행하는 경우에는 공포한 날을 시행일로 한다.
> 2. 법령 등을 공포한 날부터 일정 기간이 경과한 날부터 시행하는 경우 법령 등을 공포한 날을 첫날에 산입하지 아니한다.
> 3. 법령 등을 공포한 날부터 일정 기간이 경과한 날부터 시행하는 경우 그 기간의 말일이 토요일 또는 공휴일인 때에는 그 말일로 기간이 만료한다.

① 특별한 규정이 없는 경우: 법률, 명령, 조례, 규칙, 교육규칙은 공포한 날로부터 20일(국민의 권리·의무와 관련 시에는 30일)

② 특별한 규정이 있는 경우: 규정시점에 효력이 발생한다. 보통은 부칙에 명시한다.

③ 공포 등
  ㉠ 공포: 법령을 관보 등에 게재하여 법령의 내용을 일반 국민에게 널리 알리는 것(법령의 공시행위)
  ㉡ 공포방법
    ⓐ 헌법개정, 법률, 조약, 대통령령, 총리령, 부령: 관보에 게재 - 원칙
    ⓑ 국회의장이 공포하는 법률: 서울시에서 발행되는 일간신문 2 이상에 게재 - 예외
  ㉢ 공포일 = 발행일(발행된 날), 공포일(발행일) = 시행일을 정하는 기준일, 공포일 ≠ 시행일
  ㉣ 발행된 날(발행일)의 의미: 최초구독가능시설(통설, 판례)

(2) 소급입법금지의 원칙

> **헌법 제13조** ① 모든 국민은 행위 시의 법률에 의하여 범죄를 구성하지 아니하는 행위로 소추되지 아니하며, 동일한 범죄에 대하여 거듭 처벌받지 아니한다.
> **행정기본법 제14조 【법 적용의 기준】** ① 새로운 법령등은 법령등에 특별한 규정이 있는 경우를 제외하고는 그 법령등의 효력 발생 전에 완성되거나 종결된 사실관계 또는 법률관계에 대해서는 적용되지 아니한다.
> ② 당사자의 신청에 따른 처분은 법령등에 특별한 규정이 있거나 처분 당시의 법령등을 적용하기 곤란한 특별한 사정이 있는 경우를 제외하고는 처분 당시의 법령등에 따른다.
> ③ 법령등을 위반한 행위의 성립과 이에 대한 제재처분은 법령등에 특별한 규정이 있는 경우를 제외하고는 법령등을 위반한 행위 당시의 법령등에 따른다. 다만, 법령등을 위반한 행위 후 법령등의 변경에 의하여 그 행위가 법령등을 위반한 행위에 해당하지 아니하거나 제재처분 기준이 가벼워진 경우로서 해당 법령등에 특별한 규정이 없는 경우에는 변경된 법령등을 적용한다.

① 개설
  ㉠ 어떤 사항이나 행위에 대한 규율은 원칙적으로 그 당시의 법에 의한다(행위시법주의).
  ㉡ 법령의 소급효를 금지하는 이유는 법적 안정성, 국민의 신뢰보호이다.

② 소급입법의 종류

구분	개념	허용 여부
진정소급입법	과거에 이미 완성된 사실이나 법률관계를 규율대상으로 하는 입법형식	원칙적 금지
		예외적 허용(예·불·경·심)
부진정소급입법	현재 진행 중인 사실관계 또는 법률관계를 사후적인 입법으로 규율하는 입법형식	원칙적 허용
		예외적 금지(공익보다 사익이 더 큰 경우)

Plus 보충 진정소급입법의 예외적 허용

진정소급입법은 원칙적으로 허용되지 않지만 ① 국민이 소급입법을 예상할 수 있었거나, ② 법적 상태가 불확실하고 혼란스러워 보호할 만한 신뢰이익이 적거나, ③ 소급입법에 의한 당사자의 손실이 없거나 아주 경미한 경우 그리고 ④ 신뢰보호의 요청에 우선하는 심히 중대한 공익상의 사유가 있는 경우 예외적으로 허용된다(헌재 1999.7.22, 97헌바76 등). → 예·불·경·심

(3) 법령의 효력소멸

① 명시적 폐지, ② 묵시적 폐지, ③ 수권법의 소멸, ④ 헌재의 위헌결정, ⑤ 한시법(해제조건의 성취, 종기의 도래) 등

2. 지역적 효력

(1) 원칙

기관의 권한이 미치는 영역 내에서 효력이 미친다. 예를 들어 대통령령·부령은 전국에 걸쳐 효력을 가지고, 조례는 당해 지방자치단체의 구역 내에서만 효력을 가진다.

(2) 예외

- 외교관 등 치외법권자가 사용하는 토지·시설, 주한미군이 사용하는 시설·구역
- 영역 내 일부 지역 내에만 적용되는 경우(예 수도권정비계획법, 제주도국제자유도시특별법 등)
- 관할 구역을 벗어나 적용되는 경우(예 A지방자치단체의 조례가 B자치단체의 구역에도 효력을 미치는 경우)

3. 대인적 효력

(1) 원칙

속지주의 - 행정법규는 원칙적으로 해당 법규가 적용되는 지역에 있는 모든 사람(자연인, 법인, 내국인, 외국인) 모두에게 적용된다.

(2) 예외

- 속인주의 - 예외적인 경우 외국에 있는 국민에게도 적용될 수 있다.
- 외교관 등 치외법권자, 주한미군
- **외국인의 경우**: 참정권의 제한(단, 지방자치단체장이나 지방의회의원 선거의 경우 일정한 범위의 외국인에게는 인정), 국가배상법상 상호주의 적용, 상호주의에 의한 토지소유의 제한, 출입국관리법상 출입국에 관한 특례 등

제3장 행정상 법률관계

Ⅰ. 공법관계와 사법관계

(1) 제도적 구별
행정상 법률관계는 공법에 의해 규율되는 공법관계와 사법에 의해 규율되는 사법관계가 있다.

(2) 공법과 사법의 구별

구별부인설	공법관계도 권리·의무관계이므로 사법관계와 본질적인 차이가 없다.
주체설	• 국가 등 행정주체를 일방 당사자로 하는 법률관계를 규율하는 법 → 공법 • 사인 상호 간의 법률관계를 규율하는 법 → 사법
귀속설(신주체설)	• 공권력의 담당자인 행정주체에 대해서만 권리, 의무부과 → 공법 • 모든 권리주체에 권리, 의무부과 → 사법
이익설(목적설)	• 공익보호목적 → 공법 • 사익보호목적 → 사법
권력설(성질설, 복종설)	• 상하관계 또는 지배·복종관계를 규율하는 법 → 공법 • 대등관계를 규율하는 법 → 사법
복수기준설	여러 가지 기준을 통하여 구별하여야 한다(통설·판례).

(3) 공법관계와 사법관계의 구별실익

① 실체법적 측면: 적용법규, 적용법 원리의 차이

② 소송법적 측면: 소송절차의 차이

③ 행정강제, 행정벌 등: 공법관계(권력관계)에서만 인정되는 특징

(4) 공법과 사법의 상호관계
오늘날 대부분의 법률관계는 상호관련, 교차, 혼합되는 특성을 보인다.

Ⅱ. 행정상 법률관계의 종류

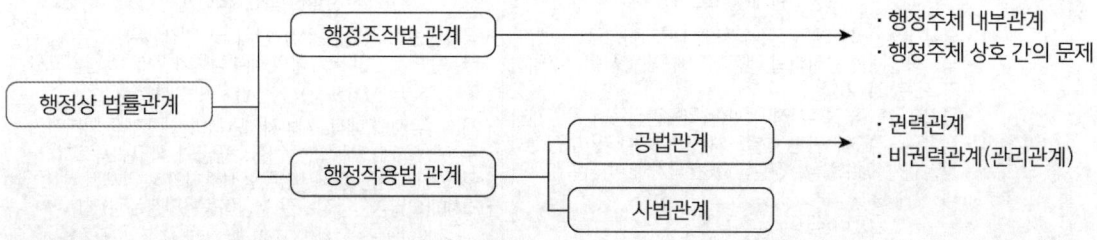

구분	공법관계		사법관계	
	권력관계	비권력관계(관리관계)	국고관계(협의)	행정사법관계
의의	공권력의 주체로서의 행위	사업 또는 재산의 관리주체로서 주로 공공복리라는 행정목적을 달성하고자 행정객체인 개인과 맺는 특수한 법률관계	사법상 재산권의 주체로서의 행위	공행정적용을 사법의 형식으로 수행하는 관계
종류	• 일반권력관계 • 특별권력관계	• 도로, 하천의 설치, 관리 • 공기업의 경영 등	물품매매계약, 행정조달계약	관리(급부)행정, 경제유도행정
효력상 특징	• 우월적 지위 • 구속력, 확정력, 강제력, 공정력	우월적 지위 ×	우월적 지위 ×	우월적 지위 ×
적용법원리	공법 및 공법원리	사법 및 사법원리를 기반으로 특수한 공법적 규율을 적용	사법 및 사법원리	사법 및 사법관계
실무상 구제	항고소송	당사자 소송	민사소송	민사소송

Plus 보충 공법관계와 사법관계 정리

구분	공법관계(항고소송)	사법관계(민사소송)
재산관계	• 국유재산관리청의 무단점유자에 대한 변상금부과처분 • 국·공유재산 관리청의 행정재산에 대한 사용·수익허가 또는 그 거부 • 국립의료원 부설주차장에 관한 위탁관리용역 운영계약 • 징발재산정리에 관한 특별조치법에 의한 국방부장관의 징발재산 매수결정, 징발권자인 국가와 피징발권자와의 관계 • 공무원연금관리공단의 급여결정 • 조세채무관계 • 텔레비전수신료 부과행위 • 의료보호법상 진료기관의 보호기관에 대한 진료비지급청구권 • 지적공부상의 지목변경신청 반려행위	• 국유일반재산(잡종재산) 관리 및 매각행위 • 국유일반재산인 국유림의 대부행위와 대부료 납입고지 　(TIP) 주의: 대부료의 징수관계는 공법관계 • 시(市)유지의 매각, 지방자치단체의 일반재산 처분행위 • 구 예산회계법에 의한 입찰보증금의 국고귀속조치 • 구 예산회계법 등에 따른 행정주체의 계약체결 • 조세과오납금환급청구권(부당이득반환청구권) 　(TIP) 주의: 부가가치세환급세액 지급청구는 당사자소송 • 행정상 손실보상청구권 　(TIP) 주의: 하천보상, 사업폐지, 농업손실, 어업피해에 관한 손실보상청구권은 당사자소송 • 행정상 손해배상청구권(국가배상청구권) • 공익사업을 위한 토지 등의 취득 및 보상에 관한 법률에 의하여 공공사업의 시행자가 그 사업에 필요한 토지를 협의취득하는 행위 • 구 공공용지의 취득 및 손실보상에 관한 특례법에 따른 토지 등의 협의취득 및 협의취득에 기한 손실보상금의 환수통보 • 토지협의취득 시 미지급보상금 지급청구소송 • 주택재건축정비사업조합과 조합설립에 동의하지 않는 자 사이에 매도청구와 관련된 분쟁 • 국세환급금거부결정에 대한 불복 • 한국공항공단의 무상사용허가를 받은 행정재산에 대한 전대행위
근무관계	• 공공조합과 조합원의 관계 및 도시재개발조합과 조합원의 관계 • 농지개량조합의 직원에 대한 징계처분 • 국가나 지방자치단체에 근무하는 청원경찰의 근무관계 • 국립대학 교원의 신분관계 • 공무원의 징계에 대한 소송 • 국공립유치원전임강사의 해임처분 • 전문직·계약직 공무원의 보수삭감에 대한 소송	• 한국방송공사와 직원 간의 임용관계 • 한국조폐공사의 임·직원의 근무관계 • 서울지하철공사의 임·직원의 근무관계, 징계처분 • 사립학교 교직원의 근무관계, 의료보험관리공단 직원의 근무관계 • 종합유선방송위원회 사무국 직원들의 임금과 퇴직금의 지급청구 • 주한미군 한국인 직원의 징계면직처분 • 의료보험조합직원의 징계면직처분
기타	• 수도료의 부과징수와 이에 따른 수도료의 납부관계 • 공무수탁사인의 행위 • 국·공립도서관의 이용관계 • 국가의 대한주택공사에 대한 감독관계 • 산업단지 입주계약해지통보 • 과학기술기본법령상 한국연구재단의 사업계약해지통보(BK21) • 조달청의 나라장터 종합쇼핑몰에 대한 거래정지 조치 • 국가 또는 지방자치단체의 입찰참가자격제한 • 수력·원자력공사(법률에 근거), 한국전력공사(법률에 근거), 조달청(공기업·준정부기관에서 위임), 예산회계법에 따른 입찰참가자격제한 • 공공하수도의 이용관계 • 국가인권위원회의 성희롱결정 및 시정조치의 권고 • 사립대학교의 학위수여 • 민주화운동 관련자 명예회복 및 보상 등에 관한 법률상의 보상심의위원회의 보상금지급결정 • 초·중등교육법상 사립중학교에 대한 중학교 의무교육의 위탁관계 • 재활용시설의 민간위탁대상자 선정행위	• 환매가격의 증감에 관한 소송, 환매권 존부확인소송 • 행정주체의 기채 모집 • 국채 발행·모집, 지방자치단체의 지방채 발행·모집 • 국고수표발행행위 • 한국마사회가 조교사 또는 기수의 면허를 부여하거나 취소하는 행위 • 수도권매립지공사, 한국토지개발공사, 한국전력공사(회계규정에 근거), 조달청(기타 공공기관에서 위임)의 입찰참가자격제한 • 일반환자의 국공립병원이용관계 　(TIP) 주의: 감염병환자의 강제입원관계는 공법관계 • 기부채납받은 공유재산을 무상으로 기부자에게 사용하도록 허용하는 행위 　(TIP) 주의: 사인이 공공시설을 건설한 후, 국가 등에 기부채납하여 공물로 지정하고 그 대신 그 자가 일정한 이윤을 회수할 수 있도록 일정기간 동안 무상으로 사용하도록 허가하는 행위는 공법관계 중 처분으로 항고소송의 대상이 됨 • 지방자치단체와 사인 간에 체결한 자원회수시설 위탁운영협약

구분	공법관계(당사자소송)	사법관계(민사소송)
신분·지위 확인	• 텔레비전방송수신료 통합징수권한의 부존재확인소송(당사자소송) • 공무원(국공립학교학생, 국가유공자)의 지위확인소송(당사자소송) • 농지개량조합 직원의 지위확인소송(당사자소송) • 재개발조합을 상대로 한 조합원의 조합원지위확인소송(당사자소송) • 주택재건축정비조합을 상대로 관리처분계획안(사업계획시행안)에 대한 조합총회결의의 효력을 다투는 소송(당사자소송)	재개발조합에서 조합장 또는 조합원 사이의 선임·해임 등을 둘러싼 법률관계
계약관계	• 광주광역시립합창단 단원의 재위촉거부(당사자소송) • 서울특별시립무용단 단원의 위촉과 해촉(당사자소송) • 전문직·계약직 공무원 채용계약의 의사표시(당사자소송) • 공중보건의사·전문직공무원 채용계약의 해지(당사자소송) • 군대자원입대(당사자소송) • 별정우체국지정(당사자소송) • 사회기반시설에 대한 민간투자법상 민간투자협약(당사자소송) • 중소기업 정보화지원사업에 대한 지원금출연협약의 해지 및 환수 통보(당사자소송) • 방위사업청과 한국항공우주산업의 한국형헬기 개발사업(당사자소송)	• 창덕궁·비원 안내원들의 채용계약 • 전화가입계약과 계약해지 • 국가(또는 지방자치단체)와 사인 간의 물품매매계약, 행정조달계약 • 청사에 대한 건축도급계약, 도로·항만 등 토목도급계약 • 사립학교교원과 학교법인의 관계, 사립학교의 소속교원징계 TIP 주의: 사립학교 교원이 교원소청심사위원회의 결정을 거친 경우에는 공법관계 • 공공기관의 운영에 관한 법률의 적용대상인 공기업이 일방당사자가 되는 계약 • 국가를 당사자로 하는 계약에 관한 법률에 의하여 국가와 사인 간에 체결하는 계약 • 지방자치단체를 당사자로 하는 계약에 관한 법률에 의하여 지방자치단체와 사인 간에 체결하는 계약
금전지급	• 부가가치세환급세액 지급청구(당사자소송) • 하천법상 손실보상청구권(당사자소송) 　+ 사업폐지, 농업손실, 어업피해에 관한 손실보상청구권(당사자소송) • 공무원연금관리공단이 퇴직연금 중 일부금액에 대하여 지급거부의 의사표시를 한 경우 미지급연금의 지급을 구하는 소송(당사자소송) • 지방자치단체의 보조금반환청구(당사자소송) • 광주민주화운동 관련자 보상 등에 관한 법률상의 보상금지급청구소송(당사자소송) • 토지수용에 대한 보상금증감청구소송(당사자소송) • 납세의무부존재, 조세채무부존재 확인소송(당사자소송) • 석탄산업법에 의한 석탄가격 안정지원금 지급청구소송(당사자소송) • 법관의 명예퇴직수당 지급청구소송(당사자소송) • 소방공무원의 초과근무수당 지급청구소송(당사자소송) • 국공립유치원전임강사의 보수지급청구소송(당사자소송) • 토지보상법에 의한 주거이전비 보상청구(당사자소송) • 주거용 건축물의 세입자에게 인정되는 주거이전비 보상청구권(당사자소송)	

Ⅲ. 특별권력관계론

1. 의의

특별권력관계란 특별한 원인에 의해 성립하고, 특정한 행정목적상 필요한 범위 내에서 특별한 권력주체에게 포괄적인 지배권이 부여되며, 그 상대방은 이에 복종함을 내용으로 하는 법률관계(독일의 특유이론)이다.

2. 성립과 소멸

(1) 성립원인

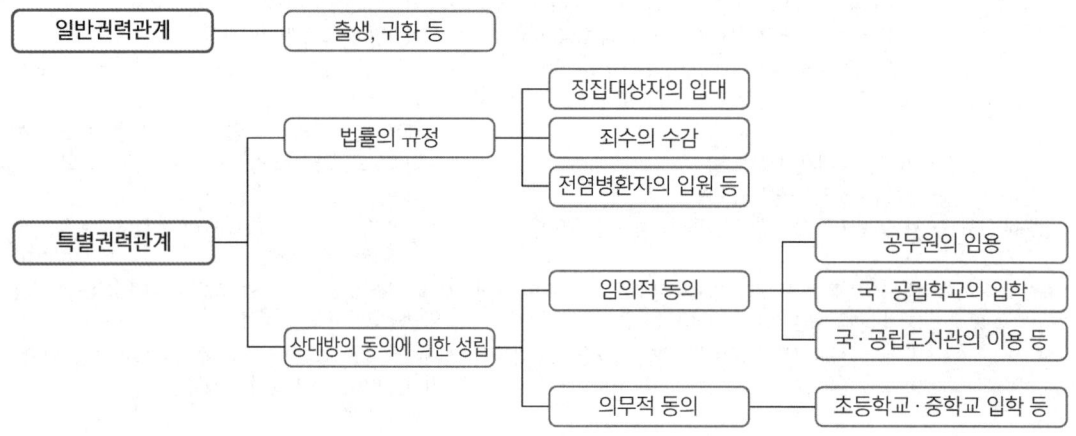

(2) 소멸원인

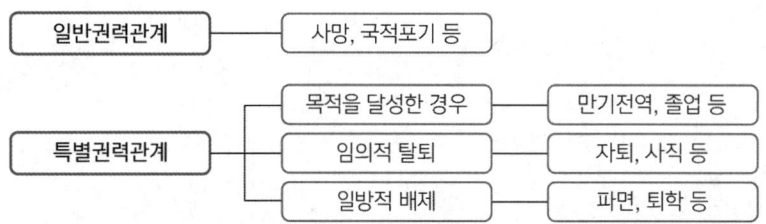

3. 전통적 특별권력관계의 특징

① 강화된 복종, 약화된 자유
② 법률유보원칙의 배제
③ 기본권 보장의 배제
④ 사법심사의 제한
⑤ 행정규칙의 법규성 부인(학설도 법규성 부인)

4. 울레(Ule)의 수정설

기본관계	• 특별권력관계 자체의 발생·변경·소멸에 관련된 관계 • 상대방의 권리·의무에 직접적인 영향을 미치므로 법치주의가 적용되며, 원칙적으로 사법심사의 대상이 된다.	• 공무원의 임명, 전직, 퇴직, 징계, 파면 • 국공립학생의 입학, 졸업, 징계 • 수형자의 입소, 퇴소 • 군입대, 제대 • 형의 집행
업무관계	• 성립된 특별권력관계의 목표를 수행하는 데 필요한 행위 • 사법심사를 자제하는 것이 원칙이나, 권리보호의 필요성이 있을 경우 사법심사의 대상이 된다.	• 군인의 훈련, 복무: 사법심사의 대상 ○ • 수형자에 대한 행형: 사법심사의 대상 ○ • 전염병환자의 강제격리관계: 사법심사의 대상 ○ • 일반 공무원의 직무: 사법심사의 대상 × • 도서관 이용관계: 사법심사의 대상 ×

5. 오늘날 특별권력관계

① **법치주의의 원칙적 적용**
② **법률유보원칙의 적용**: 다만 특별한 목적과 기능을 수행하는 데 필요한 한도 내에서 다소 완화될 수 있다.
③ **기본권제한에 법률의 근거를 要**: 헌법 제37조 제2항
④ **사법심사의 원칙적 가능**: 특별권력관계도 일반행정법관계와 같이 사법심사의 대상이 된다(통설, 판례). 다만, 법령에 의해 특별 행정법주체에게 광범위하게 재량이 주어지는 경우가 많다. 이 경우 재량의 일탈과 남용이 있는 때에만 사법심사가 가능하다.

6. 특별권력관계의 종류

① 공법상 법률관계
② 공법상 영조물 이용관계
③ 공법상 특별감독관계
④ 공법상 사단관계

7. 특별권력관계의 내용

① **명령권**: 포괄적 지배권을 갖춘 특별권력주체는 그 상대방에 대하여 특별권력관계의 목적 달성을 위해 필요한 명령·강제가 가능하다.
② **징계권**: 특별권력주체가 특별권력관계의 질서유지를 목적으로 내부질서문란자에 대해 행하는 징계권한을 말한다. 징계권은 특별권력관계로부터의 배제(파면, 해임 등) 및 이익의 박탈(감봉, 정직 등)에 그쳐야 한다.

Ⅳ. 행정법관계의 당사자

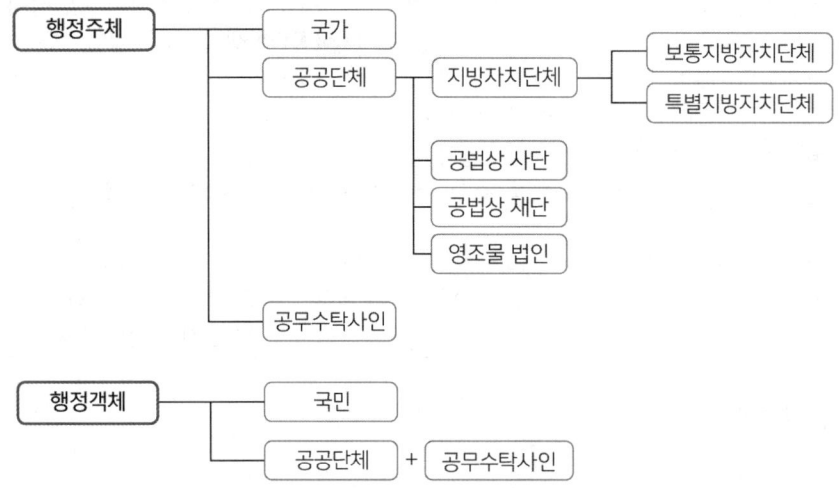

1. 공무수탁사인

(1) 의의

국가 또는 지방자치단체로부터 법령에 의하여 공적 임무를 위탁받은 사인을 말한다.

(2) 행정주체성 여부

① 다수설은 공무수탁사인을 전래적 행정주체로 본다.
② 공무수탁사인은 '행정주체'이며, '행정청'의 지위를 함께 가진다.

(3) 법적 근거

공권력의 행사를 사인(私人)에게 이전하는 것이므로 법적 근거를 요한다.

(4) 법률관계

국가와의 관계	① 국가 등 위탁자와 공무수탁사인과의 관계는 공법상 위임관계이다. ② 공무수탁사인은 위탁자의 감독을 받는다(공법상 특별권력관계). ③ 위탁자에 대해 공무수행권, 비용청구권, 보조금청구권 등을 갖는다. ④ 사인에 대한 행정권한의 위탁은 법률(기장, 선장에 대한 경찰권한의 위임 등), 행정행위(공증인의 임명 등), 공법상 계약(별정우체국장 등) 등의 형식에 의한다.
국민과의 관계	① 공무수탁사인이 행정행위를 발하거나 행정지도를 하는 경우 행정절차법이 적용된다. ② 공무수탁사인의 행정작용(임무수행)으로 인해 권익을 침해받은 자는 그 공무수탁사인을 피고로 하여 행정쟁송, 손해배상, 손실보상 등의 청구가 가능하다.

(5) 공무수탁사인의 예

공무수탁사인으로 인정된 예	• 학위를 수여하는 사립대학의 총장·학장 • 토지수용을 하는 사업시행자 • 체신업무를 하는 별정우체국장 • 경찰사무를 하는 선장·기장 • 공증사무를 하는 공증인 • 교정업무를 수행하는 민영교도소 • 건축공사에 관한 조사, 검사, 확인을 하는 건축사 • 한국광고자율심의기구
주의할 사례	소득세 원천징수의무자의 경우 학설은 대립하며 판례는 공무수탁사인으로 보지 않고 공의무부담사인으로 본다.

(6) 공무수탁사인이 아닌 경우

① 행정보조인(공의무부담사인): 행정임무를 자기 책임하에 수행하는 것이 아닌, 단순히 기술적 집행을 하는 사인

　예 아르바이트로 행정서류를 정리하는 사인, 석유비축의무를 지는 석유정제업자

② 행정대행인

　예 • 경찰과의 계약에 의해 주차위반차량을 견인하는 대행업자
　　• 생활폐기물의 수집, 운반 및 처리의 대행업자
　　• 차량등록 및 검사를 대행하는 사인

2. 행정객체

(1) 의의

행정주체에 의한 행정권 행사의 상대방을 말한다.

(2) 원칙적으로 사인이 행정객체가 되나 공공단체와 공무수탁사인의 경우 행정주체이지만 행정객체도 될 수 있다. 하지만 국가는 행정객체가 될 수 없다(통설).

V. 행정법 관계의 특질

1. 개설

① 행정목적의 효율적인 달성을 위해 실정법에 의해 특별히 부여된 것
② 권력관계에서는 모두 인정된다. 반면, 관리관계의 경우 확정력, 공정력(구성요건적 효력), 강제력은 인정되지 않는다.

2. 내용

(1) 법적합성

행정권은 사적자치가 적용되어서는 안 된다. ➔ 법에 적합하여야 한다. 즉, 법치행정

(2) 공정력

행정행위가 위법, 부당하여 하자가 있을지라도 중대하고 명백한 당연무효가 아닌 한 권한 있는 기관에 의하여 취소될 때까지는 일단 유효를 인정하는 힘을 말한다(상대방과 이해관계인, 타 국가기관을 구속하는 효력).

- 중대하고 명백한 하자 ➜ 무효
- 중대하거나 명백한 하자 ➜ 취소
- 권한 있는 기관: 처분청은 직권취소가 가능하다. 하지만 감독청의 경우는 명문의 규정을 요하며, 명문의 규정이 없을 경우 학설이 대립한다. 그 외에 권한이 있는 기관으로는 행정심판은 행정심판위원회, 행정소송은 행정법원, 고등법원, 대법원이 있다.

광의의 공정력	협의의 공정력(상대방에 인정되는 힘)	능률행정, 법적 안정성을 위해 인정됨
	구성요건적 효력(타 국가기관에 인정되는 힘)	권력분립, 권한분장, 그 존재를 존중하여 판단의 기초로 삼음

(3) 확정력 = 존속력

① 불가쟁력(형식적 확정력, 절차적 효력): 쟁송제기기간이 경과하거나 쟁송수단을 모두 거친 행정행위의 경우 처분의 상대방 또는 이해관계인은 더 이상 그 행정행위의 효력을 다툴 수 없다.

　㉠ 인정범위: 모든 행정행위(단, 무효의 경우에는 불가쟁력이 없다)
　㉡ 효력이 미치는 대상: 상대방, 이해관계인 ○, 국가기관은 ✕
　　(TIP) if 불가쟁력 발생 후 처분에 위법이 발견될 경우: 행정쟁송제기 ✕, 국가배상청구 ○, 행정청에 의한 직권취소 ○

② 불가변력(실질적 확정력, 실질적 효력 = 자박력): 특정한 행정행위의 경우 처분청, 감독청이라도 새로운 사정의 발생, 흠 등을 이유로 취소, 철회, 변경 ✕

　㉠ 인정범위: 특정한 행정행위
　　ⓐ 준사법적 행위의 경우: 쟁송절차 또는 쟁송과 유사한 절차를 거쳐 행해지는 준사법적 행위는 불가변력이 인정된다.
　　　예 행정심판의 재결, 소청심사위원회의 결정, 토지수용위원회의 재결, 국가배상심의위원회의 배상, 징발보상심의회의 보상결정 등
　　ⓑ 확인행위: 확인행위에는 불가변력이 인정된다.
　　　예 당선인 결정, 국가시험합격자 결정, 발명특허 등
　㉡ 효력이 미치는 대상: 행정청

③ 불가쟁력과 불가변력은 서로 독립적이며 무관한 효력이다.

(4) 강제력(의무이행확보수단)

① 자력집행력: 법원의 힘 없이 자신의 힘으로 자신의 의사를 실현
② 제재력: 행정벌 등의 제재조치

(5) 권리, 의무의 특수성

공공성, 상대성, 불융통성

(6) 권리구제의 특수성

① 행정상 손해전보: 국가배상, 손실보상

② 행정상 쟁송: 행정심판, 행정소송

VI. 행정법 관계의 내용

1. 공권

(1) 의의

① 공법관계에서 권리주체가 직접 자기를 위하여 일정한 이익을 주장할 수 있는 공법상의 힘
② 법의 보호를 받음(사실상 이익인 반사적 이익과 구별)
③ 소권(원고적격)

(2) 공권의 종류

① 국가 ➔ 개인: 국가적 공권
② 개인 ➔ 국가: 개인적 공권
③ 개인적 공권: 19C 법치국가에서 시작됨, 헌법상 기본권, 개별법상 권리(법률, 명령, 조례, 규칙, 관습법, 조리, 공법상 계약 등)

Plus 보충 헌법상 기본권을 근거로 권리의 주장이 가능한가?

1. 개별법상 권리의 흠결 시 실효적인 권리구제를 위하여 헌법이 보충적인 근거규정이 될 수 있다(통설, 판례).
2. 침익적 처분의 경우에는 개별법령규정을 검토할 필요 없이 헌법상의 기본권을 근거로 취소소송 등이 가능하다(통설, 판례).
    예 • 변호인 접견권, 알권리 등의 자유권, 평등권, 재산권 등 ➔ 헌법상 기본권을 근거로 직접 권리주장 가능
    • 사회권적 기본권, 청구권적 기본권 등 ➔ 헌법상 기본권을 근거로 직접 권리주장 불가

(3) 개인적 공권의 성립요소

① 행정청의 의무: 공법상의 법규가 국가 기타 행정주체에게 행정의무를 부과
② 사익보호성: 행정주체에게 행위의무를 부과한 행정법규가 공익뿐만 아니라, 부수적으로라도 사익보호도 아울러 목적으로 하여야 한다.
③ 소구가능성(청구권능, 이익관철의사력): 개인이 자신의 이익을 행정주체에 대해 소송으로 요구할 수 있을 것

(TIP) 다수설은 ①, ②로 충분하다는 입장이다. ∵ 재판청구권은 헌법상 일반적으로 보장(헌법 제27조 제1항)되고 있음(개괄주의)

(4) 개인적 공권의 특수성

① **이전, 양도, 압류 등 제한**: 신체, 생명 등의 침해로 인한 개인적 공권은 이전 등이 제한됨. but 재산상 침해의 경우에는 가능

② **포기 등 제한**: 공권은 공익적 측면도 고려해서 인정되는 것이기 때문에 포기가 금지되는 경우가 많다. 다만, 포기하여도 공익에 영향이 없는 경제적 내용의 공권은 포기가 인정된다.

> TIP 포기와 달리 불행사는 가능하다. 예를 들어 소권·선거권의 제척기간 경과로 인한 소멸, 봉급권·연금권의 소멸시효 완성으로 인한 소멸 등은 권리의 불행사로 인한 소멸이다.

> TIP 판례는 합의하에 한 소권의 포기를 인정하지 않으며, 부제소 특약은 무효라 판단하고 있다. 단, 손실보상과 예비청구 등의 포기는 인정한다.

③ **대행 제한**: 선거권, 투표권, 응시권 등의 경우는 일신전속적 성격을 가지므로 대행과 위임이 제한된다.

④ **시효의 단기성**: 소멸시효의 경우 사권은 10년이지만 공권은 원칙적으로 5년으로 짧다.

⑤ **구제수단의 특수성**: 손해전보, 행정쟁송

⑥ **승계**: 전통적으로 공법상 권리와 의무는 일신전속적 성질을 가지므로 승계가 될 수 없다고 보았으나 오늘날에는 권리 또는 의무의 내용에 따라 개별적으로 승계가능성을 판단하여야 한다고 본다.

기출 주요 판례 공권·공의무

- 재산침해로 인한 국가배상청구권은 양도·압류가 가능하다.
- 공권에 대해 제3자와 소권의 포기에 관한 계약을 체결하더라도 그 계약은 무효이다.
- 석탄사업법령상의 재해위로금청구권은 개인적 공권으로서 당사자의 합의에 의해 포기할 수 없다.
- 행정주체 상호 간에도 권리·의무 및 지위의 이전·승계가 발생할 수 있다.
- 산림을 무단형질변경한 자가 사망한 경우 당해 토지의 소유권 또는 점유권을 승계한 상속인이 그 복구의무를 부담한다.
- 개인택시운송사업자가 음주운전을 하다가 사망한 후 상속인이 그 지위를 승계하기 위하여 상속신고를 한 경우 관할 관청이 망인의 음주운전을 이유로 상속신고의 수리를 거부한 것은 위법하다.
- 영업양도에 따른 지위승계신고를 수리하는 허가관청의 행위는 단순히 양수인이 그 영업을 승계하였다는 사실의 신고를 접수하는 행위에 그치는 것이 아니라, 영업허가자의 변경이라는 법률효과를 발생시키는 행위이다.
- 양도인이 자신의 의사에 따라 양수인에게 영업을 양도하면서 양수인으로 하여금 영업을 하도록 허락하였다면 영업승계신고 및 수리처분이 있기 전에 발생한 양수인의 위반행위에 대한 행정적 책임은 양도인에게 귀속한다.
- 대리운전을 이유로 1회에 걸쳐 운행정지처분이 내려진 사실을 알지 못한 채 개인택시운송사업면허를 양수한 경우 행한 자동차 운송사업면허취소처분은 재량권을 일탈한(비례의 원칙에 위반한) 위법한 처분이다.
- 대리운전을 이유로 2회에 걸쳐 운행정지처분이 내려진 사실을 알고 개인택시운송사업면허를 양수한 경우 행한 자동차운송사업면허취소처분은 재량권을 일탈한 위법이 없다.

(5) 개인적 공권과 반사적 이익

① 구분실익: 소구가능성
② 구분기준: 법 전체를 종합적으로

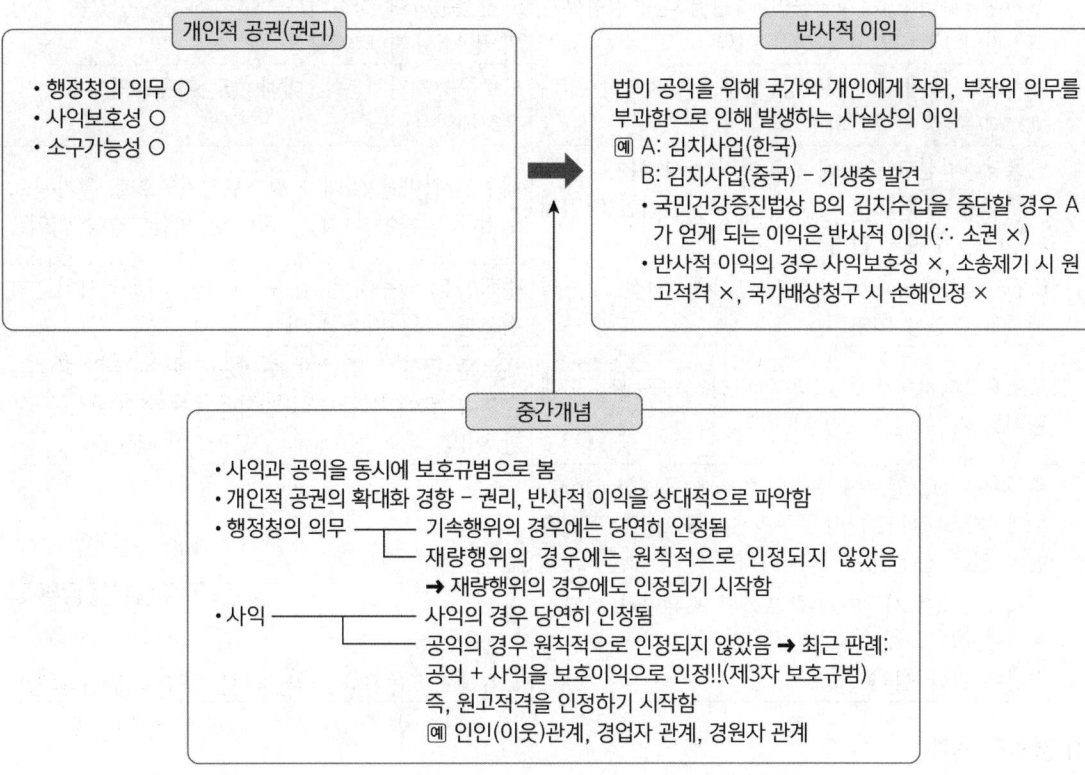

(6) 인인(이웃)관계

인인소송이란 이웃하는 자들 사이에서 특정인에게 주어지는 수익적 행위가 타인에게는 법률상 불이익을 가져오는 경우에 그 타인이 자기의 법률상 이익의 침해를 주장하면서 다투는 것을 말한다. 이를 이웃소송이라고도 한다.

법률상 이익 인정	법률상 이익 부정
주거지역 내 연탄공장건축허가에 대한 인근 주민의 주거의 안녕과 생활환경의 보호이익	개발제한구역 해제대상에 포함되지 않은 토지소유자가 당해 도시관리계획변경결정의 취소를 구할 이익
공장설립승인처분에 대해 공장설립으로 수질오염 등이 발생할 우려가 있는 취수장에서 수돗물을 공급받는 주민들이 깨끗한 수돗물을 마시거나 이용할 수 있는 생활환경상의 이익	상수원보호구역변경처분에 대해 지역주민의 상수원의 오염을 막아 양질의 급수를 받을 이익
공유수면매립면허처분 및 농지개량사업 시행인가에 관한 환경영향평가대상지역 내 주민의 환경상 이익	환경영향평가대상지역 밖의 주민, 일반국민, 산악인, 사진가, 학자, 환경보호단체 등의 환경상 이익

속리산국립공원 용화집단시설지구 개발사업계획의 설계변경승인 및 공원사업시행허가에 관한 환경영향평가대상지역 내 주민의 환경상 이익	지하상가의 임대인, 임차인이 인근 횡단보도설치행위를 다툴 이익
전원개발사업 실시계획승인에 관한 환경영향평가 대상지역 내 주민의 환경상 이익	도지정문화재 지정처분으로 침해될 수 있는 개인의 명예 내지 명예감정
주거지역 등에 공설화장장 설치를 금지함에 의해 보호되는 부근 주민의 이익	도로공용폐지처분에 대해 일반이용자의 이익 및 문화재향유이익
납골당설치신고 수리에 관하여 납골당 설치장소에서 500m 내에 20호 이상의 인가가 밀집한 지역에 거주하는 주민의 환경상 이익	제주 강정마을 일대가 절대보전지역으로 유지됨으로써 주민들이 가지는 주거 및 생활환경상 이익
LPG자동차충전소 설치허가에 대한 인접 주민의 안전과 환경상 이익	주택법상 입주자나 입주예정자의 사용검사처분의 취소를 구할 법률상 이익
도로용도폐지처분에 대하여 직접적·구체적 이해관계를 가진 인근 주민의 이익	새로운 공로로 접근할 수 있는 자가 기존 타인소유의 도로에 대한 도로폐지허가처분의 취소를 구할 이익
주식처분으로 인하여 주주의 지위에 중대한 영향을 초래하게 되는데도 달리 주주의 지위를 보전할 구제방법이 없는 경우의 주주의 이익	
도시계획사업 시행지역에 포함된 소유자가 도시계획사업 실시계획의 인가로 인한 토지의 이용관계 변경에 관한 이익	

(7) 경업자 관계

경업자란 일정한 시장에서 신규진입을 허용하는 면허, 인·허가 등에 대하여 새로운 경쟁을 부담하게 되는 기존업자를 말한다.

법률상 이익 인정	법률상 이익 부정
신규버스노선연장인가처분에 대한 당해 노선의 기존자동차운송사업자의 이익	유기장영업자의 영업상 이익
시외버스운송사업 계획변경인가에 대한 일부 노선이 중복된 기존 시내버스운송사업자의 이익	공중목욕탕 신규허가에 대한 기존 목욕장업의 이익
동일한 사업구역 내의 동종의 사업용 화물자동차 면허 대수를 늘리는 보충인가처분에 대한 기존업자의 이익	석탄가공업 신규허가에 대한 기존업자의 이익
해상운송사업법에 근거한 신규선박운항사업면허처분에 대한 기존업자의 이익	제분업시설의 이전승인처분에 대한 기존 양곡가공업자의 이익
허가받은 중계유선방송사업자의 사업상 이익	숙박업구조변경허가에 대한 인근 여관경영자의 이익(숙박업소 사이)
주류제조면허를 얻은 기존업자의 이익	장의자동차운송사업구역 위반을 이유로 제3자가 받은 과징금 부과처분에 대한 동종업자의 이익

거리제한으로 기존 주유소업자가 얻는 이익(주유소 vs 주유소)	한약제조시험을 통해 약사에게 한약조제권을 인정함으로써 감소된 한의사의 영업상 이익(약사 vs 한의사)
담배 일반소매인 신규지정에 대한 기존 일반소매인의 이익	담배 구내소매인 신규지정에 대한 기존 담배 일반소매인의 이익
약종상업 영업장소이전허가에 대한 기존업자의 이익	치과의사 vs 인근 의료근린시설건물
허가받은 기존 분뇨 등 수집·운반업 및 정화조청소업자의 이익	

(8) 경원자 관계

① 경원자란 쉽게 말하면 경쟁관계, 제로섬 관계일 수밖에 없는 경쟁의 관계를 말한다. 면허, 인·허가 등의 수익적 행정처분을 신청한 여러 명이 서로 경쟁관계에 있어서 한쪽에 대한 면허, 인·허가가 다른 쪽에 대한 불허가 등이 될 수밖에 없는 경우이다.

② 본래 인·허가 등에서는 대부분의 경우 타인의 인·허가 신청에 대한 행정청의 처분에 다른 사람은 소를 제기할 수 없다. 왜냐하면 다른 사람은 행정청이 행한 처분의 상대방이 아니기에 아무 관련이 없고, 이익이 생기거나 없어지는 것처럼 보여도 이는 반사적 이익에 불과하기 때문이다.

③ 하지만 경원자 관계에 있어서 허가 등의 처분을 받지 못한 자는 처분의 상대방이 아니라 하더라도 당해 처분의 취소를 구할 당사자 적격이 있다. 왜냐하면 타인의 인·허가에 하자가 있거나 상황의 변경이 있게 되면 그로 인해 거절되었던 자신의 신청에 영향을 줄 수 있기 때문이다.

법률상 이익을 인정한 예
법학전문대학원 예비인가와 관련하여 인가를 받지 못한 대학이 제기한 예비인가처분취소소송: 전남대 vs 조선대
LPG충전소 허가와 관련하여 허가를 받지 못한 자가 제기한 허가처분취소소송

(9) 개인적 공권의 확대화, 즉 재량에서의 원고적격 인정

Plus 보충 무하자재량행사청구권

1. 개념: 개인이 행정청에 대하여 하자 없는 적법한 재량처분을 요구하는 공권(검사의 임용거부처분 case)

2. 법적 성질
   ① 단순히 위법한 처분을 배제하는 소극적 또는 방어적 권리가 아니라 행정청에 대하여 적법한 재량처분을 구하는 적극적 권리이다.
   ② 특정처분을 구할 수 있는 권리가 아니라는 점, 이를 통하여 바로 당사자가 원하는 직접적인 이해관계가 실현되는 것은 아니라는 점에서 실체적 권리가 아니라 형식적인 권리이다.

3. 인정범위
   ① 주로 수익적 행정행위를 대상으로 하는 것이지만, 부담적 행정행위에도 인정된다.
   ② 기속규범에서는 인정되지 않고 재량규범에서 인정된다.

③ 행정청이 선택재량을 가지는 경우뿐만 아니라 결정재량을 가진 경우에도 인정된다(다수설).
> TIP 참고
> 1. 결정재량: 행정을 할 것인지, 하지 않을 것인지 결정하는 경우
> 2. 선택재량: 행정을 할 경우 A, B, C 등의 여러 방법 중 선택하는 경우

4. **성립요건**: 개인적 공권의 성립요건인 ① 강행법규에 의한 법적의무와 ② 사익보호성을 갖추어야 한다.
5. **행사방법**: 흠 없는 재량처분의 신청을 거부하거나 방치한 경우에는 의무이행심판 및 거부처분취소소송과 부작위위법확인 소송을 제기할 수 있다.

Plus 보충 행정개입청구권

1. **개념**: 개인이 자기의 이익을 위하여 제3자에 대한 규제, 단속 등의 행정권 발동을 청구할 수 있는 권리(독일 띠톱 case)
2. **법적 성질**: 행정청의 부작위로 인하여 권익을 침해당한 자가, 해당 행정청에 대하여 행정권의 발동을 청구할 수 있는 실체법상의 권리
3. **인정범위**
   ① 행정개입청구권은 기속행위의 경우에는 당연히 인정된다.
   ② 재량행위의 경우에는 무하자재량행사청구권은 인정되고, 행정개입청구권은 원칙상 인정되지 않지만, 재량권이 영(0)으로 수축하는 경우에는 행정청은 특정한 처분을 하여야 할 의무가 인정되므로, 무하자재량행사청구권은 행정개입청구권으로 전환되어 행정개입청구권이 인정된다.
4. **성립요건**: 개인적 공권이므로 개인적 공권의 성립요건인 ① 강행법규에 의한 법적 의무와 ② 사익보호성을 갖추어야 한다.
5. **행사방법**
   ① 행정개입청구를 거부한 경우 거부처분취소심판과 의무이행심판을 청구할 수 있다.
   ② 부작위인 경우 의무이행심판을 청구할 수 있으나 취소심판을 청구할 수는 없다.
   ③ 행정개입청구권의 보장을 위한 가장 적절한 소송수단은 의무이행소송이지만, 현행 행정소송법은 이를 인정하고 있지 않으므로 행정개입청구권이 완전히 관철되기 어렵다.
   ④ 거부처분취소소송이나 부작위위법확인소송을 제기할 수는 있다.
   ⑤ 행정청에게 행정개입의 의무가 발생하였음에도 불구하고 의무의 해태로 인해 사인에게 손해가 발생한 경우 국가배상법에 의한 손해배상을 청구할 수 있다.

Plus 보충 행정행위발급청구권

1. **개념**: 개인이 자기의 이익을 위하여 자신에 대한 행정청의 처분을 청구할 수 있는 권리(인·허가요구권, 공무원임용요구권 등)
2. **인정범위**
   ① 기속행위에만 인정되고 재량행위에서는 인정되지 않는 것이 원칙이다.
   ② 다만, 재량행위인 경우에도 재량권이 영(0)으로 수축된 상황에서는 행정청에 특정행위발급의무가 발생하므로 행정행위발급 청구권이 인정된다.
3. **성립요건**: 개인적 공권이므로 개인적 공권의 성립요건인 ① 강행법규에 의한 법적의무와 ② 사익보호성을 갖추어야 한다.
4. **행사방법**: 행정행위발급청구권을 가진 개인이 행정청에 특정행정행위를 하여 줄 것을 청구하였으나 행정청이 이를 거부하거나 부작위한 경우 상대방은 의무이행심판, 거부처분취소소송이나 부작위위법확인소송을 제기할 수 있다.

판례

1. **무하자재량행사청구권 중 검사임용신청거부처분 취소청구 CASE**
   [1] 검사 지원자 중 한정된 수의 임용대상자에 대한 임용 결정은 한편으로는 그 임용대상에서 제외한 자에 대한 임용거부결정이라는 양면성을 지니는 것이므로 임용대상자에 대한 임용의 의사표시는 동시에 임용대상에서 제외한 자에 대한 임용거부의 의사표시를 포함한 것으로 볼 수 있고, 이러한 임용 거부의 의사표시는 본인에게 직접 고지되지 않았다고 하여도 본인이 이를 알았거나 알 수 있었을 때에 그 효력이 발생한 것으로 보아야 한다.
   [2] 한편, 검사의 임용 여부는 임용권자의 자유재량에 속하는 사항이나, 임용권자가 동일한 검사신규임용의 기회에 원고를 비롯한 다수의 검사 지원자들로부터 임용 신청을 받아 전형을 거쳐 자체에서 정한 임용기준에 따라 이들 일부만을 선정하여 검사로 임용하는 경우에 있어서 법령상 검사임용 신청 및 그 처리의 제도에 관한 명문 규정이 없다고 하여도 조리상 임용권자는 임용신청자들에게 전형의 결과인 임용 여부의 응답을 해줄 의무가 있다고 할 것이며, 응답할 것인지 여부조차도 임용권자의 편의재량사항이라고는 할 수 없다.
   [3] 더불어, 검사의 임용에 있어서 임용권자가 임용여부에 관하여 어떠한 내용의 응답을 할 것인지는 임용권자의 자유재량에 속하므로 일단 임용거부라는 응답을 한 이상 설사 그 응답내용이 부당하다고 하여도 사법심사의 대상으로 삼을 수 없는 것이 원칙이나, 적어도 재량권의 한계 일탈이나 남용이 없는 위법하지 않은 응답을 할 의무가 임용권자에게 있고 이에 대응하여 임용신청자로서도 재량권의 한계 일탈이나 남용이 없는 적법한 응답을 요구할 권리가 있다고 할 것이며, 이러한 응답신청권에 기하여 재량권 남용의 위법한 거부처분에 대하여는 항고소송으로서 그 취소를 구할 수 있다고 보아야 하므로 임용신청자가 임용거부처분이 재량권을 남용한 위법한 처분이라고 주장하면서 그 취소를 구하는 경우에는 법원은 재량권 남용 여부를 심리하여 본안에 관한 판단으로서 청구의 인용 여부를 가려야 한다(대판 1991.2.12, 90누5825).

2. **행정개입청구권 중 띠톱 CASE**
   [1] 행정개입청구권의 법리는 1960.8.18. 독일 연방행정재판소의 띠톱판결(Bandsägeurteil, BVerwGE 11, 95)에서 정립되었다. 이 사안은, 주거지역에 설치된 석탄제조업체에서 사용하는 띠톱에서 배출되는 먼지와 소음 등으로 피해를 받고 있던 인근주민이 행정청에게 건축경찰상의 금지처분을 발할 것을 청구하자, 행정청은 이 업소의 조업은 건축관계법규에 위반되지 않는 것이라 하여 기각하였고, 이에 인근주민들이 기각처분에 대한 취소소송을 제기한 것이다. 베를린 고등법원은, 원고에게는 건축법규에 기한 특정처분을 청구할 수 있는 권리가 없다며 원고의 청구를 기각하였다.
   [2] 그러나 연방재판소는, 경찰법상의 일반수권조항의 해석에 있어, 첫째 인근주민의 무하자재량행사청구권을 인정하고, 둘째 재량권의 영으로의 수축이론에 의거하여 원고의 청구를 인용하였다. 이 판례는, 첫째 경찰법규의 목적은 공익의 보호뿐만 아니라 국민 개개인의 사익도 보호하려는 것이다. 둘째, 경찰개입여부는 원칙적으로 재량이지만, 일정한 상황하에서는 재량권이 영으로 수축되고, 이 때 개인은 경찰당국에 대해 당해 조치를 취할 것을 청구할 수 있는 권리를 가진다고 판시하였다는 점에서 종래 판례에 대한 획기적인 전환점을 이룬 것으로 평가되고 있다.

제4장 행정법상의 법률요건과 법률사실

1. 법률요건과 법률사실

법률사실 → 법률요건 → 법률효과
(예 청약, 승낙 등의 의사표시) (예 매매의 성립) (예 소유권이전의무, 대금지급 의무 등의 효과발생)

2. 기간(期間)

시기 ──기간──▶ 종기 - 어느 한 시점에서 어느 한 시점까지의 시간적 간격
(기한)   (기한)

① 원칙: 특별한 규정이 없으면 민법을 따름
  ㉠ 일, 주, 월, 년 단위의 경우 초일불산입, 0시 출발 또는 생년월일 등의 경우 초일산입
  ㉡ 시, 분, 초 단위의 경우 즉시 기산
  ㉢ 말일경과 시 기간만료됨. 만약 말일이 공휴일일 경우(토요일 포함) 그 다음 날 만료
② 예외: 행정기본법

> **행정기본법 제6조 【행정에 관한 기간의 계산】** ① 행정에 관한 기간의 계산에 관하여는 이 법 또는 다른 법령등에 특별한 규정이 있는 경우를 제외하고는 민법을 준용한다.
> ② 법령등 또는 처분에서 국민의 권익을 제한하거나 의무를 부과하는 경우 권익이 제한되거나 의무가 지속되는 기간의 계산은 다음 각 호의 기준에 따른다. 다만, 다음 각 호의 기준에 따르는 것이 국민에게 불리한 경우에는 그러하지 아니하다.
> 1. 기간을 일, 주, 월 또는 연으로 정한 경우에는 기간의 첫날을 산입한다.
> 2. 기간의 말일이 토요일 또는 공휴일인 경우에도 기간은 그 날로 만료한다.
>
> **제7조 【법령등 시행일의 기간 계산】** 법령등(훈령·예규·고시·지침 등을 포함한다. 이하 이 조에서 같다)의 시행일을 정하거나 계산할 때에는 다음 각 호의 기준에 따른다.
> 1. 법령등을 공포한 날부터 시행하는 경우에는 공포한 날을 시행일로 한다.
> 2. 법령등을 공포한 날부터 일정 기간이 경과한 날부터 시행하는 경우 법령등을 공포한 날을 첫날에 산입하지 아니한다.
> 3. 법령등을 공포한 날부터 일정 기간이 경과한 날부터 시행하는 경우 그 기간의 말일이 토요일 또는 공휴일인 때에는 그 말일로 기간이 만료한다.

3. 시효

① 일정한 사실상태가 일정한 기간 동안 계속된 경우에 그 사실상태가 진정한 권리관계에 합치되는가를 묻지 않고, 그 사실상태에 상응하는 법적 효과를 인정해 주는 제도

② 진실한 법률관계를 무시한다는 단점(법적 정의 ↓), 일정하게 지속된 사실관계를 존중한다는 장점(법적 안정성 ↑)
③ 기산점: 권리가 발생한 때가 아닌, 권리행사가 가능한 시점을 기산점으로 한다.
④ 소멸시효
　㉠ 의의: 권리자가 권리행사를 할 수 있음에도 불구하고 일정한 기간 동안 권리를 행사하지 않은 경우에 그 권리를 소멸하게 하는 제도
　㉡ 시효기간
　　ⓐ 원칙: 국가재정법 제96조 – 다른 법률에 특별한 규정이 없으면 5년
　　ⓑ 예외: 다른 법률에 특별한 규정이 있는 경우

3년	• 국가배상청구권에서 그 손해 및 가해자를 안 날부터 3년 　(TIP) 불법행위로 인한 손해가 발생한 날부터: 5년 • 국회의원의 세비청구권 • 공무원연금법상 단기급여지급청구권 (TIP) 장기급여의 경우: 5년 • 공무원보수청구권 • 공무원징계요구권 (TIP) 공무원의 금품 및 향응 수수, 공금의 횡령·유용: 5년
5년	• 국세기본법상 국세징수권, 국세환급청구권 • 지방세기본법상 지방세징수권, 지방세과오납금반환청구권 • 관세법상 관세징수권, 관세과오납금환급청구권 • 징발법상 징발보상청구권 • 공무원연금법상 장기급여지급청구권, 기여금과오납반환청구권 • 부당이득반환청구권

　　ⓒ 적용범위: 공법상의 금전채권 이외에 사법상의 금전채권에도 적용된다(통설, 판례).
　　ⓓ 시효의 중단·정지
　　　• 중단: 독촉, 최고, 납입의 고지 등 ➡ 즉시 시효중단의 효과가 발생하며, 새로이 시효가 기산됨
　　　• 정지: 권리행사가 곤란한 상황 ➡ 정지사유가 없어진 경우 시효가 계속됨

소멸시효의 중단사유	소멸시효의 정지사유
• 청구, 압류 또는 가압류, 가처분, 납입고지, 독촉 • 국가배상심의회에 대한 손해배상금지급신청 등	천재지변 기타 사변(민법 제182조) 등

　　ⓔ 소멸시효 완성의 효과
　　　• 절대적 소멸설(다수설): 당연히 소멸, 법원에서 원용 불요(不要)
　　　• 상대적 소멸설: 주장할 수 있는 권리, 법원에서 원용 필요(要)
　　　　(TIP) 판례의 입장: 당연히 소멸 but 법원에서 원용 要

⑤ 취득시효

  ㉠ 의의: 권리를 행사하고 있는 것과 같은 외관이 일정한 기간 동안 계속되는 경우에 권리취득의 효과가 생기게 하는 제도
  ㉡ 시효기간: 민법상 원칙적으로 부동산은 20년(등기부취득시효는 10년), 동산은 10년
  ㉢ 공물에 대한 시효취득 인정 여부: 공물은 공적 목적에 제공된 물건이므로 공용폐지가 없는 한 취득시효의 목적이 될 수 없다(다수설, 판례). 이러한 공용폐지는 명시적인 경우뿐만 아니라 묵시적인 의사표시까지 포함한다.
  ㉣ 현행법률: 현행 국유재산법과 공유재산 및 물품관리법은 일반재산(잡종재산)의 시효취득을 인정한다.

4. 제척기간

일정한 권리에 정해진 권리의 존속기간(행정쟁송제기기간, 조세부과기간, 과태료부과기간 등)

Plus 보충 소멸시효와 제척기간 비교

소멸시효	제척기간
• 지속적 사실의 존중, 비교적 장기 • 권리행사 가능 시 • 중단 ○, 정지 ○ • 시효완성 시 당연소멸이 원칙이지만 법원에서 당사자의 원용 要	• 신속한 법 관계 형성, 비교적 단기 • 권리발생 시 • 중단 ×, 정지 × • 직권고려(직권심리)

5. 주소

① 민법상: 생활근거지, 복수주의, 실질주의
② 공법상: 주민등록지, 단수주의, 형식주의

6. 사무관리

(1) 의의

법률상 의무 없이 타인을 위하여 특정한 사무를 관리하는 것

(2) 유형

① 행정주체가 하는 경우

  ㉠ 강제관리(재단에 문제가 있는 경우 사립학교에 대한 강제관리 등)
  ㉡ 보호관리(재난구호, 자연재해 시 빈 상점의 물건의 처분, 행려병자관리 등)
      (TIP) 행려병자의 유류품매각의 경우 판례는 사무관리가 아닌 대리로 본다는 점에 주의할 것

② 사인이 하는 경우: 비상재난 시 행정주체가 해야 할 사무를 사인이 대신하는 경우(조난자 구호, 시설의 응급복구조치 등)

(3) 적용법규

공법상 일반법이나 통칙적 규정은 존재하지 않는다. 따라서 사법상의 사무관리 규정이 공법에서도 준용된다.

7. 부당이득

(1) 의의

① 법률상 원인 없이 타인의 재산 또는 노무로 인하여 이득을 얻고, 이로 인하여 타인에게 손해를 끼치는 것
② 여기서 '법률상 원인 없이'란 '무효'를 의미한다.

(2) 적용법규

특별한 규정이 없으면 민법상의 부당이득에 관한 규정이 준용된다.

(3) 성질

① 학설
  ㉠ **공권설(통설)**: 공법상 부당이득반환청구권은 공법상 원인에 의하여 발생하므로 동 청구권은 공권이고, 이에 관한 분쟁은 행정소송법상 당사자소송으로 해결하여야 한다는 견해
  ㉡ **사권설**: 공법상 부당이득반환청구권은 사권이고, 이에 관한 분쟁은 민사소송에 의한다는 견해
② 판례
  ㉠ 일반적으로 사권설을 취하며, 민사소송으로 분쟁을 해결하여야 한다고 본다.
  ㉡ 즉, 조세환급청구 사안에서 민사상의 부당이득반환청구로서 민사소송절차에 따라야 한다고 본다.

  (TIP) 다만, 최근 부가가치세 환급세액 지급청구사안에서 당사자소송 절차에 따라야 한다고 본 판례가 있음에 주의할 것

(4) 유형

① **행정주체의 부당이득**: ㉠ 국가가 사유지를 무단으로 사용(착오에 의한 사유지의 도로편입), ㉡ 조세의 과오납, ㉢ 무효인 과세처분에 따른 세금납부 등
② **사인의 부당이득**: ㉠ 사인이 국유지를 무단으로 사용, ㉡ 공무원의 봉급·연금 과다수령, ㉢ 무자격자의 연금수령 등

기출 주요 판례

1. **시효제도**
   - 공법상 금전채권뿐만 아니라 사법상의 금전채권도 소멸시효기간은 특별한 규정이 없는 한 5년이다.
   - 소멸시효가 완성된 후의 조세부과처분은 무효이다.
   - 과세처분의 취소 또는 무효확인청구의 소는 비록 행정소송이지만 부당이득반환청구권의 소멸시효 중단사유에 해당한다.
   - 변상금부과처분에 대한 취소소송이 진행되는 동안에도 변상금부과처분의 소멸시효가 진행된다.
   - 납입고지에 의한 부과처분이 취소되더라도 납입고지에 의한 시효중단의 효력이 상실되지 않는다.
   - 세무공무원이 체납자의 재산을 압류하기 위해 수색을 하였으나 압류할 목적물이 없어 압류를 실행하지 못한 경우에도 시효중단의 효력이 발생한다.
   - 국가배상청구에 있어서 채권자가 동일한 목적을 달성하기 위하여 복수의 채권을 갖고 있는 경우 어느 하나의 청구권을 행사하는 것이 다른 채권에 대한 소멸시효 중단의 효력이 있다고 할 수 없다.
   - 북한에서의 납북상태가 지속되는 동안에는 국가배상청구권의 소멸시효가 진행하지 않는다.

2. **부당이득**
   - 조세부과처분이 무효임을 전제로 하여 이미 납부한 세금의 반환을 청구하는 것은 민사상의 부당이득반환청구로서 민사소송 절차에 따라야 한다.
   - 과세처분의 하자가 단지 취소할 수 있는 정도에 불과할 때에는 과세관청이 이를 스스로 취소하거나 항고소송절차에 의하여 취소되지 않는 한 그로 인한 조세의 납부가 부당이득이 된다고 할 수 없다.
   - 오납금에 대한 납부자의 부당이득반환청구권은 처음부터 법률상 원인 없이 납부 또는 징수된 것이므로 납부 또는 징수시에 발생하여 확정되면, 그때부터 소멸시효가 진행된다.

   > **TIP** 주의: 부가가치세환급세액 지급청구는 당사자소송이다.

제5장 사인의 공법행위

1. 공법행위
공법행위란 일반적으로 행정법관계(공법관계)에서 공법적 법률효과의 형성(발생·변경·소멸)을 목적으로 하는 모든 행위를 총칭하는 것으로서 사법행위에 대응되는 관념을 말한다.

2. 사인의 공법행위

(1) 의의
행정법관계에서 공법적 효과의 발생을 목적으로 하는 모든 사인의 행위

(2) 종류

분류기준		내용
지위	행정주체의 지위	국민투표, 선거 등
	행정객체의 지위	각종 인·허가 신청, 신고, 응시 등
의사표시의 수	단순행위	신고 등의 행위는 신고만으로 법적 효과가 발생하므로 단순행위라 할 수 있다.
	합성행위	선거, 투표 등
	합동행위	공공조합의 설립 등
행위의 효과	자기완결적 공법행위 (자체완성적 공법행위)	• 사인의 의사표시나 단순한 사실의 통지 그 자체만으로 일정한 법적 효과를 발생시키는 공법행위를 말한다. • 투표·선거, 신고(출생, 사망, 출국, 세금, 예비군 신고 등), 조합 설립행위 등
	행위요건적 공법행위 (행정요건적 공법행위)	• 사인의 행위가 그 자체로서 법률효과를 완성시키지 못하고 행정주체의 공법행위의 동기나 요건이 되거나 공법상 계약의 일방 당사자의 의사표시에 불과한 공법행위를 말한다. • 신청·출원(여권, 특허, 허가, 인가 신청), 청원·소청, 동의(공무원임명에 대한 동의)·승낙·협의(토지수용의 협의), 지원입대, 입학원서의 제출, 국가시험의 응시행위, 행정소송의 제기, 행정심판의 청구 등

(3) 적용법규
사인의 공법행위에 대한 법률적 구성을 규정하고 있는 통칙적 규정(일반법)은 존재하지 않는다.

의사능력·행위능력	• 특별한 규정이 없는 한 민법상의 의사무능력자에 대한 규정은 사인의 공법행위에도 적용된다. 즉, 사인의 공법행위에서도 의사능력이 필요하고, 의사능력이 없는 자의 행위는 민법의 원칙대로 무효가 된다. • 행위능력에 관한 민법 규정의 취지는 재산법 분야에서 행위무능력자를 보호하기 위한 것이다. 이러한 입법 취지와 무관한 행정법관계에는 공법상 특별한 규정이 있어 민법 규정을 그대로 적용할 수 없는 경우가 있다.
대리	• 명문의 규정이 있다면 그에 따르지만, 명문의 규정이 없는 경우 해석상 일신전속적인 행위는 대리가 허용될 수 없다(사직원의 제출 및 그 철회, 투표·선거, 응시, 귀화허가 신청 등). • 금지규정이 없거나 성질에 반하지 않으면(일신전속적인 행위가 아닌 경우) 대리가 가능하며 이 경우 대리에 관한 민법규정이 유추 적용될 수 있다(음식점영업허가 신청 등).
행위형식	• 사인의 공법행위는 반드시 요식일 필요는 없다. • 다만, 능률행정을 위해 실정법령상 일정한 서식에 의하도록 규정하고 있는 경우가 많다(행정심판청구서, 인·허가신청서 등).
효력발생시기	• 원칙: 개별법에 특별한 규정이 없는 한 민법에서와 같이 도달주의가 원칙이다. • 예외: 발신인의 이익을 위하여 발신주의를 규정하고 있는 경우(국세기본법 제5조의2)가 있다.
의사표시	통칙적 규정이 없으므로 특별한 규정이 없는 한 민법규정이 유추적용된다. (TIP) 주의: 민법 제107조(진의 아닌 의사표시) 제1항의 단서조항은 행정법 관계에는 적용되지 않는다(판례). 민법 제107조【진의 아닌 의사표시】① <u>의사표시는 표의자가 진의 아님을 알고 한 것이라도 그 효력이 있다. 그러나 상대방이 표의자의 진의 아님을 알았거나 이를 알 수 있었을 경우에는 무효로 한다.</u>
부관	사인의 공법행위에는 명확성과 법률관계의 신속한 확정을 위하여 조건·기한 등의 부관을 붙일 수 없는 것이 원칙이다.
철회·보정	사인의 공법행위는 명문으로 금지되거나 성질상 불가능한 경우가 아닌 한 그에 의거한 행정행위가 행하여질 때까지는 철회나 보정이 가능하다.

(4) 효과

① 처리의무(신청한 대로 ×, 법대로 ○)

② 자체완성적 공법행위의 경우(특히, 신고의 경우): 공법적 효과 발생, 흠결 시 보완요구(보류, 반려 ×, 지체 없이 보완요구 ○)

③ 행정요건적 공법행위의 경우(특히, 신청의 경우): 접수증 교부, 흠결 시 보완요구(보류, 반려 ×, 지체 없이 보완요구 ○)

④ 수정허가와 수정인가: 수정허가는 가능하다. 그러나 수정인가는 법령의 특별한 규정이 있거나 상대방의 동의가 없다면 불가능하다.

⑤ 재신청: 가능하다.

(TIP) 행정행위에는 일사부재리의 효력이 없으므로 거부처분이 불가쟁력을 발생하더라도 사정변경이 있으면 재신청이 가능하다.

3. 사인의 공법행위로서의 신고

(1) 의의

신고란 사인이 행정기관에 일정한 사항에 대하여 알리는 것을 말한다. 한편, 법적 행위로서의 신고가 아닌 단순한 사실로서의 신고는 사인의 공법행위로서의 신고에 해당하지 않는다.

(2) 종류

자기완결적 신고 (본래적 의미의 신고)	신고의 요건을 갖춘 적법한 신고만 하면 행정청의 수리 여부에 관계없이 신고서가 접수기관에 도달한 때에 법률상의 의무(신고의무)가 이행되는 것으로 보는 신고를 말한다(행정절차법 제40조의 신고).
수리를 요하는 신고 (변형적 신고)	법령등으로 정하는 바에 따라 행정청에 일정한 사항을 통지하여야 하는 신고로서 법률에 신고의 수리가 필요하다고 명시되어 있는 경우(행정기관의 내부 업무처리 절차로서 수리를 규정한 경우는 제외한다)에는 행정청이 수리하여야 효력이 발생한다(행정기본법 제34조의 신고).

(3) 자기완결적 신고와 수리를 요하는 신고의 구별

① 구별실익

㉠ 처분성 여부

자기완결적 신고 (본래적 의미의 신고)	행정청의 수리에 처분성이 인정되지 않는다. 즉, 행정청이 한 수리나 수리거부는 행정사무의 편의를 위한 사실상의 행위에 불과하여 사인의 권리·의무에 아무런 영향이 없으므로 처분성이 인정되지 않는다. (TIP) 다만, 최근 대법원이 수리를 요하지 않는 신고인 건축법상의 건축신고, 건축물 착공신고, 원격평생교육신고에 대한 거부의 처분성을 인정한 바가 있음에 주의할 것
수리를 요하는 신고 (변형적 신고)	행정청의 수리에 처분성이 인정된다. 즉, 행정청은 신고가 요건을 갖추었는지 여부를 심사한 후 수리 여부를 결정하는 심사의무가 있으므로, 수리나 수리거부는 사인의 권리·의무에 영향을 주고 처분성이 인정된다.

㉡ 신고필증의 의미

자기완결적 신고 (본래적 의미의 신고)	• 사인이 일정한 사실을 행정청에 알렸다는 사실을 확인해 주는 의미밖에 없다. • 신고를 수리한 것을 말소하는 것도 사실로서의 행위이므로 처분성이 인정되지 않는다.
수리를 요하는 신고 (변형적 신고)	사인에게 법적 효과를 발생하는 수리가 이루어졌음을 증명하는 서면에 해당한다.

㉢ 신고의 효과

자기완결적 신고 (본래적 의미의 신고)	적법한 신고	도달	효력이 발생한다.
		수리	수리 여부는 문제가 되지 않는다.
	부적법한 신고	도달	효력이 발생하지 않는다.
		수리	효력이 발생하지 않는다.

			부적법한 신고를 하였거나 신고를 하지 않고 한 행위는 무신고행위로서 행정벌 등 행정제재가 가능
수리를 요하는 신고 (변형적 신고)	적법한 신고	도달	효력이 발생하지 않는다(단, 행정청의 수리의무가 발생한다).
		수리	효력이 발생한다.
	부적법한 신고	도달	효력이 발생하지 않는다.
		수리	• 하자있는 수리행위의 문제 ➜ 위법 • 즉, 중대 · 명백 ○ ➜ 무효(효력 ×) 중대 · 명백 × ➜ 취소사유(권한 있는 기관에 의해 취소되기 전까지는 유효)
	수리가 거부된 경우 또는 신고를 하지 않고 한 행위는 무신고행위로서 행정벌 등 행정제재가 가능		

② 구별기준

㉠ 실무상 신고는 자기완결적 신고를, 등록은 수리를 요하는 신고를 의미한다.

㉡ 개별법령에서 신고와 등록을 구분하여 규정하고 있지 아니한 경우에는 관련 법령의 취지와 목적 및 관련조문에 대한 합리적이고도 유기적인 해석을 통해 양자를 구별하여야 한다.

　ⓐ 신고요건이 형식적 요건만인 경우 ➜ 자기완결적 신고

　ⓑ 신고요건이 형식적 요건 이외에 실질적 요건도 포함하고 있는 경우 ➜ 수리를 요하는 신고

　ⓒ 신고의 수리로 구체적인 법적 효과가 발생하는 경우(건축주명의변경신고 등) ➜ 수리를 요하는 신고

자기완결적 신고로 본 예	수리를 요하는 신고로 본 예
• 건축법상의 신고 • 건축물 착공신고 • 원격평생교육신고 • 체육시설의 설치 · 이용에 관한 법률상의 신고 체육시설영업신고 • 체육시설의 설치 · 이용에 관한 법률상의 골프장이용료변경신고 • 수산업법상의 수산제조업신고 • 의료법상의 의원개설신고 　(TIP) 참고: 식품접객업의 영업신고를 한 건물이 무허가 건물일 경우 영업신고는 부적법한 신고이다.	• 건축법상의 인 · 허가의제 효과를 수반하는 신고(실질적 심사) • 유통산업발전법에 따른 대규모점포의 개설등록 및 재래시장법에 따른 시장관리자 지정신고(실질적 심사) • 노동조합설립신고(실질적 심사) • 장사 등에 관한 법률상 납골당설치신고 • 예탁금회원제 골프장의 회원모집계획서 제출 • 주민등록법상 주민등록전입신고 • 노인복지시설에 관한 설치신고 • 건축법상 건축물 양수인의 건축대장상의 건축주명의변경신고 • 식품위생법상 영업양도에 따른 지위승계신고

　(TIP) 수리를 요하지 않는 신고: 수리를 요하지 않는 신고에서 수리를 거부하는 행정청의 행위는 처분으로 보지 않는다.

　(TIP) 주의: 건축신고와 원격평생교육신고는 수리를 요하지 않는 신고임에도 불구하고 행정청이 수리를 거부할 경우 처분성이 인정된다.

기출 주요 판례 사인의 공법행위·지위승계신고

- 전역지원의 의사표시가 진의 아닌 의사표시라 하더라도 무효의 법리를 선언한 민법상 비진의 의사표시는 적용되지 않고, 표시된 대로 유효한 것으로 보아야 한다.
- 사인의 공법행위인 영업재개신고에 민법 제107조(비진의 의사표시)는 적용될 수 없다.
- 공무원의 사직서제출이 강박에 의한 경우 그 정도가 의사결정의 자유를 박탈할 정도에 이른 것이라면 그 의사표시는 무효로 될 것이고 그렇지 않으면 취소사유이다.
- 공무원이 한 사직의 의사표시의 취소는 그에 터 잡은 의원면직처분이 있을 때까지 할 수 있는 것이고, 일단 면직처분이 있고 난 이후에는 철회나 취소를 할 여지가 없다.
- 사설납골당시설의 설치신고는 법령상 설치기준에 부합하는 한 수리하여야 하나, 보건위생상의 위해를 방지하거나 국토의 효율적인 이용 및 공공복리의 증진 등 중대한 공익상의 필요가 있는 경우 그 수리를 거부할 수 있다.
- 정보통신매체를 이용하여 원격평생교육을 불특정 다수인에게 학습비를 받고 실시하는 경우의 신고에 대해 형식적 요건을 모두 갖추었음에도 신고대상이 된 교육이나 학습이 공익적 기준에 적합하지 않는다는 등 실체적인 사유를 들어 신고의 수리를 거부할 수 없다.
- 주민등록법상 전입신고는 수리를 요하는 신고라는 것이 판례이며, 이 경우 주민등록법상 요건 이외의 요건을 들어 수리를 거부할 수 없다.
- 인·허가의제를 수반하는 건축신고는 수리를 하는 행정청이 의제되는 인·허가의 실체적 요건을 심사하여 수리를 하여야 한다.
- 영업양도에 따른 지위승계신고의 수리는 양도자의 사업허가를 취소함과 아울러 양수인에게 적법하게 사업을 할 수 있는 권리를 설정하여 주는 행위로서 사업허가자의 변경이라는 법률효과를 발생시키는 행위이다.
- 허가대상 건축물의 양수인이 구 건축법 시행규칙에 규정되어 있는 형식적 요건을 갖추어 시장, 군수 등 행정관청에게 적법하게 건축주의 명의변경을 신고한 때에는 행정관청은 그 신고를 수리하여야 하지 실체적인 이유를 내세워 신고의 수리를 거부할 수는 없다.
- 채석허가자의 지위를 양수받아 명의변경신고를 할 수 있는 양수인의 지위는 단순한 반사적 이익이나 사실상의 이익이 아니라 산림법령에 의하여 보호되는 직접적이고 구체적인 이익으로서 법률상 이익이라고 할 것이다.
- 채석허가자의 지위를 양수받아 명의변경신고를 할 수 있는 양수인은 신고수리 전이라도 허가취소처분을 다툴 법률상 이익이 인정된다.
- 사업의 양도행위가 무효라고 주장하는 양도자는 민사쟁송으로 양도·양수행위의 무효를 구함이 없이 막바로 허가관청을 상대로 하여 행정소송으로 위 신고수리처분의 무효확인을 구할 법률상 이익이 있다.
- 영업자지위승계신고를 수리하는 처분은 종전의 영업자의 권익을 제한하는 처분이라 할 것이고 따라서 종전의 영업자는 그 처분에 대하여 직접 그 상대가 되는 자에 해당한다.
- 영업자지위승계신고의 경우 행정청으로서는 신고를 수리하는 처분을 함에 있어서 행정절차법 규정 소정의 당사자에 해당하는 종전의 영업자에 대하여 위 규정의 행정절차를 실시하고 처분을 하여야 한다.

제2편
행정작용법

제1장　행정입법
제2장　행정행위
제3장　행정행위의 내용
제4장　행정행위의 부관
제5장　행정행위의 성립요건과 효력발생요건
제6장　행정행위의 하자
제7장　그 밖의 행위작용
제8장　행정절차법
제9장　공공기관의 정보공개에 관한 법률
제10장　개인정보 보호법

제1장 행정입법

행정입법: 행정입법이란 행정기관이 법조문의 형식으로 일반적·추상적인 규범을 정립하는 작용 및 그에 따라 정립된 규범을 말한다.

I. 법규명령

1. 법규명령의 종류

(1) 효력

① 헌법(국민) ─┐
② 법률(국회) ─┼─→ **헌법대위명령**: 현재 대한민국에는 존재하지 않는다.
③ 명령(정부) ─┤   **법률대위명령**: 대통령의 긴급명령·긴급재정경제명령(국회의 승
④ 자치입법   │   인 要 → 승인 거절 시 거절 순간부터 소멸)
              └─→ **법률종속명령**

Plus 보충 법률종속명령

법률종속명령		위임명령(보충명령, 법률의 내용을 보충하는 명령)	집행명령(시행세칙, 법률의 집행을 위한 명령)
공통점		\- 둘 모두 법규명령으로 대외적 구속력이 있다. \- 둘 모두 공포를 요한다. \- 둘 모두 헌법 제75조, 제95조에 근거 \- 둘 모두 법조문의 형식으로 제정된다. \- 둘 모두 근거 법령이 소멸되면 해당 명령도 소멸하는 것이 원칙이다. \- 둘 모두 명령·규칙심사권의 대상이 된다.	
차이점	개념	법률 또는 상위명령에 의하여 위임된 사항에 관하여 발하는 명령	상위법령에 의한 구체적인 위임 없이 상위법령의 집행을 위해 필요한 구체적·기술적 사항을 규율하기 위하여 발하는 명령
	위임	법률의 개별적, 구체적인 위임이 필요함	법률의 개별적, 구체적인 위임이 불필요함
	규율 범위	위임의 범위 내에서 국민의 권리·의무에 관한 사항을 새로이 규정할 수 있으며, 벌칙 역시 규정 가능하다.	국민의 권리·의무에 관한 사항을 새로이 규정할 수 없으며, 벌칙 역시 규정할 수 없다.
	소멸	수권법률이 소멸 → 이에 근거한 위임명령도 소멸	상위법령의 소멸 → 집행명령도 소멸 (TIP) 상위법령의 개정 → 당연 실효 ×. 즉, 개정된 상위법령의 시행을 위한 새로운 집행명령이 제정·발효될 때까지는 효력을 유지함

(2) 형식

① 대통령이 발하는 긴급명령 · 긴급재정경제명령

② 대통령령(○○시행령)

③ 총리령 · 부령(○○시행규칙) → 총리령우위설(다수설), 양자등위설, 양자무관설

> TIP) 처장과 청장은 부령을 발할 수 없다.

④ 국회규칙, 대법원규칙, 헌재규칙, 중앙선관위규칙: 법규명령의 조건(헌법에 명시, 헌법기관의 ○○령 또는 헌법기관의 ○○규칙)

> TIP) 1. 감사원은 헌법기관임에도 불구하고 헌법에 규칙제정권이 규정되지 않아, 감사원법에 규정하여 규칙을 제정하였다.
> 2. 감사원규칙: 법규명령으로 본다(다수설, 판례). 왜냐하면 헌법에의 명시는 열거규정이 아닌 예시규정으로 보기 때문이다.

2. 법규명령의 한계

(1) 위임명령

① 포괄위임금지의 원칙

② 국회의 전속사항을 위임명령에 위임하는 것이 가능한가? (헌법 규정: ~은 법률로 정한다)

> 예) 헌법 제59조: 조세의 종목과 세율은 법률로 정한다.

- 다수설, 판례: 중요사항(본질적)유보설 → 중요사항은 법률로 정할 것, 이럴 경우 세부적 사항은 위임 가능함

③ 처벌규정을 위임명령에 위임하는 것은 가능한가?

- 다수설, 판례: 중요사항(본질적)유보설 → 즉, 범죄구성요건의 구체적 기준과 벌칙의 상한선은 법률로, 세부적 사항은 위임 가능함

④ 재위임은 가능한가?

명령
↓ : 전면적 재위임은 ×, 일반적인 사항 규정 → 세부사항 재위임 가능 ○
하위명령

(2) 집행명령

새로운 입법은 불가능하다.

3. 법규명령의 성립과 소멸

주체	정당한 권한이 있는 기관, 자신의 권한 범위 內, 정상적인 의사
내용	적법성, 타당성, 확실성, 실현가능성, 평등의 원칙, 신뢰보호의 원칙, 비례의 원칙, 자기구속의 법리, 부당결부금지의 원칙
절차	• 대통령령 - 법제처의 심사 + 국무회의의 심의 • 총리령 · 부령 - 법제처의 심사
형식	법조문 형식, 서명날인

(1) 성립

공포(관보 등)한 날로부터 20일(국민의 권리제한 또는 의무부과의 경우 30일)이 경과

(2) 효력

양면적 구속력 - 국민 ○, 국가기관 ○

(3) 하자

① 주체, 내용, 절차, 형식의 하자: 하자가 있는 법규명령 ➜ 무효 ○, 취소 ×(∵ 행정입법의 경우 공정력 ×)
② 공포 등의 하자: 무효 ○, 취소 ×

(4) 소멸

명시적 폐지, 묵시적 폐지, (해제)조건의 성취, 종기의 도래, 상위법의 폐지, 법규명령과 다른 긴급명령의 제정 등

(TIP) 법규명령의 발령기관이 폐지된 경우 ➜ 법규명령은 소멸하지 아니한다.

4. 법규명령의 하자

(1) 하자 있는 법규명령의 효력

① 법규명령은 행정행위에서의 공정력과 같은 힘이 인정되지 않으므로 성립·발효요건을 결한 하자 있는 법규명령은 무효이다.
② 단, 판례는 행정절차법 제41조에 의한 입법예고를 거치지 않은 시행규칙을 무효로 보지는 않는다(대판 1990.6.8, 90누2420).
③ 동일한 사항에 대하여 하위법령이 상위법령에 저촉되는 경우 하위법령의 전부가 무효가 아니라 저촉되는 한도 내에서만 효력이 없다고 보아야 한다. 따라서 하위법이 저촉되는 한도 내에서는 상위법을 적용한다.

(2) 하자 있는 법규명령에 근거한 행정행위의 효력

① 하자 있는 무효인 법규명령에 근거하여 이루어진 처분 역시 위법할 것이다. 다만 그 위법성의 정도는 법원의 판결이 선고되기 전까지는 그 법규명령의 위법 여부가 객관적으로 명백한 것이라고 할 수 없으므로 행정행위의 하자는 취소사유에 해당한다.
② 반면 대법원에 의하여 위법으로 확인된 법규명령을 적용하여 이루어진 행정행위는 그 하자가 중대·명백하여 당연무효이다.
③ 법규명령에 위반한 행정청의 행위로 인해 권익이 침해된 국민은 행정쟁송을 통하여 그 무효확인이나 취소를 청구하거나 국가배상(손해배상)을 청구할 수 있다.

5. 법규명령의 통제

(1) 국회
① 직접적 통제: 긴급명령, 긴급재정경제명령의 경우 - 동의(사전적) ×, 승인(사후적) ○
> (TIP) 참고: 영미법계 - 의회제출제도(행정입법 ➜ 의회가 폐지 가능)

② 간접적 통제
  ㉠ 탄핵소추, 국정감사, 국정조사, 대정부질문
  ㉡ 국무총리, 국무위원 해임건의권
  ㉢ 국회소관상임위원회에 제출의무(**행정입법**: 제·개정·폐지, **대통령령**: 입법예고부터 제출)
    - 직접통제로 보기도 함

(2) 정부
① 직무감독권
② 각종 절차적 통제
③ 법제처 심사
④ 국무회의 심의(대통령령의 경우에만)
⑤ **중앙행정심판위원회**: 처분에 대한 취소재결 시 관계 행정기관에 시정조치 요청 + 이 사실을 법제처장에 통보(최근 개정)

(3) 국민
여론, 언론, 시민단체

(4) 법원
① 구체적 규범통제(일반적 법규명령의 경우)

헌법의 태도	헌법 제107조 ① 법률이 헌법에 위반되는 여부가 재판의 전제가 된 경우에는 법원은 헌법재판소에 제청하여 그 심판에 의하여 재판한다. ② 명령·규칙 또는 처분이 헌법이나 법률에 위반되는 여부가 재판의 전제가 된 경우에는 대법원은 이를 최종적으로 심사할 권한을 가진다.
구체적 규범통제의 주체	㉠ 헌법 제107조 제1항의 위헌법률심사권은 헌법재판소의 권한이다. ㉡ 헌법 제107조 제2항의 명령·규칙심사권의 주체는 원칙적으로 각급 법원이다. ㉢ 명령·규칙심사권을 헌법재판소도 갖는가? • 부정설: 대법원의 입장 • 긍정설: 다수설, 헌법재판소의 입장
대상	㉠ 헌법 제107조 제2항에서 말하는 명령은 법규명령(위임명령과 집행명령)만을 의미한다. ㉡ 헌법 제107조 제2항에서 말하는 규칙이란 국회규칙, 대법원규칙, 헌법재판소규칙, 중앙선거관리위원회 규칙 등 법규명령인 규칙을 의미하며, 판례는 자치입법인 조례와 규칙도 포함된다고 본다.

	ⓒ 법규성이 없는 행정규칙은 원칙적으로 구체적 규범통제의 대상이 아니다. 그러나 행정규칙이라도 대외적 효력이 인정되는 예외적인 경우, 예컨대 법령보충규칙의 경우와 재량준칙이 평등의 원칙과 행정의 자기구속의 원칙을 매개로 간접적으로 대외적 효력을 가지는 경우에는 구체적 규범통제의 대상이 될 수 있다.

효력	⊙ 헌법재판소의 위헌법률심사: 위헌으로 결정된 법률 또는 법률의 조항은 그 결정이 있는 날부터 효력을 상실한다. 다만, 형벌에 관한 법률 또는 법률의 조항은 소급하여 그 효력을 상실한다.
	ⓒ 법원의 명령·규칙심사
	  ⓐ 일반적 효력설: 명령·규칙이 일반적으로 효력을 상실한다.
	  ⓑ 개별적 효력설: 당해 사건에 한하여 명령·규칙을 적용하지 않는다(통설, 적용거부설).
	ⓒ 행정소송에 대한 대법원 판결에 의하여 명령·규칙이 헌법 또는 법률에 위반된다는 것이 확정된 경우에는 대법원은 지체 없이 그 사유를 행정안전부장관에게 통보하여야 한다. 이를 통보받은 행정안전부장관은 지체 없이 이를 관보에 게재하여야 한다.
	ⓔ 헌법재판소의 명령·규칙심사: 행정입법에 대한 헌법소원의 인용결정이 내려진 경우에는 법률과 마찬가지로 해당 행정입법은 해당 사건에 적용이 거부됨에 그치는 것이 아니라 효력 자체가 상실된다(일반적 효력설).

② 항고소송 가능성

⊙ 행정권이 제정하는 행정입법은 일반적인 법률과 마찬가지로 일반적·추상적 규범으로서 그 자체로는 국민의 권리·의무에 직접적이고 구체적인 영향을 주는 처분이 아니므로 항고소송의 대상이 될 수 없는 것이 원칙이다.

ⓒ 그러나 행정청의 별도의 집행행위 없이도 국민의 권리·의무를 직접적으로 규율하는 처분적 법규는 그 실질이 처분이므로 예외적으로 항고소송의 대상이 될 수 있다고 보는 것이 통설과 판례의 태도이다.

ⓒ 예외적으로 처분성을 인정한 판례

　ⓐ 두밀분교폐지조례

　ⓑ 약제급여·비급여목록 및 급여상한금액표에 관한 보건복지부 고시

　ⓒ 향정신성 치료제의 요양급여 인정기준에 관한 보건복지부 고시

　ⓓ (구) 청소년보호법에 따른 청소년보호위원회의 청소년유해매체물의 결정·고시

6. 행정입법부작위에 대한 통제

(1) 의의

① 행정입법부작위라 함은 행정권에 행정입법을 제정할 의무가 있음에도 제정하지 아니하는 부작위를 말한다.

② (광의의) 행정입법부작위는 진정입법부작위와 부진정입법부작위로 구분할 수 있다. 진정입법부작위는 입법을 할 작위의무가 있음에도 불구하고 전혀 입법을 행하지 않은 것을 의미하고, 부진정입법부작위는 입법을 행하기는 했으나 그 내용상의 흠결이 존재하는 것을 의미한다.

(2) 성립요건

① 행정기관에게 행정입법을 해야 할 법적 의무가 있어야 하고, ② 상당한 기간이 지났음에도, ③ 행정입법이 이루어지지 않아야 한다. 한편 행정청에게 행정입법을 해야 할 작위의무가 인정되기 위해서는 행정입법의 제정이 법률의 집행에 필수불가결한 것이어야 한다. 따라서 하위 행정입법의 제정 없이 상위법령의 규정만으로도 집행이 이루어질 수 있는 경우라면 행정입법을 해야 할 작위의무는 인정되지 않는다.

(3) 통제방법

① 행정입법부작위는 입법 자체가 없으므로 구체적 규범통제의 대상이 될 수 없으나, 공권력의 불행사에 해당하므로 헌법소원의 대상이 될 수는 있다.

② 행정입법부작위로 인하여 손해가 발생한 경우에는 국가배상이 인정될 수 있다.

(TIP) 주의: 행정입법부작위는 입법의 부작위이지 처분의 부작위가 아니므로 행정소송법상 부작위위법확인소송으로 다툴 수 없다.

Ⅱ. 행정규칙

1. 의의

'행정조직 내부 또는 특별행정법관계 내부에서 발하여지며, 법규로서의 성질을 가지지 아니하는 일반적·추상적 규율'이다.

2. 행정규칙의 법적 성질

비법규설(다수설, 판례)	법규설
① 법규란 국민의 권리·의무에 관한 일반적·추상적 규범인데, 행정규칙은 국민의 권리·의무와 관련되지 않는다. ② 일면적 구속력: 국민 ×, 발령기관 ×, 수명기관 ○ ③ 위반해도: 위법 ×(내부징계 ○) ④ 재판규범: ×	① 법규란 일반적·추상적 규범을 통칭한다. ② 양면적 구속력: 국민 ○, 발령기관 ×, 수명기관 ○ ③ 위반할 경우: 위법 ○(내부징계 ○) ④ 재판규범: ○

3. 행정규칙의 종류

(1) 형식에 따른 분류

① 광의의 훈령: 광의의 훈령은 다시(협의의) 훈령, 지시, 예규 및 일일명령 등으로 나뉜다.

훈령	상급기관이 하급기관에 대하여 상당히 장기간에 걸쳐 권한의 행사를 일반적으로 지시하기 위하여 발하는 명령
지시	상급기관이 직권 또는 하급기관의 문의나 신청에 대하여 개별적·구체적으로 발하는 명령
예규	법규 이외의 문서로서 반복적 행정사무의 기준을 제시하는 명령
일일명령	당직·출장·시간 외 근무·휴가 등의 일일업무에 관한 명령

② 고시: 행정기관이 일정한 사항을 불특정 다수의 일반인에게 알리는 통지행위를 의미한다.

행정규칙적 고시	행정사무의 처리기준이 되는 일반적·추상적 규범의 성질을 갖는 고시
법규명령적 고시	법령의 수권에 의해 법령을 보충하는 사항을 규정하는 경우, 상위법령의 규정과 결합하여 법규명령으로서의 성질을 갖는 고시
일반처분적 고시	일반적·구체적 성질을 갖는 경우의 고시(특히 물건의 성질이나 상태를 규율하는 물적 행정행위)

(2) 내용에 따른 분류

조직규칙	행정기관의 설치, 권한분배 등에 관한 사항을 정하는 규칙(사무분배규정, 직제·위임전결규정 등)
근무규칙	상급기관이 하급기관이나 그 구성원의 직무에 관한 사항을 규율하기 위하여 발하는 규칙(훈령, 통첩 등)
영조물규칙	영조물의 조직·관리·사용관계 등을 규율하기 위해 발하는 규칙(국립도서관 규칙, 국립대학교의 학칙 등)
간소화규칙	일시에 대량적으로 행해지는 처분과 관련하여 그 기준을 제시해 주는 행정규칙(국세청장의 소득평균율에 관한 지령 등)
규범해석규칙 (법령해석규칙)	법령(특히, 불확정개념)을 해석하고 적용함에 있어 일정한 기준을 제시해 주는 행정규칙으로서, 법령집행기관의 법령해석의 어려움을 덜어주고 통일적인 법적용을 도모하기 위해 정립된다.
※ 재량준칙	① 의의: 행정기관에게 재량이 인정되어 있는 경우, 재량권 행사의 기준을 정한 행정규칙을 말한다. 예를 들어, 법률위반자에게 '행정청은 6개월 이내에 영업정지처분을 할 수 있다.'라고 규정하고 있는 경우와 같이 구체적인 영업정지처분의 기준을 정해 놓은 행정규칙이 재량준칙에 해당한다. ② 기능: 재량준칙은 그 자체로 대외적 구속력을 갖는 것은 아니지만 평등의 원칙 및 행정의 자기구속력을 매개로 하여 간접적으로 대외적 구속력을 가진다. - <u>대외적 구속력 ○</u>
※ 법령보충규칙	① 의의: 상위법령과 결합하여 법령을 보충하는 규칙을 말한다. ② 형식은 행정규칙이지만, 그 내용이 법규명령인 경우를 말한다. ③ 법령보충규칙 그 자체로서는 대외적 구속력이 없으나, 상위법과 결합하여 <u>대외적 구속력 ○</u> ④ 위임범위 내에서만 대외적 구속력을 가진다. 따라서 위임범위를 벗어난 경우 또는 위임근거를 상실한 경우에는 대외적 구속력이 없다.

4. 행정규칙의 성립과 소멸

주체	정당한 권한이 있는 기관, 자신의 권한 범위 內, 정상적인 의사
내용	적법성, 타당성, 확실성, 실현가능성, 평등의 원칙, 신뢰보호의 원칙, 비례의 원칙, 자기구속의 법리, 부당결부금지의 원칙
절차	특별한 절차 ×
형식	구두로도 가능

(1) 성립
공포를 요하지 않는다. - 법규적 효력의 행정규칙도 공포를 요하지 않는다.

(2) 효력
어떤 방법이건 수명기관에 도달 시 효력이 발생한다. 일면적 구속력(대내적 ○, 대외적 ×)

(3) 하자(주체, 내용, 절차, 형식의 하자)
하자가 있는 행정규칙의 경우 취소가 아닌 무효로 본다. 왜냐하면 행정행위와 달리 공정력이 인정되지 않기 때문이다.

(4) 소멸
명시적 폐지, 묵시적 폐지, (해제)조건의 성취, 종기의 도래

> TIP) 행정규칙은 근거법 없이 제정이 가능하다. 한편, 근거법에 의해 제정될 경우라도 근거법 폐지 시 ➔ 행정규칙은 폐지되지 않는다.

5. 내용·형식이 일치하지 않는 행정규칙

(1) 형식은 법규명령, 내용은 행정규칙일 경우
① 다수설: 법규명령
② 판례
　㉠ 대통령령(시행령)일 경우 법규명령
　㉡ 총리령·부령(시행규칙)일 경우 행정규칙

		판례의 태도
대통령령 (시행령)의 형식	법규명령	• 주택건설촉진법 시행령 제10조의3 제1항 [별표 1] - 등록업자의 등록말소 및 영업정지처분에 관한 기준 • 청소년보호법 시행령 제40조 [별표 6] - 과징금처분 기준 　TIP) 상한액 ○(∵ 재량), 정액 × • 국민건강보험법 시행령 제61조 제1항 [별표 5] - 업무정지처분 및 과징금부과의 기준 • 경찰공무원임용법 시행령 제46조 제1항 - 부정행위자에 대한 5년간 응시자격제한 기준
총리령·부령 (시행규칙)의 형식	행정규칙 (원칙)	• 식품위생법 시행규칙 제53조 [별표 15] - 행정처분 기준 • 도로교통법 시행규칙 제91조 제1항이 정한 [별표 28] - 운전면허 행정처분 기준
	법규명령 (예외)	• 총포·도검·화약류 등 단속법 시행규칙 제21조 제1항 - 소지허가의 구체적인 기준 • 여객자동차운수사업법 시행규칙 제31조 제2항 - 시외버스운송사업의 사업계획변경 기준 • 공익사업을 위한 토지 등의 취득 및 보상에 관한 법률 시행규칙 제22조 - 협의취득 시 보상액산정에 관한 시행규칙

(2) 형식은 행정규칙, 내용은 법규명령일 경우

다수설, 판례 - 법규명령

Plus 보충 판례가 법규성(외부적 효력)을 인정한 행정규칙의 예 - 법령보충규칙의 예

- 국세청 훈령 - 재산제세사무처리규정
- 국무총리훈령 - 개별토지가격합동조사지침
- 국세청장의 주류도매면허제도 개선업무지침
- 보건복지부장관의 1994년 노인복지사업지침
- 산업입지의 개발에 관한 통합지침
- 지방공무원보수업무 등 처리지침
- 법무부장관의 출국금지기준고시
- 보건복지부장관의 1994년 생계보호기준고시
- 보건복지부장관의 식품제조영업허가기준고시
- 건축사사무소의 등록취소 및 폐쇄처분에 관한 규정고시
- 상공부장관의 공장입지기준고시
- 석유판매업(주유소)허가기준고시
- 보건복지부장관의 의료보험 진료수가기준고시
- 2014년도 건물 및 기타물건 시가표준액 조정기준고시
- 금융위원회의 금융기관의 검사 및 제재에 관한 규정고시

6. 행정규칙의 통제

(1) 국회

① 직접적 통제는 현행법상 없다(통설).

② 간접적 통제는 ㉠ 탄핵소추, 국정감사, 국정조사, 대정부질문, ㉡ 국무총리, 국무위원 해임건의권, ㉢ 국회소관상임위원회에 제출의무 등이 있다.

(2) 정부

감독권, 절차적 통제, 특별 심사기구에 의한 통제(법제처의 사후평가제 등), 행정심판법에 의한 통제

(3) 국민

여론, 언론, 시민단체

(4) 사법적 통제

① 법원

㉠ 행정쟁송: 항고소송의 대상이 되기 위해서는 처분성이 인정되어야 하는데 행정규칙은 일반적·추상적 규율에 해당하므로 처분성의 결여로 원칙적으로 항고소송의 대상이 될 수 없다. 다만, 행정규칙이 직접적으로 국민의 권익을 침해하는 경우에는 '처분규칙'으로서 쟁송법상의 처분성이 인정되어 항고소송에 의한 사법적 통제를 받게 된다.

ⓒ **구체적 규범통제**: 대외적 구속력이 없고 내부적 효력만 인정되는 행정규칙은 원칙적으로 구체적 규범통제의 대상이 될 수 없다.

② **헌법재판소**: 원칙적으로 행정규칙은 대외적 구속력이 없고 대내적 구속력만 있으므로 헌법소원의 대상으로서 국민의 기본권에 대해 영향을 미치는 공권력의 행사가 아니다. 그러나 행정규칙이 예외적으로 법규성 또는 대외적 구속력이 인정되는 경우(법령보충적 행정규칙이나 재량준칙이 평등의 원칙 및 자기구속의 원칙을 매개로 간접적으로 대외적 구속력을 갖게 되는 경우 등)에는 헌법소원의 대상이 될 수 있다.

TIP 외국어를 선택과목에서 제외시킨 서울대학교의 '94학년도 대학입학고사 주요요강' - 행정쟁송의 대상 ×, 헌법소원의 대상 ○

기출 주요 판례

1. 행정입법 중 법규명령 - (1)
- 법률의 위임에 관한 규정이 없다고 하더라도 대통령령은 직권면직절차에 관한 같은 법의 규정을 집행하기 위하여 필요한 사항에 관하여 규정할 수 있다.
- 구법에 위임의 근거가 없어 무효였더라도 사후에 법 개정으로 위임의 근거가 부여되면, 그때부터 유효한 법령이 된다.
- 구법의 위임에 의한 유효한 법규명령이 법 개정으로 위임의 근거가 없어지면 그때부터 무효인 법규명령이 된다.
- 어떤 법령의 위임 근거 유무에 따른 유효 여부를 심사하려면 법 개정의 전·후에 걸쳐 모두 심사하여야만 그 법규명령의 시기에 따른 유효·무효를 판단할 수 있게 된다.
- 법규명령의 위임의 근거가 되는 법률에 대하여 위헌결정이 선고되면 그 위임에 근거하여 제정된 법규명령도 원칙적으로 효력을 상실한다.
- 상위법령이 폐지되면 집행명령은 특별한 규정이 없는 한 실효된다.
- 집행명령은 상위법령의 개정에도 불구하고 당연히 실효되지 아니하고 개정법령의 시행을 위한 집행명령이 제정, 발효될 때까지는 여전히 그 효력을 유지한다.

2. 행정입법 중 법규명령 - (2)
- 법령의 위임관계는 반드시 하위법령의 개별조항에서 위임의 근거가 되는 상위법령의 해당 조항을 구체적으로 명시하고 있어야만 하는 것은 아니다.
- 외형상으로는 포괄위임처럼 보이더라도 근거법령 및 관련법규를 살펴 이에 대한 해석을 통해 그 내재적 위임의 범위나 한계가 객관적으로 분명히 확정될 수 있는 것이라면 이를 일반적, 포괄적인 위임에 해당하는 것으로 볼 수 없다.
- 국민의 기본권을 제한하거나 침해할 소지가 있는 사항에 관한 위임에 있어서는 구체성 내지 명확성이 보다 엄격하게 요구된다.
- 규율대상이 지극히 다양하거나 수시로 변화하는 성질의 것일 때에는 위임의 구체성, 명확성의 요건이 완화되어야 한다.
- 사회보장수급권인 의료보험급여는 법률조항이 분만급여의 범위나 상한기준을 구체적으로 정하지 않았다고 하여 포괄위임에 해당하지 아니한다.
- 일반적, 추상적 개괄적인 규정이라 할지라도 법관의 법보충작용으로서의 해석을 통하여 그 의미가 구체화, 명확화될 수 있다면 그 규정이 명확성을 결여하여 과세요건 명확주의에 반하는 것으로 볼 수는 없다.
- 조세는 과세요건이거나 비과세요건 또는 조세감면요건을 막론하고 법문대로 해석할 것이고, 합리적 이유 없이 확장해석하거나 유추해석을 하는 것은 허용되지 않는다.

3. 행정입법 중 법규명령 - (3)
- 법령 그 자체는 항고소송의 대상이 되지 않으나 집행행위의 개입 없이 그 자체로서 직접 권리의무에 영향을 미치는 처분법령은 항고소송의 대상이 된다.
- 조례가 집행행위의 개입 없이도 그 자체로서 직접 국민의 구체적인 권리의무나 법적 이익에 영향을 미치는 등의 법률상 효과를 발생하는 경우 그 조례는 항고소송의 대상이 되는 행정처분에 해당한다.
- 부작위위법확인소송의 대상이 될 수 있는 것은 구체적 권리의무에 관한 분쟁이어야 하고 추상적인 법령의 제정 여부 등은 그 자체로서 국민의 구체적인 권리의무에 직접적 변동을 초래하는 것은 아니어서 행정소송의 대상이 될 수 없다.
- 법령이 명시적으로 행정입법을 위임하고 있음에도 행정부가 행정입법을 부작위하는 경우, 그 부작위가 기본권을 중대하게 침해하는 것이라면 행정입법부작위헌법소원이 가능하다(진정 입법부작위).
- 입법부작위의 형태 중 기본권보장을 위한 법 규정을 두고 있지만 불완전하게 규정하여 그 보충을 요하는 경우 입법부작위로서 헌법소원의 대상으로 삼을 수는 없다(부진정 입법부작위).
- 행정청에 행정입법의 작위의무가 인정되기 위해서는 행정입법의 제정이 법률의 집행에 필수불가결한 것이어야 하고 행정입법의 제정 없이 상위법령의 규정만으로 집행이 이루어질 수 있는 경우 하위 행정입법을 제정할 작위의무는 인정되지 않는다.

4. 행정입법 중 행정규칙
- 상위법령과 결합하여 대외적인 구속력을 갖는 법규명령으로서 기능하는 행정규칙은 청구인이 법령과 예규의 관계규정으로 말미암아 직접 기본권의 침해를 받았다면 이에 대하여 바로 헌법소원을 청구할 수 있다.
- 식품위생법 시행규칙 제53조에서 [별표 15]로 식품위생법 제58조에 따른 행정처분의 기준을 정하였다 하더라도, 이는 형식은 부령으로 되어 있으나 그 성질은 행정기관 내부의 사무처리준칙을 정한 것에 불과한 것이다.
- 구 여객자동차 운수사업법 제11조 제4항의 위임에 따라 시외버스운송사업의 사업계획변경에 관한 절차, 인가기준 등을 구체적으로 규정한 경우 법규명령이다.
- 주택건설촉진법 시행령 제10조의3 제1항 [별표 1]의 행정처분기준은 법규명령에 해당한다.
- 청소년보호법 시행령 제40조 [별표 6]의 위반행위의 종별에 따른 과징금 처분기준은 법규명령이기는 하나 그 수액은 정액이 아니라 최고한도액이다.
- 법령의 규정이 행정청에게 그 법령 내용의 사항을 정할 수 있는 권한을 부여하면서 그 권한행사의 절차나 방법을 정하지 아니하고 있는 경우, 그 법령의 내용이 될 사항을 구체적으로 규정한 행정청의 행정규칙은 그 법령의 규정과 결합하여 대외적인 구속력이 있는 법규명령으로서의 성질을 가진다.

제2장 행정행위

I. 행정행위

- 실정법상 개념이 아닌 학문상 개념으로 인정되고 있다.
- 특히, 대륙법계의 경우 - 행정재판의 대상이 되는 행정작용을 행정행위로 파악하고 있다.
- 우리 실정법상 행정행위는 보통 허가, 인가, 면허, 특허, 재결 등으로 표현된다.
- 행정절차법·행정기본법상 '처분'으로 표현되고 있다.

1. 행정행위의 개념요소

(1) 행정청의 행위
조직법상의 의미가 아닌 기능적 의미로 본다.

(2) 구체적인 사실행위
따라서 행정청에 의한 일반적·추상적 규범정립 행위인 행정입법은 행정행위가 아니다.

(3) 법집행 행위
① 외부에 대하여 직접 법적효과를 발생시키는 행위이다. ∴ 외부적 행위가 아닌 내부적 결정행위는 행정행위가 아니다. 다만, 공무원 징계처분과 같이 내부적 행위임에도 예외적으로 행정행위가 되는 경우가 있다.

② 행정행위는 국민·주민에게 의무와 권리를 부여하는 법적 행위이다. 따라서 법적 효과를 발생시키지 않는 사실행위는 행정행위가 아니다.

> TIP 권력적 사실행위는 행정행위는 아니지만 처분성을 긍정한다(교도소장의 수형자 서신검열 등).

(4) 권력적 단독행위로서 공법행위
① 공법상 계약, 행정지도와 같은 비권력적 행위는 행정행위가 아니다.
② 사법행위는 행정행위가 아니다.

2. 행정쟁송법상의 처분

(1) 실정법상 항고쟁송대상
처분 - 행, 구, 법, 권 + 그 밖에 이에 준하는 행정작용

(2) 행정행위와 처분의 관계

1원설 (실체법적 개념설)	행정쟁송법상 처분을 강학상 행정행위와 동일한 것으로 보는 입장이다. 행정소송법 제2조 제1항 제1호는 처분을 '공권력의 행사(또는 그 거부)'와 '이에 준하는 행정작용'이라고 규정하지만 '이에 준하는 행정작용'은 공권력 행사에 준하는 행정작용을 말하는 것이며, 쟁송법적 개념설이 처분개념에 포함시키고 있는 비권력적 행정작용에 대한 권리구제수단은 항고소송이 아니라 당사자소송(비권력적 행정작용으로 발생한 법률관계를 다투는 당사자소송)이나 법정외소송(일반적 이행소송)을 활용해야 한다는 점을 근거로 한다.
2원설(다수설) (쟁송법적 개념설)	행정쟁송법상 처분을 강학상 행정행위와는 별개의 것으로 보는 입장이다. 행정소송법 제2조 제1항 제1호는 처분개념에 '공권력의 행사(또는 그 거부)'에 '이에 준하는 행정작용'을 더하고 있기 때문에 현행법상 처분은 강학상 행정행위보다 더 광의의 개념으로 보아야 하며, 다양한 행정작용(특히, 비권력적 행정작용)에 대해 항고소송을 인정함으로써 실효적인 권리구제가 가능하다는 점을 근거로 한다.
판례	판례는 기본적으로 1원설(실체법적 개념설)의 입장이다. 다만, 처분개념이 확대될 여지를 인정한 판결도 있다(인권위의 성희롱결정 시정권고, 공정위의 표준약관 사용권장, 방통위의 시정요구 등에서 처분성을 인정함).

(3) 각종 거부도 행정행위가 될 수 있는가?

① 법규상·조리상 신청. 즉, 정당한 신청권에 근거한 신청일 것

> TIP 행정청이 받아들일 수 있는 신청은 정당한 신청이 아니다. 즉, 신청에 대한 인용의 결과에 의해 판단하는 것이 아니다.

② 공권력의 행사: 따라서, 국유일반재산의 대부신청거부나 학자금 대출신청거부 등은 공권력의 행사로 보지 않는다.

③ 침해가 있을 것

④ 우리나라는 원칙적으로 계획에 대한 청구권을 인정하고 있지 않다(예 '○○계획을 변경, 존속, 유지해 주세요.'라는 청구 ×).

> TIP 거부처분의 경우 사전통지의 대상 ×, 집행정지의 대상 ×

기출 주요 판례 행정행위로 보지 않은 기출 주요 판례

- 운전면허 행정처분처리대장상의 벌점부과행위는 행정처분이 아니다.
- 당연퇴직의 인사발령은 행정처분이 아니다.
- 군의관의 신체등위판정은 행정처분이 아니다.
- 정부투자기관에 대한 예산편성지침통보는 행정처분이 아니다.
- 과학기술정보통신부장관이 국제전기통신연합에 대하여 하는 위성망국제등록신청은 행정처분이 아니다.
- 건축불허가처분을 하면서 행한 소방서장의 건축 부동의 사유 자체는 별도의 행정처분이 아니다.

Ⅱ. 행정행위의 분류

1. 대인적 처분, 대물적 처분, 혼합적 처분

(1) 대인적 처분

처분의 기준 ➡ 人의 능력, 자격(증), 일신전속적 처분 - 이전·매매·양도 ✕(예 운전면허, 의사면허 등)

(2) 대물적 처분

처분의 기준 ➡ 物의 시설, 설비, 구조 등 - 이전·매매·양도 ○(예 숙박업 허가, 자동차 검사 등)

(3) 혼합적 처분

처분의 기준 ➡ 人의 능력 + 物의 시설 - 이전·매매·양도 △(예 병원, 약국 등)

> TIP 주의: 석유판매업 허가의 경우 법에는 혼합적 처분으로 규정되어 있으나 판례의 경우 대물적 처분으로 보며, 이전·매매·양도 ○

2. 가행정행위, 사전결정, 부분허가

(1) 가행정행위

종국적인 행정결정을 하기 전에 행정의 공백을 우려한 임시적 효력의 처분을 말한다(예 징계의결 요구 중인 공무원에 대한 직위해제처분, 소득세 원천징수 - 불가변력 ✕, 신뢰보호 주장 ✕).

(2) 사전결정

단계적 행정결정에 있어 최종적인 행정결정을 내리기 전에 최종적 행정결정의 요건 중 '일부에 관한 확정적 결정' 또는 '일부의 심사에 대한 종국적인 판단'을 말한다(예 폐기물관리법상 적정·부적정통보제도, 건축법상 사전결정).

(3) 부분허가

건축허가와 같은 다단계 행정결정에 있어서 가분적인 시설 일부에 대해서 중간단계에 해당하는 허가를 말한다(예 원자로 및 관계시설의 부지사전승인처분, 택지건설촉진법상 사업완료 전에 행하는 아파트 동별 사용검사).

3. 기속행위와 재량행위(행정행위가 법규에 구속되는 정도)

(1) 기속행위

법령상 요건이 충족되면 행정기관이 반드시 어떠한 행위를 하거나 하지 말아야 하는 행정행위를 말한다.

(2) 재량행위

법령상 요건이 충족되더라도 행정기관이 효과를 선택할 수 있는 행정행위를 말한다.

(3) 구별기준

① 학설

효과재량설	침익적 행위는 기속행위이고, 수익적 행위 및 국민의 권리·의무와 관련이 없는 행위는 재량행위라는 견해이다.
기본권기준설	'기본권의 최대한 보장'이라는 헌법상 명령과 행정행위의 '공익성'을 재량행위와 기속행위의 구분기준으로 하여야 하며 따라서 기본권 보장이 보다 강하게 요청되는 경우에는 사인의 기본권 실현에 유리하게 판단하고, 공익 실현이 보다 강하게 요청되는 경우에는 공익 실현에 유리하게 판단하여야 한다는 견해이다.
종합설	법령의 규정방식, 그 취지·목적, 행정행위의 성질 등을 함께 고려하여 구체적인 사안마다 개별적으로 판단하여야 한다는 견해이다.

② 판례: 판례는 관련 법령에 대한 종합적인 판단을 기반으로 하면서, 효과재량설을 활용하거나 공익성을 구별기준으로 들기도 한다.

> **기출 주요 판례** 기속행위와 재량행위의 구별
>
> 1. 종합설을 취한 판례
>   기속행위와 재량행위의 구별은 해당 행위의 근거가 된 법규의 체재, 형식과 그 문언, 해당 행위가 속하는 행정 분야의 주된 목적과 특성, 해당 행위 자체의 개별적 성질과 유형 등을 모두 고려하여 판단하여야 한다.
> 2. 효과재량설을 취한 판례
>   주택건설 사업계획의 승인은 상대방에게 권리나 이익을 부여하는 효과를 수반하는 이른바 수익적 행정처분으로서 법령에 행정처분의 요건에 관하여 일의적으로 규정되어 있지 아니한 이상 행정청의 재량행위에 속한다.

4. 판단여지이론

(1) 의의

행정법규의 요건에 불확정개념이 사용된 경우, 불확정개념은 법개념이므로 법원의 전속적 권한에 속하며, 사법심사의 대상이 되는 것이 원칙이다. 하지만 예외적으로 고도의 전문적·기술적·정책적 판단이 필요한 경우 행정청에 '판단여지'가 인정되어 법원의 사법심사가 배제 또는 제한된다는 이론이다.

(2) 근거

불확정개념에 대해서는 하나의 정당한 결정만이 존재하는 것은 아니며(판단여지 영역에서는 다수의 정당한 결정이 존재할 수 있음), 대체불가능한 결정이 존재할 수 있다는 점이 판단여지의 인정근거이다.

(3) 인정 여부

판단여지와 재량 구별설	판단여지는 법률요건의 문제이고, 재량은 법률효과의 문제라는 점에서 구별된다. 특히, 판단여지는 전면적인 사법심사가 가능하고 부관을 붙일 수 없다는 점에서 재량행위와 구별된다는 견해이다.
판단여지와 재량 구별부정설	판단여지와 재량은 사법심사의 기준이 재량권의 일탈·남용이라는 점에서 차이가 없으며, 재량은 입법자에 의해 요건의 측면에도 존재할 수 있음을 근거로 구별을 부정하는 견해이다.
판례의 입장 (구별부정설)	판례는 공무원임용면접전형, 감정평가사시험의 합격기준, 사법시험출제, 교과서 검정처분 등을 재량의 문제로 보고 있어 판단여지와 재량을 구별하지 않는다.

(4) 검토

법치주의 원리상 법률사실이 법률요건에 해당하는지 여부는 예견가능한 것이어야 하므로, 요건해당성 판단에 있어 행정청에게 재량(선택권)을 부여할 수 없다. 따라서 구별하는 견해가 타당하다(다수설의 입장). 물론, 판례는 부정설임을 기억해 둘 것

기속행위와 재량행위	
판례가 기속행위로 본 것	판례가 재량행위로 본 것
허가	허가(예외적 승인)
• 식품위생법상 대중음식점영업허가 • 식품위생법상 일반음식점영업허가 • 공중위생법상 위생접객업허가(공중목욕탕영업허가) • 건축법상 건축허가 • 식품위생법상 광천음료수제조업허가 • 총포, 도검, 화약류 등 단속법상 화약류판매업 및 저장소 설치허가 • 총포, 도검, 화약류 등 단속법상 화약류관리보안책임자면허취소 • 북한어린이살리기 의약품 지원본부에 대한 기부금품모집허가	• 주택건설사업계획의 승인 및 주택건설사업계획의 사전결정 • 도시계획법상의 개발제한구역 내의 건축물의 용도변경허가, 건축허가, 개발행위허가 • 총포, 도검, 화약류단속법상 총포 등 소지허가 • 학교보건법상 학교환경위생정화구역 내에서의 터키탕영업허가 • 학교보건법상 학교환경위생정화구역 내에서의 유흥주점영업행위금지처분 • 유기장영업허가의 철회 • 음주운전으로 인한 운전면허취소처분 • 프로판가스, 액화석유가스 충전업허가, • 석유사업법상 석유판매업등록 또는 허가 • 산림법상 산림훼손허가(산림형질변경허가) • 토지의 형질변경허가, 형질변경허가기준의 설정 • 토지의 형질변경행위를 수반하는 건축허가 • 토석채취허가, 입목벌채, 굴채허가
특허	특허
	• 개인택시운송사업면허 • 자동차운수사업법에 의한 자동차운송사업면허, 마을버스운송사업면허 • 해운법상 해상여객운송사업면허 • 공유수면매립법상 공유수면매립면허 • 수산업법상 어업면허

	• 광업법 및 토지수용법상 토지수용을 위한 사업인정 • 도로점용허가, 하천점용허가, 공유수면점용허가 • 자연공원법상 자연공원사업시행허가 • 보세구역 설영특허, 항만공사 시행허가 • 국적법에 의한 귀화허가
인가	인가
• 관리처분계획 • 토지거래허가 • 학교법인이사 취임승인처분 • 학교법인이사회 소집승인처분	• 민법상 비영리법인설립허가 • 주택건설촉진법상 주택조합설립인가 • 재단법인의 정관변경허가 • 주택재건축사업시행의 인가 • 재단법인의 임원취임에 대한 주무관청의 승인 • 공유수면매립준공인가
판단여지	판단여지
	• 사법시험령상 사법시험문제출제범위 • 한약조제시험 실시기관인 국립보건원장의 평가방법 및 채점기준 설정행위 • 교과서검정에 대한 판단 • 건설공사를 계속하기 위한 고분발굴허가 • 공무원임용을 위한 면접전형에서 임용신청자의 능력이나 적격성 등에 관한 판단
행정계획	행정계획
	도시계획법상 도시계획결정
기타	기타
• 감사원의 변상판정 • 국유재산의 무단점유 등에 대한 변상금의 징수 • 지방재정법상 공유재산 무단점유에 대한 변상금부과처분 • 부동산 실권리자명의 등기에 관한 법률상 명의신탁자에 대한 과징금부과 여부 　(TIP) 주의: 부동산 실권리자명의 등기에 관한 법률 시행령상 과징금감경 여부는 재량행위 • 경찰공무원임용령에 의한 부정행위자에 대한 합격취소처분 및 응시자격 제한처분 • 지방병무청장의 공익근무요원소집처분	• 청소년보호법 시행령의 과징금액 • 공정거래법상 과징금부과처분 • 지방자치단체장의 청원경찰면직처분 • 폐기물처리업허가와 관련된 사업의 적정 여부판단 및 적정 여부를 통보하기 위한 필요한 기준설정 • 공무원인 피징계자에게 징계사유가 있어서 징계처분을 하는 경우 어떠한 처분을 할 것인가는 징계권자의 재량 • 폐기물관리법상 폐기물처리사업계획서 부적합통보 • 초음파 검사를 통하여 알게 된 태아의 성별을 고지한 의사에 대한 의사면허자격정지처분 • 전염병예방법상 예방접종으로 인한 질병, 장애 또는 사망의 인정 여부 결정

판단여지가 인정되는 영역	
고도의 전문적·비대체적 결정	국가시험 답안채점, 국·공립학교의 학생성적평가, 공무원의 근무성적평정
행정정책적 결정	지방자치단체의 주민복지증진을 위한 공공시설 설치, 공무원인사를 위한 인력수급계획의 결정
예측결정	'대한민국의 이익을 해할 우려가 현저하다고 인정되는 자'에 대한 법무부장관의 출국금지명령, 지역경제여건의 변화에 대한 예측, 환경행정에 있어서 위해의 평가
위원회에 의한 구속적 가치평가	공정거래위원회의 불공정거래행위결정, 청소년보호위원회의 청소년유해도서물결정, 식품의약품안전청의 의약품허가결정, 영화의 공연적합성의 판정, 문화재의 판정, 신문윤리위원회의 결정, 인사평가위원회의 평가

기출 주요 판례 판단여지이론(법원은 재량행위와 판단여지를 구별하지 않음)

- 토지의 형질변경허가는 그 금지요건이 불확정개념으로 규정되어 있어 그 금지요건에 해당하는지 여부를 판단함에 있어서 행정청에게 재량권이 부여되어 있다.
- 행정청이 매장문화재의 원형보존이라는 목표를 추구하기 위하여 문화재보호법 등 관계 법령이 정하는 바에 따라 내린 전문적, 기술적 판단은 특별히 다른 사정이 없는 한 이를 최대한 존중하여야 한다.
- 시험에 있어서 평가방법 및 채점기준의 설정은 국립보건원장이 시험실시기관으로서 시험의 목적 및 내용 등을 고려하여 관계 법령이 정하는 범위 내에서 자유로이 정할 수 있는 재량행위라 할 수 있다.

5. 재량행위의 통제

(1) 재량의 한계

① 행정청의 재량에 속하는 처분이라도 재량권의 한계를 넘거나 그 남용이 있는 때에는 법원은 이를 취소할 수 있다(행정소송법 제27조).

② 재량행위에 대해서는 재량의 한계를 넘는 경우, 즉 재량의 일탈·남용이 있는 경우에 대해서만 제한적으로 재판통제가 인정되지만, 기속행위에 대해서는 전면적인 재판통제가 인정된다.

재량위반의 유형	내용	행정심판	행정소송
위법	재량권의 일탈·남용의 한계를 넘은 경우	○	○
부당	재량권의 일탈·남용의 한계를 넘지 않은, 단순히 재량을 그르친 경우	○	×

(2) 심사의 기준

① 일탈(법규상의 한계): 외적 한계
② 남용(조리상의 한계): 내적 한계
    ㉠ 즉, 일탈·남용의 경우 위법 ➡ 사법심사 ○(다수설, 판례)
        ∴ 재량의 일탈, 남용을 주장하면서 소송청구가 가능하다. ➡ 법원심리 ○
    ㉡ 만약, 일탈 ×, 남용 × ➡ 각하가 아닌 기각판결을 한다.
        ∴ 재량은 사법심사의 대상
③ 판례는 일탈·남용을 구분하지 않는다.

(3) 심사의 방식

기속행위와 재량행위에 대한 심사방식은 다르다.
① 기속행위는 그 법규에 대한 원칙적인 기속성으로 인하여 법원이 사실인정과 관련 법규의 해석·적용을 통하여 일정한 결론을 도출한 후 그 결론에 비추어 행정청이 행한 판단의 적법 여부를 법원이 독자적인 입장에서 판정하는 방식에 의하게 된다.
② 재량행위의 경우 행정청의 재량에 기한 공익판단의 여지를 감안하여 법원은 독자의 결론을 도출함이 없이 당해 행정에 재량권의 일탈·남용이 있는지 여부만을 심사하게 되고, 이러한 재량권의 일탈·남용에 대한 심사는 사실오인, 비례·평등의 원칙 위배 등을 그 판단대상으로 한다.

> **기출 주요 판례** **기속행위와 재량행위의 사법심사 방법**
> - 기속행위의 경우 그 법규에 대한 원칙적인 기속성으로 인하여 법원이 사실인정과 관련 법규의 해석·적용을 통하여 일정한 결론을 도출한 후 그 결론에 비추어 행정청이 한 판단의 적법 여부를 독자의 입장에서 판정하는 방식에 의하게 된다.
> - 재량행위의 경우 행정청의 재량에 기한 공익판단의 여지를 감안하여 법원은 독자의 결론을 도출함이 없이 해당 행위에 재량권의 일탈·남용이 있는지 여부만을 심사하게 된다. 만약 법원의 심사결과 행정청의 재량행위가 사실오인 등에 근거한 것이라고 인정된다면 이는 재량권을 일탈·남용한 것으로서 위법하여 그 취소를 면치 못한다.

6. 복효적 행정행위(이중효과적 행정행위)

(1) 복효적 행정행위의 종류

① 혼합효적 행정행위: 하나의 행정행위가 동일인에게 수익적 효과와 부담적 효과를 동시에 발생시키는 처분을 말한다. 예를 들어 수익적 행정행위에 부관이 붙은 경우 등이 있다.
② 제3자효 행정행위(인인, 경업자, 경원자) - 전술(p.53 참고)

(2) 제3자효 행정행위

① **의의**: 처분의 직접 상대방에게 이익 혹은 불이익이 되는 처분이 제3자에게는 반대로 불이익 또는 이익이 되는 처분을 말한다. 예를 들어 수용재결, 공장의 건축허가 등이 있다.

② **쟁점**

절차법상 문제		행정절차법상 행정청은 처분의 직접 상대방이 아닌 제3자에 대한 통지의무를 지지 않는다. 따라서 복효적 행정행위라도 처분의 직접 상대방에게 통지되면 제3자에 대해서도 효력을 발생한다.
소송요건	제3자의 원고적격	오늘날 제3자의 이익을 법적으로 보호할 필요성이 강조되면서 제3자에게 항고소송의 원고적격이 인정되는 경우가 점차 늘고 있다(반사적 이익의 개인적 공권화 경향).
	쟁송제기기간	• 처분의 제3자가 어떤 경위로든 행정처분이 있음을 알았거나 쉽게 알 수 있는 등의 사정이 있는 경우에는 그때로부터 90일 이내에 행정심판, 행정소송을 청구하여야 한다. • 하지만 행정심판, 행정소송의 경우 판례는 제3자가 180일 내, 1년 내에 청구를 제기하지 못한다 하더라도 그 기간 내에 행정심판청구가 가능하였다는 특별한 사정이 없는 한, '정당한 사유'가 있는 것으로 보아 행정심판, 행정소송을 청구할 수 있다는 태도를 취하고 있다.
본안심사	소송참가	행정심판이나 행정소송의 결과에 대하여 이해관계가 있는 자는 해당 행정심판 또는 행정소송에 참가할 수 있다(행정심판법 제20조, 행정소송법 제16조).
	집행정지	행정소송법상 명문규정은 없지만, 제3자효 행정행위에 대하여 집행정지결정이 내려진 경우에 복효적 행정행위의 상대방은 즉시항고 및 집행정지결정의 취소신청을 할 수 있다(다수설).
판결	판결의 효력	처분 등을 취소하는 확정판결은 제3자에 대해서도 효력이 있다(행정소송법 제29조 제1항 등).
	제3자의 재심청구	처분 등을 취소하는 판결에 의하여 권리나 이익을 침해받은 제3자가 자기에게 책임 없는 사유로 소송에 참가하지 못함으로써 판결의 결과에 영향을 미칠 공격·방어방법을 제출하지 못한 경우에는 확정된 종국판결에 대하여 재심을 청구할 수 있다(행정소송법 제31조 제1항).

제3장 행정행위의 내용

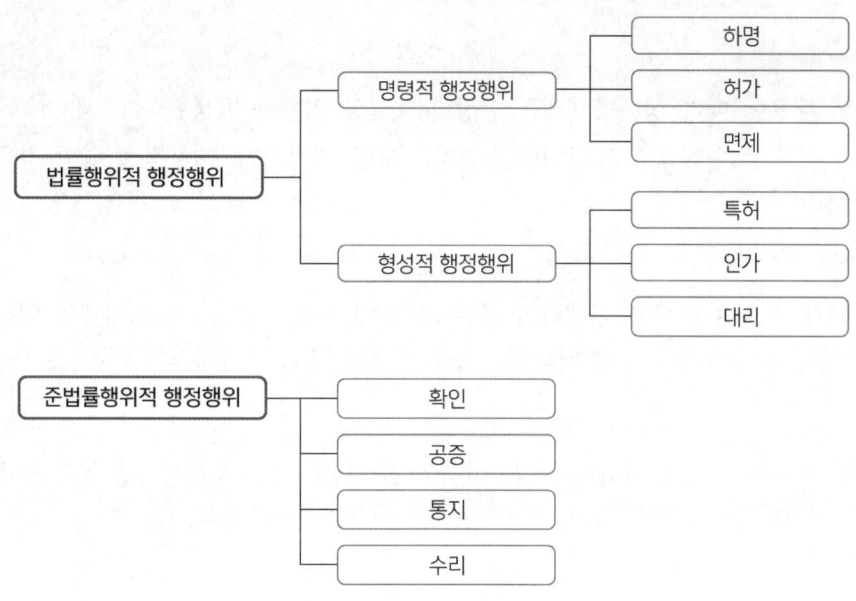

I. 명령적 행정행위

우월한 지위에 있는 행정주체가 상대방에 대하여 특정한 의무를 부과하거나 이미 부과된 의무를 해제하는 행정행위이다.

1. 하명

(1) 의의

일정한 행정목적을 위하여 행정청이 국민에게 작위, 부작위, 수인, 급부의무를 명하는 행정행위이다.

(2) 성질

개인의 자유를 제한하는 것이므로 부담적 행정행위이며, 법령의 근거를 요하고, 원칙적으로 기속행위이다.

(3) 형식

① 법규하명: 법령 자체에서 직접 의무를 발생시키는 하명(도로교통법상의 음주운전금지, 횡단보도 서행의무, 청소년보호법상의 미성년자에 대한 유해약물판매금지 등)
② 처분하명: 법령에 근거한 행정행위의 형식으로 행하는 명령

(4) 상대방

특정인(조세부과처분 등), 불특정인(통행금지, 입산금지 등) 모두 가능하다.

(5) 대상

사실행위(무허가건물철거 등), 법률행위(영업양도금지 등)

(6) 효과

① 하명의 내용에 따라 상대방에게는 일정한 공법상 의무가 발생한다.
② 하명의 효과는 원칙적으로 상대방(수명자)에게만 미치지만, 대물적 하명의 경우에는 승계가 인정된다.

(7) 하명위반

하명에 의해 부과된 의무를 이행하지 않는 자에 대해서는 행정상 강제집행과 행정벌이 가해진다. 그러나 하명에 위반하여 행하여진 행위의 사법상 효력까지 부인되는 것은 아니다.

(8) 구제

위법 또는 부당한 하명에 의하여 권리·이익을 침해당한 자는 행정쟁송을 통하여 취소를 구할 수 있고, 국가배상법에 의한 국가배상청구소송을 제기할 수 있다.

2. 허가

(1) 의의

행정목적상 법령에 의해 일반적·예방적·상대적으로 금지되어 있던 것을 특정한 경우에 해제시켜 줌으로써 인간이 본래부터 가지고 있던 자유를 회복시켜 주는 행정행위이다.

(2) 성질

허가의 요건은 법령으로 규정되어야 한다. 따라서 법령의 근거 없이 행정권이 독자적으로 허가요건을 추가하는 것은 허용되지 않는다.

(3) 허가와 예외적 승인의 구별

허가	예외적 승인
상대적(예방적) 금지의 해제	억제적 금지의 해제
원칙적으로 기속행위	원칙적으로 재량행위
자연적 자유의 회복	권리범위의 확대
• 자동차운전면허 • 의사면허·한의사면허·약사면허 • 통행금지의 해제, 입산금지의 해제, 수렵금지의 해제 • 상가지역 내의 유흥주점업허가 • 주택지역의 건축허가	• 토지수용법상의 타인의 토지에 대한 출입허가 • 학교보건법상의 학교환경위생정화구역 내의 유흥주점업허가 • 개발제한구역 내의 건축허가 • 도시계획법상 도시계획구역 내 건물의 증·개축, 형질변경허가

• 양곡가공업 허가 • 수렵면허 • 화약제조허가 • 일반음식점영업허가 • 자동차검사(확인으로 보는 학설도 있음)	• 자연공원법이 적용되는 지역 내에서의 단란주점 영업허가 • 자연공원법이 적용되는 지역 내에서의 산림훼손 허가 • 치료목적의 아편사용허가 • 카지노업허가

(4) 근거법령 및 허가기준

허가는 처분 당시에 시행 중인 법령 및 허가기준에 의하여 행하여지는 것이 원칙이다. 그러나 허가 신청 후 허가기준이 변경되었다 하더라도 그 허가관청이 허가신청을 수리하고도 정당한 이유 없이 그 처리를 늦추어 그 사이에 허가기준이 변경된 것이라면 예외적으로 허가신청 당시의 법령을 기준으로 한다.

(5) 허가의 법적 성질

① 명령적 행위인지 형성적 행위인지 여부: 명령적 행위설(종래 통설), 형성적 행위설, 양면성설(최근 유력설)

② 기속행위인지 재량행위인지 여부: 원칙적으로 기속행위이지만, 법률의 규정 또는 해석상 허가 여부에 행정청의 재량권이 인정되는 경우도 있다.

(6) 신청

허가는 원칙적으로 신청인의 신청을 요한다. 그러나 반드시 신청을 요하는 것은 아니다(예 통행금지의 해제와 같은 일반처분의 경우).

(7) 상대방

특정 상대방 또는 불특정 다수인

(8) 형식

법규허가 ×, 처분허가 ○

(9) 종류

구분	내용	예	이전성
대인적 허가	사람의 학식·능력·경험·기술 등의 주관적 사정에 착안하여 행하여지는 허가	의사·한의사·약사·운전면허 등	일신전속적 성질을 가지므로 이전성이 없다.
대물적 허가	물건의 객관적 사정에 착안하여 행해지는 허가	건축허가, 음식점영업허가, 석유판매업허가, 주류제조면허, 목욕탕영업허가 등	원칙적으로 이전성이 인정된다.
혼합적 허가	사람의 주관적 사정과 물건의 객관적 사정을 모두 심사대상으로 하는 허가	전당포영업허가, 총포·화약류 제조업허가 등	원칙적으로 사전에 행정청의 승인 또는 허가를 받아야만 이전성이 인정된다.

(10) 대상
사실행위(음식점영업, 자동차운전 등), 법률행위(영업양도, 무기거래 등)

(11) 수정허가
출원내용과 다른 수정허가도 가능하다(예 5층 건축허가 신청 ➜ 7층 건축허가).

(12) 효과

자연적 자유의 회복	허가를 받은 자는 자연적 자유가 회복되므로, 적법하게 영업·운전·건축 등 일정한 행위를 할 수 있게 된다.
법률상 이익 여부	• 허가로 인하여 누리는 영업상 이익은 원칙적으로 반사적 이익에 불과하다. • 하지만, 허가요건 중 거리제한 또는 영업허가구역 규정이 있는 경우에는 기존 업자가 받는 이익은 법률상 이익에 해당할 수 있다.
무허가행위의 효과(적법요건)	무허가영업행위는 행정상 강제집행이나 행정벌의 대상은 되지만, 행위 자체의 법률적 효력은 영향을 받지 않는 것이 원칙이다.
지역적 효과	허가의 효과는 당해 행정관청의 관할 구역 내에서만 미치는 것이 원칙이지만, 법령의 규정이 있거나 허가의 성질상 관할 구역에 국한시킬 것이 아닌 경우에는 관할 구역 외에까지 그 효과가 미치게 된다.
타법상의 제한	• 허가는 근거법상의 금지를 해제하는 효과만 있을 뿐, 타법에 의한 금지까지 해제하는 효과가 있는 것은 아니다. • 인·허가의제제도(집중효, 대체효): 하나의 인·허가를 받으면 다른 허가, 인가, 특허, 신고 또는 등록을 받은 것으로 보는 것을 말한다. 절차의 집중과 관련하여 절차집중설(신청된 주된 인·허가절차만 거치면 되고 의제되는 인·허가의 절차를 거칠 필요는 없다는 견해)과 제한적 절차집중설(이해관계 있는 제3자의 보호를 위한 절차규정은 적용 내지는 존중되어야 한다는 견해)의 대립이 있고, 판례는 일반적으로 절차집중설을 취하고 있는 것으로 보인다.

(13) 허가의 변동

허가의 갱신	• 갱신은 종전의 허가의 효력을 지속하는 것이다(새로운 행위가 아님). • 원칙적으로 기한의 도래 전에 허가의 갱신이 이루어져야 한다. 즉, 연장신청이 없는 상태에서 허가기간이 만료하였다면 그 허가는 효력을 상실한다. • 기한 도래 후 갱신신청에 따른 허가는 갱신허가가 아니고 별개의 새로운 행위이다.
허가영업의 양도와 행정제재사유의 승계	판례는 명문의 규정이 없다 하더라도 대물적 또는 혼합적 허가의 경우 행정제재사유도 승계된다고 판시하고 있다.

(14) 선원주의
허가의 경우 원칙적으로 기속행위의 성질을 가지므로 선원주의가 적용된다.

(15) 허가의 소멸
대인적 허가의 경우에는 사망, 대물적 허가의 경우에는 허가대상의 멸실이 허가의 소멸을 가져온다. 또한 철회사유가 발생하면 철회에 의해 허가가 소멸될 수 있다.

(16) 허가에 대한 권리구제

허가에 대한 요건을 충족함에도 행정청이 이를 거부한 경우, 영업허가 등이 위법하게 취소·정지된 경우에는 신청자는 행정쟁송을 제기할 수 있다. 또한 손해가 발생한 경우에는 행정상 손해배상을 청구할 수 있다.

(17) 인·허가 의제제도(행정기본법에 명시됨)

> **행정기본법 제24조 【인허가의제의 기준】** ① 이 절에서 "인허가의제"란 하나의 인허가(이하 "주된 인허가"라 한다)를 받으면 법률로 정하는 바에 따라 그와 관련된 여러 인허가(이하 "관련 인허가"라 한다)를 받은 것으로 보는 것을 말한다.
> ② 인허가의제를 받으려면 주된 인허가를 신청할 때 관련 인허가에 필요한 서류를 함께 제출하여야 한다. 다만, 불가피한 사유로 함께 제출할 수 없는 경우에는 주된 인허가 행정청이 별도로 정하는 기한까지 제출할 수 있다.
> ③ 주된 인허가 행정청은 주된 인허가를 하기 전에 관련 인허가에 관하여 미리 관련 인허가 행정청과 협의하여야 한다.
> ④ 관련 인허가 행정청은 제3항에 따른 협의를 요청받으면 그 요청을 받은 날부터 20일 이내(제5항 단서에 따른 절차에 걸리는 기간은 제외한다)에 의견을 제출하여야 한다. 이 경우 전단에서 정한 기간(민원 처리 관련 법령에 따라 의견을 제출하여야 하는 기간을 연장한 경우에는 그 연장한 기간을 말한다) 내에 협의 여부에 관하여 의견을 제출하지 아니하면 협의가 된 것으로 본다.
> ⑤ 제3항에 따라 협의를 요청받은 관련 인허가 행정청은 해당 법령을 위반하여 협의에 응해서는 아니 된다. 다만, 관련 인허가에 필요한 심의, 의견 청취 등 절차에 관하여는 법률에 인허가의제 시에도 해당 절차를 거친다는 명시적인 규정이 있는 경우에만 이를 거친다.
> **제25조 【인허가의제의 효과】** ① 제24조 제3항·제4항에 따라 협의가 된 사항에 대해서는 주된 인허가를 받았을 때 관련 인허가를 받은 것으로 본다.
> ② 인허가의제의 효과는 주된 인허가의 해당 법률에 규정된 관련 인허가에 한정된다.
> **제26조 【인허가의제의 사후관리 등】** ① 인허가의제의 경우 관련 인허가 행정청은 관련 인허가를 직접 한 것으로 보아 관계 법령에 따른 관리·감독 등 필요한 조치를 하여야 한다.
> ② 주된 인허가가 있은 후 이를 변경하는 경우에는 제24조·제25조 및 이 조 제1항을 준용한다.
> ③ 이 절에서 규정한 사항 외에 인허가의제의 방법, 그 밖에 필요한 세부 사항은 대통령령으로 정한다.

의의	복수의 인·허가를 받아야 할 사업에 대해 주된 인·허가를 받으면 다른 관련 인·허가를 받은 것으로 의제하는 제도
법적 근거	행정기관의 권한이 변경되는 효과를 가져올 수 있다는 점에서 개별법에 명시적인 근거를 요함
의제되는 범위	• 의제되는 인·허가의 절차는 생략할 수 있지만 실체적 요건에는 구속됨 • 의제되는 인·허가의 요건불비를 이유로 한 주된 인·허가 신청에 대한 거부처분은 적법함
소송의 대상	행정청이 주된 인·허가를 불허하는 처분을 하면서, 주된 인·허가 사유와 의제되는 인·허가 사유를 함께 제시한 경우, 주된 인·허가를 거부한 처분을 대상으로 쟁송을 제기하여야 함

> **기출 주요 판례 허가**
>
> - 기부금품 모집허가는 강학상 허가에 해당한다. 따라서 특별한 사정이 없는 한 기속행위에 해당한다.
> - 개발제한구역 내의 건축허가는 원칙적 금지, 예외적 허가에 해당한다. 따라서 재량행위에 해당한다.
> - 학교위생정화구역 내의 유흥업소허가는 원칙적 금지, 예외적 허가에 해당한다. 따라서 재량행위에 해당한다.
> - 건축법상 건축허가는 관계법규에서 정하는 제한사유 이외의 사유를 들어 바로 그 허가신청을 거부할 수 없다. 즉, 기속행위이다.
> - 산림법상 산림훼손허가신청의 경우 명문의 근거가 없더라도 중대한 공익상의 사유를 들어 허가를 거부할 수 있다. 즉, 재량행위이다.
> - 건축 중인 건물의 소유자와 건축허가의 건축주가 반드시 일치하여야 하는 것은 아니다.
> - 갱신이 있은 후에도 갱신 전의 법위반 사실을 근거로 허가를 취소할 수 있다.
> - 허가에 붙은 기한이 그 허가된 사업의 성질상 부당하게 짧은 경우에는 이를 그 허가 자체의 존속기간이 아니라 그 허가조건의 존속기간으로 보아 그 기한이 도래함으로써 그 조건의 개정을 고려한다는 뜻으로 해석할 수 있다.
> - 다만, 그 허가기간이 연장되기 위해서는 그 종기가 도래하기 전에 그 허가기간의 연장에 관한 신청이 있어야 하며, 만일 그러한 연장신청이 없는 상태에서 허가기간이 만료하였다면 그 허가의 효력은 상실된다.
> - 건설부장관이 관계 기관장과의 협의를 거쳐 주택건설사업계획 승인을 한 경우 별도로 도시계획법 소정의 중앙도시계획위원회의 의결이나 주민의 의견청취 등 절차를 거칠 필요가 없다.
> - 채광계획인가로 공유수면 점용허가가 의제될 경우 공유수면 점용불허가사유로서 채광계획을 인가하지 아니할 수 있다.
> - 건축불허가처분을 하면서 그 처분사유로 건축불허가 사유뿐만 아니라 형질변경불허가 사유나 농지전용불허가 사유를 들고 있다고 하여 건축불허가처분 외에 형질변경불허가처분이나 농지전용불허가처분이 존재하는 것은 아니다.
> - 건축불허가처분을 하면서 처분사유로 건축불허가 사유뿐만 아니라 소방서장의 건축부동의 사유를 들고 있다고 하여 별개의 건축부동의처분이 존재하는 것은 아니다.

3. 면제 - 출제된 적 없음

법령에 의하여 일반적으로 부과되어 있는 작위의무, 급부의무 또는 수인의무를 해제해 주는 행정행위를 말한다(예 조세면제, 군입대의무면제 등). 의무해제라는 점에서 허가와 면제는 같으나, 허가는 부작위의무의 해제인 데 반하여 면제는 작위, 급부 및 수인의무의 해제라는 점에서 다르다.

Ⅱ. 형성적 행정행위

상대방에게 일정한 권리·능력·포괄적 법률관계 또는 기타 법률상의 힘을 발생·변경·소멸시키는 행정행위

1. 특허

(1) 의의

특정 상대방을 위하여 새로운 권리나 권리능력을 설정하거나, 포괄적 법률관계, 즉 법적지위를 설정하는 행정행위이다.

	광의의 특허
권리설정행위 (협의의 특허)	광업허가, 어업면허, 도로점용허가, 하천점용허가, 공유수면점용허가, 공기업특허, 공물사용특허, 공유수면매립면허, 자동차운수사업면허, 개인택시운송사업면허, 토지수용에 있어서의 사업인정, 도선료징수권설정, 행정재산의 사용허가, 보세구역 설치·운영에 관한 특허, 전기·가스 등의 공급사업, 철도·버스 등의 운송사업 등
권리능력설정행위	공법인의 설립행위 등
포괄적 법률관계 설정행위	공무원의 임명, 귀화허가 등

(2) 법적 성질
형성적 행위, 원칙적으로 재량행위

(3) 신청
① 행정행위로서의 특허는 상대방의 신청(출원)을 필요요건으로 한다(즉, 협력을 요하는 처분). ∴ 출원 없는 특허는 무효이다.
② 한편 출원과 다른 특허(수정특허) 역시 무효이다.
③ 그러나 법규에 의한 특허의 경우에는 성질상 출원이 요구되지 않는다.

(4) 선원주의 ×
특허의 경우 원칙적으로 재량행위의 성질을 가지므로 선원주의가 적용되지 않는다.

(5) 상대방
특정 상대방 ○, 불특정 다수인 ×

(6) 형식
법규특허 ○, 처분특허 ○

(TIP) 법규형식이 인정되는 행정행위: 하명과 특허에서만 법규형식이 인정된다(예 공기업 특허: 한국도로공사법 → 한국도로공사설립).
(TIP) 처분형식의 경우 개별처분 ○, 일반처분 ×(∵ 불특정 다수인 ×)

(7) 효과
① 특허에 의해 설정되는 권리는 공권인 것이 보통이나 사권인 경우도 있다(광업권, 어업권 등).
② 대인적 특허의 효과는 이전될 수 없지만, 대물적 특허의 효과는 원칙적으로 이전될 수 있다.
③ 무특허의 경우: 무효 ○, 제재 ×, 강제 ×

2. 인가

(1) 의의
① 제3자의 법률행위를 보충하여 그 법률적 효력을 완성시켜주는 행정행위, 즉 법률행위 + 보충 → 유효

② 따라서 제3자의 행위를 기반으로 하며, 법률행위에 한정됨. 특히 법률행위는 공법상 행위, 사법상 행위 둘 다 해당됨

Plus 보충 인가의 예

- 비영리법인 설립인가 및 재단법인의 정관변경인가, 공공단체의 정관승인, 사립학교 설립인가
- 사립학교법인 이사해임승인, 학교법인 임원취임승인, 사립대학교 총장 취임임명승인, 의료법인 이사취임승인
- 허가나 특허의 양도·양수의 인가(허가)
- 토지거래허가구역 내에서의 토지거래계약허가
- 관리처분계획인가

(2) 법적 성질

보충적 성질과 형성적 행위로서의 성질을 가지며, 법령에 아무런 규정이 없는 경우는 재량행위인 경우도 있고 기속행위인 경우도 있다.

(3) 효과

① 인가에 의해 기본적인 법률행위는 효과를 발생한다. 그 효과는 사법적인 것도 있고(광업권, 어업권 양도·양수인가, 특허기업의 요금인가), 공법적인 것도 있다(공법상 재단의 정관변경인가).

② 인가는 법률행위의 효력발생요건(효력요건, 유효요건)이므로 인가를 요하는 행위를 인가 없이 한 경우 당해 법률행위는 무효이다. 다만, 적법요건이 아니라 유효요건이므로 행정청의 강제집행 또는 처벌 등의 제재와 관련된 문제는 발생하지 않는다.

(4) 대상

① 인가의 대상이 되는 행위는 제3자의 행위이며 법률행위에 한정된다.

② 인가의 대상이 되는 법률행위는 공법상 행위(공공단체의 정관변경 등)일 수도 있고, 사법상 행위(민법상 재단법인의 정관변경 등)일 수도 있다.

(5) 형식

① 반드시 구체적인 처분의 형식을 갖추어야 한다.

② 법규형식 ×, 처분형식 ○[개별 처분 ○, 일반처분 ×(∵ 출원을 要)]

(6) 신청

인가의 보충적 성질로 인해 상대방의 신청이 있어야 인가처분이 가능하다.

(7) 수정인가

출원과 다른 인가(수정인가)는 무효이다.

(8) 기본행위와 인가 상호 간의 효력관계

	인가의 하자가 무효인 경우	기본행위는 무인가행위로서 무효이다.
기본행위는 적법, 인가에 하자 有	인가의 하자가 취소사유인 경우	기본행위는 유효하게 그 효력이 완성된다. 다만, 당사자는 인가 자체를 대상으로 취소소송을 제기할 수 있고 인가처분이 취소판결을 받으면 기본행위는 무인가행위가 된다.
기본행위에 하자 有, 인가에 하자 無	기본행위가 성립하지 않거나 무효인 경우	① 인가의 보충적 성질 때문에 적법한 인가가 있어도 당해 인가는 무효가 된다. ② 적법한 인가가 있더라도 기본적 법률행위가 유효로 되는 것은 아니다. 즉, 인가 시 기본행위의 하자는 치유되지 않는다.
	기본행위에 취소원인이 있는 경우	① 인가의 효력에 영향을 미치지 않는다. ② 나중에 기본행위가 취소되면 인가도 실효된다.

TIP 기본행위와 인가 모두 적법·유효하게 성립되었으나, 나중에 당해 기본행위가 실효된 경우에는 인가의 보충적 성질 때문에 인가 역시 실효된다.

(9) 쟁송의 대상

① 기본행위는 적법·유효하고 보충행위인 인가행위 자체에만 하자가 있는 경우에는 인가처분의 무효 또는 취소를 구할 수 있다.

② 기본행위의 불성립 또는 무효를 내세워 그에 대한 감독청의 인가처분의 취소를 구하는 것은 특단의 사정이 없는 한 소구할 법률상 이익이 있다고 할 수 없다.

(10) 재개발·재건축조합 설립인가에 대한 판례 정리

① 도시 및 주거환경정비법상 주택재건축정비사업조합은 공법인으로서 행정주체의 지위를 갖는다.

② 도시 및 주거환경정비법상 재개발조합설립 인가신청에 대한 행정청의 조합설립인가처분은 단순히 사인들의 조합설립행위에 대한 보충행위로서의 성질을 갖는 것이 아니라 법률상 일정한 요건을 갖출 경우 행정주체(공법인)의 지위를 부여하는 일종의 설권적 처분이다.

③ 행정청의 조합설립인가처분이 있은 이후에 조합설립결의에 하자가 있음을 이유로 재개발설립의 효력을 부정하기 위해서는 항고소송으로 조합설립인가처분의 효력을 다투어야 한다. → 여기서 '인가'는 인가가 아닌 특허 ∴ 인가를 대상으로 항고소송 청구 ○

④ 도시 및 주거환경정비법상 행정주체인 주택재건축정비사업조합을 상대로 관리처분계획안에 대한 조합총회결의의 효력 등을 다투는 소송은 행정처분에 이르는 절차적 요건의 존부나 효력 유무에 관한 소송으로서 그 소송결과에 따라 행정처분의 위법 여부에 직접 영향을 미치는 공법상 법률관계에 관한 것이므로, 이는 행정상 당사자소송에 해당한다.

⑤ 도시 및 주거환경정비법상 주택재건축정비사업조합의 관리처분계획에 대한 인가는 강학상 인가의 성격을 가지므로 관리처분계획에 대한 인가가 있더라도 관리처분계획안에 대한 조합총회결의에 하자가 있다면 당사자소송으로서 총회결의의 하자를 다투어야 한다.

⑥ 관리처분계획에 대하여 관할 행정청의 인가·고시까지 있게 되면 관리처분계획은 행정처분으로서 효력이 발생하게 되므로, 총회결의의 하자를 이유로 하여 행정처분의 효력을 다투는 항고소송의 방법으로 관리처분계획의 취소 또는 무효확인을 구하여야 하고, 그와 별도로 행정처분에 이르는 절차적 요건 중 하나에 불과한 총회결의부분만을 따로 떼어내어 효력 유무를 다투는 확인의 소를 제기하는 것은 특별한 사정이 없는 한 허용되지 않는다.

3. 대리

(1) 의의

타인이 해야 할 행위를 행정청이 대신하여 행하고 그 법적 효과는 본인에게 귀속하게 하는 것을 말한다. 공법상 대리는 본인의 의사에 따른 임의대리가 아니라 법률의 규정에 의한 것이므로 법정대리에 해당한다.

(2) 대리의 대표적인 예

토지수용재결, 공법인의 정관작성, 공법인·공공조합의 임원임명, 행려병사자의 유류품매각·처분, 조세체납 절차로서의 공매처분 등

Plus 보충 허가·특허·인가 비교

구분	허가	특허	인가
개념	일반적·상대적 금지의 해제 → 자연적 자유 회복	특정인에 대한 권리·능력·포괄적 법률관계 인정	제3자의 법률적 행위를 보충하여 그 법률상 효과를 완성
성질	명령적·수익적·쌍방적, 기속행위	형성적·수익적·쌍방적, 재량행위	형성적·수익적·쌍방적, 기속 or 재량행위
출원 여부	• 출원 없이도 가능 • 수정허가 ○, 선원주의 ○	• 반드시 출원 要 • 수정특허 ×, 선원주의 ×	• 반드시 출원 要 • 수정인가 ×
형식	• 처분허가 ○(일반처분도 ○) • 법규허가 ×	• 처분특허 ○(일반처분은 ×) • 법규특허 ○	• 처분인가 ○(일반처분은 ×) • 법규인가 ×
상대방	특정인, 불특정인	특정인	특정인
대상	법률행위, 사실행위	법률행위, 사실행위	법률행위만 대상
효과	• 자연적 자유회복 • 반사적 이익(전통적 견해) • 대물적 허가는 이전 가능	• 권리(공권, 사권)설정 • 대물적 특허는 이전 가능	• 타인 간의 법률행위의 효력을 보충완성 • 인가는 이전 불가
적법·유효 요건	• 적법요건: 무허가 but 유효 • 행정벌, 행정강제의 대상 ○	• 유효(효력발생)요건: 무특허 → 무효 • 행정벌, 행정강제의 대상 ×(예외 ○)	• 유효(효력발생)요건: 무인가 → 무효 • 행정벌, 행정강제의 대상 ×(예외 ○)
구체적 예	건축허가, 운전면허, 의사면허, 통금해제, 양조업면허 등	광업허가, 어업면허, 귀화허가, 공기업특허, 공물사용권특허, 자동차운수사업면허, 도로점용허가, 공유수면매립면허 등	사립대학교설립인가, 공법인설립인가, 토지거래허가, 하천사용권양도인가, 수도공급규정인가 등

Ⅲ. 준법률행위적 행정행위

행정청의 의사표시를 요소로 하지 않으므로, 행정행위의 효과가 행정청의 의사와는 무관하게 직접 법규범에 의하여 발생하는 행위이다.

1. 확인

(1) 의의

특정한 사실 또는 법률관계의 존부 또는 정부에 관하여 의문이 있거나 다툼이 있는 경우에 행정청이 공적인 권위로서 그 존부나 정부를 확인하는 행위이다.

(2) 법적 성질

준사법적 행위이며, 원칙적으로 기속행위이다.

(3) 형식

구체적인 처분의 형식을 요한다. 원칙적으로 요식행위이다.

(4) 효과

존속력(불가변력) 발생

(5) 대표적인 예

건축물 준공검사, 합격자결정, 당선결정, 친일반민족행위자결정, 발명특허, 행정심판재결, 세무조사결정, 도로 구역변경 등

> TIP 주의: 교과서검정의 경우 판례는 특허로 보고 있다. ∴ 판례는 재량행위라 판시함

2. 공증

(1) 의의

① 특정의 사실 또는 법률관계의 존부를 공적으로 증명함으로써 공적인 증거력을 부여하는 행정행위이다.

② 확인이 특정한 법률사실이나 법률관계에 관한 의문 또는 분쟁을 전제로 하는 반면 공증은 의문이나 분쟁이 없음을 전제로 한다.

(2) 법적 성질

① 확인은 판단표시행위이지만, 공증은 특정한 법률사실이나 법률관계의 존재를 증명하는 인식표시행위이다.

② 기속행위, 즉 일정한 사실관계나 법률관계가 존재하는 한 공증을 하여야 하는 기속행위이다.

(3) 형식

원칙적으로 문서에 의할 뿐만 아니라 일정한 서식이 요구되는 경우가 보통이므로 요식행위에 해당한다.

(4) 효과

① 공증은 반증에 의하지 아니하고는 전복될 수 없는 공적 증거력을 발생시킨다. 공적 증거력의 발생 이외에 개별 법률이 정하는 바에 따라 일정한 법률효과가 발생되는 경우도 있다.
② ∴ 반증 시 공증의 효력이 소멸한다(공정력 ×).

공증의 처분성을 긍정한 판례	공증의 처분성을 부정한 판례
• 토지분할신청 거부행위 • 지목변경신청 반려행위 • 의료유사업자 자격증 갱신발급행위 • 건축물대장 용도변경신청 거부행위 • 건축물대장 작성신청 거부행위 • 건축물대장 직권말소행위 • 토지대장 직권말소행위 • 사업시행자인 한국도로공사가 고속도로건설공사에 편입되는 토지 소유자들을 대위하여 행한 토지면적등록 정정신청을 반려한 행위	• 건축물대장(가옥대장) 등재행위 • 토지대장 등재행위 • 자동차운전면허대장 등재행위 • 무허가건물관리대장 등재, 변경, 삭제행위 • 부가가치세법상 사업자등록 및 직권말소행위 • 토지대장상의 토지소유자 명의변경행위 • 인감증명행위

3. 통지

(1) 의의

① 특정인 또는 불특정 다수인에 대하여 특정한 사항을 알리는 행위를 말한다.
② 특허출원공고, 납세의 독촉, 대집행의 계고, 토지세목공고, 귀화의 고시, 전매가격고시, 의회소집공고 등
③ 의사의 통지: 독촉장, 계고장 등
④ 관념의 통지: 과거사실을 알림, 청소년유해매체물결정고시 등

(2) 법적 성질

요식행위임이 원칙이다. 기속성 여부는 관련 법령을 보고 판단한다.

통지의 처분성을 긍정한 판례	통지의 처분성을 부정한 판례
• 대집행절차인 계고와 대집행영장발부통지 • 대학교원의 임용권자가 임용기간이 만료된 조교수에 대하여 재임용을 거부하는 취지로 한 임용기간만료의 통지 • 공무원연금법상 과다지급된 퇴직연금에 대한 지급된 급여의 환수를 위한 행정청의 환수통지 • 과세관청의 소득금액변동통지	• 국가공무원법상 정년퇴직발령 • 국가공무원법상 당연퇴직사유에 해당함을 알리는 인사발령 • 공무원연금법령의 개정사실 및 퇴직연금 중 일부 금액의 지급 정지 통보 • 한국자산관리공사의 공매결정과 공매통지(재공매통지) • 토지수용에 있어서 사업인정의 고시

4. 수리

(1) 의의
① 행정청에 대한 타인의 행위를 유효한 행위로서 수령하는 것을 말한다.
② 사직서의 수리, 행정심판청구서의 수리, 혼인신고서의 수리, 원서의 수리 등

(2) 법적 성질
기속행위

(3) 수리 또는 수리 거부의 처분성 인정 여부
① 자기완결적 공법행위는 사인의 행정청에 대한 일방적 의사표시나 통지에 의하여 공법적 효과가 발생하므로 행정청의 별도의 수리행위를 요하지 않는다. 따라서 행정청의 수리행위가 있다 하더라도 단지 행정사무의 편의를 위한 것에 불과하여 처분성이 인정되지 않는다.
② 행정요건적(행위요건적) 행정행위의 경우에는 사인의 신청 또는 신고 등에 관하여 행정청은 당해 신청 등이 적법하게 요건을 갖춘 경우 이를 수리하거나 처리해야 할 법적 의무가 발생한다. 따라서 수리 또는 수리거부에는 처분성이 인정된다.

> **기출 주요 판례** **준법률행위**
>
> - 건축물대장 소관청의 작성신청 반려행위는 국민의 권리관계에 영향을 미치는 것으로서 항고소송의 대상이 되는 행정처분에 해당한다.
> - 건축물대장 소관청의 용도변경신청 거부행위는 국민의 권리관계에 영향을 미치는 것으로서 항고소송의 대상이 되는 행정처분에 해당한다.
> - 무허가건물관리대장에서 무허가건물을 삭제하는 행위는 항고소송의 대상이 되는 처분에 해당하지 않는다.
> - 토지대장상의 토지소유자 명의변경행위는 처분에 해당하지 않는다.
> - 지적공부 소관청의 지목변경신청 반려행위는 항고소송의 대상이 되는 행정처분에 해당한다.
> - 지적등록사항 정정신청을 반려한 행위는 헌법소원의 대상이 되는 공권력의 행사에 해당한다.
> - 과세관청이 사업자등록을 관리하는 과정에서 위장사업자의 사업명의를 직권으로 실사업자의 명의로 정정하는 행위는 항고소송의 대상이 되는 처분에 해당하지 않는다.
> - 과세관청의 소득금액변동통지는 항고소송의 대상이 되는 처분에 해당한다.
> - 임용기간이 만료된 국공립대학의 조교수에 대한 임용권자의 재임용을 거부하는 취지로 한 임용기간만료의 통지는 항고소송의 대상이 되는 처분에 해당한다.
> - 공무원연금관리공단의 법령 개정사실과 퇴직연금 중 일부금액의 지급정지대상자가 되었다는 사실의 통보는 항고소송의 대상이 되는 처분으로 볼 수 없다.
> - 공무원연금법상 과다지급된 퇴직연금에 대한 지급된 급여의 환수를 위한 행정청의 환수통지는 처분성이 인정된다.

제4장 행정행위의 부관

> **행정기본법 제17조 【부관】** ① 행정청은 처분에 재량이 있는 경우에는 부관(조건, 기한, 부담, 철회권의 유보 등을 말한다)을 붙일 수 있다.
> ② 행정청은 처분에 재량이 없는 경우에는 법률에 근거가 있는 경우에 부관을 붙일 수 있다.
> ③ 행정청은 부관을 붙일 수 있는 처분이 다음 각 호의 어느 하나에 해당하는 경우에는 그 처분을 한 후에도 부관을 새로 붙이거나 종전의 부관을 변경할 수 있다.
> 1. 법률에 근거가 있는 경우
> 2. 당사자의 동의가 있는 경우
> 3. 사정이 변경되어 부관을 새로 붙이거나 종전의 부관을 변경하지 아니하면 해당 처분의 목적을 달성할 수 없다고 인정되는 경우
> ④ 부관은 다음 각 호의 요건에 적합하여야 한다.
> 1. 해당 처분의 목적에 위배되지 아니할 것
> 2. 해당 처분과 실질적인 관련이 있을 것
> 3. 해당 처분의 목적을 달성하기 위하여 필요한 최소한의 범위일 것

1. 개념

① 행정청이 법의 근거 없이 일방적으로 내용을 결정하거나 상대방과의 협약형식으로 내용을 결정하는 것
② 행정행위의 효과를 제한 또는 보충하기 위해서 행정기관에 의해 주된 행정행위에 부가되는 종적인 규율을 말한다.
③ 주된 행정행위 + 부관: 주된 행정행위에 부과된 종된 규율로서 부종성을 가진다.

2. 구분개념

(1) 법정부관

부관이 아님(따라서, 부관의 한계가 동일하게 적용되지 않는다. 그러나 상위법상의 한계는 당연히 적용된다)
㈎ 인감증명 유효기간, 자동차 검사기간, 운전면허의 유효기간 등

(2) 수정부담

① 판례는 부관으로 보지 않음
② 부담의 경우 '~ 된다. 그러나 ~ 안 된다.'의 형식을 취하나, 수정부담은 '~ 안 된다. 그러나 ~ 된다.'의 형식을 취함

3. 장·단점

(1) 장점
탄력성, 적정성, 복효적 행정행위에서 유용, 법의 흠결 보완

(2) 단점
남용의 우려, 비례의 원칙에 위배될 우려, 부당결부의 원칙에 위배될 우려

4. 부관의 종류

(1) 조건	① 의의: 행정행위의 효력의 발생·소멸을 '장래의 불확실한 사실의 발생'에 의존시키는 부관
	② 종류
	   ㉠ 정지조건: 조건이 성취되어야 비로소 행정행위의 효력이 발생하는 조건(진입도로의 완공을 조건으로 한 주유소 영업허가 등)
	   ㉡ 해제조건: 일단 행정행위의 효력이 발생하고 조건이 성취되면 당해 행정행위의 효력이 소멸하는 조건(일정한 기간 내에 공사에 착수할 것을 조건으로 하는 공유수면매립면허 등)

(2) 기한	① 의의: 행정행위의 효력의 발생·소멸을 '장래의 확실한 사실의 발생'에 의존시키는 부관
	② 종류
	   ㉠ 시기: 기한이 도래함으로써 행정행위의 효력이 발생(택시운행을 허가하면서 사업개시일을 정하는 경우 등)
	   ㉡ 종기: 기한이 도래함으로써 행정행위의 효력이 소멸(어업면허처분을 하면서 면허의 유효기간을 3년으로 하는 경우, 2020년 6월 30일까지의 도로사용허가, 사망 시까지 지급하는 국민연금 등)
	   ㉢ 확정기한: 장래사실의 도래시기가 확정되어 있는 경우(00년 0월 0일 등)
	   ㉣ 불확정기한: 도래시기가 확정되어 있지 않지만 도래가 확실한 경우(신청인이 사망할 때까지 등)

(3) 부담	① 의의: 행정행위의 주된 내용에 부가하여 그 행정행위의 상대방에게 작위·부작위·수인·급부 등의 의무를 부과하는 부관
	② 조건과의 구별
	   ㉠ 부담은 조건과 달리 즉시 효력이 발생한다.
	   ㉡ 부담불이행 시 철회하지 않는 한 당연히 효력이 소멸하지 않는다.
	   ㉢ 부담과 조건의 구별이 애매한 경우 상대방에게 유리한(덜 불리한) 부담으로 추정하는 것이 다수설이다.
	③ 법적 성질: 부종성, 독립된 행정행위
	④ 부담불이행의 효과: 강제집행, 주된 행정행위의 철회, 후속처분의 거부

(4) 철회권의 유보	① 의의: 행정청이 행정행위를 발함에 있어 일정한 사실의 발생 시에 행정행위를 철회할 수 있는 권한을 유보하는 부관을 말한다(예 숙박업 허가를 하면서 윤락업을 알선할 경우 본허가를 취소한다는 부관을 붙인 경우 등). ② 사실의 발생 시 별도의 처분이 필요하다(즉, 철회권의 행사). ③ 법정철회사유 이외의 사유를 들어 철회할 수도 있으나, 철회사유가 발생한 경우에도 철회의 제한에 관한 일반 원칙이 충족되어야 철회권을 행사할 수 있다.

(5) 법률효과의 일부배제	① 의의: 법령이 일반적으로 해당 행정행위에 부여하고 있는 법률효과의 일부를 배제하는 행정청의 의사표시를 말한다(예 공유수면매립준공인가 중 매립지 일부에 대하여 한 국가귀속처분, 도로점용허가 + 야간만, 택시 + 격일제, 버스 + 노선제 등). ② 관계 법령에 명시적인 규정이 있는 경우에만 허용된다. 즉, 법률유보 ○
(6) 부담유보	의의: 행정청이 사후적으로 부담을 설정·변경·보완할 수 있는 권리를 미리 유보해 두는 경우의 부관

5. 부관의 한계

(1) 부관의 가능성

구분	명문의 규정이 없을 경우		명문의 규정이 있을 경우
	통설·판례	최근 학설	
기속행위	×	행정객체에게 유리한 요건충족적 부관은 예외적으로 가능하다.	○
재량행위	○	○	

(2) 부관의 내용상 한계

① 법령상의 한계	법령에 위반되어서는 안 된다.
② 목적상의 한계	주된 행정행위의 목적에 반하거나 본질적 효력을 해하지 않아야 한다.
③ 행정법의 일반원칙상 한계	평등의 원칙, 신뢰보호의 원칙, 비례의 원칙, 자기구속의 법리, 부당결부금지의 원칙 등
④ 이행가능성의 한계	부관은 이행가능하여야 한다.
⑤ 법률우위의 원칙	법률우위의 원칙은 준수되어야 한다.
⑥ 법률유보의 원칙	법률유보의 원칙은 요건이 아니다. 다만 법률효과의 일부배제의 경우는 법률유보의 원칙 ○

(3) 사후부관(시간상 한계)

본체와 부관은 항상 동시에 움직여야 하는가?

① 학설

부정설		부관의 부종성에 비추어 사후에 부관만을 따로 붙일 수는 없다는 견해
긍정설	부담만 가능하다는 견해	부관 중 부담은 그 자체로 독립된 행정행위이므로 사후에도 이를 붙일 수 있으나, 부담 이외의 기타 부관은 사후부관이 불가능하다는 견해
	제한적 긍정설(다수설)	부담 외의 부관은 성질상 원칙적으로 불가능하지만, 예외적으로 ㉠ 법령의 근거가 있는 경우, ㉡ 사후부관의 유보가 있는 경우, ㉢ 상대방의 동의가 있는 경우에는 가능하다는 견해

② 판례: 판례는 부관의 사후변경과 관련해서 제한적 긍정설이 제시하는 요건 이외에 '사정변경'이 있는 경우에도 목적달성에 필요한 범위 내에서 예외적으로 가능하다고 판시하여 그 인정범위를 넓히고 있다.

(4) 위법한 부관과 행정행위의 효력

위법한 부관의 효력	'중대명백설'에 따라 부관의 하자가 중대하고 명백한 경우에는 무효, 그렇지 않은 경우에는 취소할 수 있는 부관이 된다.	
위법한 부관이 붙은 행정행위의 효력	무효인 부관이 붙은 경우	• 원칙적으로 무효인 부관만이 효력을 상실하고 주된 행정행위에는 영향을 미치지 않는다는 것이 통설, 판례이다. • 그러나 예외적으로 무효인 부관이 주된 행정행위의 본질적인 부분에 해당하는 경우, 즉 부관을 붙이지 않았더라면 주된 행정행위를 하지 않았을 것이라고 판단되는 경우에는 주된 행정행위도 무효가 된다고 본다.
	취소사유의 부관이 붙은 경우	• 취소되지 않은 경우: 취소사유의 부관은 권한 있는 기관에 의하여 취소되기 전까지는 유효한 부관이므로 주된 행정행위 또한 유효한 부관이 붙은 행정행위로서의 효력을 갖는다(공정력). • 취소된 경우: 취소사유의 부관이 권한 있는 기관에 의해 취소가 된 경우에는 소급하여 무효인 부관이 되므로 무효인 부관이 붙은 경우와 같다.

(5) 부관의 하자와 사법상 법률행위의 효력

① 부담의 이행으로서 하게 된 사법상 매매 등의 법률행위는 부담을 붙인 행정처분과는 별개의 행위이다.

② 기부채납의 부관이 당연무효이거나 취소되지 않은 이상 토지소유자는 부관으로 인하여 증여계약의 중요부분에 착오가 있음을 이유로 증여계약을 취소할 수 없다.

③ 행정처분에 붙인 부담인 부관이 무효인 경우에도 그 부담의 이행으로 한 사법상 법률행위가 당연히 무효가 되는 것은 아니다.

④ 행정처분에 붙인 부담인 부관이 취소가 되는 경우에도 그 부담의 이행으로 한 사법상 법률행위가 당연히 무효가 되는 것은 아니다.

⑤ 행정처분에 붙인 부담인 부관이 제소기간의 도과로 불가쟁력이 생긴 경우에도 그 부담의 이행으로 한 사법상 법률행위의 효력을 다툴 수 있다.

(6) 위법한 부관과 행정쟁송

독립쟁송가능성(소송요건)	통설·판례	① 부담: 독립쟁송 가능 ② 기타 부관: 독립쟁송 불가능(∵ 부관부 행정행위 전체를 대상으로 소를 제기하여야 함)	
쟁송형태		통설	① 부담: 진정일부취소소송(부담만 독립하여 소송) ② 기타 부관: 부진정일부취소소송(행정행위와 부관을 전체로 묶어서 소송제기한 후 본안심리에서 부관만 취소하는 소송)
		판례	① 부담: 진정일부취소소송 ② 기타 부관: 전부취소소송 또는 거부처분취소소송(최근 인정됨)만 가능

	학설	견해 대립

독립취소가능성(본안심사)	판례	① 부담: 긍정
		② 기타 부관: 부정
		   ㉠ 기속행위: 무효선언(주된 행정행위는 존속)
		   ㉡ 재량행위
		      ⓐ 부관이 중요부분일 경우 ➜ 부관부행정행위 전부 취소판결
		      ⓑ 부관이 중요부분이 아닐 경우 ➜ 기각판결

기출 주요 판례 부관

- 부담인지 조건인지 구별이 불분명한 경우 상대방에게 유리한 부담으로 본다.
- 미리 협약으로 부담의 내용을 정한 다음 행정행위 시에 부담을 부가하는 것도 허용된다.
- 일반적으로 기속행위에는 부관을 붙일 수 없고, 부관을 붙였다 하더라도 이는 무효이다.
- 재량행위에 있어서는 법령상의 근거가 없더라도 부관을 붙일 수 있다.
- 포괄적인 신분관계를 설정하는 경우 일부효과를 제한하는 부관을 붙일 수 없다.
- 행정처분과 실체적 관련성이 없는 부관을 공법상 제한을 회피할 목적으로 상대방과 사법상 계약을 체결하는 형식을 통해 실현한 경우 이는 위법하다.
- 도로점용허가의 점용기간은 행정행위의 본질적 요소이므로 점용기간을 정함에 위법이 있으면 도로점용허가 전부가 위법이 된다.
- 행정재산의 사용·수익허가의 기간은 부관으로서 이에 대해 독립하여 행정소송을 제기할 수 없다.
- 기한의 연장신청의 거부는 독립하여 소송을 제기할 수 있다.

제5장 행정행위의 성립요건과 효력발생요건

Ⅰ. 행정행위의 성립요건

1. 내부적 요건

(1) 주체

① 정당한 권한이 있는 행정청, ② 그 권한 범위 내일 것, ③ 정상적인 의사에 의할 것

(2) 내용

① 적법성, ② 타당성, ③ 확실성(객관적으로 명확할 것), ④ 실현가능성(사실상·법률상 실현 가능할 것), ⑤ 행정법의 일반원칙 등

(3) 절차

개별법률 및 행정절차법상의 절차에 따라야 함

(4) 형식

다른 법률에 특별한 규정이 없으면 문서로 하여야 함

2. 외부적 요건

외부에 표시되어야 함

Ⅱ. 행정행위의 효력발생요건

1. 특정인을 위한 효력발생요건

➜ 원칙: 도달주의(요지할 수 있는 상태 ○, 요지한 상태 ×)

(1) 우편, 교부, 정보통신망

주소, 거소, 영업소, 사무소, 전자우편주소 등이 교부장소. 단, 동의 시에는 만나는 장소에서 교부 가능

① 우편송달: 보통우편 ×, 등기우편 ○, 내용증명 ○

② 교부송달: 교부에 의한 송달은 수령확인서를 받고 문서를 교부함으로써 행하며, 송달하는 장소에서 송달받을 자를 만나지 못한 때에는 일정한 관계에 있는 자(사무원·피용자 또는 동거자로서 사리를 분별할 지능이 있는 자)에게 교부할 수 있다. 만약 정당한 사유 없이 수령을 거절하는 때에는 그 사실을 수령확인서에 적어놓고 놓아둘 수 있다.

③ 정보통신망에 의한 송달: 송달받을 자가 동의하는 경우에 한한다. 송달받을 자가 지정한 컴퓨터 등에 입력된 때(전자우편 주소에 입력된 때)에 도달한 것으로 본다.

(2) 송달에 갈음하는 공고(공시송달)

송달받을 자의 주소 등을 통상의 방법으로 확인할 수 없는 경우나 송달이 불가능한 경우에는 송달받을 자가 알기 쉽도록 관보·공보·게시판·일간신문 중 하나 이상에 공고하고 인터넷에도 공고하여야 한다. 특별한 규정이 없으면 공고일로부터 14일이 경과한 때에 그 효력이 발생한다(행정절차법 제15조 제3항).

(3) 부관의 성취

정지조건의 성취, 기한의 도래 등

(4) 법적 효력요건을 규정한 경우

요건 충족 시

2. 불특정 다수인을 위한 효력발생요건

방식	불특정 다수인을 상대로 행정행위를 하는 경우에는 행정행위의 의사표시는 개인에게 개별적으로 도달하게 할 수 없으므로 공고 또는 고시의 방법으로 효력을 발생하게 된다. 즉, 공시송달
명시적인 규정이 있는 경우	불특정 다수인에 대한 처분으로서 공고 또는 고시의 방법으로 외부에 그 의사를 표시함으로써 그 효력이 발생하는 처분에 대하여는 공고 등이 있음을 현실로 알았는지 여부를 불문하고, 근거 법규가 정한 처분의 효력발생일이나, 관보에 게재된 공고에서 명기한 효력발생일에 효력이 발생한다.
명시적인 규정이 없는 경우	행정업무의 운영 및 혁신에 관한 규정에 의하면 공고문서는 그 문서에서 효력발생시기를 구체적으로 밝히고 있지 않으면 그 고시 또는 공고 등이 있는 날부터 5일이 경과한 때에 효력이 발생한다.

3. 통지(송달)나 공고를 결한 행위의 효과

법률상 통지나 공고를 규정하고 있는 경우에 이를 결한 행위는 원칙적으로 무효이다. 그러나 통지나 공고 그 자체는 있었으나 그 절차에 단순한 하자가 있는 경우 처음부터 당연무효가 되는 것은 아니다.

Ⅲ. 행정행위의 효력

1. 구속력

행정행위는 그 내용에 따라 일정한 법적 효과가 발생하고 관계 행정청 및 상대방과 관계인을 구속하는 힘을 가진다.

2. 공정력

(1) 의의

행정행위에 하자가 있는 경우에도 그것이 중대·명백하여 무효로 되는 경우를 제외하고는, 권한 있는 기관(처분청·감독청·행정심판위원회·수소법원 등)에 취소되기 전까지는 상대방과 이해관계인뿐만 아니라 다른 행정청 및 법원에 대하여 일응 유효한 것으로 통용되는 힘을 말한다.

(2) (광의의) 공정력: (협의의) 공정력과 구성요건적 효력

구분	(협의의) 공정력	구성요건적 효력
개념	행정행위의 위법 여부에 관해 행정기관과 국민 사이에 다툼이 있을 때 법원판결 등이 있기 전까지는 행정행위를 잠정적으로 통용시키는 힘을 말함	행정행위의 존재와 내용이 다른 국가기관을 구속하는 효력을 말함
효력의 상대방의 차이	상대방과 이해관계인	다른 행정청·법원(처분청 이외의 국가기관) 등
인정근거의 차이	행정의 안정성과 실효성의 확보	• 국가기관 상호 간의 권한 존중 • 권력분립의 원리
구속력의 성질상의 차이	절차상 구속력(절차적 효력)	내용상 구속력(실체적 효력)

(3) 공정력의 인정근거

① 이론적 근거: 법적안정설(형사정책설, 능률행정을 위해 비록 행정행위에 하자가 있어도 효력을 인정), 자기확인설(오토마이어)

② 실정법적 근거: 공정력을 직접적·명시적으로 인정하는 규정이 없었으나 행정기본법 제15조에 처분의 효력을 규정하였다.

> **행정기본법 제15조【처분의 효력】** 처분은 권한이 있는 기관이 취소 또는 철회하거나 기간의 경과 등으로 소멸되기 전까지는 유효한 것으로 통용된다. 다만, 무효인 처분은 처음부터 그 효력이 발생하지 않는다.

Plus 보충 간접적으로 공정력을 추론할 수 있는 경우

취소쟁송제도	취소쟁송제도는 행정행위가 일응 유효한 것으로 통용되는 힘이 있다는 것을 전제로 한다. 유효성과 통용력이 없다면 언제나 누구라도 행정행위의 효력을 부인할 수 있기 때문에 굳이 권한이 있는 기관에 의한 쟁송취소제도를 둘 필요가 없기 때문이다.
제소기간의 제한	위법한 행정행위라도 유효한 것으로 추정되지 않는다면 무효의 경우와 같이 제소기간의 제한을 둘 수 없다. 유효성이 추정되지 않는 행정행위에 대해서 제소기간의 제한을 둔다면 국민의 권리구제에 미흡하기 때문이다.
직권취소제도	유효성이 없다면 위법한 행정행위에 대해 행정청은 이를 직권으로 취소할 필요 없이 바로 적법한 새로운 처분을 하면 된다. 따라서 직권취소규정은 위법한 행정행위일지라도 원칙적으로 유효하다는 것을 전제로 하는 것이다.

제5장 행정행위의 성립요건과 효력발생요건

집행부정지의 원칙	행정심판이나 행정소송이 제기되어도 원칙적으로 처분의 효력이 정지되지 않는다는 집행부정지의 원칙이 간접적인 공정력의 근거로 볼 수 있다는 주장이 있다. 그러나 집행부정지에 관한 내용은 각국의 입법정책에 따라 인정여부가 결정되는 것으로 행정행위의 공정력과 관계가 없다는 것이 다수설이다.

(4) 공정력의 한계

공정력은 취소쟁송의 대상이 되지 않는 행정작용에서는 인정되지 않는다. 또한 처음부터 행정행위라 할 만한 실체조차 존재하지 않는 부존재와 행정행위의 하자가 중대하고 명백하여 무효인 경우에는 공정력이 인정되지 않는다.

(5) 공정력과 입증책임

① 통설과 판례는 공정력과 입증책임의 분배는 관계가 없다고 본다(공정력·입증책임무관설). 따라서 항고소송에서도 민사소송법상의 입증책임 분배의 일반원칙인 법률요건분류설이 그대로 적용된다.

② 즉, 행정행위를 행한 행정청은 공정력을 이유로 적법한 행위임을 입증할 필요가 없다고 주장할 수 없다. 왜냐하면 공정력은 행정행위의 효력의 문제이지만 입증책임은 위·적법의 문제이기 때문이다. 따라서 민사소송법에 의해 양 당사자는 대등한 입증 책임을 지게 되며, 각자 자신에게 유리한 것을 입증하여야 한다. ➜ 이를 법률요건분류설이라 한다.

(6) 공정력과 선결문제

민사소송	부당이득반환청구소송 (행정행위의 효력 유무가 선결문제인 경우)	• 조세부과처분이 취소사유인 경우: 당해 조세부과처분이 취소사유에 불과하다면 공정력이 발생하므로 취소되지 않는 한 그로 인한 조세의 납부가 부당이득이 된다고 할 수 없다. 따라서 민사법원은 독자적으로 심리·판단하여 당해 행정행위의 효력을 부인하고 인용 판결을 할 수 없다. • 조세부과처분이 부존재 또는 무효인 경우: 법원의 심리결과 당해 조세부과처분이 부존재 또는 위법성의 정도가 중대하고 명백하여 당연무효인 경우에는 민사법원이 이를 독자적으로 심리하여 직접 행정행위의 무효를 판단할 수 있다. 따라서 민사소송에서 조세부과처분이 무효인 것을 전제로 심판하기 위해 행정소송에서 무효임을 확인하여야 하는 것은 아니다.
	국가배상청구소송 (행정행위의 위법 여부가 선결문제인 경우)	위법한 행정행위에 대한 국가배상소송의 수소법원(민사법원)은 해당 행정행위의 취소 여부와 상관없이 그 위법여부를 심리·판단하여 배상을 명할 수 있다(통설, 판례).
형사소송	행정행위의 효력 유무가 선결문제인 경우	• 운전면허처분 또는 수입허가처분이 취소사유인 경우: 당해 행정행위가 취소사유에 불과하다면 공정력이 발생하게 되므로 권한 있는 기관에 의해 취소되기 전까지는 유효성이 추정 또는 통용된다. 따라서 형사법원은 직접 행정행위의 효력을 부인할 수 없다.

	• 운전면허처분 또는 수입허가처분이 부존재 또는 무효인 경우: 법원의 심리결과 당해 행정행위가 부존재 또는 행정행위의 위법성의 정도가 중대하고 명백하여 당연무효인 경우에는 형사법원은 이를 독자적으로 심리하여 직접 행정행위의 무효를 판단할 수 있다.
행정행위의 위법 여부가 선결문제인 경우	공정력은 실체법상의 적법성을 추정하지는 못하므로 형사법원은 선결문제로서 행정행위의 위법 여부를 심리할 수 있다(통설, 판례). - 각종 명령위반죄의 경우

(7) 공정력이 적용되지 않는 경우

비행정행위, 무효, 입증책임, 준법률행위적 행정행위 중 공증 등

3. 확정력(존속력)

존속력 또는 확정력이라 함은 하자 있는 행정행위라 할지라도 일정한 경우에 취소할 수 없게 되는 힘을 말한다. 확정력(존속력)은 다시 불가쟁력과 불가변력으로 구분된다.

(1) 불가쟁력(형식적 확정력 또는 형식적 존속력)

개념	행정행위의 '상대방'에 대하여 발생하는 효력으로서 행정행위에 대한 쟁송제기기간이 경과하였거나 쟁송절차가 끝난 때에는 행정행위에 하자가 있다 하더라도 상대방이 쟁송을 통해 더 이상 다툴 수 없는 힘을 말한다.
인정근거	행정행위의 효력을 신속하게 확정함으로써 행정의 능률성을 확보한다.
적용범위	불가쟁력은 일정한 요건하에 모든 행정행위에서 발생한다. 다만, 무효인 행정행위는 쟁송제기기간의 제한을 받지 않으므로 불가쟁력이 발생하지 않는다.
국가배상의 문제	불가쟁력이 발생한 행위도 청구권이 시효로 소멸하지 않는 한 국가배상청구를 할 수 있다.
직권취소의 문제	불가쟁력이 발생한 행정행위도 위법이 확인되면 행정청은 직권으로 취소할 수 있다.
하자의 승계	불가쟁력은 하자의 승계이론과 밀접한 관계가 있다.

(2) 불가변력(실질적 확정력 또는 실질적 존속력)

개념	'행정주체'에 대하여 발생하는 효력으로서 위법한 행정행위는 원칙적으로 행정청이 자유로이 취소 또는 철회할 수 있는 것이지만, 일정한 행정행위의 경우에는 그 성질상 행정청 자신도 취소 또는 철회할 수 없는 구속을 받게 되는 것을 말한다. 불가변력은 당해 행정행위에 대해서만 인정되는 것이고, 동종의 행정행위라 하더라도 그 대상을 달리할 때에는 이를 인정할 수 없다.
적용범위	• 무효인 행정행위는 불가변력이 발생하지 않는다. • 불가변력은 주로 준사법적 행정행위(행정심판의 재결, 토지수용위원회의 재결 등)에서 발생한다.
불가변력을 위반한 행정행위의 효력	불가변력이 있는 행정행위를 취소하거나 철회하면 위법한 것이 된다. 그 위법성의 정도가 무효인지 취소사유인지가 문제된다. 대법원은 행정심판위원회가 자신의 재결을 취소·변경한 경우 위법하다고 하겠으나 당연무효는 아니라고 판시한 바 있다.

(3) 불가변력과 불가쟁력의 구분

구분	불가쟁력	불가변력
효력발생의 대상	상대방 및 이해관계인	행정주체
인정범위	모든 행정행위	특수한 행정행위(준사법적 행정행위 등)
성질	법령에서 제소기간 등을 규정함으로써 인정되는 쟁송법상의 효력	행정행위의 성질에서 나오는 실체법상의 효력
목적	행정의 능률성	법적 안정성
관계	• 불가쟁력과 불가변력은 서로 무관하다. • 불가쟁력이 발생한 행정행위도 불가변력이 발생하지 않는 한 행정청이 취소 또는 변경할 수 있다. • 불가변력이 발생한 행정행위도 불가쟁력이 발생하지 않는 한 상대방은 쟁송을 제기하여 그 효력을 다툴 수 있다. • 무효인 행정행위는 불가쟁력과 불가변력이 발생하지 않는다.	

4. 강제력

(1) 의의

행정결정(행정의사)의 실효성을 확보하기 위하여 행정결정에 인정되는 힘으로써 법원의 판결을 매개하지 않고 당해 행정결정을 강제로 실현시키는 것을 말한다.

(2) 종류

① **자력집행력**: (자력)집행력이란 행정행위에 의하여 부과된 의무(작위, 부작위, 수인, 급부의무 등)를 상대방이 이행하지 않으면 행정청이 직접 실력을 행사하여 자력으로 그 의무를 실현시킬 수 있는 힘을 말한다. 특히, 하명에서 문제가 되며, 행정행위와는 별도로 법적인 근거가 있어야 인정된다.

② **제재력**: 행정행위에 의하여 부과된 의무를 위반한 경우에 그에 대한 제재로서 행정벌(행정형벌 또는 행정질서벌)을 부과할 수 있는 바, 이를 제재력이라고 한다. 제재력 역시 별도의 법적인 근거가 있어야 한다.

제6장 행정행위의 하자

Ⅰ. 개설

행정행위의 적법요건(성립요건과 효력발생요건)을 갖추지 못한 행정행위는 하자 있는 행정행위가 된다. 하자 있는 행정행위는 그 하자의 정도에 따라 무효와 취소할 수 있는 사유로 구분된다. 행정행위의 하자는 행정행위가 외부에 표시된 시점을 기준으로 판단하는 것이 원칙이다.

Ⅱ. 행정행위의 무효와 취소의 구별

구분	무효	취소	
효력	처음부터 효력발생 ×(∵ 공정력 ×)	권한 있는 기관에 의해 취소될 때까지는 유효(∵ 공정력 ○)	
불가쟁력	×	○	
신뢰보호의 원칙의 적용	×	○	
쟁송의 형태	• 원칙: 무효등확인심판, 무효등확인소송 • 예외: 무효선언적 의미의 취소소송(판례)	취소심판, 취소소송	소송요건
원고적격	법률상 이익 (TIP) 무효등확인소송은 '확인의 이익'이 요구되지 않음(多, 判)	법률상 이익	
제소기간 (불가쟁력)	제한 × (TIP) 다만, 판례에 의하면 무효선언적 의미의 취소소송의 경우에는 전치절차와 제소기간 등 소송요건을 갖추어야 함	제한 ○ • 취소심판: 처분이 있음을 안 날로부터 90일 이내, 처분이 있은 날로부터 180일 이내 • 취소소송: 처분이 있음을 안 날로부터 90일 이내, 처분 등이 있은 날로부터 1년 이내	
행정심판 전치주의	×	× (TIP) 다만, 개별법상 행정심판전치주의를 규정하고 있는 경우에는 행정심판을 거쳐야만 행정소송을 제기할 수 있음(공무원의 징계, 국세·지방세 등의 세금, 도로교통법상 자동차면허의 취소·정지)	본안심사
입증책임	• 통설: 법률요건분류설(권한발생사실은 피고인 행정청이, 권한멸각사실은 원고인 상대방이 입증) • 판례: 무효사유의 입증책임은 원고에게 있음(원고 책임설)	통설·판례: 법률요건분류설	

선결문제 (공정력)	• 무효인 행정행위는 공정력이 발생하지 않음 • 따라서 누구든지, 언제든지, 어떠한 방법으로든지 그 효력을 부인할 수 있는 것이므로 민사법원이나 형사법원은 당연히 선결문제로서 당해 행정행위의 효력을 부인할 수 있음	• 취소사유의 행정행위에는 공정력이 발생함 • 따라서 권한 있는 기관에 의해 효력이 부인되기 전까지 민사법원이나 형사법원은 선결문제로서 당해 행정행위의 효력을 부인할 수 없음(단, 위법 여부가 선결문제인 경우 위법성을 판단·확인하는 것은 가능)	
하자의 승계	• 하자의 승계에 관한 이론적 논의가 불필요함 • 선행행위에 무효사유의 하자가 있으면 그 하자는 당연히 후행행위에 영향을 미치고 후행행위 역시 무효가 됨(통설·판례)	• 선행행위와 후행행위가 결합하여 동일한 하나의 법률효과를 목적으로 하는 경우(계고와 통지 사이 등) → 원칙적으로 하자의 승계를 인정 • 선행행위와 후행행위가 서로 별개의 독립된 법률 효과를 목적으로 하는 경우(철거명령과 계고 사이 등) → 원칙적으로 하자의 승계를 부정(예외 有)	
하자의 치유와 전환	• 전환: 무효인 행정행위가 일정한 경우 다른 행정행위로서의 효력을 발생시키는 것 • 하자의 전환은 무효에서만 인정됨	• 치유: 하자 있는 행정행위를 일정한 경우에 적법하게 유지시키는 것 • 하자의 치유는 취소에서만 인정됨	
간접강제	×	○(거부처분의 취소판결 등)	판결
사정판결 (재결)	×	○	

Ⅲ. 무효와 취소의 구분

1. 학설

중대·명백설(통설)	• 행정행위의 하자가 내용상 중대하고 외관상 명백한 경우에만 당해 행정행위가 무효가 되고 이중 어느 한 요건이라도 갖추지 못한 경우에는 취소사유에 불과하다는 견해 • 중대·명백설에 대한 비판은 주로 명백성 요구를 둘러싸고 전개됨
명백성보충요건설	행정행위의 하자가 무효로 되기 위해서는 하자의 중대성이 필수적으로 요구되지만, 하자의 명백성은 필수적 요건이 아니라는 견해
구체적 가치형량설	다양한 이해관계를 갖는 행정행위에 대하여 무효사유와 취소사유를 일반적 기준에 따라 구분하는 것에 반대하고 구체적인 사안마다 개별적으로 이익형량하여 무효인지 취소인지 여부를 결정하여야 한다는 견해
조사의무설	통설의 입장인 중대·명백설을 원칙적으로 따르면서 하자의 명백성을 판단하는 주체를 일반인뿐만 아니라 관계 공무원으로까지 확대하여 명백성 요건을 완화함으로써 무효사유를 확장시키려는 견해
중대설	행정행위의 하자가 내용상 중대하기만 하면 무효가 되고 하자의 외관상 명백성은 무효건이 아니라는 견해

2. 판례

판례는 통설과 같이 중대·명백설의 입장에서, 하자가 중대하고 명백한 경우의 행정처분은 당연무효라고 보고 있다. 다만, 취득세 납부의무자의 신고행위의 하자에 대하여 예외적으로 명백성보충요건설을 취한 사례가 있다.

IV. 하자의 승계

1. 의의

(1) 개념

하자의 승계란 둘 이상의 행정행위가 연속적으로 행해지는 경우, 선행행위가 위법하지만 제소기간의 경과 등으로 불가쟁력이 발생하여 더 이상 다툴 수 없게 된 때 후행행위에 하자가 없음에도 불구하고 선행행위의 하자를 이유로 후행행위를 다툴 수 있는가의 문제를 말한다.

(2) 논의의 전제

① 선행행위와 후행행위는 모두 항고소송의 대상이 되는 행정처분이어야 한다. ∵ 처분성이 인정되지 않는 행위는 항고소송의 대상적격이 인정되지 않기 때문이다.

② 선행행위에는 당연무효가 아닌 취소사유가 존재하여야 한다. ∵ 선행행위의 하자가 무효사유인 경우에는 후행행위에도 그 영향을 미쳐 후행행위가 무효로 되므로 하자의 승계문제를 논의할 실익이 없기 때문이다.

③ 선행행위에는 하자가 존재하나 후행행위에는 하자가 없어야 한다. ∵ 만일 후행행위에 하자가 있는 경우라면 당사자는 후행행위를 직접 다투면 되는 것이므로 선행행위의 하자에 대한 승계문제를 논의할 실익이 없기 때문이다.

④ 선행행위에 불가쟁력이 발생하여야 한다. ∵ 제소기간의 경과, 선행행위의 취소를 구할 소의 이익이 없는 등 선행행위에 불가쟁력이 발생하여 다툴 수 없기 때문에 하자 없는 후행행위를 다투려고 하는 것이 하자의 승계문제이기 때문이다.

2. 학설

선행행위와 후행행위가 결합하여 하나의 법적 효과를 완성하는 경우에는 하자의 승계가 인정되지만, 선행행위와 후행행위가 독립하여 별개의 법적효과를 발생하는 경우에는 하자가 승계되지 않는다(통설).

3. 판례

(1) 원칙

판례는 통설과 마찬가지로 선행행위와 후행행위가 결합하여 하나의 법적 효과를 완성하는 경우에는 하자의 승계를 인정하고, 선행행위와 후행행위가 독립하여 별개의 법적 효과를 발생하는 경우에는 하자의 승계를 부정하고 있다.

(2) 예외

판례는 예외적으로 선행행위와 후행행위가 독립하여 별도의 법적 효과를 발생하는 경우에도 예측가능성과 수인가능성이 없으면 하자의 승계를 인정할 수 있다고 판시하고 있다.

하자의 승계를 인정한 판례	하자의 승계를 부정한 판례
• 대집행의 각 절차 사이(계고 · 통지 · 실행 · 비용징수) • 강제징수의 각 절차 사이(독촉 · 압류 · 매각 · 청산) • 독촉과 가산금 · 중가산금징수처분 사이 • 한지의사시험자격인정과 한지의사면허처분 사이 • 안경사국가시험합격취소처분과 안경사면허취소처분 사이 • 개별공시지가결정과 과세처분 사이 • 표준공시지가결정과 수용재결 등 후행행정처분 사이 • 기준공시지가결정과 토지수용처분 사이 • 친일반민족행위자로 결정한 친일반민족행위진상규명위원회의 최종발표와 지방보훈청장의 독립유공자법 적용배제자결정 사이 • 귀속재산의 임대처분과 매각처분 사이 • 사업종류변경결정과 산재보험료부과처분 사이 • 분묘개장명령(암매장)과 계고처분 사이	• 철거명령과 대집행의 계고 사이 • 과세처분과 체납처분 사이 • 직위해제처분과 직권면직처분 사이 • 변상판정과 변상명령 사이 • 표준공시지가결정과 개별공시지가결정 사이 • 보충역편입처분과 공익근무요원소집처분 사이 • 토지등급설정 또는 수정처분과 과세처분 사이 • 재개발사업시행인가처분과 토지수용재결 사이 • 도시계획결정과 수용재결처분 사이 • 도시계획사업의 실시계획 인가고시와 수용재결처분 사이 • 토지수용법상의 사업인정과 토지수용재결 사이 • 택지개발예정지구지정과 택지개발계획승인처분 사이 • 택지개발계획의 승인과 수용재결 사이 • 액화석유가스판매사업 허가처분과 사업개시신고반려처분 사이 • 수강거부처분과 수료처분 사이 • 토지구획정리사업 시행 후 시행인가처분의 하자와 환지청산금 부과처분 사이

Ⅴ. 하자의 치유와 전환

1. 하자 있는 행정행위의 치유

하자의 치유란 처분 당시에는 위법한 행정행위가 사후에 그 적법요건이 충족되거나, 또는 그 위법성이 경미하여 취소할 만한 성질의 것은 아니라고 판단되는 경우에, 당해 행위를 적법한 행위로 취급하는 것을 말한다.

① 판례는 치유의 대상이 되는 하자에는 절차상 · 형식상의 하자만 포함되고, 처분의 내용에 관한 하자의 치유는 허용되지 않는다고 본다.
② 하자 있는 행정행위의 치유는 행정행위가 무효인 경우에는 인정될 수 없고, 행정행위가 취소사유인 경우에만 인정된다(통설 · 판례).
③ 하자의 치유는 행정쟁송제기 전, 즉 행정심판이나 행정소송의 제기 전까지 가능하다(쟁송제기 이전시설, 통설 · 판례). (TIP) 사실심변론종결 시 ×
④ 행정행위의 하자가 치유되면 당해 행정행위는 소급하여 적법한 행정행위가 된다.

하자의 치유를 긍정한 판례	하자의 치유를 부정한 판례
• 행정청이 식품위생법상의 청문절차를 이행함에 있어 청문서 도달기간을 다소 어겼지만 영업자가 이의하지 아니한 채 청문일에 출석하여 의견을 진술하고 변명하는 등 방어의 기회를 충분히 가졌다면 청문서 도달기간을 준수하지 아니한 하자는 치유되었다고 봄이 상당하다. • 조세체납법인에 대한 체납처분절차상 공매통지에 하자가 있었으나, 원고회사의 공매절차연기신청에 대해 처분청이 이에 응하여 공매기일을 연기하고 다시 적법한 공고를 하고 그 회사에 통지한 다음 이를 공매처분하였다면 위 공매통지의 흠결은 치유된다. • 개발부담금 납부고지서에 그 산출근거가 누락되었지만, 이전에 산정내역서를 첨부한 개발부담금 예정변경통지를 하였다면 그 하자는 치유된다. • 증여세 납세고지서의 기재사항 일부 등이 누락된 경우라도 앞서 보낸 과세예고통지서 등에 필요적 기재사항이 제대로 기재된 경우, 그 하자는 치유된다.	• 징계처분이 중대하고 명백한 흠 때문에 당연무효인 것이라면 징계처분을 받은 자가 이를 용인하였다고 하여 그 흠이 치유되는 것은 아니다. • 무효인 환지변경처분 후에 이의를 유보함이 없이 변경처분에 따른 청산금을 교부받았다 하더라도 그 사정만으로 무효인 행정처분의 흠이 치유된다고 볼 수 없다. • 토지등급결정내용의 열람에 갈음하는 개별통지는 토지등급 결정의 효력발생요건이라고 해석함이 상당하므로, 이러한 절차를 누락한 경우 그 결정은 대외적으로 아무런 효력을 발생할 수 없는 것이고, 토지등급결정내용의 개별통지가 있다고 볼 수 없어 토지등급결정이 무효인 이상 토지소유자가 그 결정 이후 매년 정기 등급수정의 결과가 토지소유자 등의 열람에 공하여졌다 하더라도 개별통지의 하자가 치유되는 것은 아니다. • 납세고지서에 세액산출근거 등의 기재사항이 누락되었거나 과세표준과 세액의 계산명세서가 첨부되지 않았다면 적법한 납세의 고지라고 볼 수 없으며, 위와 같은 납세고지의 하자는 납세의무자가 그 나름대로 산출근거를 알고 있다거나 사실상 이를 알고서 쟁송에 이르렀다 하더라도 치유되지 않는다. • 세액산출근거가 기재되지 아니한 납세고지서에 의한 부과 처분은 강행법규에 위반하여 취소대상이 된다 할 것이므로 이와 같은 하자는 납세의무자가 전심절차에서 이를 주장하지 아니하였거나, 그 후 부과된 세금을 자진납부 하였다거나, 또는 조세채권의 소멸시효기간이 만료되었다 하여 치유되는 것이라고는 할 수 없다. • 적법한 고지가 없어 위법하게 된 국외여행허가취소처분을 전제로 발하여진 징병검사명령은 비록 그 후 국외여행허가 취소처분의 통지가 적법하게 고지되었다 하더라도 적법하게 되는 것은 아니다. • 주류면허취소처분의 근거와 위반사실의 적시를 빠뜨린 하자는 상대방이 처분 당시 그 취지를 알고 있었다거나 그 후 알게 되었다 하여도 치유될 수 없다.

2. 하자 있는 행정행위의 전환

행정행위가 원래 행정청이 의도하였던 행정행위로는 흠은 있지만 그것이 다른 종류의 행정행위로 본다면 그 요건을 완전히 갖추고 있다고 판단된 경우에 행정청의 의도에 반하지 아니하는 한, 그 다른 행위로서 효력이 승인되는 것을 말한다(예 사망자에 대한 조세부과처분을 상속인에 대한 처분으로 전환하는 것).

① 하자 있는 행정행위와 전환되는 행정행위가 요건·목적·효과에 있어 실질적 공통성이 있어야 한다.
② 하자 있는 행정행위는 전환되는 행정행위로서의 성립·적법·효력요건을 갖추고 있어야 한다.
③ 하자 있는 행정행위를 한 행정청의 의도에 반하지 않아야 한다.
④ 제3자의 이익을 침해하는 것이 아니어야 한다.
⑤ 하자 있는 행정행위의 전환은 행정행위가 취소사유인 경우에는 인정될 수 없고, 행정행위가 무효인 경우에만 인정된다(통설·판례).
⑥ 하자의 전환으로 인하여 생긴 새로운 행정행위는 하자 있는 행정행위의 발령시점으로 소급하여 효력을 발생한다.

VI. 행정행위의 철회

1. 의의

하자 없이 유효하게 성립된 행정행위를, 사후에 발생한 새로운 사정을 이유로, 장래에 향하여, 행정청이 법적 근거 없이, 그 효력을 소멸시키는 행위이다.

2. 특징

원행정행위와 독립된 별개의 행정행위가 외형상 하나의 처분이라고 하더라도 가분성이 있거나 그 처분대상의 일부가 특정될 수 있는 경우 그 일부만의 철회도 가능하다.

3. 철회사유

① 법령에 규정된 철회사유의 발생
② 철회권이 유보된 경우
③ 중요한 공익상의 필요가 요구되는 경우
④ 상대방의 의무위반이 있는 경우
⑤ 사정변경이 있는 경우
⑥ 목적달성·사업성공이 불가능한 경우
⑦ 당사자의 신청이나 동의가 있는 경우
⑧ 행정행위의 존속이 의의를 상실한 경우

4. 철회권의 제한

부담적 행정행위의 철회는 상대방의 불이익을 제거하는 것이기 때문에 원칙적으로 자유롭다. 반면, 수익적 행정행위에 철회권이 있는 경우에 행정청은 철회원인이 있다는 것만으로 자유로이 철회권을 행사할 수는 없고, 중대한 공익상의 필요 또는 제3자의 이익보호의 필요가 있는 때에 한하여 상대방이 받는 불이익과 비교교량하여 결정하여야 한다.

5. 철회의 절차

행정청은 수익적 행정행위의 철회 시 원칙적으로 행정절차법상의 사전통지절차나 의견제출의 기회를 주어야 한다.

6. 철회의 효과

철회의 효과는 원칙적으로 장래를 향해서만 발생한다. 상대방에게 귀책사유가 없는 경우에는 철회로 인한 상대방의 재산상 손실은 보상되어야 한다.

7. 행정기본법상 취소와 철회

> **행정기본법 제18조【위법 또는 부당한 처분의 취소】** ① 행정청은 위법 또는 부당한 처분의 전부나 일부를 소급하여 취소할 수 있다. 다만, 당사자의 신뢰를 보호할 가치가 있는 등 정당한 사유가 있는 경우에는 장래를 향하여 취소할 수 있다.
> ② 행정청은 제1항에 따라 당사자에게 권리나 이익을 부여하는 처분을 취소하려는 경우에는 취소로 인하여 당사자가 입게 될 불이익을 취소로 달성되는 공익과 비교·형량(衡量)하여야 한다. 다만, 다음 각 호의 어느 하나에 해당하는 경우에는 그러하지 아니하다.
> 1. 거짓이나 그 밖의 부정한 방법으로 처분을 받은 경우
> 2. 당사자가 처분의 위법성을 알고 있었거나 중대한 과실로 알지 못한 경우
>
> **제19조【적법한 처분의 철회】** ① 행정청은 적법한 처분이 다음 각 호의 어느 하나에 해당하는 경우에는 그 처분의 전부 또는 일부를 장래를 향하여 철회할 수 있다.
> 1. 법률에서 정한 철회 사유에 해당하게 된 경우
> 2. 법령등의 변경이나 사정변경으로 처분을 더 이상 존속시킬 필요가 없게 된 경우
> 3. 중대한 공익을 위하여 필요한 경우
> ② 행정청은 제1항에 따라 처분을 철회하려는 경우에는 철회로 인하여 당사자가 입게 될 불이익을 철회로 달성되는 공익과 비교·형량하여야 한다.

Ⅶ. 행정행위의 실효

1. 의의

하자 없이 유효하게 성립한 행정행위가, 사후에 발생한 새로운 사정을 이유로, 장래를 향하여, 행정청의 별도의 의사표시 없이, 그 효력이 '당연히' 소멸되는 것을 말한다.

2. 특징

신청에 의한 허가처분을 받은 자가 그 영업을 폐업한 경우에는 그 허가도 당연히 실효된다고 할 것이고, 이 경우 허가행정청의 허가취소처분은 허가가 실효되었음을 확인하는 것에 불과하다.

3. 실효사유

① 행정행위의 대상의 소멸: 행정행위는 그 대상인 목적물의 소멸과 상대방의 사망 등으로 그 효력이 소멸된다.
② 행정행위의 목적의 달성: 행정행위는 그 목적 달성으로써 효력이 소멸된다.
③ 부관의 성취: 행정행위는 부관으로서 해제조건의 성취 또는 종기의 도래로써 그 효력이 소멸된다.

VIII. 취소의 취소

① <u>취소의 취소</u>는 조금 이해하기 어려운 논리이다. 병무청의 현역병입영대상편입처분을 보충역 편입처분 또는 제2국민역 편입 처분으로 변경한 사례에서 이러한 논리가 나온 바 있다.
② 행정청의 첫 취소의 대상이 무효사유에 해당하는 경우: 이 경우 첫 취소는 효과가 발생하지 않으므로 원행정행위는 그대로 존속하게 된다. 따라서 이때에는 취소의 취소 문제가 발생하지 않는다.
③ 행정청의 첫 취소의 대상이 취소사유에 해당하는 경우: 이 경우 판례는 원처분이 침익적 처분인 경우에는 취소의 취소를 부정하는 판례가 대다수이다. 반면, 판례는 원처분이 수익적 처분인 경우에는 취소의 취소를 긍정하는 판례가 대다수이다. 이 경우 원처분의 효력이 다시 발생하게 된다.
④ 즉, <u>취소의 취소는 취소의 대상이 취소사유일 경우에 문제되며 취소의 취소를 인정한다는 것은 원처분의 효력을 인정해 준다는 것</u>으로 받아들이면 된다. 판례는 침익적 처분의 경우에는 취소의 취소를 인정하고 있지 않으나, 수익적 처분의 경우에는 취소의 취소를 인정하고 있다.

기출 주요 판례 취소의 취소

1. **침익적 처분의 취소의 취소**
   - 과세관청은 부과의 취소를 다시 취소함으로써 원부과처분을 다시 소생시킬 수는 없고 납세의무자에게 종전의 과세대상에 대한 납부의무를 지우려면 다시 법률에서 정한 부과일자에 좇아 동일한 내용의 새로운 처분을 하는 수밖에 없다.
   - 종전의 병역처분의 효력은 취소 또는 철회되어 확정적으로 상실된다고 보아야 할 것이므로 그 후 새로운 병역처분의 성립에 하자가 있었음을 이유로 하여 이를 취소한다고 하더라도 종전의 병역처분의 효력이 되살아난다고 할 수 없다.

2. **수익적 처분의 취소의 취소**
   - 행정청이 의료법인의 이사에 대한 이사취임승인취소처분(제1처분)을 직권으로 취소(제2처분)한 경우에는 그로 인하여 이사가 소급하여 이사로서의 지위를 회복하게 된다.
   - 영업허가취소처분이 행정쟁송절차에 의하여 취소되었다면 그 영업허가취소처분 이후의 영업행위를 무허가영업행위라고 볼 수는 없다.

제7장 그 밖의 행위작용

Ⅰ. 확약

> **행정절차법 제40조의2 【확약】** ① 법령등에서 당사자가 신청할 수 있는 처분을 규정하고 있는 경우 행정청은 당사자의 신청에 따라 장래에 어떤 처분을 하거나 하지 아니할 것을 내용으로 하는 의사표시를 할 수 있다.
> ② 확약은 문서로 하여야 한다.
> ③ 행정청은 다른 행정청과의 협의 등의 절차를 거쳐야 하는 처분에 대하여 확약을 하려는 경우에는 확약을 하기 전에 그 절차를 거쳐야 한다.
> ④ 행정청은 다음 각 호의 어느 하나에 해당하는 경우에는 확약에 기속되지 아니한다.
> 1. 확약을 한 후에 확약의 내용을 이행할 수 없을 정도로 법령등이나 사정이 변경된 경우
> 2. 확약이 위법한 경우
> ⑤ 행정청은 확약이 제4항 각 호의 어느 하나에 해당하여 확약을 이행할 수 없는 경우에는 지체 없이 당사자에게 그 사실을 통지하여야 한다.

1. 의의

행정관청이 국민에 대하여 장래 일정한 작위 또는 부작위를 약속하는 자기구속적인 의사표시를 확언이라 하며, 그 중 행정행위를 대상으로 하는 자기구속적 의사표시를 특히 확약이라고 한다. 오늘날에 있어서는 행정행위를 함에 있어 행정청의 업무처리능력상의 한계나 업무의 불확실성 등으로 인하여 종국적인 처분을 행하기 어려운 경우가 많이 생기고 있다. 이러한 경우 행정행위를 원하는 당사자에게 본처분에 관한 <u>가측성</u>을 제공하기 위해 확약이 이용되고 있다.

2. 확약의 법적 성질

확약이 행정행위에 해당하는지 여부에 대해서는 견해의 대립이 있으나, 판례는 확약의 행정행위성을 부정하고 있다. 다만 확약(내인가)의 취소에 대해서는 본처분의 거부처분으로 보아 처분성을 인정한다.

3. 구별개념

(1) 가(假)행정행위와의 구별

가행정행위란 행정행위의 법적 효과 또는 구속력이 최종적으로 결정될 때까지 잠정적으로만 행정행위로서의 구속력을 가지는 행정행위를 말한다(예 징계의결이 진행 중인 공무원에 대하여 행하는 직위해제처분). 가행정행위는 잠정적 규율성을 그 특징으로 하므로, 행정행위의 존속력 중 불가변력이 발생하지 않는다.

(2) 예비결정과의 구별

예비결정이란 행정청이 복잡한 행정결정사항을 단계적인 절차를 통해 그 부분별로 구분하여 종국적이며 구속력 있게 사전에 승인하는 것을 말한다. 예비결정은 한정된 사항에 대하여 종국적인 규율을 하는 것이므로 처분성이 인정된다. 구체적 예로는 '건축법상의 사전결정'과 '폐기물관리법상의 폐기물처리사업계획에 대한 적정결정 또는 부적정결정'이 이에 해당한다.

(3) 부분인허(부분허가)와의 구별

부분허가는 비교적 장기간의 시간을 요하고 영향력이 큰 시설물의 건설(예 원자력발전소 건설, 공항건설)에 있어서 단계적으로 시설의 일부에 대해서만 우선 승인하는 행정행위이다. 부분허가는 비록 제한된 사항이지만 그 자체가 규율하는 내용에 대해서는 종국적인 행정행위라는 점에서 처분성이 인정된다. 특히, 판례는 원자로시설 부지사전승인의 법적 성격을 부분허가라고 하면서, 다만 부지사전승인처분이 있고 난 후 그에 근거해서 본처분(건설허가처분)이 발하여진 경우에는 부지사전승인처분은 본처분에 흡수되어 독립하여 소송대상이 되지 않는다고 보고 있다.

확약	예비결정	부분허가
• 어업권면허에 선행하는 우선순위결정은 강학상 확약이고 행정처분은 아니므로 공정력이나 불가쟁력이 발생하지 않는다. • 확약 후 사실적·법률적 상태가 변경되었다면, 행정청의 별다른 의사표시를 기다리지 않고 실효된다.	폐기물관리법 규정에 의한 폐기물처리사업계획에 대한 적정·부적정 통보는 행정처분에 해당한다.	원자로 및 관계시설의 부지사전승인처분은 그 자체가 독립적인 행정처분이다. 하지만 이후 건설허가처분이 있게 되면 건설허가처분에 흡수되어 독립된 존재가치를 상실하게 된다. 따라서 건설허가처분만 쟁송의 대상이 된다.

4. 확약의 허용성

(1) 법적 근거가 있는 경우

확약에 관한 근거규정이 있으면 확약이 허용되는 데 아무런 문제가 없다. 그러나 우리나라에서는 행정법상 확약을 규정하고 있는 일반법은 존재하지 않는다.

(2) 법적 근거가 없는 경우

확약에 관한 근거규정이 없는 경우에 확약이 가능한지에 관하여는 견해가 나뉜다. 그러나 본처분에 관한 법적 근거가 있는 경우에는 확약에 관한 법적 근거가 없더라도 확약을 할 수 있다는 것이 일반적인 견해이다(본처분권한포함설).

5. 확약의 한계

(1) 기속행위의 경우

재량행위의 경우에 확약이 가능하다는 점에 대해서는 이견이 없지만, 기속행위의 경우에는 다툼이 있다. 논리적으로 보면 기속행위는 본처분이 반드시 행해져야 하는 것이므로 확약이 의미가 없다고 볼 수도 있으나, 기속행위의 경우에도 확약에 의해 당사자가 향후의 본처분에 대한 준비이익 내지 기대이익이 있기 때문에 확약이 가능하다고 본다.

(2) 요건사실 완성 후의 확약의 경우

본처분을 위한 요건사실이 이미 완성된 후에도 상대방에게 준비이익 내지 기대이익을 주기 위하여 행할 수 있다고 보는 것이 일반적이다.

6. 확약의 효력

(1) 확약의 구속력 – 신뢰보호원칙과 사정변경원칙 간의 충돌문제

① 신뢰보호의 원칙: 확약이 있는 경우 상대방에게 기대권과 같은 법적 효과가 발생하기 때문에 행정청은 확약된 내용을 이행하여야 할 의무를 갖게 되고 상대방은 행정주체에 대하여 확약된 내용의 이행을 청구할 수 있는 권리를 가진다.

② 사정변경의 원칙: 그러나 확약의 내용을 시행할 수 없을 정도로 사실상태 또는 법률상태가 변경된 경우에는 행정청은 그 확약에 구속되지 않는다.

(2) 확약의 불이행에 대한 법적구제 – 손해배상·손실보상

행정기관의 확약의 불이행으로 손해가 발생한 경우 국가배상법 제2조의 요건이 충족되면 상대방은 행정상 손해배상을 청구할 수 있다. 또한 확약이 공익상의 이유로 철회됨으로써 상대방이 손실을 입은 경우에는 손실보상청구권이 인정될 수도 있다.

Ⅱ. 공법상 계약

> 행정기본법 제27조【공법상 계약의 체결】① 행정청은 법령등을 위반하지 아니하는 범위에서 행정목적을 달성하기 위하여 필요한 경우에는 공법상 법률관계에 관한 계약을 체결할 수 있다. 이 경우 계약의 목적 및 내용을 명확하게 적은 계약서를 작성하여야 한다.
> ② 행정청은 공법상 계약의 상대방을 선정하고 계약 내용을 정할 때 공법상 계약의 공공성과 제3자의 이해관계를 고려하여야 한다.

1. 의의

공법상 계약이란 공법적 효과의 발생을 목적으로 하는 대등한 복수의 당사자 간 반대방향의 의사표시의 합치에 의하여 성립하는 공법행위를 말한다.

구분	법적행위	사실행위
권력적 행위	행정행위, 행정입법	대집행, 직접강제, 압류, 즉시강제 등
비권력적 행위	공법상 계약	행정지도

2. 공법상 계약의 자유성

법령에 명시적인 근거가 없더라도 행정청은 자유롭게 공법상 계약을 체결할 수 있다(법적근거불요설).

3. 공법상 계약의 성립요건

(1) 주체
정당한 권한을 가진 행정청에 의하여 체결되어야 한다.

(2) 내용
공법상 계약의 내용은 당사자 간의 합의에 의해 정해지는 것이 원칙이다.

(3) 절차
공법상 계약의 체결에 관한 통칙적 규정이 행정기본법에 제정되었다(행정기본법 제27조). 다만, 공법상 계약에는 행정절차법이 적용되지 않는다(판례).

(4) 형식
계약의 목적 및 내용을 명확하게 적은 계약서를 작성하여야 한다(행정기본법 제27조).

4. 공법상 계약의 종류

① 행정주체 vs 행정주체: ○	• 공공단체 상호 간의 사무의 위탁 • 공공시설의 관리, 도로관리의 협의, 경비분담협의 • 지방자치단체 간의 비용부담협의, 지방자치단체 간의 도로 • 하천의 경비부담에 관한 협의 기타 공공시설협정 등
② 행정주체 vs 사인: ○	• 임의적 공용부담계약 • 행정사무의 위탁계약: 별정우체국의 지정 등 • 공법상 보조금지급계약: 수출보조금교부계약, 자금지원계약 등 • 전문직 공무원채용계약: 계약직 공무원 임용계약 등 • 지방자치단체와 사인 간의 수도공급계약 • 환경보전협정: 지방자치단체와 사기업 간 공해방지 등을 위한 환경보전협정 • 특별행정법관계의 설정합의: 자원입대, 학령아동의 취학, 공물·영조물이용관계설정 등
③ 사인 vs 사인: 다수설 ○, 판례 ×	공무수탁사인과 다른 사인과의 계약: 토지수용사업시행자와 토지소유자 및 관계인 사이의 토지수용협의 ➔ (TIP) 판례는 사법상 매매로 봄

5. 공법상 계약이 아닌 것

① 사법상 계약 (국고작용)	• 국·공유재산에 대한 매각계약 • 지하철의 승차 • 관용자동차의 폐차불하계약 • 국영기차 내의 광고물 부착 • 국유일반재산의 매각 • 공사의 도급계약, 도청청사건축계약, 도로건설도급계약 • 물품매매계약 • 사업시행자와 토지소유자 간의 매매계약(판례) • 고궁안내원의 채용계약(판례)
② 공법상 합동행위 (공공조합설립행위)	• 산림조합설립행위, 산림조합연합회설립행위 • 시군조합설립행위 • 농지개량조합연합회의 설립행위 • 주택재개발조합의 설립행위 • 지방자치단체 간의 협의로 지방자치단체조합을 설립하는 행위 등
③ 공법상 사무관리	행려병자의 보호
④ 행정행위	토지수용의 재결, 귀화의 허가, 행정재산에 대한 사용·수익허가
⑤ 합성행위	지방의회의 의결, 지방의회의 지방의회 의장에 대한 불신임 의결(판례는 행정처분으로 봄)
⑥ 권력작용	공용부담

6. 공법상 계약의 유용성과 위험성

유용성	위험성
① 탄력성, 신축적 행정 ② 사실관계·법률관계가 명확하지 않을 때 ③ 법률유보의 흠결을 메울 수 있음 ④ 법률지식이 없는 자에게도 교섭을 통해 계약의 내용을 이해시킬 수 있음	① 공익성을 망각할 경우 국가행정의 상업화를 초래할 수 있음 ② 계약의 자유라는 이유로 법치행정의 원칙이 위협을 받을 수 있음 ③ 국민에게 부당한 구속 또는 부담을 줄 우려가 있음 ④ 행정기능의 약화 내지 신속성을 저해할 우려가 있음

7. 공법상 계약의 특수성

(1) 특수성

공익의 실현작용이라는 점에서 부합계약의 형식을 취하는 경우가 많다(영조물 규칙, 공급규정 등).

(2) 계약강제성

계약체결 여부는 당사자 간의 자유에 맡기는 것이 원칙이지만, 공법상 계약에는 사적 자치의 원칙보다 법령에 의해 체결의 자유와 행정청의 자유가 제한될 수 있다(일반수도사업자의 급부의무 등).

(3) 해제와 변경

공법상 계약에 있어서 민법상의 계약해제의 규정은 그대로 적용되지 않는다. ∵ 계약의 일방당사자인 행정주체는 공익상의 사유가 있는 경우에는 일방적으로 계약을 해제 또는 변경할 수 있기 때문이다. 이럴 경우 상대방에게는 손실보상청구권이 인정된다. 반면, 사인에 의한 계약관계의 해소는 원칙적으로 허용되지 않는다.

(4) 계약의 하자

공법상 계약은 행정행위가 아니어서 공정력이 인정되지 않으므로 취소는 존재할 수 없고 무효만 있을 수 있다(다수설).

(5) 강제집행

① 공법상 계약의 대등한 당사자로서 행정주체에게 자력집행력이 인정되지 않는 것이 원칙이다. 따라서 행정주체는 상대방의 채무불이행 시 법원에 강제집행을 청구하여야 한다.
② 다만, 예외적으로 법령의 근거가 있는 경우, 당사자 간의 사전협의가 있는 경우에는 자력강제가 인정될 수 있다.

(6) 쟁송절차

① **공법상 당사자소송**: 공법상 계약으로 인한 권리의무관계에 다툼이 있는 경우에는 공법상 법률관계에 관한 소송으로서 행정소송인 당사자소송으로 다루어져야 한다. 다만, 실무상으로는 민사소송으로 해결하는 경우가 많다.
② **손해배상청구소송**: 공법상 계약으로 인한 의무의 불이행으로 인한 손해배상청구 및 공법상 계약의 체결상 및 집행상의 불법행위로 인한 손해배상청구도 공법상 당사자 소송에 의하도록 하는 것이 이론상 타당하다. 다만, 실무상으로는 민사소송으로 해결하는 경우가 많다.

8. 공법상 계약의 한계

(1) 법률우위의 원칙

공법상 계약의 경우 법률유보의 원칙은 적용되지 않지만 법률우위의 원칙은 적용된다.

(2) 제3자의 동의

제3자의 권익을 제한하는 내용의 행정행위를 할 것을 내용으로 하는 공법상 계약은 제3자의 동의가 없는 한 인정될 수 없다.

(3) 공권력에 의해 일방적으로 규율되어야 하는 분야

조세, 병역 등 절대적 평등이 요구되는 대량적이고 지속적인 사안에는 원칙적으로 공법상 계약이 인정되지 않는다.

Ⅲ. 행정지도

> **행정절차법 제48조【행정지도의 원칙】** ① 행정지도는 그 목적 달성에 필요한 최소한도에 그쳐야 하며, 행정지도의 상대방의 의사에 반하여 부당하게 강요하여서는 아니 된다.
> ② 행정기관은 행정지도의 상대방이 행정지도에 따르지 아니하였다는 것을 이유로 불이익한 조치를 하여서는 아니 된다.
> **제49조【행정지도의 방식】** ① 행정지도를 하는 자는 그 상대방에게 그 행정지도의 취지 및 내용과 신분을 밝혀야 한다.
> ② 행정지도가 말로 이루어지는 경우에 상대방이 제1항의 사항을 적은 서면의 교부를 요구하면 그 행정지도를 하는 자는 직무 수행에 특별한 지장이 없으면 이를 교부하여야 한다.
> **제50조【의견제출】** 행정지도의 상대방은 해당 행정지도의 방식·내용 등에 관하여 행정기관에 의견제출을 할 수 있다.
> **제51조【다수인을 대상으로 하는 행정지도】** 행정기관이 같은 행정목적을 실현하기 위하여 많은 상대방에게 행정지도를 하려는 경우에는 특별한 사정이 없으면 행정지도에 공통적인 내용이 되는 사항을 공표하여야 한다.

1. 의의

행정지도라 함은 행정기관이 그 소관사무의 범위 안에서 일정한 행정목적을 실현하기 위하여 특정인에게 일정한 행위를 하거나 하지 아니하도록 지도·권고·조언 등을 하는 행정작용이다(행정절차법 제2조 제3호).

2. 특징

① 사실행위성(법적행위인 행정행위와 구별), ② 비권력행위성(권력적인 행정강제 등과 구별), ③ 상대방과의 협력성(단독적 사실행위와 구별, 행정지도는 당사자가 동의하지 않으면 효력이 발생 ×), ④ 행정객체에 대한 행위성(행정주체 내부의 지도와 구별)

3. 법적 성질

대외적·정신적 사실행위이다. 한편, 비권력적 사실행위이기에 직접적인 법적효과 ×, 공정력 ×, 상대방에 의무부과 ×

4. 유용성

① 법령의 불비보완, ② 분쟁회피기능, ③ 지식·정보·기술의 제공

5. 문제점

① 법치주의의 공동화, ② 사실상의 강제성, ③ 기준의 불명확성, ④ 잘못된 지식·정보 제공, ⑤ 행정구제 수단의 불완전성

6. 종류

① 조성적 행정지도, ② 조정적 행정지도, ③ 규제적 행정지도

7. 법적 근거

(1) 법적 근거(법률유보)

행정지도도 행정작용의 일종이므로 조직법상의 근거가 있어야 하지만, 작용법상의 근거는 불요(통설)

(2) 한계(법률우위)

행정지도는 성문법 및 행정법의 일반원칙 등에 위반되어서는 안 된다.

8. 지도원칙

과잉금지의 원칙, 부당강요금지의 원칙, 불이익조치금지의 원칙

9. 지도방식

명확성의 원칙, 행정지도실명제, 문서교부청구권, 의견제출, 다수인의 경우 공통사항의 공표

10. 권리구제

(1) 위법지도와 위법성 조각

행정지도에 따른 행위는 상대방의 자의에 의한 행위이다. ∴ 위법한 행정지도에 따른 사인의 행위는 위법하고 정당화될 수 없다.

(2) 행정쟁송

행정지도는 비권력적 사실행위이므로 처분성이 인정되지 않고, 따라서 항고쟁송으로 다툴 수 없다(통설·판례). 다만, 행정지도에 따르지 않았다고 불이익한 처분을 받은 경우, 그 처분에 대하여는 행정쟁송을 제기할 수 있다.

(3) 국가배상청구

비권력적 사실행위인 행정지도도 직무행위의 범위에 포함된다(통설·판례). 다만, 행정지도의 임의성 때문에 국가배상을 인정하기 어려움. but 모든 사정에 비추어 상대방이 행정지도를 따를 수밖에 없거나, 위법한 강박의 행정지도의 경우 행정지도와 피해 사이에 인과관계가 인정될 수 있다.

(4) 손실보상

비강제적 행정지도에 따른 손실을 특별한 희생으로 볼 수 없기 때문에 원칙적으로 손실보상청구권은 인정될 수 없다.

(5) 헌법소원

행정청의 행정지도를 따르지 않을 경우 일정한 불이익조치가 예정되어 있었다면 그 행정지도는 헌법소원의 대상이 되는 공권력의 행사가 될 수 있다(교육부장관이 대학 총장·학장에게 학칙의 시정을 요구한 사안 등).

Ⅳ. 행정상 사실행위

1. 의의

일정한 사실상의 결과발생만을 목적으로 하는 행정주체의 일체의 행위를 말한다. 특히, 사실행위는 법적행위와는 달리 직접적인 법적 효과를 발생시키지 않는 행위를 말한다.

2. 종류

권력적 사실행위	• 행정대집행의 실행, 강제징수상 압류행위 • 직접강제: 실력에 의한 예방접종, 불법체류 외국인에 대한 강제출국조치, 무허가 영업소의 강제폐쇄행위, 집회군중의 강제해산 • 즉시강제: 전염병환자의 강제격리, 불량식품 또는 청소년유해약물 등의 강제수거·폐기행위 • 권력적 행정조사(강제조사) • 교도소장의 서신검열행위, 마약류 수용자에 대한 소변채취
비권력적 사실행위	• 정신적 사실행위: 교시, 상담, 안내, 행정지도 등 • 물리적 사실행위: 쓰레기 수거, 관용차 운행, 공공시설의 설치·관리 등

3. 법적 근거와 한계

(1) 법적 근거(법률유보)

사실행위도 행정작용에 해당하므로 최소한 조직법상의 근거가 필요하다. 또한 비권력적 사실행위는 법적 근거가 필요 없지만, 권력적 사실행위는 법률유보의 원칙이 적용된다는 것이 지배적이다.

(2) 한계(법률우위)

사실행위도 행정작용이므로 법률우위의 원칙이 적용된다. 따라서 성문법과 불문법에 저촉되어서는 안 된다.

4. 행정상 사실행위에 대한 구제

(1) 행정쟁송과 손해전보

구분		행정쟁송	손해전보 등
권력적 사실행위	단기간에 종료	×(∵ 소의 이익 ×)	○
	장기간 계속	○	○
비권력적 사실행위		×(∵ 처분성 ×)	○
행정지도		×(∵ 처분성 ×)	○

(2) 헌법소원

헌법소원은 위법한 사실행위에 대한 권리구제로서 중요한 수단이 될 수 있다.

V. 행정계획

> **행정절차법 제40조의4 【행정계획】** 행정청은 행정청이 수립하는 계획 중 국민의 권리·의무에 직접 영향을 미치는 계획을 수립하거나 변경·폐지할 때에는 관련된 여러 이익을 정당하게 형량하여야 한다.

1. 개념

행정에 관한 전문적·기술적 판단을 기초로 도시의 건설·정비·개량 등과 같은 특정한 행정목표를 달성하기 위하여 서로 관련되는 행정수단을 종합 조정함으로써 장래의 일정한 시점에 있어서 일정한 질서를 형성하기 위한 활동기준으로서 설정된 것을 말한다.

2. 기능

행정의 목표설정, 행정수단의 종합화·체계화, 예측가능성 부여, 행정과 국민 간의 매개적 기능, 지침적·유도적 기능 등

3. 행정계획의 법적 성질

(1) 학설

입법행위설(법규명령설), 행정행위설, 혼합행위설, 독자성설 등의 대립이 있으나, 각각의 계획마다 개별적으로 검토하여 항고소송 대상의 여부를 판단하여야 한다는 개별적 검토설(복수성질설)이 다수설이다.

(2) 판례

행정계획 중 처분성 인정 판례	행정계획 중 처분성 부정 판례
• 도시계획법상 도시계획 • 도시재개발법상 관리처분계획 • 사업시행계획 • 택지개발촉진법상 택지개발예정지구결정 • 환지예정지 지정, 환지처분	• 도시계획법상 도시기본계획 • 농어촌도로정비법상 농어촌도로기본계획 • 4대강 살리기 마스터플랜 • 택지개발촉진법상 택지개발사업시행자의 택지공급방법결정 • 환지계획

4. 행정계획의 법적 근거

① 구속적 행정계획은 조직법적 근거와 작용법적 근거가 필요하다.
② 비구속적 행정계획은 조직법적 근거만 있으면 가능하다. 즉, 작용법적 근거는 필요 없다.
③ 최근 제정된 행정절차법에서는 행정계획의 수립·확정에 관한 일반적 규정을 두고 있다.

5. 행정계획의 효력

(1) 행정계획이 법령의 형식일 경우

'법령 등 공포에 관한 법률'이 정한 형식을 갖추어 공포되어야 한다. 특별한 사정이 없으면 공포일부터 20일이 경과함으로써 효력을 발생한다.

(2) 그 밖의 형식의 행정계획

행정계획의 고시가 효력을 발생한 날부터 효력을 발생한다.

6. 행정계획의 집중효

(1) 의의

일단 하나의 사업계획이 확정되면 그 사업을 수행하는 데 필요한 각종의 관계 법령에 의한 인·허가를 받은 것으로 의제하는 것을 말한다. 인·허가 의제제도는 복합민원의 일종으로 민원인에게 편의를 제공하는 원스톱 서비스의 기능을 수행한다.

(2) 법적 근거

집중효제도는 행정기관의 권한에 변경을 가져온다. 행정조직법정주의의 원리에 비추어 집중효는 개별법률에서 명시적으로 규정되는 경우에만 인정될 수 있다.

(3) 집중효의 효과

다수설과 판례는 절차집중효의 입장에서 집중효의 범위는 관할과 절차까지 집중되므로 법령상 다른 규정이 없는 한 계획확정청은 의제되는 인·허가에 관한 모법상의 행정절차를 거칠 필요가 없다고 본다.

7. 계획재량

(1) 개념
계획재량이란 계획법률에 근거한 구체적인 계획을 책정하는 과정에서 행정주체가 가지는 재량권, 즉 계획상의 광범위한 형성의 자유를 말한다.

(2) 계획재량과 재량행위의 구별
① 학설: 구별설(다수설), 구별부정설
② 판례: 판례는 구별설의 입장에서 행정계획의 주체에 대하여 광범위한 형성의 자유를 인정한다.

(3) 형량명령
① 의의: 행정계획을 수립함에 있어서 관련된 이익을 정당하게 형량하여야 한다는 원칙을 말한다. 판례의 태도이다.
② 형량의 하자: 형량명령의 내용에 반하는 경우에 형량의 하자가 있는 것으로 되어 당해 행정계획은 위법하게 된다.
   ㉠ 형량의 해태 - 이익형량을 전혀 하지 않은 하자
   ㉡ 형량의 흠결 - 이익형량을 하기는 하였으나 반드시 고려하여야 할 중요한 사항을 누락하는 것
   ㉢ 오형량(형량의 불비례) - 이익형량을 하였으나 객관성·정당성·비례성을 결한 것
   ㉣ 형량조사의 하자(조사의 흠결) - 조사의무를 이행하지 않은 하자
   ㉤ 평가의 과오 - 관련된 공익 또는 사익의 가치를 잘못 평가하는 것

8. 계획보장청구권
① 행정계획에 대한 상대방의 신뢰를 보호하기 위하여 상대방에게 인정된 행정주체에 대한 권리를 총칭하는 개념
② 계획존속청구권, 계획이행청구권, 계획변경청구권, 경과조치청구권, 손해전보청구권 등을 포함
③ 판례는 원칙적으로 계획보장청구권을 인정하지 않는다.

9. 행정계획과 권리구제

(1) 사전적 구제
행정계획안에 대한 공람, 의견제출, 공청회, 청문 등

(2) 사후적 구제
위법·부당한 행정계획으로 법률상 이익을 침해받은 자는 행정쟁송을 제기할 수 있다. 위법한 행정계획의 수립, 변경, 폐지 등으로 손해를 입은 자는 국가배상청구소송을 제기할 수 있다. 적법한 행정계획으로 국민의 재산권이 제한된 경우에 당해 손실이 특별한 희생으로 인정되고 근거법이 손실보상규정을 두고 있다면 손실보상을 청구할 수 있다. 하지만, 행정청에게 인정되는 광범위한 계획재량으로 인해 실효적인 구제수단이 되지 못한다.

(3) 헌법소원

헌법재판소는 그 자체로서 법적 구속력이나 외부효과가 발생하지 않는 비구속적 행정계획안의 경우 헌법소원의 대상이 되는 공권력의 행사로 보지 않는다. 그러나 비구속적 행정계획안이나 행정지침이라도 국민의 기본권에 직접적으로 영향을 끼치고, 앞으로 법령의 뒷받침에 의하여 그대로 실시될 것이 틀림없을 것으로 예상될 수 있을 때에는, 예외적으로 공권력의 행사로써 헌법소원의 대상이 될 수 있다고 판시하고 있다.

기출 주요 판례 무효사유와 취소사유

1. 무효사유
- 권한 없는 행정청의 처분
- 경찰관 명의의 운전면허취소처분
- 행정기관의 권한범위 밖의 행위
- 위법하게 구성된 입지선정위원회의 입지결정처분
- 계고서에 의하지 않은 계고
- 독촉서에 의하지 않은 독촉
- 체납자 아닌 제3자에 대한 압류
- 행정재산의 착오에 의한 매각처분
- 특정되지 않은 계고처분
- 적법한 건축물에 대한 철거명령, 대집행 계고
- 거부처분이 행해진 후 거부처분이 취소되지 않는 한 거부처분을 반복하는 것
- 이미 위헌결정이 된 법률에 근거한 처분
- 환경영향평가를 거쳐야 할 대상사업에 대하여 환경영향평가를 거치지 않은 개발사업승인
- 도지사의 인사교류안의 작성과 그에 따른 인사교류의 권고가 전혀 이루어지지 않은 상태에서 행해진 처분

2. 취소사유
- 청문절차를 위반한 처분
- 납세고지서에 기재사항이 누락된 처분
- 다른 행정기관의 필요적 자문을 거치지 않은 처분
- 독촉절차가 없는 압류처분
- 기업자의 과실로 인하여 토지소유자나 관계인을 알지 못하여 이들의 참가 없이 한 수용재결
- 택지개발계획을 승인함에 있어서 이해관계자의 의견을 듣지 아니하였거나 토지소유자에 대한 통지를 하지 아니한 하자
- 둘 이상의 시·도에 걸친 노선업종에 있어서 노선관련 사업계획의 변경인가처분이 미리 관계도지사와 협의를 거치지 않은 경우
- 압류재산의 가액이 징수할 국세액을 초과하는 경우

기출 주요 판례 취소의 취소

1. 침익적 처분의 취소의 취소
   - 과세관청은 부과의 취소를 다시 취소함으로써 원부과처분을 다시 소생시킬 수는 없고 납세의무자에게 종전의 과세대상에 대한 납부의무를 지우려면 다시 법률에서 정한 부과일자에 좇아 동일한 내용의 새로운 처분을 하는 수밖에 없다.
   - 종전의 병역처분의 효력은 취소 또는 철회되어 확정적으로 상실된다고 보아야 할 것이므로 그 후 새로운 병역처분의 성립에 하자가 있었음을 이유로 하여 이를 취소한다고 하더라도 종전의 병역처분의 효력이 되살아난다고 할 수 없다.

2. 수익적 처분의 취소의 취소
   - 행정청이 의료법인의 이사에 대한 이사취임승인취소처분(제1처분)을 직권으로 취소(제2처분)한 경우에는 그로 인하여 이사가 소급하여 이사로서의 지위를 회복하게 된다.
   - 영업허가취소처분이 행정쟁송절차에 의하여 취소되었다면 그 영업허가취소처분 이후의 영업행위를 무허가영업행위라고 볼 수는 없다.

기출 주요 판례 위헌법령에 근거한 처분

- 처분 후 근거법률이 위헌이 된 경우 처분은 취소사유이다.
- 위헌결정을 받은 법률을 바탕으로 한 처분은 무효이다.
- 법률의 위헌결정의 소급효는 불가쟁력이 발생한 처분에는 인정되지 않는다.
- 헌법재판소는 중대·명백설을 취하되 예외적으로 중대한 하자이기만 한 경우에도 무효를 인정한 예가 있다.

기출 주요 판례 예측가능성과 수인한도론

- 위법한 개별공시지가결정에 대하여 그 정해진 시정절차를 통하여 시정하도록 요구하지 아니하였다는 이유로 위법한 개별공시지가를 기초로 한 과세처분 등 후행 행정처분에서 개별공시지가결정의 위법을 주장할 수 없도록 하는 것은 수인한도를 넘는 불이익을 강요하는 것으로 국민의 재산권과 재판받을 권리를 보장한 헌법의 이념에도 부합하는 것이 아니라고 할 것이다.
- 개별공시지가 결정에 의한 재조사청구에 따른 감액조정에 대하여 더 이상 불복하지 아니한 경우, 이를 기초로 한 양도소득세 부과처분 취소소송에서 다시 개별토지가격 결정의 위법을 해당 과세처분의 위법사유로 주장할 수 없다.

기출 주요 판례 하자의 치유

1. 하자의 치유 긍정
   - 청문서의 도달기간을 어겼더라도 영업자가 이의하지 아니한 채 스스로 청문일에 출석하여 의견을 진술하고 변명하는 등의 방어의 기회를 가진 경우 청문서 도달기간을 준수하지 아니한 하자는 치유되었다고 봄이 상당하다.
   - 납세고지서의 기재사항 일부 등이 누락된 경우라도 앞서 보낸 과세예고통지서 등에 필요적 기재사항이 제대로 기재된 경우 납세고지서의 하자가 치유된다.
   - 압류처분의 단계에서 독촉의 흠결과 같은 절차상의 하자가 있었다고 하더라도 그 이후에 이루어진 공매절차에서 공매통지서가 적법하게 송달된 바가 있다면 매각결정에 따른 매수대금을 매수인이 납부한 이후에는 해당 공매 처분을 취소할 수 없다.
   - 징계처분에 대한 재심절차는 원래의 징계절차와 함께 전부가 하나의 징계처분절차를 이루는 것으로서 원래의 징계과정에 절차 위반의 하자가 있더라도 재심과정에서 보완되었다면 그 절차 위반의 하자는 치유된다.

2. 하자의 치유 부정
   - 처분의 하자가 내용에 관한 것이고, 새로운 노선면허가 소제기 이후에 이루어진 경우 하자의 치유는 부정된다.
   - LPG충전사업허가의 경우 인근주민의 동의를 받아야 함에도 받지 않은 자에게 허가가 발령되어 경원자가 그 신규사업허가의 취소를 구한 소송에서 처분 후 동의를 받았다는 이유로 그 하자가 치유되지는 않는다.
   - 납세고지서에 세액산출근거를 전혀 명기하지 아니하였다면 설사 과세관청이 사전에 납세의무회사의 직원을 불러 과세의 근거와 세액산출근거 등을 사실상 알려준 바 있다 하더라도 하자가 치유되지는 않는다.
   - 납세고지서에 세액산출근거 등 기재사항이 누락된 하자는 납세의무자가 나름대로 산출근거를 알고 있거나 사실상 이를 알고서 쟁송에 이르렀다고 하더라도 하자가 치유되지는 않는다.
   - 청문일시에 불출석하였다는 이유만으로 청문을 실시하지 아니한 침익적 처분은 하자가 치유되지 않고 위법하다.
   - 공무원 임용결격사유가 있는 경우 임용은 무효이므로 국가가 과실에 의하여 이를 밝혀내지 못하였다고 하더라도 그 하자는 치유되지 않는다.
   - 과세처분에 대한 전심절차가 모두 끝나고 상고심의 계류 중에 세액산출근거의 통지가 있었다고 하여 과세처분의 하자는 치유되지 않는다.

기출 주요 판례 공법상 계약

- 계약직공무원 채용계약해지의 의사표시는 일반공무원에 대한 징계처분이 아니므로 항고소송의 대상이 처분이 아니다. 그러므로 당사자소송으로 분쟁을 해결한다.
- 계약직공무원 채용계약해지의 의사표시는 행정처분이 아니므로 행정절차법상 근거와 이유를 제시하여야 하는 것은 아니다.
- 계약직공무원에 대하여 지방공무원법 등에 정한 징계절차에 의하지 않고 보수를 삭감할 수 없다.
- 도시계획사업의 시행자가 그 사업에 필요한 토지를 협의취득하는 행위는 사법상의 계약이다. - 민사소송
- 창덕궁관리소장의 1년 단위로 채용한 비원안내원 채용계약은 사법상의 계약이다. - 민사소송
- 국립의료원부설주차장 운영계약의 실질은 행정처분으로 강학상 특허이다. - 항고소송
- 서울특별시무용단원 위촉과 해촉은 공법상 계약이다. - 당사자소송
- 공중보건의사채용계약 해지의 의사표시는 공법상 계약이다. - 당사자소송
- 지방직전문공무원채용계약 해지의 의사표시는 공법상 계약이다. - 당사자소송

기출 주요 판례   행정지도

- 주류거래를 일정기간 중지하여 줄 것을 요청하는 행위는 권고 내지 협조를 요청하는 권고적 성격의 행위로 원고의 법률상의 지위에 직접적인 법률상의 변동을 초래하는 행정처분이라고 할 수 없다.
- 소속 장관의 서면에 의한 경고는 항고소송의 대상이 되는 행정처분에 해당하지 않는다.
- 행정규칙에 의한 불문경고조치는 행정처분에 해당한다.
- 금융기관의 임원에 대한 금융감독원장의 문책경고는 행정처분에 해당한다.
- 문책경고장의 통보행위는 행정처분에 해당하지 않는다.
- 시정조치에 대한 결과를 증빙서를 첨부한 문서로 보고하도록 하는 것은 행정처분에 해당한다.
- 국가인권위원회의 성희롱결정 및 시정조치권고는 행정처분에 해당한다.
- 공정거래위원회의 표준약관 사용권장은 항고소송의 대상이 되는 행정처분에 해당한다.
- 교육인적자원부장관의 국공립대학총장들에 대한 학칙시정요구는 헌법소원의 대상이 된다.
- 서울대학교 94학년도 대학입학고사주요요강은 사실상의 준비행위이지만 그 내용이 국민의 기본권에 직접 영향을 끼치는 내용이고 앞으로 법령의 뒷받침에 의하여 그대로 실시될 것이 틀림없을 것으로 예상되어 헌법소원의 대상이 된다.
- 한계를 일탈하지 않은 행정지도에 의한 손해는 배상책임이 없으나 한계를 일탈한 위법한 행정지도는 불법행위를 구성한다.

기출 주요 판례   행정계획

- 관보에 게재하여 고시하지 아니한 도시계획결정은 대외적으로 아무런 효력도 발생하지 아니한다.
- 후행 도시계획에 선행 도시계획과 서로 양립할 수 없는 내용이 포함되어 있다면 특별한 사정이 없는 한 선행 도시계획은 후행 도시계획과 같은 내용으로 변경된다.
- 후행 도시계획의 결정을 하는 행정청이 선행 도시계획의 결정·변경 등에 관한 권한을 가지고 있지 아니한 경우에는 선행 도시계획과 양립할 수 없는 내용이 포함된 후행 도시계획결정의 효력은 무효이다.
- 도시계획이 일단 확정된 후에 어떤 사정의 변동이 있다고 하여 지역주민에게 일일이 그 계획의 변경 또는 폐지를 청구할 권리를 인정해 줄 수 없다. 즉, 원칙적으로 계획변경청구권은 인정되지 않는다.
- 장래 일정기간 내에 관계 법령이 규정하는 시설 등을 갖추어 일정한 행정처분을 구하는 신청을 할 수 있는 법률상 지위에 있는 자의 국토이용계획변경신청을 거부하는 것이 실질적으로 해당 행정처분 자체를 거부하는 결과가 되는 경우에는 예외적으로 그 신청인에게 국토이용계획변경을 신청할 권리가 인정된다고 봄이 상당하다.
- 도시계획구역 내 토지 등을 소유하고 있는 주민으로서 입안권자에게 도시계획입안을 요구할 법규상·조리상의 신청권이 있고 이러한 신청에 대한 거부행위는 항고소송의 대상이 되는 행정처분에 해당한다.
- 문화재보호구역 내 토지소유자의 문화재보호구역 지정해제신청에 대한 행정청의 거부는 항고소송의 대상이 되는 처분에 해당한다.
- 도시계획시설부지로 지정하고 장기간 도시계획사업을 시행하지 않은 경우 다양한 보상가능성을 통해 보상을 하여야 한다.
- 장기미집행 도시계획시설결정의 실효제도는 법률상 권리일 뿐 헌법상 재산권으로부터 도출되는 권리는 아니다.

제8장 행정절차법

Plus 보충 행정절차법 체크 포인트

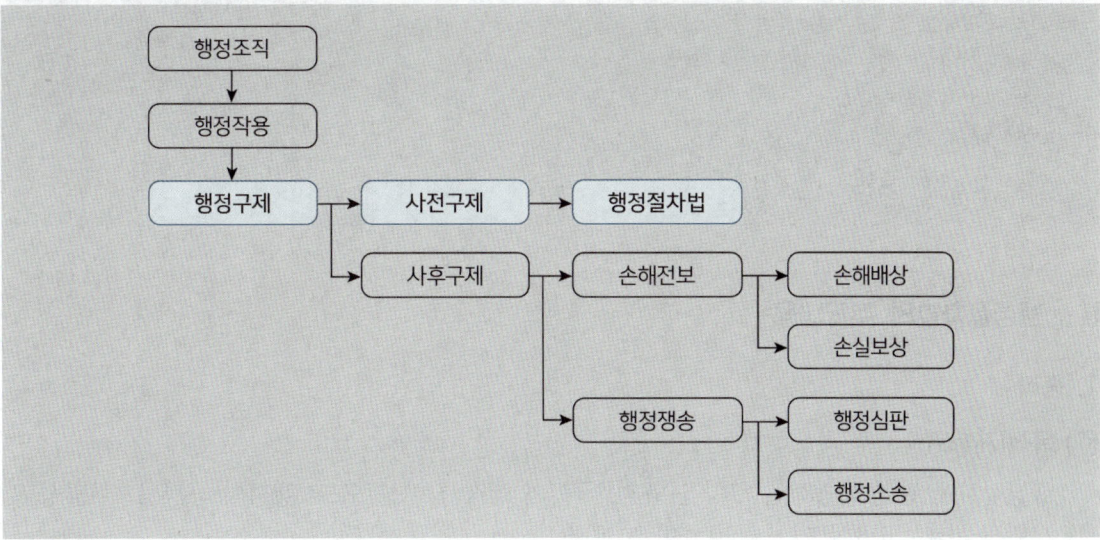

Ⅰ. 행정절차법의 체계

1. 행정절차의 기능

① 인간의 존엄성확보, 행정의 민주화(예 공청회), 행정의 적정성, 재량통제기능, 법원의 업무경감
② 다만, 행정의 신속성 ↓, 행정의 효율성 △

2. 행정절차의 근거

(1) 헌법적 근거

헌법 제12조 제1항, 제3항 - 영장주의, 적법절차의 원리 - 형사법적 원리이지만 행정법 관계에 당연히 적용됨

(2) 법률적 근거

행정절차법(일반법)

3. 행정절차법의 규정(8장, 57개 조문)

제1장: 총칙
제2장: 처분
제3장: 신고, 확약, 위반사실의 공표, 행정계획
제4장: 입법예고
제5장: 행정예고
제6장: 행정지도
제7장: 국민참여확대
제8장: 보칙

TIP 주의: 행정절차법에 입법되지 않은 것 - 공법상 계약(공법상 계약은 행정기본법에 명시됨), 행정조사

Ⅱ. 행정절차법의 주요내용

1. 총칙

(1) 목적(제1조)

행정절차에 관한 공통적인 사항을 규정, 국민의 행정 참여를 도모, 행정의 공정성·투명성 및 신뢰성 확보, 국민의 권익을 보호함을 목적

(2) 용어(제2조)

행정청, 처분, 행정지도, 당사자 등, 청문, 공청회, 의견제출, 전자문서, 정보통신망

(3) 적용범위(제3조)

① 처분, 신고, 확약, 위반사실의 공표, 행정계획, 입법예고, 행정예고, 행정지도

TIP 처신 확이계 입예지!

② 다만, 행정절차법이 적용되지 않는 예외가 있음에 주의할 것(행정절차법 제3조 제2항 제1호~제9호)

(4) 당사자(제9조)

자연인, 법인, 법인이 아닌 사단·재단(예 종중, 교회, 아파트입주자대표회의, 부녀회 등) 등

(5) 당사자지위 승계(제10조)

① 당연승계: 사망, 법인의 합병의 경우 당연승계
② 허가승계: 권익의 양도·양수 시 행정청의 승인을 받아야 승계

(6) 대표자(제11조)

행정심판법과 유사 but 제2항과 제6항은 행정절차법에만 규정되어 있음

(7) 송달(제14조)

우편, 교부, 정보통신망, 공시송달

(8) 송달의 효력발생(제15조)

도달주의

Ⅲ. 행정절차법의 주요내용 중

1. 처분의 근거와 이유제시(제23조)

① 행정청은 처분을 할 때에는 당사자에게 그 근거와 이유를 제시하여야 한다.
② 신청 내용을 모두 그대로 인정하는 처분인 경우, 단순·반복적인 처분 또는 경미한 처분으로서 당사자가 그 이유를 명백히 알 수 있는 경우, 긴급히 처분을 할 필요가 있는 경우에는 근거와 이유를 제시하지 아니할 수 있다.
③ 행정청은 단순·반복적인 처분 또는 경미한 처분으로서 당사자가 그 이유를 명백히 알 수 있는 경우, 긴급히 처분을 할 필요가 있는 경우에는 처분 후 당사자가 요청하는 경우 그 근거와 이유를 제시하여야 한다.

2. 처분의 사전통지, 의견청취(제21조, 제22조)

(1) 사전통지

당사자에게 의무를 부과하거나 권리를 제한하는 처분을 할 경우, 당사자 등에게 사전통지를 해야 한다.

TIP 사전통지의 예외
1. 공공의 안전 또는 복리를 위하여 긴급히 처분을 할 필요가 있는 경우
2. 상실사유가 재판 등으로 객관적으로 증명된 경우
3. 성질상 곤란·명백히 불필요한 경우
+ 판례: 1. 신청에 대한 거부처분, 2. 복효적 처분이 제3자의 권익을 침해할 경우 제3자

(2) 의견청취

- 청문
- 공청회
- 의견제출

TIP 의견청취의 예외: 사전통지 생략사유 3개 + 의견진술을 하지 않는다는 명백한 의사표시

3. 청문·공청회·의견제출

구분	청문	공청회	의견제출
실시	• 다른 법령의 규정 시 • 필요하다고 행정청이 인정 시 • 인허가 등의 취소, 신분·자격의 박탈, 법인이나 조합 등의 설립허가의 취소	• 다른 법령의 규정 시 • 처분의 영향이 광범위하여 널리 의견을 수렴할 필요가 있다고 행정청이 인정 시 • 일정 수 이상의 당사자 등이 요구 시	침익적 처분의 경우(단, 청문·공청회를 실시하는 경우에는 불실시)
대상	당사자 등	당사자 등, 전문가, 일반인	당사자 등
통지	청문실시 10일 전	공청회개최 14일 전(+ 7일 전)	처분의 사전통지 시(의견제출기한 10일)
방법	서면, 구술	구술, 온라인공청회(공청회와 병행이 원칙. 다만, 예외적인 경우 단독개최가 가능함)	서면, 구술, 정보통신망
주재자	• 소속직원 또는 대통령령으로 정하는 자격 • 청문주재자는 필요한 경우 2명 이상으로 선정할 수 있다. 다만, 이 경우 대표자는 1명	전문적 지식, 대통령령으로 정하는 자격	처분청
공개여부	비공개 원칙(단, 신청 및 필요하다고 판단 시에는 공개 가능)	공개	×
결과반영	상당한 이유 시 결과를 반영하여야 함	상당한 이유 시 결과를 반영하여야 함	• 상당한 이유 시 결과를 반영하여야 함 • 행정청이 의견을 반영하지 않은 경우 90일 이내에 설명 요청 ➜ 서면으로 이유 제시
기타	• 문서열람·복사요청 ○ • 정보공개신청	• 문서열람·복사요청 × • 직접 관련된 사항만 • 발표내용 제한 ○, 중단 ○, 퇴장 ○ • 발표자 간 질의응답 ○, 방청객도 발언기회 ○ • 공청회 재개최 ○	• 문서열람·복사요청 ○ • 의견청취의 일반절차임

4. 신고

> **행정절차법 제40조【신고】** ① 법령등에서 행정청에 일정한 사항을 통지함으로써 의무가 끝나는 신고를 규정하고 있는 경우 신고를 관장하는 행정청은 신고에 필요한 구비서류, 접수기관, 그 밖에 법령등에 따른 신고에 필요한 사항을 게시(인터넷 등을 통한 게시를 포함한다)하거나 이에 대한 편람을 갖추어 두고 누구나 열람할 수 있도록 하여야 한다.

② 제1항에 따른 신고가 다음 각 호의 요건을 갖춘 경우에는 신고서가 접수기관에 도달된 때에 신고의무가 이행된 것으로 본다.
1. 신고서의 기재사항에 흠이 없을 것
2. 필요한 구비서류가 첨부되어 있을 것
3. 그 밖에 법령등에 규정된 형식상의 요건에 적합할 것
③ 행정청은 제2항 각 호의 요건을 갖추지 못한 신고서가 제출된 경우에는 지체 없이 상당한 기간을 정하여 신고인에게 보완을 요구하여야 한다.
④ 행정청은 신고인이 제3항에 따른 기간 내에 보완을 하지 아니하였을 때에는 그 이유를 구체적으로 밝혀 해당 신고서를 되돌려 보내야 한다.

5. 확약

행정절차법 제40조의2 【확약】 ① 법령등에서 당사자가 신청할 수 있는 처분을 규정하고 있는 경우 행정청은 당사자의 신청에 따라 장래에 어떤 처분을 하거나 하지 아니할 것을 내용으로 하는 의사표시(이하 "확약"이라 한다)를 할 수 있다.
② 확약은 문서로 하여야 한다.
③ 행정청은 다른 행정청과의 협의 등의 절차를 거쳐야 하는 처분에 대하여 확약을 하려는 경우에는 확약을 하기 전에 그 절차를 거쳐야 한다.
④ 행정청은 다음 각 호의 어느 하나에 해당하는 경우에는 확약에 기속되지 아니한다.
1. 확약을 한 후에 확약의 내용을 이행할 수 없을 정도로 법령등이나 사정이 변경된 경우
2. 확약이 위법한 경우
⑤ 행정청은 확약이 제4항 각 호의 어느 하나에 해당하여 확약을 이행할 수 없는 경우에는 지체 없이 당사자에게 그 사실을 통지하여야 한다.

6. 위반사실 등의 공표

행정절차법 제40조의3 【위반사실 등의 공표】 ① 행정청은 법령에 따른 의무를 위반한 자의 성명·법인명, 위반사실, 의무 위반을 이유로 한 처분사실 등(이하 "위반사실등"이라 한다)을 법률로 정하는 바에 따라 일반에게 공표할 수 있다.
② 행정청은 위반사실등의 공표를 하기 전에 사실과 다른 공표로 인하여 당사자의 명예·신용 등이 훼손되지 아니하도록 객관적이고 타당한 증거와 근거가 있는지를 확인하여야 한다.
③ 행정청은 위반사실등의 공표를 할 때에는 미리 당사자에게 그 사실을 통지하고 의견제출의 기회를 주어야 한다. 다만, 다음 각 호의 어느 하나에 해당하는 경우에는 그러하지 아니하다.
1. 공공의 안전 또는 복리를 위하여 긴급히 공표를 할 필요가 있는 경우
2. 해당 공표의 성질상 의견청취가 현저히 곤란하거나 명백히 불필요하다고 인정될 만한 타당한 이유가 있는 경우
3. 당사자가 의견진술의 기회를 포기한다는 뜻을 명백히 밝힌 경우
④ 제3항에 따라 의견제출의 기회를 받은 당사자는 공표 전에 관할 행정청에 서면이나 말 또는 정보통신망을 이용하여 의견을 제출할 수 있다.

⑤ 제4항에 따른 의견제출의 방법과 제출 의견의 반영 등에 관하여는 제27조 및 제27조의2를 준용한다. 이 경우 "처분"은 "위반사실등의 공표"로 본다.
⑥ 위반사실등의 공표는 관보, 공보 또는 인터넷 홈페이지 등을 통하여 한다.
⑦ 행정청은 위반사실등의 공표를 하기 전에 당사자가 공표와 관련된 의무의 이행, 원상회복, 손해배상 등의 조치를 마친 경우에는 위반사실등의 공표를 하지 아니할 수 있다.
⑧ 행정청은 공표된 내용이 사실과 다른 것으로 밝혀지거나 공표에 포함된 처분이 취소된 경우에는 그 내용을 정정하여, 정정한 내용을 지체 없이 해당 공표와 같은 방법으로 공표된 기간 이상 공표하여야 한다. 다만, 당사자가 원하지 아니하면 공표하지 아니할 수 있다.

7. 행정계획

행정절차법 제40조의4 【행정계획】 행정청은 행정청이 수립하는 계획 중 국민의 권리·의무에 직접 영향을 미치는 계획을 수립하거나 변경·폐지할 때에는 관련된 여러 이익을 정당하게 형량하여야 한다.

8. 입법예고(행정절차법 제41조~제45조)

국민의 권리, 의무 또는 일상생활과 밀접한 관련이 있는 법령 등을 제정, 개정 또는 폐지하고자 할 때에 당해 입법안을 마련한 행정청이 이를 예고하는 것을 말한다.
① 제41조(행정상 입법예고), ② 제42조(예고방법), ③ 제43조(예고기간), ④ 제44조(의견제출 및 처리), ⑤ 제45조(공청회)

9. 행정예고(행정절차법 제46조~제47조)

행정예고란 다수 국민의 권익에 관계 있는 사항을 국민에게 미리 알리는 제도를 말한다. 국민의 일상생활과 밀접한 관계가 있는 정책, 제도, 계획 등의 수립, 시행, 변경시 국민들이 행정에 참여할 수 있는 기회를 제공하여 국민의 행정에 대한 이해와 협력을 증진시키고, 행정의 예측가능성을 제고하기 위함이 행정예고의 목적이다.
① 제46조(행정예고), ② 제46조의2(행정예고 통계 작성 및 공고), ③ 제47조(예고방법 등)

10. 행정지도(행정절차법 제48조~제51조)

일정한 행정목적을 실현하기 위하여 상대방인 국민의 임의적 협력을 요청하는 비권력적 사실행위를 행정지도라고 한다. 이는 현대 행정영역의 확대로 말미암아 그 필요성이 증가하고 있는 새로운 행위형식 중 하나이다.
① 제48조(행정지도의 원칙), ② 제49조(행정지도의 방식), ③ 제50조(의견제출), ④ 제51조(다수인을 대상으로 하는 행정지도)

Plus 보충 개정 행정절차법 주요 내용 통합 정리

1. **정보제공조항 신설**: 행정청은 상대방에게 행정작용과 관련된 정보를 충분히 제공하여야 한다(제5조 제3항).
2. **통지 시 의견제출 기한**: 의견제출에 필요한 기간을 10일 이상으로 고려하여 정하여야 한다(제21조 제3항).
   - TIP 과거에는 상당한 기간
3. 청문의 경우 인허가 등의 취소, 신분·자격의 박탈 등의 처분을 하는 경우에 당사자의 신청이 없는 경우에도 청문을 실시하도록 함(제22조 제1항 제3호). 한편, 공청회의 경우 개최 사유를 추가함(제22조 제2항 제3호)
   - 청문: 다 필 인·신·법 → 다 - 다른 법령, 필 - 행정청이 필요, 인·신·법 - 인허가 등의 취소, 신분·자격의 박탈, 법인이나 조합 등의 설립허가의 취소(제22조 제1항 제3호)
   - 공청회: 다 광필 요 → 다 - 다른 법령, 광필 - 처분의 영향이 광범위하여 널리 의견수렴을 할 필요가 있을 때 + 요 - 국민생활에 큰 영향을 미치는 처분으로서 대통령령으로 정하는 처분에 대하여 대통령령으로 정하는 수 이상의 당사자등이 공청회의 개최를 요구하는 경우(제22조 제2항 제3호)
4. 공정하고 전문적인 청문을 위하여 다수 국민의 이해가 상충되는 처분이나 다수 국민에게 불편이나 부담을 주는 처분 등을 하는 경우에는 청문 주재자를 2명 이상으로 선정할 수 있도록 함(제28조 제2항 신설).
5. **의견제출에서 제출의견 미반영 시 설명요청 신설**: 당사자등이 처분이 있음을 안 날부터 90일 이내에 그 이유의 설명을 요청하면 서면으로 그 이유를 알려야 한다. 다만, 당사자등이 동의하면 말, 정보통신망 또는 그 밖의 방법으로 알릴 수 있다(제27조의2 제2항). TIP 청문과 공청회의 경우에는 신설되지 않음
6. **제척사유의 추가**: 자신이 해당 처분업무를 처리하는 부서에 근무하는 경우, 이 경우 부서의 구체적인 범위는 대통령령으로 정한다(제29조 제1항 제5호).
7. **청문의 종결**: 정당한 사유로 청문기일에 출석하지 못하거나 의견서를 제출하지 못한 경우에는 10일 이상의 기간을 정하여 이들에게 의견진술 및 증거제출을 요구하여야 하며, 해당 기간이 지났을 때 청문을 마칠 수 있다(제35조 제3항). TIP 과거에는 상당한 기간
8. **공청회 개최 알림**: 행정청은 공청회를 개최하려는 경우에는 공청회 개최 14일 전까지 당사자등에게 통지하고 관보, 공보, 인터넷 홈페이지 또는 일간신문 등에 공고하는 등의 방법으로 널리 알려야 한다. 다만, 공청회 개최를 알린 후 예정대로 개최하지 못하여 새로 일시 및 장소 등을 정한 경우에는 공청회 개최 7일 전까지 알려야 한다(제38조). TIP 청문의 경우 10일 전까지 통지(제21조 제2항).
9. **공청회 주재자 자격요건 신설**: 전문적 지식이 있거나 그 분야에 종사한 경험이 있는 사람으로서 대통령령으로 정하는 자격을 가진 사람 중에서 공청회의 주재자를 선정한다(제38조의3).
   - TIP 청문의 경우는 소속직원이나 대통령령으로 정하는 자격자 중 선정(제28조).
10. **공청회 재개최 신설**: 행정청은 공청회를 마친 후 처분을 할 때까지 새로운 사정이 발견되어 공청회를 다시 개최할 필요가 있다고 인정할 때에는 공청회를 다시 개최할 수 있다(제39조의3).
11. 국민의 생명·신체·재산의 보호 등 국민의 안전 또는 권익보호 등의 이유로 오프라인 공청회를 개최하기 어려운 경우 등에는 온라인공청회를 단독으로 개최할 수 있도록 한다(제38조의2 제2항 신설).
12. 위반사실 등의 공표에 관한 공통 절차를 마련한다(제40조의3 신설).
13. **행정계획**: 행정청이 국민의 권리의무에 직접 영향을 미치는 계획을 수립하거나 변경·폐지할 때에는 관련된 여러 이익을 정당하게 형량하도록 한다(제40조의4 신설).

14. **행정입법예고 방법 수정**
    ① **법령**: 관보 및 법제처장이 구축·제공하는 정보시스템을 통한 공고
    ② **자치법규**: 공보를 통한 공고
    ③ 추가로 둘 모두 인터넷, 신문 또는 방송을 통하여 공고할 수 있다(제42조 제1항).
    > TIP 행정예고는 개정되지 않았음. 즉, 관보·공보나 인터넷·신문·방송 등을 통하여 공고(제47조)

15. **행정예고 대상 확대**: 행정청은 정책, 제도 및 계획을 수립·시행하거나 변경하려는 경우에는 이를 예고하여야 한다. 다만, 다음 각 호의 어느 하나에 해당하는 경우에는 예고를 하지 아니할 수 있다(제46조 제1항).

16. 행정예고기간은 예고 내용의 성격 등을 고려하여 정하되 20일 이상으로 하며, 행정목적 달성을 위하여 긴급한 필요가 있는 경우로서 행정예고기간을 단축하는 경우에도 단축된 행정예고기간이 10일 이상이 되도록 한다(제46조).

제9장 공공기관의 정보공개에 관한 법률

> **Plus 보충** 공공기관의 정보공개에 관한 법률 체크 포인트
>
> 1. **최근 개정이유**
>   국민과 소통하는 열린 혁신정부를 구현하기 위하여 공공기관으로 하여금 정보를 투명하고 적극적으로 공개하는 조직문화 형성에 노력하도록 하고, 공공기관이 의사결정 과정 또는 내부검토 과정을 이유로 정보를 비공개하는 경우에는 정보공개를 청구하는 자에게 의사결정 과정 또는 내부검토 과정의 단계와 종료 예정일을 안내하도록 하는 한편, 정보공개심의회의 설치 대상을 준정부기관, 지방공사 · 지방공단까지 확대하고, 정보공개위원회를 행정안전부장관 소속에서 국무총리 소속으로 변경하여 위상을 강화하며, 정보공개위원회의 심의사항에 정보공개와 관련된 제도 · 법령 등에 대한 조사 · 개선권고 등을 새롭게 추가함으로써 기능을 보강하는 등 현행 제도의 운영상 나타난 일부 미비점을 개선 · 보완하려는 것임
>
> 2. **개정 주요내용**
>   ① 정보의 정의를 공공기관이 직무상 작성 또는 취득하여 관리하고 있는 문서 및 전자매체를 비롯한 모든 형태의 매체에 기록된 사항으로 확대함(제2조 제1호)
>   ② 공공기관에 정보를 투명하고 적극적으로 공개하는 조직문화를 형성하도록 하고, 국민에게 유용한 정보의 분석과 공개가 이루어지도록 정보관리체계를 정비하도록 함(제6조 제1항 및 제2항)
>   ③ 행정안전부장관은 공공기관의 정보공개에 관한 업무를 종합적으로 지원하기 위하여 통합정보공개시스템을 구축 · 운영하고, 개별 정보공개시스템을 구축하지 않은 공공기관은 통합정보공개시스템을 사용하도록 함(제6조 제3항 및 제4항 신설)
>   ④ 의사결정 과정 또는 내부검토 과정을 이유로 정보를 비공개하는 경우에는 진행 단계 및 종료 예정일을 안내하도록 하고, 공공기관에서 수립하는 비공개 대상 정보의 범위에 관한 세부 기준을 3년마다 점검 · 개선하도록 함(제9조 제1항 제5호, 제9조 제4항 신설)
>   ⑤ 정보공개를 청구하는 경우 주민등록번호 대신 생년월일을 제출하도록 하되, 청구인 본인임을 확인하여야 하는 정보에 대한 공개 청구에 대해서만 주민등록번호를 제출하도록 함(제10조 제1항 제1호, 제10조 제1항 제2호 신설)
>   ⑥ 정보공개심의회 설치 대상에 준정부기관, 지방공사 · 지방공단을 추가하고, 위원 중 외부 전문가 위촉 비율을 2분의 1에서 3분의 2로 확대하는 한편, 심의회의 공정성을 제고하기 위하여 위원의 제척 · 기피 · 회피 규정을 신설함(제12조 제1항 · 제3항 · 제4항, 제12조의2 신설)
>   ⑦ 정보공개위원회를 국무총리 소속에서 행정안전부장관 소속으로 변경하고, 위원 수를 9명에서 11명으로 확대하는 한편, 정보공개위원회의 심의 · 조정 사항에 정보공개와 관련된 불합리한 제도 · 법령 등에 대한 조사와 개선권고에 관한 사항을 추가함(제22조 및 제23조)

1. 정보공개의 필요성

① 국민의 알권리 내지 국가정보에의 접근권(엑세스권)을 보장, 행정의 공정성 확보, 민주화의 실현(정보의 평등)을 이념으로 함
② 정보공개청구권이란 사인이 공공기관에 정보를 제공해 줄 것을 요구하는 개인적 공권(개별적, 일반적 정보공개청구권)

2. 정보공개청구권의 법적 근거

(1) 헌법적 근거(알권리)

① 헌법 제10조(인간의 존엄과 가치 및 행복추구권), 헌법 제21조(표현의 자유), 헌법 제1조(국민주권)

② 헌법 제34조 제1항(인간다운 생활을 할 권리)

③ 판례는 헌법 제21조(표현의 자유)에서 근거를 찾고 있음

(2) 법률적 근거

공공기관의 정보공개에 관한 법률, 지방자치단체의 조례(예 청주시 행정정보공개조례)

3. 공공기관의 정보공개에 관한 법률의 주요내용

(1) 정의(제2조)

사인(私人)이 작성한 문서도 ○, 사본도 ○

(2) 적용범위(제4조)

다른 법률에 특별한 규정이 있는 경우를 제외하고는 이 법에서 정하는 바에 따르며, 지방자치단체는 그 소관 사무에 관하여 법령의 범위에서 정보공개에 관한 조례를 정할 수 있다.

(3) 정보공개청구권자(제5조)

모든 국민, 대통령령으로 정하는 외국인 (TIP) 자연인, 법인(권리능력 없는 사단·재단 모두) ○, 지자체는 ×

(4) 정보공개의 원칙(제3조)

공공기관이 보유·관리하는 정보는 국민의 알권리 보장 등을 위하여 적극적으로 공개하여야 한다.

(5) 비공개 대상정보(제9조)

공개하지 아니할 수 있다. (TIP) 판례 Check

(6) 부분공개(제14조)

두 부분을 분리할 수 있는 경우에는 비공개 대상정보를 제외하고 공개

(7) 정보의 전자적 공개(제15조)

전자적 형태로 보유·관리하는 경우, 비전자적 형태로 보유·관리하는 경우

(8) 청구방법(제10조 제1항)

정보공개청구서의 제출 or 구술. 특히, 정보공개청구권자는 자신의 인적사항을 알려야 함

(9) 행정정보의 공표(제7조)

공공기관은 정보공개의 구체적 범위, 주기, 시기 및 방법 등을 미리 정하여 정보통신망 등을 통하여 알리고, 이에 따라 정기적으로 공개하여야 한다.

(10) 공개대상정보의 원문공개(제8조의2)

공공기관 중 중앙행정기관 및 대통령령으로 정하는 기관은 전자적 형태로 보유·관리하는 정보 중 공개대상으로 분류된 정보를 국민의 정보공개 청구가 없더라도 정보통신망을 활용한 정보공개시스템 등을 통하여 공개하여야 한다.

(11) 정보공개 여부의 결정(제11조 제1항, 제2항) TIP 거부간주 규정은 삭제됨

(12) 즉시처리가 가능한 정보의 공개(제16조)

즉시처리가 가능한 정보의 경우에는 절차를 거치지 않고 공개하여야 한다.

(13) 제3자에의 필요적 통지 및 임의적 의견청취(제11조 제3항)

공공기관은 공개 청구된 공개 대상 정보의 전부 또는 일부가 제3자와 관련이 있다고 인정할 때에는 그 사실을 제3자에게 지체 없이 통지하여야 하며, 필요한 경우에는 그의 의견을 들을 수 있다.

(14) 비용부담(제17조)

TIP 청구인이 부담함. 단, 공공복리의 유지·증진을 위하여 필요하다고 인정되는 경우 비용감면 가능

(15) 신분보장(제28조)

누구든지 이 법에 따른 정당한 정보공개를 이유로 징계조치 등 어떠한 신분상 불이익이나 근무조건상의 차별을 받지 아니한다.

(16-1) 청구인의 불복

공공기관의 비공개 또는 부분공개 결정 시

① 이의신청(임의절차): 제18조 제1항, 제3항

② 행정심판(임의절차): 제19조 제1항

③ 행정소송: 제20조

(16-2) 제3자의 불복

공공기관의 공개결정 시

① 비공개요청: 제21조 제1항

② 이의신청(임의절차): 제21조 제2항

③ 행정심판(임의절차): 제21조 제2항

④ 행정소송: 제21조 제2항

(17) 정보공개심의회의 설치(제12조 제1항)

국가기관, 지방자치단체, 공기업 및 준정부기관, 지방공사 및 지방공단은 정보공개 여부 등을 심의하기 위하여 정보공개심의회를 설치·운영한다.

(18) 정보공개위원회의 설치(제22조)

2020년 국무총리 소속으로 변경되었으나, 2023년 <u>행정안전부장관 소속으로 다시 변경됨</u>

(19) 제도의 총괄(제24조) 및 국회에의 보고(제26조 제1항)

행정안전부장관이 기획·총괄업무를 관장

기출 주요 판례 공공기관의 정보공개에 관한 법률

비공개대상정보	공개대상정보
• 의사결정과정에 제공된 회의관련자료나 의사결정과정이 기록된 회의록 등은 의사결정과정에 있는 사항에 준하는 사항으로서 비공개대상정보에 해당한다. • 독립유공자서훈 공적심사위원회의 심의·의결 과정 및 그 내용을 기재한 회의록 • 보안관찰법 소정의 보안관찰 관련 통계자료 • 시험문항에 대한 채점위원별 채점결과 • 문제은행방식의 치과의사 국가시험의 문제지와 정답지 • 지방자치단체의 업무추진비 세부항목별 집행내역 및 그에 관한 증빙서류에 포함된 개인에 관한 정보 • 법인 등이 거래하는 금융기관의 계좌번호 • 국방부의 한국형 다목적 헬기(KMH) 도입사업에 대한 감사 원장의 감사결과보고서 • 학교폭력대책자치위원회의 회의록 • 국가정보원 직원의 현금급여 및 월초수당에 관한 정보 • 국가정보원의 조직·소재지 및 정원에 관한 정보 • 도시공원위원회의 심의사항에 관하여 대외적으로 공표하기 전에 위 위원회의 회의관련자료 및 회의록 • 불기소처분 기록 중 피의자신문조서 등에 기재된 피의자 등의 인적사항 이외의 진술내용 • 간담회 등에 공무원이 직무와 관련 없이 개인적 자격으로 행사에 참석한 경우 그 정보	• 교육공무원승진규정(교육공무원 근무평정) • 검찰보존사무규칙(법무부령)의 성질은 행정기관 내부의 사무 처리준칙이므로 같은 규칙상의 열람·등사의 제한은 비공개 대상에 해당하지 않는다. • 대한주택공사의 아파트분양원가 산출내역 • 사법시험 2차 시험의 답안지 　(TIP) 주의: 채점결과는 공개 × • 한국방송공사의 '수시집행 접대성 경비의 건별 집행서류 일체' • 사면대상자들의 사면실시건의서와 그와 관련된 국무회의 안건 자료 • 2002학년도부터 2005학년도까지의 대학수학능력시험 원데이터 • 아파트건축주택조합의 조합원들에게 제공될 무상보상평수의 사업수익성을 검토한 자료 • 1979년 및 1980년의 우리나라 정치상황과 관련한 미국 정부로부터 제공받아 보관하고 있는 문서사본 • 수용자 자비부담물품의 판매수익금 총액과 교도소장에게 배당된 수익금액 및 사용내역 • 교도관의 근무보고서 • 간담회 등에 공무원이 직무와 관련하여 참석한 경우 그 정보

제10장 개인정보 보호법

Plus 보충 개인정보 보호법 체크 포인트

1. 최근 개정이유
4차 산업혁명 시대를 맞아 핵심 자원인 데이터의 이용 활성화를 통한 신산업 육성이 범국가적 과제로 대두되고 있고, 특히, 신산업 육성을 위해서는 인공지능, 클라우드, 사물인터넷 등 신기술을 활용한 데이터 이용이 필요한 바, 안전한 데이터 이용을 위한 사회적 규범 정립이 시급한 상황임. 그러나, 현행법상 개인정보 보호 감독기능은 행정안전부·방송통신위원회·개인정보보호위원회 등으로, 개인정보 보호 관련 법령은 이 법과 정보통신망 이용촉진 및 정보보호 등에 관한 법률 등으로 각각 분산되어 있어 신산업 육성을 위한 데이터 이용 활성화를 지원하는 데 한계가 있어 왔음. 이에 따라, 정보주체의 동의 없이 과학적 연구, 통계작성, 공익적 기록보존 등의 목적으로 가명정보를 이용할 수 있는 근거를 마련하되, 개인정보처리자의 책임성 강화 등 개인정보를 안전하게 보호하기 위한 제도적 장치를 마련하는 한편, 개인정보의 오용·남용 및 유출 등을 감독할 감독기구는 개인정보보호위원회로, 관련 법률의 유사·중복 규정은 이 법으로 일원화함으로써 개인정보의 보호와 관련 산업의 발전이 조화될 수 있도록 개인정보 보호 관련 법령을 체계적으로 정비하려는 것임.

2. 개정주요내용
① 개인정보의 일부를 삭제하거나 일부 또는 전부를 대체하는 등의 방법으로 추가 정보가 없이는 특정개인을 알아볼 수 없도록 처리하는 것을 가명처리로 정의함(제2조 제1호의2 신설)
② 개인정보보호위원회의 소속을 대통령 소속에서 국무총리 소속으로 변경하고, 정부조직법에 따른 중앙행정기관으로 보도록 하며, 현행 행정안전부와 방송통신위원회의 개인정보 관련 사무를 개인정보보호위원회로 이관하여 개인정보보호 컨트롤타워로서의 기능을 강화함(제7조, 제7조의8 신설, 부칙 제9조)
③ 개인정보처리자는 당초 수집 목적과 합리적으로 관련된 범위 내에서 정보주체에게 불이익이 발생하는지 여부, 안전성 확보에 필요한 조치를 하였는지 여부 등을 고려하여 정보주체의 동의 없이 개인정보를 이용하거나 제공할 수 있도록 함(제15조 제3항 및 제17조 제4항 신설)
④ 개인정보처리자는 통계작성, 과학적 연구, 공익적 기록보존 등을 위하여 정보주체의 동의 없이 가명정보를 처리할 수 있도록 하되, 서로 다른 개인정보처리자 간의 가명정보의 결합은 개인정보보호위원회 또는 관계 중앙행정기관의 장이 지정하는 전문기관이 수행하도록 함(제28조의2 및 제28조의3 신설)
⑤ 개인정보처리자는 가명정보를 처리하는 경우 해당 정보가 분실·도난·유출·위조·변조 또는 훼손되지 않도록 안전성 확보에 필요한 기술적·관리적 및 물리적 조치를 하도록 함(제28조의4 신설)
⑥ 누구든지 특정개인을 알아보기 위한 목적으로 가명정보를 처리해서는 아니 됨(제28조의5)

> **TIP** 주의: 과징금 부과는 삭제

⑦ 이동형 영상정보처리기기 운영 기준 마련(제2조 제7호의2 및 제25조의2 신설)
⑧ 개인정보의 국외 이전 및 국외 이전 중지 명령(제28조의8 및 제28조의9 신설)
  ㉠ 종전에는 정보주체의 별도 동의가 있는 경우에만 개인정보를 국외로 이전할 수 있도록 하던 것을 앞으로는 개인정보가 이전되는 국가 또는 국제기구가 이 법에 따른 개인정보 보호 수준과 실질적으로 동등한 수준의 보호 수준을 갖추었다고 개인정보 보호위원회가 인정하는 경우 등에도 개인정보를 국외로 이전할 수 있도록 하여 국외 이전의 요건을 국제기준에 부합하도록 다양화함
  ㉡ 개인정보 보호위원회는 개인정보처리자가 이 법을 위반하여 개인정보를 국외로 이전하는 경우 등에는 해당 개인정보처리자에게 국외 이전을 중지할 것을 명할 수 있도록 함
⑨ 개인정보 영향평가를 실시하는 평가기관의 지정취소 근거 및 사유를 규정하고, 지정취소를 하려는 경우 행정절차법상 청문 절차를 거치도록 함(제33조 제7항·제8항 신설)
⑩ 개인정보처리자의 고의 또는 중대한 과실로 인하여 개인정보가 분실·도난·유출·위조·변조 또는 훼손된 경우 손해배상책임의 한도액을 종전 손해액의 3배에서 5배로 상향함(제39조 제3항)

⑪ 개인정보에 관한 분쟁조정제도 개선(제43조 제3항, 제45조 제2항부터 제4항까지 신설, 제47조 제3항·제4항)
  ㉠ 분쟁조정의 통지를 받은 경우 특별한 사유가 없는 한 분쟁조정에 참여하여야 하는 대상을 공공기관에서 모든 개인정보처리자로 확대하고, 분쟁조정의 당사자가 개인정보 분쟁조정위원회로부터 조정안을 제시받은 날부터 15일 이내에 수락 여부를 알리지 아니할 경우 종전에는 조정을 거부한 것으로 간주하던 것을, 앞으로는 조정안을 수락한 것으로 간주하도록 분쟁조정제도를 개선함
  ㉡ 개인정보 분쟁조정위원회는 사실 확인이 필요한 경우에는 사무기구의 소속 공무원 등으로 하여금 사건과 관련된 장소에 출입하여 자료를 조사하거나 열람하게 할 수 있고, 관계 기관 등에 자료 또는 의견의 제출 등 필요한 협조를 요청할 수 있도록 함
⑫ 위반행위에 대한 과징금의 상한액을 전체 매출액의 100분의 3 이하에 해당하는 금액으로 하되, 전체 매출액에서 위반행위와 관련이 없는 매출액을 제외한 금액을 기준으로 과징금을 산정하도록 함(제64조의2 신설)
⑬ 개인정보 영향평가를 실시하지 않거나 그 결과를 보호위원회에 제출하지 아니한 자에게 3천만원 이하의 과태료를 부과함(제75조 제2항 제16호 신설)
⑭ 손해배상책임 이행을 위해 보험 또는 공제에 가입하거나 준비금을 적립하도록 하는 규정을 위반한 개인정보처리자에 대해 과태료를 부과하는 규정을 삭제함(현행 제75조 제3항 제1호 삭제)

1. 정보의 자기결정권과 개인정보 보호의 필요성

(1) 정보의 자기결정권(= 자기정보통제권)

프라이버시권 중 적극적 측면 (TIP) 소극적 측면: 고유정보를 노출시키지 않을 권리

(2) 개인은 누구나 정보에 대한 자기결정권을 가지며, 개인정보 보호의 필요성은 점점 증대되고 있다.

2. 개인정보 보호의 법적 근거

(1) 헌법적 근거

헌법 제10조(인간의 존엄과 가치 및 행복추구권), 헌법 제17조(사생활의 비밀과 자유)

(2) 법률적 근거

개인정보보호법, 형법, 통신비밀보호법, 행정절차법 등

3. 개인정보 보호법의 주요내용

(1) 개인정보 보호의 범위(제2조)

(TIP)
- 정보주체는 살아있는 자연인에 한한다. 사자(死者)나 법인은 ×
- 개인정보의 경우 수기(手記)문서도 포함됨
- 개인정보처리자는 스스로 또는 다른 사람을 통하여 개인정보를 처리할 수 있음
- 개인정보처리자에는 비영리단체, 개인(민간인) 등도 포함됨

(2) 개인정보 보호법의 적용제외(제58조)

① 국가안전보장과 관련된 정보 분석을 목적으로 수집 또는 제공 요청되는 개인정보
② 언론, 종교단체, 정당이 각각 취재·보도, 선교, 선거 입후보자 추천 등 고유 목적을 달성하기 위하여 수집·이용하는 개인정보

(3) 다른 법률과의 관계(제6조)
다른 법률에 특별한 규정이 있는 경우를 제외하고는 이 법에서 정하는 바에 따름

(4) 개인정보 보호의 원칙(제3조)
> TIP 특히 최소한, 목적 외 용도 활용은 불가능, 개인정보처리사항 공개, 익명처리가 가능한 경우 익명처리, 익명으로 목적을 달성할 수 없는 경우 가명처리

(5) 정보주체의 권리
① 정보주체의 권리(제4조)
② 개인정보유출사실의 통지·신고제도(제34조): 정보주체에게 통지, 보호위원회 또는 대통령령으로 정하는 전문기관에 신고
③ 개인정보침해사실의 신고(제62조): 보호위원회에 신고

(6) 개인정보보호위원회 설치(제7조)
국무총리 소속, 상임위원 2명(위원장 1명, 부위원장 1명)을 포함한 9명 이내의 위원

(7) 개인정보영향평가(제33조)
공공기관의 장은 개인정보파일의 운용으로 인하여 정보주체의 개인정보 침해가 우려되는 경우에는 그 위험요인의 분석과 개선 사항 도출을 위한 평가를 하고 그 결과를 보호위원회에 제출하여야 함

(8) 개인정보의 수집·이용(제15조)
개인정보처리자는 당초 수집 목적과 합리적으로 관련된 범위 내에서 정보주체에게 불이익이 발생하는지 여부, 안전성 확보에 필요한 조치를 하였는지 여부 등을 고려하여 정보주체의 동의 없이 개인정보를 이용할 수 있도록 함(제15조 제3항 신설)

(9) 개인정보수집제한(제16조)
목적에 필요한 최소한의 개인정보를 수집함. 특히, 입증책임은 개인정보처리자가 부담함

(10) 개인정보의 제3자 제공(제17조)
정보주체의 동의 또는 제15조의 목적범위 내, 당초 수집 목적과 합리적으로 관련된 범위 내에서 정보주체에게 불이익이 발생하는지 여부, 안전성 확보에 필요한 조치를 하였는지 여부 등을 고려하여 정보주체의 동의 없이 개인정보를 제공할 수 있도록 함(제17조 제4항 신설)

(11) 개인정보의 처리제한
① <u>민감정보의 처리제한(제23조)</u>
② <u>고유식별정보의 처리제한(제24조)</u>(예 여권번호, 운전면허번호, 외국인등록번호 등)
③ <u>주민등록번호의 처리제한(제24조의2)</u>

④ 고정형 영상정보처리기기의 설치·운영제한(제25조)
  ⓘ 불특정 다수가 사용하는 목욕실, 화장실, 탈의실 등의 경우 설치·운영 ×
⑤ 이동형 영상정보처리기기의 설치·운영제한(제25조의2)
⑥ 기타(제26조, 제27조): 업무위탁, 영업양도

(12) 정보주체의 권리보호

① 분쟁조정제도의 도입(제7장)
  ㉠ 개인정보 분쟁조정위원회(제40조)
  ㉡ 개별적 분쟁조정과 집단 분쟁조정
② 단체소송의 도입(제8장)
  ⓘ 단체소송은 집단분쟁조정을 거쳐야 함(집단분쟁조정 전치주의). 규정이 없을 경우 민사소송법 준용
③ 손해배상(제39조): 특히, 피고 자신의 고의·과실 없음에 대한 입증책임이 규정되어 있음(제39조 제1항)
④ 징벌적 손해배상 및 법정손해배상제도의 도입
  ㉠ 징벌적 손해배상(제39조 제3항) - 손해액의 5배 内
  ㉡ 법정손해배상의 청구(제39조의2 제1항)

기출 주요 판례   개인정보 보호법

- 살아있는 개인의 정보로서 가명정보라도 다른 정보와 쉽게 결합하여 특정 개인을 알아볼 수 있다면 개인정보 보호법상 개인 정보에 해당한다.
- 개인정보 보호에 관한 사무를 독립적으로 수행하기 위하여 국무총리 소속으로 개인정보 보호위원회를 둔다.
- 정보주체가 자신의 개인정보에 대한 열람을 공공기관에 요구하고자 할 때에는 공공기관에 직접 열람을 요구하거나 대통령령으로 정하는 바에 따라 개인정보 보호위원회를 통하여 열람을 요구할 수 있다.
- 개인정보처리자는 당초 수집목적과 합리적으로 관련된 범위에서 정보주체에게 불이익이 발생하는지 여부, 암호화 등 안전성 확보에 필요한 조치를 하였는지 여부 등을 고려하여 대통령령으로 정하는 바에 따라 정보주체의 동의 없이 개인정보를 이용할 수 있다.
- 개인정보 분쟁조정위원회는 집단분쟁조정 중 다수의 일부가 소송을 청구한 경우에는 조정절차를 중지하지 않고 소를 제기한 일부만 집단분쟁조정절차에서 제외한다.
- 개인정보처리자의 고의 또는 중대한 과실로 인하여 개인정보가 유출된 경우로서 정보주체에게 손해가 발생한 때에는 법원은 그 손해액의 5배를 넘지 아니하는 범위에서 손해배상액을 정할 수 있다.
- 시장·군수 또는 구청장이 개인의 지문정보를 수집하고, 경찰청장이 이를 보관·전산화하여 범죄수사 목적에 이용하는 것은 모두 개인정보자기결정권을 제한하는 것이다.
- 개인정보자기결정권의 보호대상이 되는 개인정보는 개인의 신체, 신념, 사회적 지위, 신분 등과 같이 개인의 인격주체성을 특징짓는 사항으로서 그 개인의 동일성을 식별할 수 있는 일체의 정보이고, 이미 공개된 개인정보를 포함한다.
- 개인정보 보호법을 위반한 개인정보처리자의 행위로 손해를 입은 정보주체가 개인정보처리자에게 손해배상을 청구한 경우, 그 개인정보처리자는 고의 또는 과실이 없음을 입증하지 아니하면 책임을 면할 수 없다.
- 법인의 정보는 개인정보 보호법의 보호대상이 아니다.

adm.Hackers.com

제3편
행정의 실효성 확보수단

제1장 　 전통적 실효성 확보수단
제2장 　 새로운 실효성 확보수단

제1장 전통적 실효성 확보수단

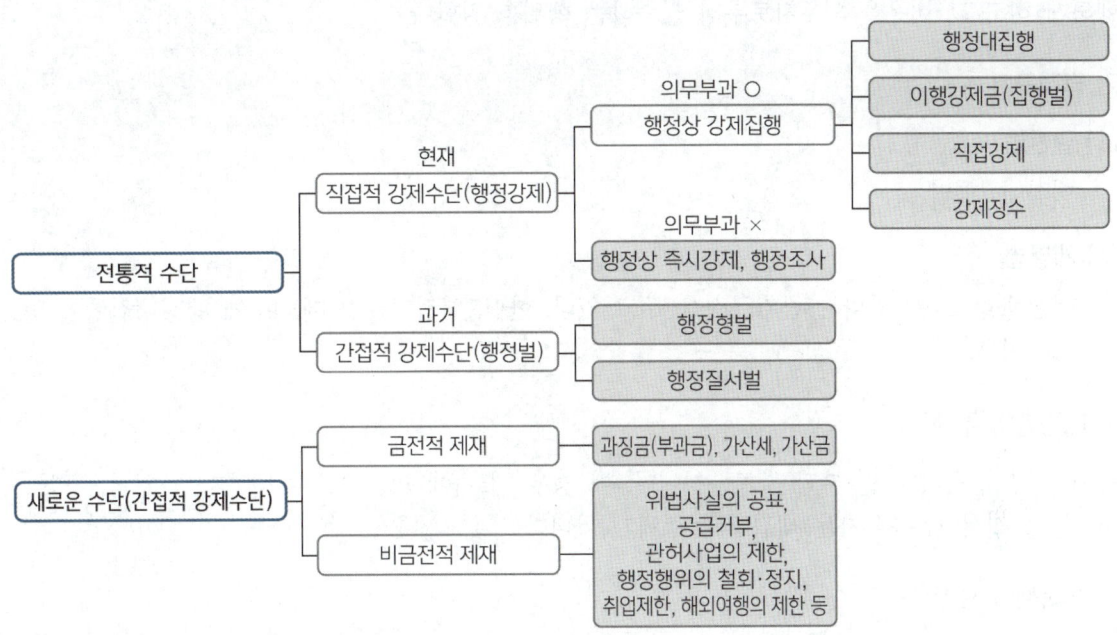

> **행정기본법 제30조 【행정상 강제】** ① 행정청은 행정목적을 달성하기 위하여 필요한 경우에는 법률로 정하는 바에 따라 필요한 최소한의 범위에서 다음 각 호의 어느 하나에 해당하는 조치를 할 수 있다.
> 1. 행정대집행: 의무자가 행정상 의무로서 타인이 대신하여 행할 수 있는 의무를 이행하지 아니하는 경우 법률로 정하는 다른 수단으로는 그 이행을 확보하기 곤란하고 그 불이행을 방치하면 공익을 크게 해칠 것으로 인정될 때에 행정청이 의무자가 하여야 할 행위를 스스로 하거나 제3자에게 하게 하고 그 비용을 의무자로부터 징수하는 것
> 2. 이행강제금의 부과: 의무자가 행정상 의무를 이행하지 아니하는 경우 행정청이 적절한 이행기간을 부여하고, 그 기한까지 행정상 의무를 이행하지 아니하면 금전급부의무를 부과하는 것
> 3. 직접강제: 의무자가 행정상 의무를 이행하지 아니하는 경우 행정청이 의무자의 신체나 재산에 실력을 행사하여 그 행정상 의무의 이행이 있었던 것과 같은 상태를 실현하는 것
> 4. 강제징수: 의무자가 행정상 의무 중 금전급부의무를 이행하지 아니하는 경우 행정청이 의무자의 재산에 실력을 행사하여 그 행정상 의무가 실현된 것과 같은 상태를 실현하는 것
> 5. 즉시강제: 현재의 급박한 행정상의 장해를 제거하기 위한 경우로서 다음 각 목의 어느 하나에 해당하는 경우에 행정청이 곧바로 국민의 신체 또는 재산에 실력을 행사하여 행정목적을 달성하는 것
>   가. 행정청이 미리 행정상 의무 이행을 명할 시간적 여유가 없는 경우
>   나. 그 성질상 행정상 의무의 이행을 명하는 것만으로는 행정목적 달성이 곤란한 경우
> ② 행정상 강제 조치에 관하여 이 법에서 정한 사항 외에 필요한 사항은 따로 법률로 정한다.
> ③ 형사(刑事), 행형(行刑) 및 보안처분 관계 법령에 따라 행하는 사항이나 외국인의 출입국·난민인정·귀화·국적회복에 관한 사항에 관하여는 이 절을 적용하지 아니한다.

Ⅰ. 행정대집행

1. 의의

'대체적 작위의무'를 의무자가 이행하지 아니한 경우, 행정청이 스스로 또는 제3자로 하여금 이를 행하게 하고 그 비용을 의무자로부터 징수하는 행위를 말한다.

2. 법적근거

(1) 일반법

행정대집행법

(2) 개별법

대집행을 할 수 있다는 근거규정을 두고 있다. 한편, 행정기본법 제30조에 행정대집행이 명시되어 있다.

3. 대집행의 주체

당해 행정청, 즉 의무를 부과한 처분청이다. 이 경우 제3자에 의해서도 가능하지만, 위임을 받아 대집행을 실시하는 제3자는 대집행의 주체가 아니다.

4. 대집행의 요건

(1) 공법상 의무의 불이행

법령에 의하여 직접 의무가 부과되거나 법령에 근거한 행정청의 명령에 의한 의무의 불이행이 있어야 한다. 즉, 사법상 의무의 불이행은 행정대집행법상의 대집행의 대상이 아니다. 예를 들어 공공용지 취득 및 손실보상 특례법상 토지협의 취득의 경우 건물의 소유자가 자진철거를 약정한 경우 판례는 사법상 계약으로 보며 약정 불이행 시 대집행은 불가하다고 판시한 바 있다.

(2) 대체적 작위의무의 불이행

① 불이행된 의무는 타인이 대신하여 이행할 수 있는 의무, 즉 대체적 작위의무여야 한다.
② 부작위의무는 그 의무를 위반함으로써 발생한 결과를 시정하기 위한 작위의무로 전환한 후에 비로소 대집행이 될 수 있다.
③ 다른 수단으로는 그 이행을 확보하기가 곤란한 경우 - 최후수단성(보충성)
④ 그 불이행을 방치함이 심히 공익을 해할 것 - 비례성

대집행의 대상이 되는 의무		대집행의 대상이 되지 않는 의무	
대체적 작위의무	비대체적 작위의무	부작위의무	수인의무
• 불법건축물의 철거의무 • 불법공작물의 철거의무 • 건물의 이전·청소의무 • 산지전용허가종료 후 복구의무 등	• 토지·건물의 명도·인도의무 • 퇴거의무 • 군대징집의무 • 의사의 진료의무 등	• 장례식장 사용중지의무 • 야간통행금지의무 • 영업금지의무 등	• 예방접종을 받을 의무 • 신체검사를 받을 의무 등

5. 대집행의 절차

계고 ➡ 통지 ➡ 실행 ➡ 비용징수

(1) 계고

① 의의: 상당한 이행기간을 정하여 그 기한까지 이행되지 아니할 때에는 대집행을 한다는 뜻을 미리 문서로 통지하는 것을 말한다.

② 법적 성질
  ㉠ 계고는 준법률행위적 행정행위로서 통지행위이다. 따라서 계고는 항고소송의 대상이 될 수 있다.
  ㉡ 반복된 계고의 경우 제2차, 제3차 계고처분은 대집행기한의 연기통지에 불과하여 새로운 철거의무를 부과하는 행정처분이 아니다.

③ 요건
  ㉠ 계고 시에 상당한 이행기간을 부여하여야 한다. 설사 대집행영장으로써, 즉 통지단계에서 대집행의 시기를 늦추었더라도 당해 계고처분은 적법절차에 위배한 것으로 위법하다는 것이 판례의 태도이다.
  ㉡ 계고는 문서의 형식으로 하여야 한다. 문서에 의하지 않은 계고, 즉 구두에 의한 계고는 위법하고, 그 위법성의 정도는 무효이다.
  ㉢ 계고 시에 의무의 내용이 특정되어야 한다. 즉, 대집행할 행위의 내용과 범위를 구체적으로 특정하지 아니한 계고처분은 위법하다. 특정 여부의 판단은 철거명령서나 대집행계고서뿐만 아니라 그 처분 전후에 송달된 문서나 기타 사정을 종합하여 판단한다.
  ㉣ 계고 시에 대집행의 요건이 충족되고 있어야 한다.
  ㉤ 의무를 부과하는 행정처분과 계고의 결합 여부: 원칙적으로 의무를 부과하는 행정처분과 계고는 독립하여 행하여져야 하지만, 예외적으로 대집행을 행할 긴급한 필요가 있을 때 행정처분과 계고가 결합될 수 있다고 본다(다수설, 판례).

(2) 대집행영장에 의한 통지

① 계고를 받고도 의무자가 지정된 기간까지 의무를 이행하지 아니한 경우, 행정청은 대집행영장으로서 대집행시기, 대집행책임자의 성명, 대집행비용의 계산액을 의무자에게 통지하여야 한다.

② 법적 성질: 대집행영장에 의한 통지는 준법률행위적 행정행위로서 처분성이 있으며, 항고소송의 대상이 된다.

(3) 대집행의 실행

① 의의: 의무자가 지정된 기한까지 의무를 이행하지 않으면 행정청이 스스로 또는 제3자로 하여금 그 행위를 하게 하는 것을 말한다.

② 물리력을 행사하는 '권력적 사실행위'로서의 성질을 가진다. 따라서 처분성이 인정되며 항고소송의 대상이 된다.

③ 증표의 휴대 및 제시의무: 대집행을 하기 위하여 현장에 파견되는 집행책임자는 그가 집행책임자라는 것을 표시한 후 증표를 휴대하여 대집행시에 이해관계인에게 제시하여야 한다.

④ 의무자의 저항 시 실력배제 여부: 견해대립, 다만 실무에서는 저항하는 자를 공무집행방해죄의 현행범으로 체포한 후 대집행을 실행하는 경우가 많다.

(4) 비용징수

① 실제 비용과 그 납기일을 정하여 의무자에게 문서로써 그 납부를 명하여야 한다.

② 대집행비용은 국세징수법의 예에 의해 징수한다. 즉, 불이행 시 강제징수가 가능하다.

③ 비용납부명령은 금전급부의무를 부과하는 행정행위로서의 하명에 해당하므로, 처분성이 인정되고 항고소송의 대상이 된다.

6. 대집행에 대한 구제

(1) 행정심판

대집행에 대하여는 행정심판을 제기할 수 있다.

(2) 행정소송

① 소송요건

㉠ 대상적격: 대집행의 각 절차, 즉 계고, 통지, 실행, 비용납부명령은 처분성이 있으므로 항고소송의 대상이 된다.

㉡ 협의의 소의 이익: 위법한 대집행이라 하더라도 그 대집행이 완료되면 계고나 통지행위에 대한 항고소송은 소의 이익을 상실한다.

② 본안심사

㉠ 주장·입증책임: 대집행요건충족의 주장·입증책임은 권한발생사실이므로 행정청에 있다.

㉡ 하자의 승계: 대체적 작위의무를 부과하는 행정처분(건물철거명령)과 대집행절차 사이에서는 부과처분이 당연무효가 아닌 한 하자의 승계가 인정되지 않는다. 반면, 대집행의 각 절차는 서로 결합하여 하나의 법률효과를 발생시키는 것이므로 하자의 승계가 인정된다.

(3) 국가배상

위법한 대집행으로 인해 손해를 입은 자는 국가배상법의 규정에 의거하여 손해배상을 청구할 수 있다.

Ⅱ. 이행강제금

1. 의의

일정한 기한까지 의무자가 의무를 이행하지 않는 경우 일정 액수의 금전이 부과될 것임을 의무자에게 미리 계고함으로써 심리적 압박에 의하여 장래에 향하여 행정상 의무이행을 확보하려는 강제집행수단의 일종이다.

2. 대상

과거에는 비대체적 작위의무나 부작위의무 불이행의 경우에만 인정되었으나, 현재는 대체적 작위의무도 이행강제금의 대상이 된다고 보는 것이 일반적이다(통설·판례).

3. 성질

① 이행강제금의 부과는 하명(급부하명)이다. 즉, 이행강제금의 부과처분은 행정행위로서의 성질을 가진다.
② 이행강제금 납부의무는 상속인 등에게 승계될 수 없는 일신전속적인 성질을 가진다고 본다(통설·판례). 따라서 사망 시 종료된다.

4. 부과절차·형식

① 이행강제금을 부과하기 전에 이행강제금을 부과·징수한다는 뜻을 미리 문서로써 계고하여야 한다.
② 이행강제금을 부과하는 경우 금액·부과사유·납부기한·수납기관·이의제기방법·이의제기기관 등을 구체적으로 밝힌 문서로 한다.
③ 최초의 시정명령이 있었던 날을 기준으로 1년에 2회 이내의 범위에서 그 시정명령이 이행될 때까지 반복하여 이행강제금을 징수할 수 있다. 다만, 총부과횟수가 5회를 넘지 아니하는 범위에서 해당 지방자치단체의 조례로 부과횟수를 따로 정할 수 있다.
④ 시정명령을 받은 자가 이를 이행하면 새로운 이행강제금의 부과를 즉시 중지하되, 이미 부과된 이행강제금은 징수하여야 한다.
⑤ 이행강제금 부과처분을 받은 자가 이행강제금을 납부기한까지 납부하지 아니하면 지방세 체납처분의 예에 따라 징수한다.

5. 불복

① 개별법에서 특별한 불복방법을 규정하고 있는 경우 그에 따른다: 비송사건절차법에 따라 이행강제금 재판 ➡ 불복 시 즉시 항고 가능 ∴ 행정쟁송 ✕

② 아무런 규정을 두고 있지 아니한 경우 행정쟁송의 대상이 된다. 특히, 건축법상 이행강제금부 과처분의 경우는 행정쟁송으로 다툴 수 있다.

Ⅲ. 직접강제

1. 의의

직접강제란 행정상 강제집행의 일종으로서 행정법상 의무의 불이행이 있는 경우에 직접 의무자의 신체나 재산에 실력을 행사하여 의무의 이행이 있었던 것과 동일한 상태를 실현하는 작용을 말한다. 예를 들어 실력에 의한 예방접종, 집회군중에 대한 강제해산, 불법입국·체류 외국인의 강제출국조치, 외국인등록의무를 위반한 사람에 대한 강제퇴거, 영업소에 대한 강제폐쇄 등이 있다.

2. 대상

직접강제는 모든 의무의 불이행에 대하여 행하여질 수 있다는 것이 통설적 견해이다.

3. 법적 근거

직접강제는 의무자의 신체·재산에 직접 실력행사를 하는 것이므로 이에 대한 명시적인 법적 근거가 있어야 한다.

4. 한계

행정상 강제집행수단 중에서 국민의 인권을 가장 크게 제약하는 것이기 때문에 다른 강제집행 수단으로는 의무이행을 강제할 수 없을 때 최후의 수단으로 인정되어야 한다(보충성의 원칙).

5. 불복

직접강제는 권력적 사실행위이므로, 직접강제가 계속성을 갖는 한 항고소송의 대상이 된다. 위법한 직접강제에 의해 손해를 입은 자는 국가배상법상 손해배상을 청구할 수 있다. 위법한 직접강제에 저항하는 것은 정당방위이며 공무집행방해죄를 구성하지 아니한다.

Ⅳ. 강제징수

1. 의의

공법상 금전급부의무를 불이행한 경우에 행정청이 의무자의 재산에 실력을 가하여 강제적으로 그 의무가 이행된 것과 같은 상태를 실현하는 작용을 말한다.

2. 법적 근거

국세징수법은 공법상 금전급부의무의 강제집행에 관한 일반법으로 기능하고 있다.

3. 강제징수절차

> 독촉 ➜ 압류 ➜ 매각 ➜ 청산

(1) 독촉

납세의무자에게 일정기간 내에 그 이행을 최고하고 불이행 시에는 체납처분을 할 것을 통지하는 준법률행위적 행정행위이다. 독촉은 반드시 문서로 하여야 하며, 원칙적으로 납부기한 경과 후 10일 내에 발부하여야 한다.

(2) 압류

① 의의 및 성질: 체납자의 재산을 사실상 및 법률상으로 처분을 금지하여 이를 확보하는 강제행위로서 권력적 사실행위의 성질을 가진다(강제재산보전행위).

② 압류대상 재산: 체납자의 소유로서 금전적 가치가 있고 양도할 수 있는 것이면 모두 재산이 된다. 즉, 동산·부동산·무체재산권을 불문한다. 한편 체납자의 소유가 아닌 제3자의 소유물을 압류한 경우는 무효이다.

(3) 매각

① 압류재산을 금원으로 환가하는 것을 말한다.
② 매각은 공매가 원칙이며 공고한 날부터 10일이 지난 후에 한다. 공매공고기간이 경과하지 아니한 공매처분은 위법하다.
③ 예외적으로 수의계약(민법상 계약)도 인정된다.
④ 판례는 공매를 행정처분(공법상 대리)으로 보고 있다. 반면, 공매결정과 공매통지에 대해서는 처분성을 부정한다.

(4) 청산

① 세무서장이 압류재산의 매각 등 체납처분에 의해 취득한 금전을 배분하는 것을 말한다.
② 국세징수법의 경우 체납처분비·국세·가산세의 순으로 행한다.

4. 하자의 승계

과세처분과 강제징수 사이에서는 부과처분이 당연무효가 아닌 한 하자의 승계가 인정되지 않는다. 반면, 강제징수의 각 절차는 서로 결합하여 하나의 법률효과를 발생시키는 것이므로 하자의 승계가 인정된다.

5. 구제

① 행정상 강제징수에 관해서는 국세기본법에 규정된 특별행정심판으로서 이의신청, 심사청구, 심판청구를 할 수 있다.
② 국세기본법에 따른 심사청구 또는 심판청구와 그에 대한 결정을 거치지 아니하면 행정소송을 제기할 수 없다(즉, 국세, 지방세의 경우 필요적 행정심판전치주의).

Ⅴ. 즉시강제

1. 개념

행정상 즉시강제란 급박히 행정상의 장애를 제거할 필요가 있는 경우 미리 의무를 명할 시간적 여유가 없을 때(예 광견이 거리를 배회할 때) 또는 성질상 의무를 명하는 것으로는 그 목적달성이 곤란할 때(예 전염병환자의 강제 입원조치, 불량식품 또는 청소년유해약물 등의 수거·폐기 등)에 즉시 국민의 신체 또는 재산에 실력을 가하여 행정상 필요한 상태를 실현하는 행정작용을 말한다.

2. 직접강제와의 공통점과 차이점

직접강제와 즉시강제는 공통적으로 국민의 신체 또는 재산에 직접 실력을 행사하는 행정작용(권력적 사실행위)이다. 하지만 직접강제가 '의무불이행'을 전제로 하는 반면, 즉시강제는 '의무불이행'을 전제로 하지 않는다.

3. 법적 성질

즉시강제는 국민의 신체나 재산에 대한 직접적인 실력행사이므로 권력적 사실행위이다. 따라서 처분성이 인정되고 항고소송의 대상이 된다.

4. 법적 근거

즉시강제는 예측가능성을 부정하는 행정작용으로 행정청의 권한에 대해 명확한 근거법이 필요하다.

5. 즉시강제의 한계

(1) 실체법상의 한계

① **소극성에 따른 한계**: 행정상 즉시강제는 소극적으로 공공의 안녕·질서의 유지를 위하여서만 발동되어야 하고, 공공복리의 달성이라는 적극적인 목적을 위해서 발동되어서는 안 된다.

② **비례성에 따른 한계**: 행정상 즉시강제는 적합성의 원칙, 필요성의 원칙, 상당성의 원칙(협의의 비례의 원칙) 등의 비례의 원칙에 위반되어서는 안 된다. 예를 들어 타인의 재산에 대한 위해를 제거하기 위하여 인신을 구속할 수는 없다.

③ **보충성에 따른 한계**: 행정상 즉시강제는 다른 행정작용으로는 목적달성이 불가능하거나 시간적 여유가 없는 경우이어야 한다. 따라서 행정상 강제집행이 가능한 경우에는 행정상 즉시강제는 인정되지 않는다.

④ **급박성에 따른 한계**: 행정상 즉시강제는 현존하는 명백한 위험의 장애를 예방하기 위하여 발동되어야 한다. 따라서 장래에 위험발생을 예견하여 발동되어서는 아니 된다.

(2) 절차법상의 한계(즉시강제와 영장제도)

　① 학설: 영장필요설, 영장불요설, 절충설(다수설)
　② 판례(대법원): 절충설, 즉 원칙적으로는 영장이 필요하나, 정당한 사유가 있을 경우 불요
　③ 판례(헌법재판소): 영장불요설, 즉 사전영장제도가 적용되지 않는다는 입장이다.

6. 행정상 즉시강제에 대한 구제

(1) 적법한 행정상 즉시강제로 인해 손해를 입은 경우

　손실보상

(2) 위법한 행정상 즉시강제로 인해 손해를 입은 경우

　행정쟁송(단, 소의 이익이 인정되어야 함), 손해배상, 인신보호법상 구제, 공법상 결과제거청구 등이 가능하다. 위법한 즉시강제에는 저항할 수 있으며, 이는 정당방위로 공무집행방해죄를 구성하지 아니한다.

VI. 행정조사

1. 개념

일정한 행정작용을 위한 준비적·보조적 수단으로서 필요한 정보나 자료 수집 등을 목적으로 하는 조사를 말한다(행정조사기본법).

2. 특징

권력적 조사와 비권력적 조사가 있으며 급박성이 개념요소가 아니라는 점에서 권력적 작용이며 급박성이 개념요소인 즉시강제와 차이가 있다.

> **행정기본법 제31조【이행강제금의 부과】** ① 이행강제금 부과의 근거가 되는 법률에는 이행강제금에 관한 다음 각 호의 사항을 명확하게 규정하여야 한다. 다만, 제4호 또는 제5호를 규정할 경우 입법목적이나 입법취지를 훼손할 우려가 크다고 인정되는 경우로서 대통령령으로 정하는 경우는 제외한다.
> 　1. 부과·징수 주체, 2. 부과 요건, 3. 부과 금액, 4. 부과 금액 산정기준, 5. 연간 부과 횟수나 횟수의 상한
> ② 행정청은 다음 각 호의 사항을 고려하여 이행강제금의 부과 금액을 가중하거나 감경할 수 있다.
> 　1. 의무 불이행의 동기, 목적 및 결과, 2. 의무 불이행의 정도 및 상습성, 3. 그 밖에 행정목적을 달성하는 데 필요하다고 인정되는 사유
> ③ 행정청은 이행강제금을 부과하기 전에 미리 의무자에게 적절한 이행기간을 정하여 그 기한까지 행정상 의무를 이행하지 아니하면 이행강제금을 부과한다는 뜻을 문서로 계고(戒告)하여야 한다.
> ④ 행정청은 의무자가 제3항에 따른 계고에서 정한 기한까지 행정상 의무를 이행하지 아니한 경우 이행강제금의 부과 금액·사유·시기를 문서로 명확하게 적어 의무자에게 통지하여야 한다.
> ⑤ 행정청은 의무자가 행정상 의무를 이행할 때까지 이행강제금을 반복하여 부과할 수 있다. 다만, 의무자가 의무를 이행하면 새로운 이행강제금의 부과를 즉시 중지하되, 이미 부과한 이행강제금은 징수하여야 한다.

⑥ 행정청은 이행강제금을 부과받은 자가 납부기한까지 이행강제금을 내지 아니하면 국세강제징수의 예 또는 지방행정제재·부과금의 징수 등에 관한 법률에 따라 징수한다.

제32조【직접강제】 ① 직접강제는 행정대집행이나 이행강제금 부과의 방법으로는 행정상 의무 이행을 확보할 수 없거나 그 실현이 불가능한 경우에 실시하여야 한다.

② 직접강제를 실시하기 위하여 현장에 파견되는 집행책임자는 그가 집행책임자임을 표시하는 증표를 보여 주어야 한다.

③ 직접강제의 계고 및 통지에 관하여는 제31조 제3항 및 제4항을 준용한다.

제33조【즉시강제】 ① 즉시강제는 다른 수단으로는 행정목적을 달성할 수 없는 경우에만 허용되며, 이 경우에도 최소한으로만 실시하여야 한다.

② 즉시강제를 실시하기 위하여 현장에 파견되는 집행책임자는 그가 집행책임자임을 표시하는 증표를 보여 주어야 하며, 즉시강제의 이유와 내용을 고지하여야 한다.

Ⅶ. 행정벌(행정형벌, 행정질서벌)

1. 의의

행정벌이란 행정법상의 의무위반에 대하여 일반통치권에 의거하여 국가 또는 지방자치단체가 행정의 상대방에게 과하는 제재로서의 벌을 말한다. 행정벌은 과거의 의무위반에 대한 제재를 직접적인 목적으로 하지만 간접적으로 의무자에게 심리적 압박을 가함으로써 행정법상의 의무이행을 확보하고, 행정법규의 실효성을 담보함을 목적으로 한다.

2. 행정벌의 법적 근거

① 헌법의 대원칙인 '죄형법정주의'는 행정법에도 적용된다. 따라서 행정벌을 부과하기 위해서는 법적 근거가 있어야 한다.

② 행정형벌은 일반법이 없으나, 행정질서벌은 일반법으로 '질서위반행위규제법'이 있다.

③ 지방자치단체는 조례(규칙 ×)로써 조례위반행위에 대하여 1천만 원 이하의 행정질서벌(과태료)을 정할 수 있다. 그러나 법률의 개별적·구체적 위임이 없이 조례로 행정형벌을 규정할 수 없다.

3. 행정벌의 성질, 구별

형사벌	행정벌	징계벌	행정벌	이행강제금(집행벌)	행정벌
자연범 ↓ 법으로 정하지 않아도 범죄	법정범 ↓ 법으로 정해서 범죄	양자를 병과해도 일사부재리에 저촉 ×		심리적 압박을 가함으로써 간접적으로 의무이행을 확보	
		특별권력관계	일반권력관계	현재의 의무위반	과거의 의무 위반

4. 행정벌의 종류 및 본질

① 행정형벌은 형법에 규정되어 있는 형벌이 과해지는 행정벌을 말한다. 특별한 규정이 없는 한 형법총칙과 형사소송법이 적용된다.
② 행정질서벌은 형법에 규정되어 있지 않은 과태료가 과해지는 행정벌을 말한다. 따라서 형법총칙이 적용되지 않으며, 질서위반행위규제법이 적용된다.

5. 병과 가능성(판례의 입장)

① 행정형벌 · 형사벌: 불가능
② 행정벌 · 징계벌, 행정벌 · 집행벌, 행정형벌 · 행정질서벌, 형사벌 · 행정질서벌 등: 모두 가능

Ⅷ. 행정벌 중 행정형벌

1. 의의

행정형벌은 형법에 규정되어 있는 형벌이 과해지는 행정벌을 말한다. 특별한 규정이 없는 한 형법총칙과 형사소송법이 적용된다.

2. 행정형벌의 특수성

① 행정처분과의 병과가능성	행정형벌과 행정처분[이행강제금(집행벌) · 과징금 · 운전면허취소 등]은 병과가 가능하다.
② 고의 또는 과실	㉠ 형법의 경우 　• 고의(인식 + 수용) – 처벌 　• 과실(주의태만) – 원칙 처벌 ×, 단, 처벌규정 시 처벌 ○ ㉡ 행정형벌의 경우: 형법과 같이 고의 또는 과실을 요한다. 단 과실의 경우 처벌규정이 없어도 처벌해석 가능성 ○ ➡ 처벌 ○(예 대기환경보전법상 자동차배기가스 사례) ㉢ 행정질서벌의 경우: 과거 통설과 판례는 고의 또는 과실은 요건 ×, 즉 행위자의 객관적인 법규위반만 있으면 처벌이 가능했다. 그러나 최근 질서위반행위규제법은 '과태료를 부과하려면 고의 또는 과실을 요한다'로 개정되었다.
③ 책임능력	행정범의 경우에는 책임무능력자를 처벌하는 규정을 두고 있는 경우가 있다.
④ 종업원의 행위에 대한 책임	• 종업원의 행위에 대하여 사업주나 법인을 함께 처벌하는 양벌규정을 두는 경우가 있다. 이 경우 사업주나 법인이 지는 책임은 과실책임, 자기책임이다. • 최근 헌법재판소는 종업원 등의 범죄행위와 관련하여 선임 · 감독상의 주의의무를 다하여 아무런 잘못이 없는 영업주나 법인을 처벌하도록 규정하고 있는 양벌규정을 법치국가의 원리 및 죄형법정주의로부터 도출되는 형벌에 관한 책임원칙에 반하므로 위헌이라고 판시하였다.

3. 행정형벌의 과벌절차

(1) 일반절차
행정형벌은 형벌과 마찬가지로 형사소송법에 따라 법원이 부과하는 것이 원칙이다.

(2) 특별절차
① 통고처분
  ㉠ 의의: 정식재판에 갈음하여 간이·신속한 처리를 위해 행정청(세무서장, 국세청장, 관세청장, 경찰서장 등)이 범죄의 심증을 얻은 경우 벌금 또는 과료에 상당하는 금액을 납부할 것을 명(통고)하는 것을 말한다. 여기서의 금액의 성질은 형법상의 벌금이 아니며, 자유형에 해당하는 행정형벌에는 통고처분이 인정되지 않는다.
  ㉡ 적용범위: 통고처분은 모든 행정상 의무불이행에 대해 취할 수 있는 제재조치가 아니고, 조세범, 경범죄사범, 출입국사범, 교통사범, 관세범 등 특정한 행정처분에 한하는 제재조치이다.
  ㉢ 효과
    ⓐ 상대방이 통고처분의 내용을 이행한 경우 불가변력이 발생하게 되어 일사부재리의 원칙의 적용을 받아 동일 사건에 대하여 다시 소추받지 않으며, 처벌절차는 종료되고 확정판결과 동일한 효과가 발생한다.
    ⓑ 상대방이 일정기간(조세범·관세범은 15일, 경범죄사범·출입국사범·교통사범은 10일) 이내에 통고처분의 내용을 이행하지 아니한 경우 통고처분은 그 효력이 소멸되고, 행정청(세무서장, 경찰서장 등)의 즉결심판청구 또는 고발에 의해 형사소송절차로 이행되게 된다.
  ㉣ 통고처분의 법적 성질: 대법원과 헌법재판소는 행정소송의 대상으로서의 처분성을 부정하고 있다.
② 즉결심판: 20만 원 이하의 벌금, 구류, 또는 과료에 처할 범칙사건에서 경찰서장의 청구에 의하여 지방법원, 지원 또는 시·군법원의 판사가 즉결심판에 관한 절차법이 정하는 바에 따라 벌금 등을 부과하는 것을 말한다.

IX. 행정벌 중 행정질서벌

1. 질서위반행위규제법의 주요내용

제1조【목적】법률상 의무의 효율적인 이행을 확보하고 국민의 권리와 이익을 보호하기 위하여 질서위반 행위의 성립요건과 과태료의 부과·징수 및 재판 등에 관한 사항을 규정하는 것을 목적으로 한다.

제2조【정의】1. 질서위반행위 - 법률(지방자치단체의 조례를 포함)상의 의무를 위반하여 과태료를 부과하는 행위. 다만, 다음에 해당하는 행위를 제외한다.
　가. 대통령령으로 정하는 사법(私法)상·소송법상 의무를 위반하여 과태료를 부과하는 행위
　나. 대통령령으로 정하는 법률에 따른 징계사유에 해당하여 과태료를 부과하는 행위
2. 행정청 - 행정에 관한 의사를 결정하여 표시하는 국가 또는 지방자치단체의 기관, 그 밖의 법령 또는 자치법규에 따라 행정 권한을 가지고 있거나 위임 또는 위탁받은 공공단체나 그 기관 또는 사인(私人)
3. 당사자 - 질서위반행위를 한 자연인 또는 법인

제3조【법 적용의 시간적 범위】제1항인 행위시법주의(소급효금지)가 원칙, 제2항·제3항은 소급효금지의 원칙의 예외로서 인정된다.

제4조【법 적용의 장소적 범위】제1항 - 속지주의, 제2항 - 속인주의, 제3항 - 기국주의(속지주의의 확장)

제5조【다른 법률과의 관계】질서위반행위규제법이 우선 적용된다.

제6조【질서위반행위 법정주의】법률에 따르지 아니하고는 어떤 행위도 질서위반행위로 과태료를 부과하지 아니한다.

제7조【고의 또는 과실】고의 또는 과실이 없는 질서위반행위는 과태료를 부과하지 아니한다.

제8조【위법성의 착오】자신의 행위가 위법하지 아니한 것으로 오인하고 행한 질서위반행위는 그 오인에 정당한 이유가 있는 때에 한하여 과태료를 부과하지 아니한다.

제9조【책임연령】14세가 되지 아니한 자의 질서위반행위는 과태료를 부과하지 아니한다. 다만, 다른 법률에 특별한 규정이 있는 경우에는 그러하지 아니하다.

제10조【심신장애】① 심신(心神)장애로 인하여 행위의 옳고 그름을 판단할 능력이 없거나 그 판단에 따른 행위를 할 능력이 없는 자의 질서위반행위는 과태료를 부과하지 아니한다.
② 심신장애로 인하여 제1항에 따른 능력이 미약한 자의 질서위반행위는 과태료를 감경한다.
③ 스스로 심신장애 상태를 일으켜 질서위반행위를 한 자에 대하여는 제1항 및 제2항을 적용하지 아니한다.

제11조【법인의 처리 등】법인의 대표자, 법인 또는 개인의 대리인·사용인 및 그 밖의 종업원이 업무에 관하여 법인 또는 그 개인에게 부과된 법률상의 의무를 위반한 때에는 법인 또는 그 개인에게 과태료를 부과한다.

제12조【다수인의 질서위반행위 가담】① 2인 이상이 질서위반행위에 가담한 때에는 각자가 질서위반행위를 한 것으로 본다.
② 신분에 의하여 성립하는 질서위반행위에 신분이 없는 자가 가담한 때에는 신분이 없는 자에 대하여도 질서위반행위가 성립한다.
③ 신분에 의하여 과태료를 감경 또는 가중하거나 과태료를 부과하지 아니하는 때에는 그 신분의 효과는 신분이 없는 자에게는 미치지 아니한다.

제13조【수개의 질서위반행위의 처리】① 하나의 행위가 2 이상의 질서위반행위에 해당하는 경우에는 가장 중한 과태료를 부과한다.
② 제1항의 경우를 제외하고 2 이상의 질서위반행위가 경합하는 경우에는 각 질서위반행위에 대하여 정한 과태료를 각각 부과한다.

제19조【과태료 부과의 제척기간】질서위반행위가 종료된 날부터 5년
제15조【과태료의 시효】과태료 부과처분이나 법원의 과태료 재판이 확정된 후 5년

> (TIP) 소멸시효의 중단 · 정지 ○

제16조【사전통지 및 의견제출 등】과태료를 부과하고자 하는 때에는 미리 당사자에게 통지하고, 10일 이상의 기간을 정하여 의견을 제출할 기회를 주어야 한다. 의견제출이 없는 경우에는 의견이 없는 것으로 본다.
제17조의2【신용카드 등에 의한 과태료 납부】신설 조항
제18조【자진납부자에 대한 과태료 감경】
제20조【이의제기】60일 이내에 해당 행정청에 서면으로 이의제기, 이의제기가 있는 경우 행정청의 과태료 부과처분은 효력상실
제21조【법원에의 통보】이의제기를 받은 행정청은 이의제기를 받은 날부터 14일 이내에 관할 법원에 통보
제24조【가산금 징수 및 체납처분 등】① 납부기한까지 과태료를 납부하지 아니한 때에는 체납된 과태료에 대하여 100분의 3에 상당하는 가산금을 징수
② 매 1개월이 경과할 때마다 체납된 과태료의 1천분의 12에 상당하는 중가산금을 징수(중가산금은 60개월을 초과하지 못한다)
제24조의3【과태료의 징수유예】신설 조항
제25조【관할법원】당사자 주소지의 지방법원 또는 그 지원
제36조【재판】과태료 재판은 이유를 붙인 결정으로써 한다.
제37조【결정의 고지】결정은 당사자와 검사에게 고지함으로써 효력이 생긴다.
제38조【항고】당사자와 검사는 과태료 재판에 대하여 즉시항고를 할 수 있으며, 즉시항고는 집행정지의 효력이 있다.
제41조【재판비용】과태료에 처하는 선고가 있는 경우 그 선고를 받은 자가 부담, 그 외의 경우에는 국고 부담
제42조【과태료 재판의 집행】과태료 재판은 검사의 명령으로써 집행한다. 명령은 집행력 있는 집행권원과 동일한 효력이 있다.
제43조【과태료 재판 집행의 위탁】① 검사는 과태료를 최초 부과한 행정청에 대하여 과태료 재판의 집행을 위탁할 수 있다.
② 지방자치단체의 장이 제1항에 따라 집행을 위탁받은 경우에는 그 집행한 금원(金員)은 당해 지방자치단체의 수입으로 한다.
제44조【약식재판】법원은 상당하다고 인정하는 때에는 제31조 제1항에 따른 심문 없이 과태료 재판을 할 수 있다.
제52조【관허사업의 제한】
제54조【고액 · 상습체납자에 대한 제재】

기출 주요 판례   질서위반행위규제법

- 질서위반행위 후 법률이 변경되어 그 행위가 질서위반행위에 해당하지 아니하게 되거나 과태료가 변경되기 전의 법률보다 가볍게 된 때에는 법률에 특별한 규정이 없는 한 변경된 법률을 적용한다.
- 고의 또는 과실이 없는 질서위반행위는 과태료를 부과하지 아니한다.
- 어떤 의무위반행위를 행정형벌로 정할 것인가, 행정질서벌로 정할 것인가는 입법자의 재량으로 결정할 입법재량에 속한다.
- 과태료에는 죄형법정주의가 적용되지 않는다.
- 행정법규 위반행위에 대하여 과하여지는 과태료는 행정형벌이 아니라 행정질서벌에 해당한다.
- 신분에 의하여 성립하는 질서위반행위에 신분이 없는 자가 가담한 때에는 신분이 없는 자에 대하여도 질서위반행위가 성립한다.
- 신분에 의하여 과태료를 감경 또는 가중하거나 과태료에 처하지 아니하는 때에는 그 신분의 효과는 신분이 없는 자에게는 미치지 아니한다.
- 하나의 행위가 2 이상의 질서위반행위에 해당하는 경우에는 각 질서위반행위에 대하여 정한 과태료 중 가장 중한 과태료를 부과하는 것이 원칙이다.
- 지방자치단체는 조례를 통하여 행정질서벌을 정할 수 있다.
- 과태료 부과처분에 불복하는 당사자는 다른 법률에 특별한 규정이 없는 한, 과태료 부과처분의 취소를 구하는 행정소송을 제기할 수 없다.
- 당사자가 행정청의 과태료 부과에 불복하여 이의제기를 한 경우, 행정청의 과태료 부과처분은 그 효력을 상실한다.
- 당사자와 검사는 과태료 재판에 즉시항고할 수 있고, 이 경우 항고는 집행정지의 효력이 있다.

제2장 새로운 실효성 확보수단

I. 과징금

1. 의의

일정한 행정법상의 의무를 위반하거나 이행하지 않음으로써 얻은 경제적 이익을 제거하고자 하는 금전적 부담이다. 독점규제 및 공정거래에 관한 법률을 통해 처음 도입되었다. 과징금의 부과는 행정청이 직접 부과하고, 납부의무 불이행 시는 국세 또는 지방세 체납처분의 절차에 따라 강제징수할 수 있다.

2. 종류

(1) 본래 과징금

일정한 경제법상의 의무를 위반함으로써 생기는 경제적 이익을 박탈하는 것[예 부당한 공동행위(담합)를 한 경우 공정거래법상의 과징금 부과처분]

(2) 변형된 과징금

의무위반행위에 대한 인·허가의 철회·정지에 갈음하여 부과되는 것(예 여객자동차운수사업법, 약사법, 주유소, 주차장 등)

3. 재량행위

과징금을 부과할 것인지 영업정지처분을 내릴 것인지는 통상 행정청의 재량에 속한다.

4. 과태료와의 비교

구분	과태료	과징금
성질	행정벌 중 행정질서벌	급부하명(행정행위)
부과주체	행정청, 법원	행정청
금액책정기준	가벌성의 정도	의무위반 불이행 시 예상수익
불복	질서위반행위규제법상 특별한 불복방법	행정쟁송
병과 여부	과태료와 과징금은 병과할 수 있음	
법적 근거	과태료와 과징금 모두 국민에게 부담을 주는 행정작용이므로 법률의 근거를 요함	

5. 법적 성질

과징금부과행위의 법적 성질은 행위로서 급부하명이다. 따라서 동일한 위반행위에 대하여 행정벌(형사처벌, 벌금, 과태료)과 과징금의 병과가 가능하며, 제재대상이 되는 기본적 사실관계, 보호법익, 목적 및 처분대상을 달리하고 있다면 행정처분과도 병과가 가능하다. 과징금부과처분은 제재적 처분으로서 일반적으로 재량행위로 규정되어 있으나, 기속행위로 규정된 경우도 있다.

6. 과징금의 수액의 의미

판례

> (구) 청소년보호법 시행령의 위반행위의 종별에 따른 과징금부과처분기준은 법규명령이기는 하나 여러 요소를 종합적으로 고려하여 사안에 따라 적절한 과징금의 액수를 정하여야 할 것이므로 그 수액은 정액이 아니라 최고한도액이다.

7. 법적 근거

법률유보의 원칙에 따라 법적 근거가 있어야 부과할 수 있다. 과징금에 대한 일반법은 없다.

8. 권리구제

과징금부과처분은 행정행위이므로, 과징금 부과 및 징수에 하자가 있는 경우 납부의무자는 행정쟁송절차에 따라 다툴 수 있다. 또한 위법한 과징금부과처분으로 인해 손해를 입은 자는 국가를 상대로 손해배상청구를 할 수 있으며, 과징금이 법률상 원인 없이 징수된 경우에는 공법상 부당이득반환청구권을 행사할 수도 있다.

> **행정기본법 제28조 【과징금의 기준】** ① 행정청은 법령등에 따른 의무를 위반한 자에 대하여 법률로 정하는 바에 따라 그 위반행위에 대한 제재로서 과징금을 부과할 수 있다.
> ② 과징금의 근거가 되는 법률에는 과징금에 관한 다음 각 호의 사항을 명확하게 규정하여야 한다.
> 1. 부과·징수 주체
> 2. 부과 사유
> 3. 상한액
> 4. 가산금을 징수하려는 경우 그 사항
> 5. 과징금 또는 가산금 체납 시 강제징수를 하려는 경우 그 사항
>
> **제29조 【과징금의 납부기한 연기 및 분할 납부】** 과징금은 한꺼번에 납부하는 것을 원칙으로 한다. 다만, 행정청은 과징금을 부과받은 자가 다음 각 호의 어느 하나에 해당하는 사유로 과징금 전액을 한꺼번에 내기 어렵다고 인정될 때에는 그 납부기한을 연기하거나 분할 납부하게 할 수 있으며, 이 경우 필요하다고 인정하면 담보를 제공하게 할 수 있다.
> 1. 재해 등으로 재산에 현저한 손실을 입은 경우
> 2. 사업 여건의 악화로 사업이 중대한 위기에 처한 경우
> 3. 과징금을 한꺼번에 내면 자금 사정에 현저한 어려움이 예상되는 경우
> 4. 그 밖에 제1호부터 제3호까지에 준하는 경우로서 대통령령으로 정하는 사유가 있는 경우

Ⅱ. 가산금

① 행정재산의 사용·수익허가에 따른 사용료를 납부기한까지 납부하지 않은 경우에 부과되는 것으로 가산금과 중가산금이 있다.
② 사용료가 납부기한까지 납부되지 않은 경우 미납분에 관한 지연이자의 의미로 부과되는 부대세의 일종이다.
③ 과세관청이 통상의 납세고지를 하면서 같이 부과하는 가산금부과는 항고소송의 대상인 처분이 아니다.
④ 국세징수법상 가산금이 2020년에 폐지되어, 국세기본법상의 납부불성실 가산세로 통합운영하게 되었다.

Ⅲ. 가산세

① 가산세란 세법상의 각종 신고의무위반에 대하여 본래의 납세의무와는 별개로 과하는 금전부담이다(예 허위세무신고 등).
② 가산세부과처분은 항고소송의 대상이 되는 행정처분이다.
③ 가산세의 부과에 있어서 납세자의 고의 또는 과실은 고려하지 않는다.
④ 다만 가산세는 의무해태에 대해서 부과하는 성질을 지니고 있기 때문에 의무해태에 정당한 이유가 있다고 인정되는 경우에는 이를 부과할 수 없다.

Ⅳ. 위반사실 등의 공표(행정상 공표)

> **행정절차법 제40조의3 【위반사실 등의 공표】** ① 행정청은 법령에 따른 의무를 위반한 자의 성명·법인명, 위반사실, 의무 위반을 이유로 한 처분사실 등을 법률로 정하는 바에 따라 일반에게 공표할 수 있다.
> ② 행정청은 위반사실등의 공표를 하기 전에 사실과 다른 공표로 인하여 당사자의 명예·신용 등이 훼손되지 아니하도록 객관적이고 타당한 증거와 근거가 있는지를 확인하여야 한다.
> ③ 행정청은 위반사실등의 공표를 할 때에는 미리 당사자에게 그 사실을 통지하고 의견제출의 기회를 주어야 한다. 다만, 다음 각 호의 어느 하나에 해당하는 경우에는 그러하지 아니하다.
> 1. 공공의 안전 또는 복리를 위하여 긴급히 공표를 할 필요가 있는 경우
> 2. 해당 공표의 성질상 의견청취가 현저히 곤란하거나 명백히 불필요하다고 인정될 만한 타당한 이유가 있는 경우
> 3. 당사자가 의견진술의 기회를 포기한다는 뜻을 명백히 밝힌 경우
> ④ 제3항에 따라 의견제출의 기회를 받은 당사자는 공표 전에 관할 행정청에 서면이나 말 또는 정보통신망을 이용하여 의견을 제출할 수 있다.
> ⑤ 제4항에 따른 의견제출의 방법과 제출 의견의 반영 등에 관하여는 제27조 및 제27조의2를 준용한다. 이 경우 "처분"은 "위반사실등의 공표"로 본다.
> ⑥ 위반사실등의 공표는 관보, 공보 또는 인터넷 홈페이지 등을 통하여 한다.

⑦ 행정청은 위반사실등의 공표를 하기 전에 당사자가 공표와 관련된 의무의 이행, 원상회복, 손해배상 등의 조치를 마친 경우에는 위반사실등의 공표를 하지 아니할 수 있다.
⑧ 행정청은 공표된 내용이 사실과 다른 것으로 밝혀지거나 공표에 포함된 처분이 취소된 경우에는 그 내용을 정정하여, 정정한 내용을 지체 없이 해당 공표와 같은 방법으로 공표된 기간 이상 공표하여야 한다. 다만, 당사자가 원하지 아니하면 공표하지 아니할 수 있다.

1. 의의

위반사실의 공표란 행정법상의 의무위반 또는 의무불이행이 있는 경우 그 사실을 불특정 다수인이 주지할 수 있도록 알림으로써 사회적 비난이라는 간접적·심리적 강제에 의하여 행정의 실효성을 확보하려는 간접강제수단을 말한다.

2. 성질

공표제도 그 자체로는 아무런 법적 효과가 발생하지 않는 비권력적 사실행위이다(통설). 그러나 상대방에게는 침익적·부담적 행위이므로 법적 근거를 요한다고 보는 것이 다수설이다.

3. 한계

위반사실의 공표는 비례의 원칙과 부당결부금지의 원칙 등 행정법의 일반원칙의 준수하에 이루어져야 한다.

4. 구제

공표 그 자체로는 아무런 직접적인 법적 효과를 발생하지 않으므로 처분성을 부정하는 견해가 다수설이다. 따라서 위법한 공표행위로 손해를 입은 자는 민법 또는 국가배상법에 따른 손해배상청구소송을 제기하는 것이 권익구제에 효과적이다.

V. 공급거부

1. 의의

공급거부란 행정법상의 의무를 위반한 자에 대하여 행정상의 서비스 또는 재화의 공급을 거부하는 행정작용을 말한다.

2. 성질

공급거부제도는 주로 비대체적 작위의무위반 또는 부작위의무위반의 경우에 사용되는 간접강제방법이다. 한편, 공급거부는 침익적·부담적 행위이므로 법적 근거를 요한다.

3. 한계

공급거부는 비례의 원칙뿐만 아니라 평등의 원칙, 공역무 계속성의 원칙, 부당결부금지의 원칙의 준수 여부가 특히 문제가 된다.

4. 공급거부의 처분성

① 공급거부요청: 권고적 성격의 행위로 처분성 ×
② 공급불가회신: 권고적 성격의 행위로 처분성 ×
③ 단전·단전화: 사실상의 조치로 처분성 ×
④ 단수: 처분성 ○

VI. 관허사업의 제한

1. 의의

관허사업의 제한이란 행정법상 의무를 위반하거나 불이행한 자에 대하여 각종 인·허가 등을 거부하거나 정지·철회함으로써 간접적으로 행정의 실효성을 확보하려는 수단을 말한다.

2. 한계

의무불이행과 관련이 없는 관허사업의 제한은 부당결부금지의 원칙에 위반될 가능성이 크다는 의문이 제기되고 있다. 다만, 명시적인 판례는 아직 없다.

기출 주요 판례

1. 대집행
   - 대집행의 내용 및 범위가 반드시 대집행계고서에 의하여야만 특정되어야 하는 것은 아니다.
   - 계고서라는 명칭의 한 장의 문서로서 철거명령과 동시에 대집행할 뜻을 계고하는 것도 가능하다.
   - 의무이행의 상당한 기간을 부여하지 않은 대집행계고는 영장에 의한 통지에서 대집행의 시기를 늦추었더라도 위법하다.
   - 반복된 계고처분 중 제1차 계고처분 이후의 제2차, 제3차 계고처분 등은 독립된 행정처분이라 할 수 없다.
   - 대집행 실행 완료 후에는 처분의 취소를 구할 법률상 이익은 없다.
   - 계고처분의 취소판결이 있어야만 그 계고처분의 위법임을 이유로 손해배상(국가배상)청구를 할 수 있는 것은 아니다.
   - 적법한 건축물에 대한 철거명령에 대한 대집행계고처분은 당연무효이다.

2. 이행강제금
   - 이행강제금 납부의무는 상속인 기타의 사람에게 승계될 수 없는 일신전속적인 성질의 것이다.
   - 이행강제금을 부과받은 사람의 이의제기에 의해 재판절차가 개시된 후 그 이의제기를 한 사람이 사망한 때에는 절차가 종료된다.
   - 대체적 작위의무 위반에 대한 이행강제금도 허용된다.
   - 이행강제금 부과처분에 대한 불복방법에는 개별법의 규정에 의한 방법과 일반 행정쟁송에 의하는 방법이 있다.
   - 건축법상 이행강제금 부과처분의 경우는 행정쟁송으로 다툴 수 있다.

3. 강제징수
- 독촉절차 없는 압류처분이라도 당연무효는 아니다.
- 독촉 후 동일한 내용의 독촉을 반복한 경우 최초의 독촉만이 항고소송의 대상이 되는 처분에 해당한다.
- 체납자가 아닌 제3자 소유 물건에 대한 압류처분의 효력은 당연무효이다.
- 체납자에 대한 과잉압류는 취소사유이다.
- 체납처분으로서의 공매는 항고소송의 대상이 되는 처분이나, 공매결정, 공매통지는 처분이 아니다.
- 공매재산에 대한 감정평가가 잘못되어 공매재산이 부당하고 저렴한 가격으로 공매된 경우 그 공매처분은 취소사유에 해당한다.
- 성업공사(한국자산관리공사)의 공매의 경우 성업공사가 피고가 되며, 위임청인 세무서장은 피고적격이 없다.
- 국세징수법상 결손처분은 항고소송의 대상이 되는 처분이 아니다.

4. 행정벌 중 행정형벌
- 양벌규정에 의한 영업주의 처벌은 종업원의 처벌에 종속되는 것이 아니라 독립해서 그 자신의 종업원에 대한 선임감독상의 과실로 처벌되는 것이다.
- 영업주나 감독자를 처벌하는 경우 종업원의 범죄성립이나 처벌이 영업주 처벌의 전제조건이 될 필요는 없다.
- 기관위임사무를 처리하는 경우 지방자치단체는 국가기관의 일부로 볼 수 있으므로 양벌규정이 적용되지 않는다.
- 지방자치단체가 그 고유의 자치사무를 처리하는 경우 지방자치단체는 국가기관과는 별개의 독립한 공법인이므로 양벌규정에 따라 처벌대상이 된다.
- 자동차운행상의 과실로 법정 매연배출허용기준을 초과한다는 점을 인식하지 못한 경우에도 처벌한다고 해석함이 타당하다.
- 통고처분은 행정소송의 대상이 되지 않는다.
- 통고처분권자의 고발 없이 공소가 제기된 경우 공소제기는 무효이다.
- 통고처분에 불복하여 재판을 청구한 후에는 통고처분의 취소를 구하는 헌법소원이 허용되지 않는다.
- 세무공무원의 고발 없이 공소제기 된 후 세무공무원이 고발을 하여도 공소절차의 무효는 취소되지 않는다.
- 통고처분 여부는 행정청의 재량이며 통고처분을 하지 아니한 채 검사에게 고발하였다 하여 그 고발 및 공소제기가 부적법하게 되는 것은 아니다.

5. 과징금
- 과징금은 불법적인 경제적 이익을 박탈하기 위하여 부과되는 것이다.
- 과징금 채무는 과징금을 부과받은 자가 사망한 경우 그 상속인에게 포괄승계된다.
- 과징금은 형벌이 아니므로 형사처벌과 아울러 과징금 병과가 예정되어 있다고 해서 이중처벌금지에 위반된다고 볼 수 없다.
- 과징금 부과처분에 대하여 공정력이나 집행력을 인정한다고 하여 이를 확정판결 전의 형벌집행과 같은 것으로 보아 무죄추정의 원칙에 위반된다고 할 수 없다.
- 재량행위인 과징금 부과처분이 과도한 경우 법원은 그 전부를 취소할 수밖에 없고 그 한도액을 초과한 부분이나 법원이 적정하다고 인정되는 부분을 초과한 부분만을 취소할 수 없다.
- 과징금 감액처분에 의하여 감액된 부분에 대한 부과처분 취소청구는 이미 소멸하고 없는 부분에 대한 것으로서 소송으로 다툴 소의 이익이 인정되지 않는다.
- 과징금 부과처분에 의하여 동종업자의 영업이 보호되는 결과는 반사적 이익에 불과하다.
- 과징금 부과처분을 취소한 재결에 대하여 처분의 상대방이 아닌 제3자는 그 취소를 구할 법률상 이익이 없다.

제4편
행정구제법

제1장　손해전보
제2장　국가배상법 제2조 - 공무원의 직무행위로 인한 손해배상
제3장　국가배상법 제5조 - 영조물 책임
제4장　손실보상
제5장　행정쟁송
제6장　행정심판법
제7장　항고소송 중 취소소송
제8장　항고소송 중 그 밖의 소송

제1장 손해전보

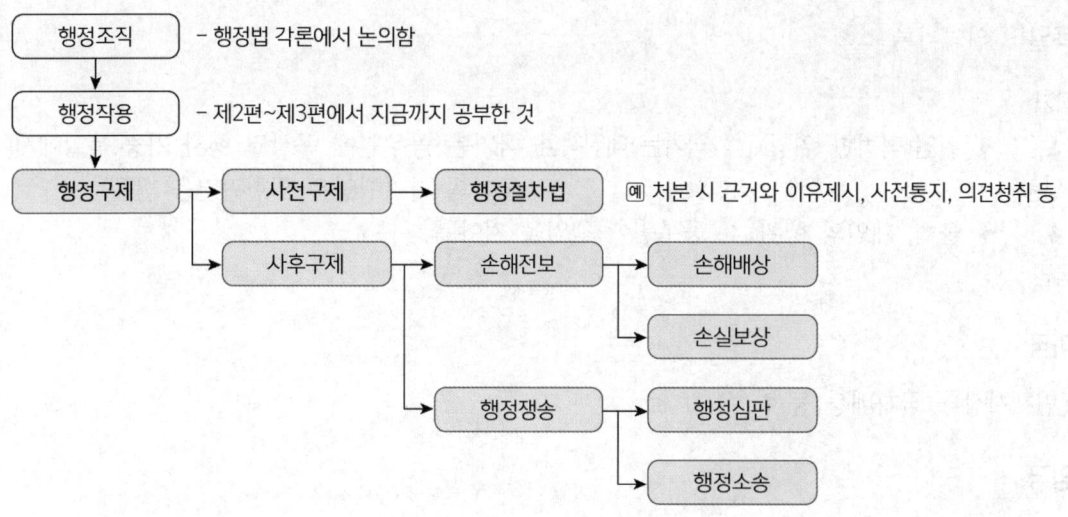

I. 손해전보개괄

1. 손해배상

① 위법, 공권력 행사(공행정 작용)
  ㉠ 신체, 생명의 침해 ➡ 이전, 압류 등 제한
  ㉡ 재산상 침해 ➡ 이전, 압류 등 가능
② 헌법: 제29조 제1항
③ 일반법
  ㉠ 국가배상법 제2조 - 공무원의 직무상 불법행위 - 과실책임
  ㉡ 국가배상법 제5조 - 영조물의 설치·관리상의 하자 - 무과실책임
④ 개인주의·자유주의 등에 기반

2. 손실보상

① 적법, 공권력 행사(공행정 작용), 특별희생
② 헌법: 제23조 제3항
③ 일반법: ×
④ 공용침해(수용, 사용, 제한)의 경우에 인정됨, 공동체주의·평등·정의 등에 기반

Ⅱ. 각국의 손해전보의 모습

1. 프랑스
위험책임이론(결과책임이론) - 가장 강한 보호

2. 독일 - 위임이론

국가
↓ → 위임(적법한 위임) ∴ 국가는 대위책임: 국가는 공무원에 구상권 행사 가능(독일에서
공무원 　　　　　　　　　　　　　　　　　　국가의 자기책임은 위헌판결을 받음)
↓ → 불법, 개인의 행위 ∴ 공무원이 책임을 져야 함
국민

3. 미국
주권면책사상 - 국가배상 등 ↓

4. 영국
왕은 소추 ×, 왕은 악을 행하지 않는다. - 국가배상 등 ↓

5. 우리나라

(1) 헌법 제29조 제1항
　① 공무원의 직무상 불법행위 - 손해배상의 원인
　② 국가 또는 공공단체 - 손해배상의 주체
　③ 공무원 책임 면제 × - 공무원 책임

(2) 국가배상법
　① 제2조: 공무원의 직무상 불법행위
　② 제5조: 영조물의 설치·관리상의 하자 - 헌법상 근거 ×

(3) 국가나 지방자치단체
　지방자치단체 이외의 공공단체로부터 피해를 입은 경우 - 국가배상법 ×, 민법 ○

(4) 고의·중과실
　구상권 행사

(5) 국가배상법은 국가의 손해배상에 대한 일반법
　∴ 특별법이 있는 경우 특별법 우선: 특별법 → 국가배상법 → 민법

(6) 성질
① 공법(다수설) - 공행정작용을 원인으로 함 ➜ 당사자소송
② 사법(판례) - 결과적으로 사경제 조정작용 ➜ 민사소송

(7) 외국인의 경우
상호보증주의

제2장 국가배상법 제2조 - 공무원의 직무행위로 인한 손해배상

> **국가배상법 제2조 【배상책임】** ① 국가나 지방자치단체는 공무원 또는 공무를 위탁받은 사인(이하 "공무원"이라 한다)이 직무를 집행하면서 고의 또는 과실로 법령을 위반하여 타인에게 손해를 입히거나, 자동차손해배상 보장법에 따라 손해배상의 책임이 있을 때에는 이 법에 따라 그 손해를 배상하여야 한다. 다만, 군인·군무원·경찰공무원 또는 예비군대원이 전투·훈련 등 직무 집행과 관련하여 전사(戰死)·순직(殉職)하거나 공상(公傷)을 입은 경우에 본인이나 그 유족이 다른 법령에 따라 재해보상금·유족연금·상이연금 등의 보상을 지급받을 수 있을 때에는 이 법 및 민법에 따른 손해배상을 청구할 수 없다.
> ② 제1항 본문의 경우에 공무원에게 고의 또는 중대한 과실이 있으면 국가나 지방자치단체는 그 공무원에게 구상(求償)할 수 있다.

1. 요건

국가배상법상 (1) 공무원이 (2) 객관적으로 직무와 관련 있는 사무를 집행하면서 (3) 고의 또는 과실로 (4) 법령을 위반하여 (5) 타인에게 재산적 또는 정신적 손해를 입힌 경우 (6) 가해행위인 직무집행행위와 손해의 발생 사이에 상당인과관계가 있다면 국민은 국가 또는 지방자치단체에게 손해배상을 청구할 수 있다.

(1) 공무원(또는 공무수탁사인)

국가배상법 제2조상의 공무원은 최광의의 공무원을 의미한다. 즉, 협의의 공무원인 국가공무원법 또는 지방공무원법상의 공무원뿐만 아니라 널리 국가 등 행정주체로부터 공무를 위탁받아 실질적으로 공무에 종사하는 일시적, 한정적인 공무수행자를 포함한다(통설·판례).

(TIP) 주의
1. 부정한 예: 의용소방대원, 시영버스운전사, 법령에 의해 대집행권한을 위탁받은 한국토지주택공사 등
2. 긍정한 예: 교통할아버지, 시청소차운전사, 대집행을 실제 수행하는 한국토지주택공사 직원과 철거용역회사 및 그 대표자 등

(2) 직무와 관련 있는 사무를 집행하면서

① **직무행위**: 직무에는 행정작용뿐만 아니라 입법작용과 사법작용도 포함한다. 특히 행정작용에는 권력·비권력적, 작위·부작위, 법적행위·사실행위 등이 모두 포함된다.

㉠ 입법작용의 경우 판례는 헌법 문언에 명백히 위반인 경우를 제외하고 입법책임은 법적 책임이 아닌 정치적 책임으로 보는 입장이다. 따라서 이러한 시각에서는 국가배상을 인정하기는 어렵다. 한편, 행정입법부작위의 경우 국가배상책임을 인정한 사례가 있다(군법무관보수규정 사건).

ⓒ 사법작용의 경우 판례는 법관이 재판과정에서 법령을 따르지 않은 잘못이 있는 경우 국가배상책임을 인정하지 않는다(1심과 2심 판결이 다르게 나오는 경우를 생각해 보자). 즉, 여기서 말하는 재판과정은 판결을 말하는 것이 아니라 성실한 직무 수행을 의미한다. 따라서 이러한 시각에서는 국가배상을 인정하기는 어렵다. 다만 헌법재판소 재판관의 시간오류로 인해 수리되어야 할 사건을 각하한 경우와 법관의 주소지확인오류로 인해 송달이 되지 않아 채권자 추심의 기회를 잃은 사안에서 국가배상책임을 인정한 사례가 있다.

② **직무를 집행하면서(직무관련성)**

ⓐ 국가배상법 제2조 소정의 '직무를 집행하면서'란 직무의 범위 내에 속한 행위뿐만 아니라 직무수행의 수단으로서 또는 직무수행에 부수하여 행하여지는 행위로서 '직무와 밀접한 관련'이 있는 경우를 포함한다.

ⓑ 통설과 판례는 '직무를 집행하면서'의 판단에 있어서 '외형설'을 취하고 있다. 외형설이란 직무행위인지 여부의 판단기준은 주관적인 의사와는 상관없이 객관적으로 직무행위의 외관을 갖추고 있는지 여부에 따라 판단해야 한다는 견해이다.

ⓒ 판례는 외형설의 입장에서 당해 행위가 현실적으로 정당한 권한 내의 것인지, 또는 행위자인 공무원이 주관적으로 직무집행의 의사를 가지고 있는지 여부는 문제되지 않으며, 또한 공무원의 행위가 실질적으로 공무집행행위가 아니라는 사실을 피해자가 알았다 하더라도 일응 관계가 없다고 한다.

직무관련성 인정 판례	직무관련성 부정 판례

• 운전병이 아닌 군인의 군용차량 운전
• 수사 도중의 고문행위
• 경찰서 감방 내의 폭력행위
• 상급자의 전입신병에 대한 훈계 중 폭행
• 헌병대 영창에서 탈주한 군인들이 민가에 침입하여 저지른 범죄행위
	• 군용차량을 사적용도로 운행 중 사고
	• 결혼식 참석을 위한 군용차 운행
	  TIP 장례식 참석을 위한 차량운행은 직무관련성 인정
	• 공무원의 통상적인 출근 중의 교통사고
	  TIP 퇴근하기 위하여 운행 중 사고가 난 경우에는 직무관련성 인정
	• 부대이탈 후 민간인 사살
	• 입주권이 부여되지 않은 무허가 건물 세입자들에 대한 편취 목적의 시영아파트 입주권 매매행위
	• 가솔린 불법처분 중 발화
	• 압류 도중 절도행위

(3) 고의 또는 과실

해당 공무원에게 고의 또는 과실이 없으면 배상청구를 할 수 없다.

① 항고소송에서 인용판결을 받은 경우(즉, 처분이 위법한 경우) 당연히 고의·과실에 따른 국가배상청구가 인정되는가? ✕

② 국가 등이 공무원의 관리 감독에 해태함이 없음을 입증한 경우에는 면책되는가? ✕ ∵ 고의·과실은 공무원의 직무행위상 논의(論)

③ 고의 또는 과실의 판단은? 당해 공무원 ×, 당해 공무수행의 평균인 ○(과실의 객관화이론)
④ 위법한 공무원을 특정지어야 하는가? ×, 판례는 시위군중에 최루탄을 발포한 사안과 군용소음탄 사건에서 조직과실을 인정
⑤ 입증책임: 원고(피해자)가 입증하여야 한다.
⑥ 공무원이 행정규칙(처분기준 등)을 준수했지만 결과적으로 위법한 경우 국가배상책임이 인정되는가? × ∵ 공무원의 고의·과실 ×
⑦ 공무원이 관련 법령에 무지하여 위법한 행정을 한 경우 국가배상책임은 인정되는가? ○ ∵ 공무원의 고의·과실 ○, 다만 법령이 워낙 어렵고, 학설·판례가 대립하고 있으며, 공무원이 나름의 신중한 법해석 후 행정을 하였으나 결과적으로 위법한 경우는 면책 ○

(4) 법령을 위반하여(위법성)

법령이란 성문법과 불문법 등 엄격한 의미의 법령뿐만 아니라 인권존중, 권리남용금지, 신의성실, 공서양속 등도 포함하여 널리 '객관적 정당성'까지도 포함하는 것으로 보는 광의설이 통설과 판례이다.

(5) 타인에게 재산적 또는 정신적 손해를 입힌 경우

손해란 법익침해로 인한 불이익을 말하며, 반사적 이익의 침해는 포함되지 않는다. 재산적·생명적·신체적·정신적이든 적극적·소극적 손해이든 불문한다.

(6) 상당인과관계

가해행위인 직무집행행위와 손해의 발생 사이에는 상당인과관계가 있어야 한다. 이때 상당인과관계의 유무를 판단함에 있어서는 일반적인 결과발생의 개연성은 물론 직무상 의무를 부과하는 법령 기타 행동규범의 목적, 그 수행하는 직무의 목적 내지 기능으로부터 예견가능한 행위 후의 사정, 가해행위의 태양 및 피해의 정도 등을 종합적으로 고려하여야 한다(판례).

2. 배상책임자

① 헌법: 국가 또는 공공단체
② 국가배상법: 국가 또는 지방자치단체
③ 선임감독자와 비용부담자가 상이할 경우: 선택적 청구가 가능하다. 다만, 최종적 책임은 선임감독자이다.

3. 배상액

① 인과관계가 있는 피해액 전부 + 위자료
② 국가배상법 제3조의 배상액 규정: 한정액설, 기준액설(다수설·판례) ∴ 법률을 구속하는 효력 ×

4. 공제규정

과실상계(법에는 없으나 시행령에는 ○) ➔ 손익상계

5. 소멸시효

국가배상청구권은 피해자나 그 법정대리인이 손해 및 그 가해자를 안 날부터 3년간 이를 행사하지 아니하면 시효로 소멸한다. 또한 피해자나 그 법정대리인이 손해 및 가해자를 알지 못한 경우에는 국가재정법 제96조 제1항에 따라 위법한 직무행위를 한 날부터 5년간 이를 행사하지 아니하면 시효로 소멸한다.

6. 신체·생명침해의 배상액의 경우

이전·압류 등이 제한된다.

7. 배상책임의 성질

(1) 자기책임설(헌법학계 다수설)
국가에 청구 ○, 공무원에 청구 ○ - 선택청구 ○

(2) 대위책임설(행정법학계의 다수설)
국가에 청구 ○, 공무원에 청구 × - ∵ 행정의 위축을 방지하기 위해

(3) 판례

구분	공무원의 책임(민사책임)	국가 또는 지방자치단체의 책임(국가배상책임)
공무원의 고의·중과실	○	○(대위책임) 따라서, 공무원에게 구상권 행사 가능
공무원의 경과실	×	○(자기책임)

TIP 최근 대법원은 경과실의 공무원이 배상을 한 후 국가에 구상권을 행사한 사안에서 공무원의 구상권을 인정한 바 있다.

8. 배상청구권의 주체

(1) 배상청구권자(원칙)
국민뿐만 아니라 상호보증이 있는 경우 외국인도 국가배상을 청구할 수 있다.

(2) 이중배상금지의 원칙(예외)
① 헌법 제29조 제2항: 군인·군무원·경찰공무원 기타 법률이 정하는 자가 전투·훈련 등 직무집행과 관련하여 받은 손해에 대하여는 법률이 정하는 보상 외에 국가 또는 공공단체에 공무원의 직무상 불법행위로 인한 배상은 청구할 수 없다.

② 국가배상법 제2조 제1항: 국가나 지방자치단체는 공무원이 직무를 집행하면서 고의 또는 과실로 법령을 위반하여 타인에게 손해를 입히거나, 자동차손해배상보장법에 따라 손해배상의 책임이 있을 때에는 이 법에 따라 그 손해를 배상하여야 한다. 다만, 군인·군무원·경찰공무원 또는 향토예비군대원이 전투·훈련 등 직무집행과 관련하여 전사·순직하거나 공상을 입은 경우에 본인이나 그 유족이 다른 법령에 따라 재해보상금·유족연금·상이연금 등의 보상을 지급받을 수 있을 때에는 이 법 및 민법에 따른 손해배상을 청구할 수 없다.

㉠ 적용요건
    ⓐ **적용대상자**: 이중배상이 금지되는 자는 헌법상 규정된 군인·군무원·경찰공무원 등 위험성이 높은 직무에 종사하는 자이다. 특히, 향토예비군의 경우 헌법재판소는 합헌 결정을 하였으며, 전투경찰의 경우 역시 판례는 '경찰공무원'에 해당한다고 보았다. 하지만 공익근무요원과 경비교도의 경우는 국가배상법상 손해배상청구가 제한되는 '군인'에 해당하지 않는다.
    ⓑ 전투·훈련 등 직무집행과 관련하여
    ⓒ **다른 법령의 규정에 의해서 보상금을 받는 경우**: 이중배상이 금지되는 자도 다른 법령의 규정에 의하여 실질적으로 재해 보상금, 유족연금 등의 보상을 지급받을 수 없게 된 경우에는 국가배상법에 따라 배상을 청구할 수 있다. 한편, 국가배상을 받은 후 연금 등의 보상을 청구하는 것은 가능하다. ∵ 보상 후 배상을 금지하고 있으므로

㉡ 공동불법행위자가 국가를 상대로 구상권을 행사할 수 있는지 여부(이중배상금지 규정의 상대적 or 절대적 효력)

> 일반인 A의 차량과 운전병 B와 장교 C가 탑승한 차량이 충돌하여 C가 크게 다쳤으며 1억 원의 피해액이 발생하였다.
> 귀책 비율은 A와 B가 50:50이라고 할 경우
> (A와 B 모두 일반인이라면, 민법상 피해자 C는 A와 B에 각각 1억 원의 청구권을 가진다. 단, C는 총합 2억 원을 배상 받을 수는 없고, A와 B의 어느 쪽이건 임의적으로 청구하여 1억 원을 배상받을 수 있다. 그리고 예를 들어 A가 C에게 1억 원을 전부 배상하면, A는 B에게 5천만 원에 대한 구상권을 가진다)
> 그렇다면, 위의 사례에서 피해자 C의 청구에 따라 일반인인 A가 1억 원을 모두 배상한 경우, A는 국가에 대하여 B의 책임분에 대한 구상권을 가지는가?

    ⓐ **대법원**: 그 손해를 자신의 귀책부분을 넘어서 배상한 경우에도, 국가 등은 피해 군인 등에 대한 국가배상 책임을 면할 뿐만 아니라, 민간인에 대한 국가의 귀책비율에 따른 구상의무도 부담하지 않는다. 민간인은 피해 군인 등에 대하여, 그 내부적인 관계에서 부담하여야 할 부분을 제외한 나머지 자신의 부담 부분에 한하여 손해배상의무를 부담하기만 하면 된다(대판 2001.2.15, 95다42420 전합).
        (TIP) 따라서 구상권을 행사할 수 없다.
    ⓑ **헌법재판소**: 이중배상금지원칙은 국가와 공무원 사이에만 적용해야지, 국가가 공동불법행위자인 군인의 사용자로서 그 군인의 불법행위로 인한 손해배상 책임을 전혀 지지 아니하고 그 부담 부분을 일반 국민에게 전가시키거나 전가시키는 결과가 된다면 국민의 재산권을 침해하게 되는 것이다(헌재 1994.12.29, 93헌바21).
        (TIP) 따라서 구상권을 행사할 수 있다.

9. 행정상 손해배상의 청구절차
① 배상심의회에 배상신청을 하지 않고 국가배상청구소송을 제기할 수 있다.
② 배상심의회의 배상결정은 행정처분이 아니다. ∴ 행정소송의 대상이 아니다.

제3장 국가배상법 제5조 - 영조물 책임

1. 의의

> **국가배상법 제5조【공공시설 등의 하자로 인한 책임】** ① 도로·하천, 그 밖의 공공의 영조물(營造物)의 설치나 관리에 하자(瑕疵)가 있기 때문에 타인에게 손해를 발생하게 하였을 때에는 국가나 지방자치단체는 그 손해를 배상하여야 한다. 이 경우 제2조 제1항 단서, 제3조 및 제3조의2를 준용한다.
> ② 제1항을 적용할 때 손해의 원인에 대하여 책임을 질 자가 따로 있으면 국가나 지방자치단체는 그 자에게 구상할 수 있다.

(TIP) 민법 제758조 제1항(공작물책임): 공작물의 설치 또는 보존의 하자로 인하여 타인에게 손해를 가한 때에는 공작물 점유자가 손해를 배상할 책임이 있다. 그러나 점유자가 손해의 방지에 필요한 주의를 해태하지 아니한 때에는 그 소유자가 손해를 배상할 책임이 있다. ➡ 즉, 점유자 면책규정 ○

2. 성질

통설과 판례는 국가배상법 제5조에 의한 배상책임을 '무과실책임'으로 보고 있다.

3. 민법 제758조의 공작물책임과의 차이점

① 국가배상법 제5조는 그 대상을 공작물에 한정하고 있지 않다는 점에서 민법 제758조의 공작물책임보다 그 범위가 넓다.
② 민법상 공작물책임은 점유자의 면책이 인정되지만, 국가배상법상의 영조물책임은 그러한 규정이 없다.

4. 성립요건

(1) 도로·하천, 그 밖의 공공의 영조물

국가배상법 제5조 상의 영조물은 본래의 영조물, 즉 공적 목적을 위하여 제공된 인적·물적 시설의 결합체가 아니라, 강학상 공물, 즉 직접 행정목적에 제공된 물건 및 설비를 의미한다는 것이 통설과 판례의 입장이다(예 국립도서관 ✕, 국립도서관 건물 ○).

영조물로 인정된 예	영조물을 부인한 예
• 인공공물: 도로, 공원, 학교교사, 관공서청사, 공립학교교사, 여의도광장, 공중전화부스, 방파제, 서울시청사 등 • 자연공물: 하천, 호수 등 • 공공용물: 도로, 공원, 하수도, 수도, 지하철, 국립병원, 철도 건널목 자동경보기, 공중화장실, 맨홀, 철도, 김포공항 등	• 도급회사가 언덕의 붕괴를 예방하기 위해 공사 중인 옹벽 • 노선인정 기타 공용개시 없이 사실상 군민의 통행에 제공되고 있던 도로 • 종합운동장 예정부지에 한국모터스포츠연맹이 설치하고 있던 자동차 경주에 필요한 방호벽

• 공용물: 관용차, 소방차, 매향리 사격장 등 • 동산·부동산: 경찰관의 권총, 토지, 건물 등 • 동물: 경찰견, 경찰마, 군견 등 • 지도에 나와 있지 않은 도로	• 일반재산(잡종재산): 현금, 국유림, 국유임야, 국유의 미개간지, 공용폐지된 도로, 폐차된 관용차

(2) 설치 또는 관리의 하자

① 하자의 의미

    ㉠ 설치 또는 관리의 하자라 함은 '영조물이 통상 갖추어야 할 안전성을 결여한 것'을 말한다.

    ㉡ 하자의 의미에 대해서는 객관설(통설), 주관설(관리의무위반설), 절충설이 대립한다.

    ㉢ 판례는 영조물의 설치·관리의 하자의 유무를 객관적 견지에서 본 안전성의 문제로 판단하는 객관설의 입장이다. 즉, 무과실 책임이다. 다만, 최근 손해발생의 예견가능성과 회피가능성이 없다면 영조물의 하자를 인정할 수 없다는 판례가 등장하였다.

② 설치·관리의 하자

    ㉠ 자연공물: 설치 ×, 관리 ○

    ㉡ 인공공물: 설치 ○, 관리 ○

③ 하자의 입증책임: 원고가 부담한다. 즉, 하자의 입증책임은 불법행위책임의 일반적인 이론에 의한다는 것이 통설과 판례이다.

(3) 타인에게 손해가 발생할 것

하자와 손해 간에는 상당인과관계가 있어야 한다.

(4) 면책사유가 없을 것

① 불가항력: 설치·관리상의 하자가 없음에도 불구하고 불가항력으로 발생한 손해에 대해서는 원칙적으로 국가가 배상책임을 부담하지 않는다.

불가항력을 인정한 예	불가항력을 부정한 예
• 사고발생 30분 전에 순찰하면서 쇠파이프를 발견하지 못한 경우 • 사고발생 10분 내지 15분 전에 고속도로 순찰 시 발견하지 못한 타이어로 인한 사고 • 600년 또는 1000년 발생빈도의 강우량에 의한 하천의 범람 • 일반국도에서의 강설로 인한 위험	• 장마철 집중호우로 국도변 산비탈이 무너져 내려 차량통행을 방해함으로써 발생한 사고 • 50년 빈도의 최대강우량에 해당하는 집중호우로 제방도로가 유실되면서 보행자가 강물에 휩쓸려 익사한 경우

② 위험지역임을 알면서 이주·진입 ➡ 감경 or 면책

③ 영조물의 비통상적인 이용의 경우 ➡ 감경 or 면책(예 교실 난간을 이용하여 화장실을 가다가 추락 사고를 당한 경우)

④ 국가배상법 제5조 + 자연적인 원인 + 본인 혹은 제3자의 귀책 ➡ 면책 ×(∵ 국가배상법 제5조가 주요원인이므로)

⑤ 예산부족: 재정사정은 영조물의 안전성 판단에 있어서의 참작사유에 불과하고 안전성을 결정지을 절대적 요건이 아니다(판례).

(5) 국가배상법 제2조와의 경합
① 영조물의 설치·관리상의 하자와 공무원의 위법한 직무집행행위가 경합하는 경우에는 피해자는 국가배상법 제2조나 제5조 중 선택적으로 손해배상을 청구할 수 있다(통설·판례).
② 불가항력 등 영조물 책임의 감면사유가 있는 경우에도 공무원의 과실로 피해가 확대된 경우에는 그 한도 내에서 국가배상법 제2조의 배상책임이 인정된다.

5. 손해의 원인책임자에 대한 구상
국가 또는 지방자치단체가 손해를 배상한 경우, 그 손해의 원인에 대하여 책임을 질 자가 따로 있으면 국가나 지방자치단체는 그 자에게 구상할 수 있다(국가배상법 제5조 제2항).

6. 행정상 손해배상의 청구절차
① 배상심의회에 배상신청을 하지 않고 국가배상청구소송을 제기할 수 있다.
② 배상심의회의 배상결정은 행정처분이 아니다. ∴ 행정소송의 대상이 아니다.

기출 주요 판례

1. 국가배상법 제2조
- 판례상 공무원으로 인정된 경우는 소집 중인 향토예비군, 전투경찰, 미군부대의 카투사, 지방자치단체에 근무하는 청원경찰, 시청소차운전수, 전입신고서에 확인인을 찍는 통장, 집행관, 교통할아버지 등이 있다.
- 판례상 공무원으로 인정되지 않은 경우는 시영버스운전사, 의용소방대원, 공무에 자진 협력하는 사인, 정부기관에서 아르바이트를 하는 자, 단순노무자 등이 있다.
- 국회의원의 입법행위는 특수한 경우가 아닌 한 국가배상법상 위법행위로 볼 수 없다.
- 헌법재판소 재판관이 시간오류로 인해 청구인의 본안판단을 받을 기회를 상실케 한 경우 국가배상책임이 인정된다.
- 법관의 주소지 확인오류로 인해 채권자 추심의 기회를 잃은 경우 국가배상책임이 인정된다.
- 검사가 공소제기를 하였으나 무죄판결이 확정된 경우 혹은 검사의 불기소처분은 원칙적으로 국가배상책임이 부정된다.
- 공무원의 부작위도 직무행위에 포함되며 국가배상책임이 긍정될 수 있다.
- 공무원이 출근 중에 자가용으로 사고가 난 경우에는 직무관련성이 부정된다.
- 공무원이 공무수행을 마치고 복귀하던 중에 자가용으로 사고가 난 경우에는 직무관련성이 인정된다.
- 공무원이 압류 중에 절도행위를 한 경우에는 직무관련성이 부정된다.
- 세무공무원이 시영아파트의 불법분양에 관여한 경우에는 직무관련성이 부정된다.
- 특별한 사정이 없는 한 일반적으로 공무원이 관계법규를 알지 못하거나 필요한 지식을 갖추지 못하고 법규의 해석을 그르쳐 행정처분을 하였다면 그가 법률전문가가 아닌 한 행정직 공무원이라고 하여 과실이 없다고는 할 수 없다.
- 행정청이 관계법령의 해석이 확립되기 전에 어느 한 설을 취하여 업무를 처리한 것이 결과적으로 위법하게 되어 그 법령의 부당집행이라는 결과를 빚었다고 하더라도 처분 당시 그와 같은 처리방법 이상의 것을 성실한 평균적 공무원의 과실로 기대하기 어려웠던 경우라면 특별한 사정이 없는 한 이를 두고 공무원의 과실로 인한 것이라고는 볼 수 없다.

- 행정처분이 후에 항고소송에서 취소되었다고 할지라도 그 기판력에 의하여 해당 행정처분이 곧바로 공무원의 고의 또는 과실로 인한 것으로서 불법행위를 구성한다고 단정할 수는 없는 것이다.
- 경매담당 공무원이 이해관계인에게 기일통지를 잘못한 것이 원인이 되어 경락허가결정이 취소된 사안에서 그 사이 경락대금을 완납하고 소유권이전등기를 마친 경락인에 대해 국가는 배상책임을 진다.
- 등기신청의 첨부서면으로 제출한 판결서의 일부 기재사항 및 기재형식이 일반적인 판결서의 작성방식과 다른 경우에 담당 등기관이 자세한 확인절차를 거치지 않은 경우 그 위조 여부에 관하여 보다 자세한 확인을 할 주의의무가 있다고 할 수 없다.
- 공익근무요원과 경비교도대원의 경우는 이중배상금지의 원칙상 군인·경찰공무원에 해당하지 않는다.
- 전투경찰의 경우 이중배상금지의 원칙상 군인·경찰공무원에 해당한다.
- 경찰서지서의 숙직실은 이중배상금지의 원칙상 전투·훈련에 관련된 시설로 볼 수 없다.
- 일반국민이 직무집행 중인 군인과의 공동불법행위로 직무집행 중인 다른 군인에게 공상을 입혀 그 피해자에게 공동의 불법 행위로 인한 손해를 배상한 다음 공동불법행위자인 군인의 부담부분에 관하여 국가에 대하여 구상권을 행사하는 것을 허용하지 않는다고 해석한다면, 이는 위 단서 규정의 헌법상 근거규정인 헌법 제29조가 구상권의 행사를 배제하지 아니하는데도 이를 배제하는 것으로 해석하는 것으로서 합리적인 이유 없이 일반국민을 국가에 대하여 지나치게 차별하는 경우에 해당한다(헌재 1994.12.29, 93헌바21).
- 일반국민이 직무집행 중인 군인과의 공동불법행위로 직무집행 중인 다른 군인에게 공상을 입혀 그 피해자에게 공동의 불법 행위로 인한 손해를 배상한 경우 공동불법행위자 등이 부진정연대채무자로서 각자 피해자의 손해 전부를 배상할 의무를 부담하는 공동불법행위의 일반적인 경우와 달리 예외적으로 민간인은 내부적인 관계에서 부담하여야 할 부분을 제외한 자신의 부담부분에 한하여 손해배상의무를 부담하고, 한편 국가 등에 대하여는 그 귀책부분의 구상을 청구할 수 없다고 해석함이 상당하다(대판 2001.2.15, 95다42420).
- 하위 지방자치단체 소속 공무원이 위임사무처리에 있어 고의 또는 과실로 타인에게 손해를 가하였더라도 상위 지방자치단체는 여전히 그 사무귀속 주체로서 손해배상책임을 진다.
- 자동차운전면허시험 관리업무는 국가행정사무이고 지방자치단체의 장인 서울특별시장은 국가로부터 그 관리업무를 기관위임 받아 국가행정기관의 지위에서 그 업무를 집행하므로 국가는 면허시험장의 설치 및 보존의 하자로 인한 손해배상책임을 부담한다.
- 지방자치단체의 장이 기관위임된 국가행정사무를 처리하는 경우 그에 소요되는 경비의 실질적·궁극적 부담자는 국가라고 하더라도 당해 지방자치단체는 국가로부터 내부적으로 교부된 금원으로 그 사무에 필요한 경비를 대외적으로 지출하는 자이므로, 이러한 경우 지방자치단체는 국가배상법 제6조 제1항 소정의 비용부담자로서 공무원의 불법행위로 인한 같은 법에 의한 손해를 배상할 책임이 있다.
- 배상청구권의 시효와 관련하여 '가해자를 안다는 것'은 피해자나 그 법정대리인이 가해 공무원의 불법행위가 그 직무를 집행함에 있어서 행해진 것이라는 사실까지 인식함을 요구한다.
- 직무집행과 관련하여 공상을 입은 군인이 먼저 국가배상법상 손해배상을 받은 다음 구 국가유공자 등 예우 및 지원에 관한 법률상 보훈급여금을 지급청구하는 경우, 국가배상을 받았다는 이유로 그 지급을 거부할 수 없다.
- 피해자에게 손해를 직접 배상한 경과실이 있는 공무원은 특별한 사정이 없는 한, 국가의 피해자에 대한 손해배상책임의 범위 내에서 자신이 변제한 금액에 관하여 국가에 대한 구상권을 취득한다.

2. 국가배상법 제5조
- 일반 공중의 이용에 제공되지 않고 있었던 이상 국가배상법 제5조 제1항 소정의 영조물에 해당한다고 할 수 없다.
- 노선인정 기타 공용지정을 갖추지 못하였으나 사실상 군민의 통행에 제공되고 있던 도로는 국가배상법상 영조물에 해당하지 않는다.
- 국유 일반재산은 국가배상법상 영조물에 해당하지 않는다.
- 국가 또는 지방자치단체가 소유권, 임차권, 그 밖의 권한에 기하여 관리하고 있는 경우뿐만 아니라 사실상 관리를 하고 있는 경우도 국가배상법 제5조가 적용된다.
- 영조물의 결함이 영조물의 설치관리자의 관리행위가 미칠 수 없는 상황 아래에 있는 경우에는 영조물의 설치관리상의 하자를 인정할 수 없다.

- 매향리 사격장에서 발생하는 소음 등으로 지역 주민들이 입은 피해는 사회통념상 참을 수 있는 정도를 넘는 것으로서 사격장의 설치 또는 관리에 하자가 있다.
- 김포공항에서 발생하는 소음 등으로 인근주민들이 입은 피해는 사회통념상 수인한도를 넘는 것으로서 김포공항의 설치 또는 관리에 하자가 있다.
- 고속도로 관리상의 하자는 점유관리자가 손해방지에 필요한 주의를 해태하지 않았다는 것을 입증하여야 면책된다.
- 자연현상이나 제3자의 행위가 그 손해의 원인으로 경합하는 경우에도 영조물의 하자와 손해발생 사이에 상당인과관계가 있는 한 국가 등의 배상책임은 인정된다.
- 예산부족과 같은 재정적 사유는 안전성을 요구하는 데에 대한 정도의 문제로서 참작사유에는 해당할지언정 안정성을 결정지을 절대적인 요건은 아니다.
- 고속도로의 관리자가 고립구간의 교통정체를 충분히 예견할 수 있었음에도 교통제한 및 운행정지 등 필요한 조치를 충실히 이행하지 아니한 경우 고속도로의 관리상 하자가 있다.
- 100년 발생빈도의 강우량을 기준으로 책정된 계획홍수위를 초과하여 600년 또는 1000년 발생빈도의 강우량에 의한 하천의 범람은 예측가능성 및 회피가능성이 없는 불가항력적인 재해로서 그 영조물의 관리청에 책임을 물을 수 없다.
- 사고당일의 집중호우가 50년 빈도의 최대강우량에 해당한다는 사실만으로 불가항력에 기인한 것으로 볼 수 없다.
- 강설의 특성, 기상적 요인과 지리적 요인, 이에 따른 도로의 상대적 안전성을 고려하면 겨울철 산간지역에 위치한 도로에 강설로 생긴 빙판을 그대로 방치하고 도로상황에 대한 경고나 위험표지판을 설치하지 않았다는 사정만으로 도로관리상의 하자가 있다고 볼 수 없다.
- '영조물 설치 관리상의 하자'라 함은 공공의 목적에 공여된 영조물이 그 용도에 따라 통상 갖추어야 할 안전성을 갖추지 못한 상태에 있음을 말하고, 영조물의 설치 및 관리에 있어서 항상 완전무결한 상태를 유지할 정도의 고도의 안전성을 갖추지 아니하였다고 하여 영조물의 설치 또는 관리에 하자가 있다고 할 수 없다.
- 가변차로에 설치된 두 개의 신호기에서 서로 모순되는 신호가 들어오는 고장을 예방할 방법이 없음에도 그와 같은 신호기를 설치하여 고장을 발생하게 한 것이라면 불가항력으로 볼 수 없고 면책되지 않는다.

제4장 손실보상

> **헌법 제23조** ① 모든 국민의 재산권은 보장된다. 그 내용과 한계는 법률로 정한다.
> ② 재산권의 행사는 공공복리에 적합하도록 하여야 한다.
> ③ 공공필요에 의한 재산권의 수용·사용 또는 제한 및 그에 대한 보상은 법률로써 하되, 정당한 보상을 지급하여야 한다.

1. 의의

행정상 손실보상이란 공공필요에 의한 적법한 공권력 행사로 사유재산에 가해진 특별한 희생에 대하여 사유재산권의 보장과 전체적인 공평부담의 견지에서 행정주체가 행하는 조절적인 재산적 보상을 말한다.

(1) 적법한, (2) 공권력의 행사, (3) 국민의 재산상 침해, (4) 특별한 희생

2. 헌법 제23조 제3항의 효력(보상규정이 없는 경우의 권리구제)

(1) 학설

① **방침규정설**: 헌법 제23조 제3항은 규범적 효력이 없고 단지 입법자에 대한 입법방침에 지나지 않으므로(프로그램적 규정), 손실보상에 관한 규정이 없으면 사인은 보상을 청구할 수 없고 그로 인한 손실을 인정할 수밖에 없다는 견해이다.

② **위헌무효설**: 헌법 제23조 제3항의 규정은 입법자에 대하여 국민의 재산권을 침해하는 입법을 할 때에는 반드시 보상규정을 두도록 구속력을 가진다고 보는 견해이다. 따라서 법률이 재산권의 침해를 규정하면서 보상에 관하여 규정하지 않으면 당해 법률은 위헌무효이고, 그 법률에 근거한 행정처분은 위법하게 된다. 그러므로 사인은 위법한 행정처분을 대상으로 취소소송을 제기할 수 있고, 당해 처분으로 인해 재산상 손해를 입은 경우에는 '국가배상(손해배상)'을 청구할 수 있다.

③ **유추적용설(간접적용설)**: 개별법률에 손실보상규정이 없는 경우 헌법 제23조 제1항(재산권보장의 원칙)과 제11조(평등의 원칙)에 근거하여, 헌법 제23조 제3항과 관계규정을 유추적용하여 손실보상을 청구할 수 있다는 입장이다. 이는 독일의 수용유사적 침해이론을 근거로 주장되고 있는 학설이다.

④ **직접효력설**: 헌법 제23조 제3항을 국민에 대하여 직접적 효력이 있는 규정으로 본다. 따라서 개별법률에 보상규정이 없는 경우에 국민은 헌법 제23조 제3항을 직접적인 근거로 하여 보상을 청구할 수 있다.

(2) 판례

① 대법원: 유추적용설을 취한다(경계이론에 입각).

② 헌법재판소: 위헌무효설을 취한다(분리이론에 입각).

3. 경계이론과 분리이론(헌법 제23조 제2항과 제3항과의 관계, 사회적 제약과 특별희생과의 관계)

경계이론	분리이론
• 가치보장에 중점(침해하고 보상하라) • 수용유사적침해이론 • 대법원, 독일 최고법원·행정법원	• 존속보장(위헌적 침해의 억제)에 중점(방어하고 존속하라) • 위헌무효설 • 헌법재판소, 독일 연방헌법재판소

4. 손실보상청구권의 성질

(1) 다수설

공권설 ∵ 원인이 공권력의 행사 ∴ 당사자소송

(2) 판례

사권설 ∵ 결과중심, 사경제의 조정 ∴ 민사소송 but 최근 공권설에 따라 당사자소송으로 보는 판례도 나타나고 있다.

5. 행정상 손실보상의 요건

(1) 공공필요

일반 공익을 위한 것으로 넓게 보는 것이 일반적인 견해이다. 하지만 순수한 국고목적은 공공필요에 해당하지 않는다. 한편, 공공필요성이 있으면 사인을 위한 수용도 인정된다.

(2) 재산권

재산권이란 법에 의해 보호되는 모든 재산적 가치 있는 권리를 말한다. 따라서 물권인가 채권인가를 가리지 않으며, 공법상의 권리뿐만 아니라 사법상의 권리도 포함된다. 다만, 현재 가치가 없는 기대이익(예 지가상승에 대한 기대이익)이나 영업이익의 가능성은 손실보상의 대상이 되지 못한다. 그리고, 재산권에 대한 침해는 현실적으로 발생하였어야 한다.

(3) 침해

침해의 유형은 수용과 사용 그리고 제한이다. 법률수용이나 행정수용이나 모두 근거되는 법률은 의회가 제정한 형식적 의미의 법률에 근거하여야 한다. 손실보상의 원인이 되는 침해는 적법하고, 직접적으로 의도된 것이어야 한다.

(4) 특별한 희생

손실보상이 되기 위해서는 공공필요에 의한 재산권의 침해로 특별한 희생이 발생하여야 한다.

(5) 보상규정

손실보상은 공용침해를 규정하고 있는 법률에서 보상규정을 두어야 한다.

6. 손실보상의 기준

(1) 헌법상 보상기준

헌법은 정당한 보상을 지급하도록 규정하고 있다. 헌법 제23조 제3항의 '정당한 보상'의 의미와 관련하여 학설과 판례는 모두 완전보상설에 입각하여 판단하고 있다.

(2) 법률상 보상기준[공익사업을 위한 토지 등의 취득 및 보상에 관한 법률(이하 '토지보상법')]

① 공시지가를 기준으로 한 보상: 보상액의 산정은 협의에 의한 경우에는 협의성립 당시의 가격을, 재결에 의한 경우에는 수용 또는 사용의 재결당시의 가격을 기준으로 한다. 한편, 협의나 재결에 의하여 취득하는 토지에 대하여는 공시지가를 기준으로 보상한다.

② 객관적 가치의 보상: 토지에 대한 보상액은 가격시점에서의 현실적인 이용상황과 일반적인 이용방법에 의한 객관적 상황을 고려하여 산정하되, 일시적인 이용상황과 토지소유자나 관계인이 갖는 주관적 가치 및 특별한 용도에 사용할 것을 전제로 한 경우 등은 고려하지 않는다. 한편, 현행 토지보상법상 위자료는 손실보상에 포함되지 않는다.

③ 공익사업으로 인한 개발이익의 배제: 공공사업의 시행으로 인한 지가상승분, 즉 개발이익을 배제한다. 그러나 해당 공공사업과 무관한 다른 사업의 시행으로 인한 개발이익은 이를 배제하지 아니한 가격으로 평가하여야 한다.

7. 손실보상의 내용

(1) 재산권의 보상

손실보상의 대상은 재산권 침해이다. 생명·신체의 침해 등 비재산적 법익의 침해는 손실보상이 대상이 아니다.

(2) 사업손실(간접손실)보상

사업손실보상이란 대규모 공공사업의 시행 또는 완성 후의 시설에 의해 간접적으로 사업지 밖의 재산권에 손실이 발생하는 경우에 취해지는 보상을 말한다.

(3) 생활보상

수용이 되기 전과 같은 생활상태의 보장을 말한다. 생활보상은 재산권(대물적) 보상의 문제점을 해결하기 위해 등장한 개념이다.

① 주거의 총체적 가치보장(예 주거대책비, 휴직 및 실직보상 등)

② 이주대책 - 생활의 근거를 상실하게 되는 자를 종전과 같은 생활상태를 유지할 수 있도록 다른 지역으로 이주시키는 것

TIP 판례는 타인이 소유하고 있는 건축물에 거주하는 세입자의 경우 이주대책대상자에 해당되지 않는다고 본다.

8. 보상의 방법과 지급

(1) 사업시행자 보상의 원칙
공익사업에 필요한 토지 등의 취득 또는 사용으로 인하여 토지소유자나 관계인이 입은 손실은 사업시행자가 보상하여야 한다.

(2) 금전(현금)보상의 원칙
① 손실보상은 다른 법률에 특별한 규정이 있는 경우를 제외하고는 현금으로 지급하여야 한다.
② 손실보상은 금전보상을 원칙으로 한다.
③ 손실보상은 예외적으로 채권보상이 인정된다.
④ 손실보상은 예외적으로 현물보상이나 매수청구권이 인정된다.

(3) 사전보상의 원칙
① 토지보상법은 보상액의 지급시기와 관련하여 사전보상을 원칙으로 하고 있다.
② 사업시행자는 동일한 사업지역에 보상시기를 달리하는 동일한 소유자의 토지 등이 여러 개 있는 경우 토지소유자나 관계인이 요구할 때에는 한꺼번에 보상금을 지급하도록 하여야 한다.

(4) 일시급의 원칙
보상의 지급은 일시불이 원칙이나 부득이할 경우 분할불로 하는 경우도 있다.

(5) 개인별 보상의 원칙
손실보상은 토지소유자나 관계인에게 개인별로 하여야 한다. 다만, 개인별로 산정할 수 없을 때에는 그러하지 아니하다.

9. 행정상 공용수용의 절차

(1) 사업인정
특정한 재산권의 수용권을 설정하여 주는 행위이며, 사업인정권은 국토교통부장관이 행사한다.

(2) 토지조서 및 물건조서의 작성
사업시행자는 토지조서 및 물건조서를 작성하여 서명 또는 날인을 하고 토지소유자와 관계인의 서명 또는 날인을 받아야 한다.

(3) 협의
① 사업인정을 받은 사업시행자는 토지조서 및 물건조서의 작성, 보상계획의 공고·통지 및 열람, 보상액의 산정과 토지소유자 및 관계인과의 협의절차를 거쳐야 한다.
② 협의의 성질에 대하여 통설은 공법상 계약으로 보나, 판례는 사법상 계약으로 본다.
③ 협의절차는 의무적인 것이며, 이를 거치지 않고서는 재결을 신청할 수 없다.
④ 협의를 거치지 않고 재결을 신청하는 것은 위법이 된다.

(4) 재결·화해
  ① 재결
    ㉠ 재결은 사업시행자가 보상금을 지급할 것을 조건으로 하여 토지 등에 대한 권리를 취득하고, 피수용자는 그 권리를 상실하게 되는 것을 결정하는 형성적 행정행위(대리행위)를 말한다.
    ㉡ 협의가 성립되지 아니하거나 협의를 할 수 없을 때에는 사업시행자는 사업인정고시가 된 날부터 1년 이내에 대통령령으로 정하는 바에 따라 관할토지수용위원회에 재결을 신청할 수 있다.
    ㉢ 협의가 성립되지 아니하였을 때에는 토지소유자와 관계인은 대통령령으로 정하는 바에 따라 서면으로 사업시행자에게 재결을 신청할 것을 청구할 수 있고, 사업시행자가 이러한 청구를 받았을 때에는 그 청구를 받은 날부터 60일 이내에 관할 토지수용위원회에 재결을 신청하여야 한다.
    ㉣ 관할토지수용위원회의 재결은 서면(재결서)으로 한다. 재결의 내용은 수용할 토지의 구역, 손실보상, 수용개시일과 기간 등이며, 사업시행자·토지소유자 및 관계인이 신청한 범위에서만 재결하여야 하지만, 손실보상의 증액재결은 신청한 범위에 관계없이 할 수 있다.
  ② 화해의 권고: 토지수용위원회는 그 재결이 있기 전에는 그 위원 3명으로 구성되는 소위원회로 하여금 사업시행자, 토지소유자 및 관계인에게 화해를 권고하게 할 수 있다.

(5) 공용수용의 효과
  ① 수용자의 권리취득은 협의의 성립이나 재결에 의한 수용의 절차가 완성되는 즉시 발생하는 것이 아니라 따로 정하여진 수용의 개시일에 발생한다.
  ② 사업시행자의 권리취득은 원권리자의 소유권을 승계취득하는 것이 아니라 원시취득으로서의 성질을 갖는다.

10. 재결에 대한 권리구제

이의신청 (행정심판)	재결에 이의가 있는 자는 중앙토지수용위원회에 이의신청을 할 수 있다. 이의의 신청은 재결서의 정본을 받은 날부터 30일 이내에 하여야 한다.	
행정소송의 제기	임의적 전치주의	• 현행 토지보상법은 임의적 전치주의를 취하고 있어 이의신청을 거쳐 행정소송을 제기할 수도 있고, 이의신청을 거치지 않고 바로 행정소송을 제기할 수도 있다. • 이의신청이나 행정소송의 제기는 사업의 진행 및 토지의 수용 또는 사용의 효력을 정지시키지 아니한다.
	항고소송	• 제소기간: 사업시행자, 토지소유자 또는 관계인은 수용재결(원처분)에 불복할 때에는 재결서를 받은 날부터 90일 이내에, 이의신청을 거쳤을 때에는 이의신청에 대한 재결서를 받은 날부터 60일 이내에 각각 행정소송을 제기할 수 있다. 수용재결을 취소소송으로 다투는 경우 행정소송법 제20조의 제소기간 규정(90일, 1년)은 적용되지 않는다. • 소의 대상: 수용재결에 불복하여 취소소송을 제기하는 때에는 이의신청을 거친 경우에도 수용재결을 한 중앙토지수용위원회 또는 지방토지수용위원회를 피고로 하여 수용재결의 취소를 구하여야 한다. 다만 이의신청에 대한 재결 자체에 고유한 위법이 있음을 이유로 하는 경우에는 그 이의재결을 한 중앙토지수용위원회를 피고로 하여 이의재결의 취소를 구할 수 있다.
	보상금 증감소송	• 토지수용재결의 내용 중 손실보상액 결정에 대해 불복하는 경우에는 보상금만의 증액 또는 감액을 행정소송을 통하여 청구할 수 있다. 이 경우 이의신청을 거치지 않은 경우에는 재결서를 송달받은 날로부터 90일 이내에, 이의신청을 거친 경우에는 60일 이내에 보상금증감 청구소송을 제기할 수 있다. • 보상금의 증감에 관한 소송의 경우 그 소송을 제기하는 자가 토지소유자 또는 관계인일 때에는 사업시행자를, 사업시행자일 때에는 토지소유자 또는 관계인을 각각 피고로 한다. • 보상금증감소송의 법적 성격은 '형식적 당사자소송'으로 보는 것이 일반적이다.

제5장 행정쟁송

1. 행정쟁송제도

일반적인 법률상 분쟁
- 사적 – 민사소송
- 공적 – <u>당사자소송</u>(소송의 진행을 대등한 당사자로 함)

처분 등을 원인으로 한 법률관계, 기타 공법상 계약 등을 원인으로 하는 법률관계를 다루는 소송임
but 선결문제 등 하자 있는 행정행위의 문제를 해결하기에는 미흡하고, 복잡함
∴ <u>처분 자체를 소송의 대상으로 삼는 소송이 필요해짐</u>

<u>항고소송</u>

2. 행정소송의 종류

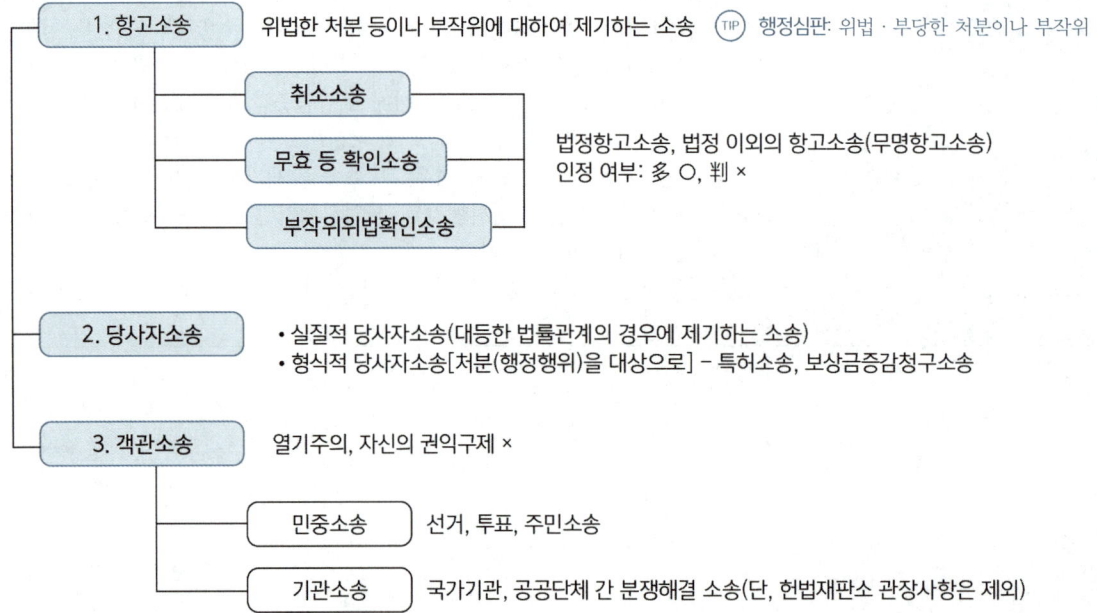

제6장 행정심판법

Ⅰ. 행정심판

위법·부당한 처분·부작위 ➜ 행정심판위원회
① 취소·변경심판: 행정청의 위법 또는 부당한 처분을 취소하거나 변경하는 행정심판
② 무효등확인심판
　㉠ 행정청의 처분의 유효 여부: 유효·무효 확인심판
　㉡ 행정청의 처분의 존재 여부: 존재·부존재 확인심판
③ 의무이행심판: 당사자의 신청에 대한 행정청의 위법 또는 부당한 거부처분이나 부작위에 대해 제기하는 행정심판

Ⅱ. 행정심판의 존재이유

경제성, 신속성, 자기통제, 전문성 활용, 사법부의 업무경감

Ⅲ. 행정심판의 문제점

객관성 ↓, 특히, 청구인의 자료제출요구권이 없음에 주의[but 행정심판위원회는 ○(행정심판법 제35조)]

Ⅳ. 행정심판의 일반법

행정심판법

Ⅴ. 행정심판의 특별법

국세기본법, 국가공무원법, 지방공무원법 등

VI. 행정심판법의 주요내용

1. 제1장 총칙

> **제1조【목적】** 행정청의 위법 또는 부당한 처분이나 부작위로 침해된 국민의 권리 또는 이익구제, 행정의 적정한 운영
>
> **제2조【정의】**
> 1. 처분: 행정청이 행하는 구체적 사실에 관한 법집행으로서의 공권력의 행사 또는 그 거부, 그 밖에 이에 준하는 행정작용
> 2. 부작위: 행정청이 당사자의 신청에 상당한 기간 내에 일정한 처분을 하여야 할 법률상 의무가 있는데도 처분을 하지 아니하는 것
> 3. 재결: 행정심판의 청구에 대하여 행정심판위원회가 행하는 판단
> 4. 행정청: 행정에 관한 의사를 결정하여 표시하는 국가 또는 지방자치단체의 기관, 그 밖에 행정권한을 가지고 있거나 위탁을 받은 공공단체나 그 기관 또는 사인(私人)
>
> **제3조【대상】** ⓣⓘⓟ 행정심판의 대상: 개괄주의
>
> > ⓣⓘⓟ 제외
> > 1. 대통령의 처분·부작위(행정심판의 대상 ×, 행정소송의 대상 ○)
> > 2. 행정심판의 재결(행정소송의 대상 ○ → 재결에 고유한 위법이 없는 경우 기각)
>
> **제4조【특별행정심판 등】**
>
> **제5조【종류】**
> - **취소심판**: 행정청의 위법 또는 부당한 처분을 취소하거나 변경하는 행정심판
> - **무효등확인심판**: 행정청의 처분의 효력 유무 또는 존재 여부를 확인하는 행정심판
> - **의무이행심판**: 당사자의 신청에 대한 행정청의 위법 또는 부당한 거부처분이나 부작위에 대하여 일정한 처분을 하도록 하는 행정심판

취소심판		무효등확인심판		의무이행심판
	형성심판의 성격 ↓		확인심판의 성격 ↓		이행심판의 성격 ↓
행정심판 위원회 甲 ↕ A	취소재결(제43조 제3항) 변경재결(제43조 제3항) 변경명령재결(제43조 제3항) 취소명령재결 × • 제기기간 ○ • 사정재결 ○ • 집행정지 ○ 　(거부처분의 경우 ×) • 임시처분 ○	행정심판 위원회 甲 ↕ A	무효등확인재결(제43조 제4항) • 제기기간 × • 사정재결 × • 집행정지 ○ 　(거부처분의 경우 ×) • 임시처분 ○	행정심판 위원회 甲 ↕ A	이행재결(제43조 제5항) 이행명령재결(제43조 제5항) • 제기기간 　- 거부 ○ 　- 부작위 × • 사정재결 ○ • 집행정지 × • 임시처분 ○

2. 제2장 심판기관

제6조【행정심판위원회의 설치】
- 대통령의 처분·부작위는 행정심판이 불가능함
- 원(국정원, 감사원), 국회(사무총장), 법원(행정처장), 헌·재(사무처장), 중앙선관위(사무총장), 국가인권위 등은 자체 행정심판위원회
- 국무총리 - 처장 ┐
- 각부장관 - 청장 ┼→ 중앙행정심판위원회(단, 대통령령으로 규정한 특별지방행정기관은 직근상급기관소속 행정심판위원회)
  　　　　　　　　　즉, 지방검찰청의 경우 → 직근상급기관인 고등검찰청소속 행정심판위원회에
- 특·광·도 ┘
  　↑
- 시·군·구: 특·광·도 소속의 행정심판위원회에 제기하여야 함

3. 제3장 당사자(청구인, 피청구인)와 관계인(참가인, 대리인)

제13조【청구인 적격】 법률상 이익이 있는 자
제14조【법인이 아닌 사단 또는 재단의 청구인 능력】
제15조【선정대표자】 공동으로 심판을 청구할 때에는 3명 이하의 선정대표자를 선정할 수 있다.
제17조【피청구인의 적격 및 경정】

행정심판상 피청구인 경정	행정소송상 피고경정
• 잘못 지정한 경우: 신청, 직권	• 잘못 지정한 경우: 신청
• 권한 승계의 경우: 신청, 직권	• 권한 승계의 경우: 신청, 직권
• 구 피청구인: 취하	• 구 피청구인: 취하
• 신 피청구인: 처음 청구한 것으로 인정	• 신 피청구인: 처음 제기한 것으로 인정

제18조의2【국선대리인의 선임】 청구인이 경제적 능력으로 인해 대리인을 선임할 수 없는 경우
제19조【대표자 등의 자격】 특히, 청구인이 아니면 대표자 ✕
제20조【심판참가】 행정심판의 결과에 이해관계가 있는 제3자나 행정청은 위원회나 소위원회의 의결이 있기 전까지 참가 가능
제21조【심판참가의 요구】 위원회는 필요하다고 인정될 경우 제3자나 행정청에게 참가를 요구할 수 있다.

4. 제4장 행정심판 청구

> **제23조【심판청구서의 제출】**
> (TIP) 종래에는 처분청 경유주의였음. but 법 개정으로 임의적으로 바뀜(피청구인이나 위원회에 제출)
>
> **제24조【피청구인의 심판청구서 등의 접수·처리】** 심판청구서 + 답변서를 위원회에 보내야 함. 위원회 정정 의무 ○, 소속중앙행정기관의 장에게도 알려야 함
>
> **제25조【피청구인의 직권취소등】** 직권으로 처분을 취소·변경하거나 무효등확인을 하거나 신청에 따른 처분을 할 수 있다.
> - 이 경우 서면으로 청구인에게 알려야 한다(통지).
> - 이 경우 심판청구서 + 답변서를 위원회에 보낼 때 직권취소 등을 증명하는 서류를 함께 제출
>
> **제27조【심판청구의 기간】** 90일, 180일
> (TIP) 무효등확인심판청구와 부작위에 대한 의무이행심판청구에는 적용 ×
>
> **제28조【심판청구의 방식】** 서면
>
> **제29조【청구의 변경】** 청구인은 청구의 기초에 변경이 없는 범위에서 청구의 취지나 이유를 변경할 수 있다.
>
> | 이의신청 정리 | |
> | --- | --- |
> | • 청구인의 지위승계를 허가하지 아니한 경우(제16조 제8항)
• 피청구인의 경정(제17조 제6항)
• 참가인의 참가신청(제20조 제6항)
• 청구의 변경(제29조 제7항) | 7일 이내에 이의신청 |
>
> **제30조【집행정지】** 처분, 처분의 집행 또는 절차의 속행 때문에 중대한 손해가 생기는 것을 예방할 필요성이 긴급하다고 인정될 때
> - 적극적 처분에만 인정됨. 즉, 거부처분과 부작위에서는 ×
> - 직권 또는 당사자의 신청
> - 집행정지가 공공복리에 중대한 영향을 미칠 우려가 있을 경우에는 허용하지 아니함
>
> **제31조【임시처분】** 처분 또는 부작위가 위법·부당하다고 상당히 의심되는 경우
> - 직권 또는 당사자의 신청
> - 집행정지와 동일한 절차
> - 집행정지로 목적을 달성할 수 있는 경우에는 인정하지 아니함(보충성의 관계)
>
> (TIP) 참고로 행정소송법은 행정심판법과 달리 임시처분 규정이 없다. 따라서 민사소송법상 가처분이 항고소송에 준용되어야 하는지 논의되고 있지만, 판례는 민사소송법상 가처분이 항고소송에 준용되지 않는다고 본다.

5. 제5장 심리

(1) 심리의 내용과 범위

① 요건심리: 요건심리의 결과 요건을 갖추지 못한 것으로 인정될 때에는 당해 심판청구는 부적법한 심판청구가 되므로 위원회는 이를 각하한다(행정심판법 제43조 제1항).

② 본안심리: 본안심리의 결과 심판청구가 이유 있으면 인용재결을, 그렇지 않다면 기각재결을 한다.

제32조 【보정】 위원회는 심판청구의 보정을 요구할 수 있다.
- 경미한 사항은 직권으로 보정할 수 있다.
- 보정기간은 재결기간에 산입하지 않음

(TIP) 심판청구서는 느슨한 요식행위이다. 즉, 이의신청서로 표기했으나 취지에 부합할 경우 심판청구서로 인정한다.

(2) 행정심판법상 심리의 기본원칙

처분권주의	행정심판은 청구인의 심판청구에 의해 개시되고, 청구인이 심판의 대상과 범위를 결정하며, 심판청구를 취하함으로써 심판절차를 종료시킬 수 있다(제23조, 제29조, 제42조).
대심주의	행정심판위원회는 청구인과 피청구인에게 각자 주장할 기회를 부여하고 제출된 증거에 근거하여 심리를 진행한다.
예외적 직권심리주의	행정심판위원회는 필요한 때에는 당사자가 주장하지 않은 사실에 대해서도 심리할 수 있고, 직권으로 당사자·참고인을 신문할 수 있으며, 전문가에게 감정·검증 등을 명할 수 있다(제39조, 제40조 제1항, 제36조 제1항).
구술심리 또는 서면심리주의	• 행정심판위원회는 행정심판의 심리를 구술심리 또는 서면심리의 방식으로 진행할 수 있다(제40조 본문). • 행정심판위원회는 당사자가 구술심리를 신청한 경우 서면심리만으로 결정할 수 있다고 인정되는 경우 이외에는 구술심리를 해야 한다(제40조 단서). • 행정심판위원회는 심리기일 7일 전까지 당사자와 참가인에게 서면 또는 행정심판법 제38조 제4항에 따른 간이 통지방법(전화, 휴대폰을 이용한 문자전송 등)으로 심리기일을 알려야 한다.
비공개주의	명문으로 정하지는 않았지만 서면심리의 원칙상 현행법은 행정심판의 심리·의결절차를 일반에 공개하지 않는 것을 원칙으로 하는 것으로 이해된다.

6. 제6장 재결

제43조 【재결의 구분 중 인용재결의 경우】
- **취소심판**: 취소재결 ○, 변경재결 ○, 변경명령재결 ○, 취소명령재결 ✕
- **무효등확인심판**: 확인재결
- **의무이행심판**: 이행(처분)재결, 이행(처분)명령재결

제44조 【사정재결】
- 위원회는 심판청구가 이유가 있다고 인정하는 경우에도 이를 인용(認容)하는 것이 공공복리에 크게 위배된다고 인정하면 그 심판청구를 기각하는 재결을 할 수 있다. 이 경우 위원회는 재결의 주문(主文)에서 그 처분 또는 부작위가 위법하거나 부당하다는 것을 구체적으로 밝혀야 한다.
- 위원회는 재결을 할 때에는 청구인에 대하여 상당한 구제방법을 취하거나 상당한 구제방법을 취할 것을 피청구인에게 명할 수 있다.
- 무효등확인심판에는 사정재결을 적용하지 아니한다.

제45조 【재결기간】 60일 이내
제46조 【재결의 방식】 서면

제47조【재결의 범위】불고불리의 원칙(제47조 제1항), 불이익변경금지의 원칙(제47조 제2항)

제48조【재결의 송달과 효력 발생】당사자(청구인, 피청구인)는 정본, 참가인은 등본

제51조【행정심판의 재청구의 금지】재결 및 같은 처분 또는 부작위에 대하여 다시 행정심판을 청구할 수 없다.

제49조【재결의 기속력】① 심판청구를 인용하는 재결은 피청구인과 그 밖의 관계 행정청을 기속(羈束)한다.
② 재결에 의하여 취소되거나 무효 또는 부존재로 확인되는 처분이 당사자의 신청을 거부하는 것을 내용으로 하는 경우에는 그 처분을 한 행정청은 재결의 취지에 따라 다시 이전의 신청에 대한 처분을 하여야 한다.
③ 당사자의 신청을 거부하거나 부작위로 방치한 처분의 이행을 명하는 재결이 있으면 행정청은 지체 없이 이전의 신청에 대하여 재결의 취지에 따라 처분을 하여야 한다.
④ 신청에 따른 처분이 절차의 위법 또는 부당을 이유로 재결로써 취소된 경우에는 제2항을 준용한다.
⑤ 법령의 규정에 따라 공고하거나 고시한 처분이 재결로써 취소되거나 변경되면 처분을 한 행정청은 지체 없이 그 처분이 취소 또는 변경되었다는 것을 공고하거나 고시하여야 한다.
⑥ 법령의 규정에 따라 처분의 상대방 외의 이해관계인에게 통지된 처분이 재결로써 취소되거나 변경되면 처분을 한 행정청은 지체 없이 그 이해관계인에게 그 처분이 취소 또는 변경되었다는 것을 알려야 한다.

제50조의2【위원회의 간접강제】① 위원회는 피청구인이 제49조 제2항(제49조 제4항에서 준용하는 경우를 포함한다) 또는 제3항에 따른 처분을 하지 아니하면 청구인의 신청에 의하여 결정으로 상당한 기간을 정하고 피청구인이 그 기간 내에 이행하지 아니하는 경우에는 그 지연기간에 따라 일정한 배상을 하도록 명하거나 즉시 배상을 할 것을 명할 수 있다.
② 위원회는 사정의 변경이 있는 경우에는 당사자의 신청에 의하여 제1항에 따른 결정의 내용을 변경할 수 있다.
③ 위원회는 제1항 또는 제2항에 따른 결정을 하기 전에 신청 상대방의 의견을 들어야 한다.
④ 청구인은 제1항 또는 제2항에 따른 결정에 불복하는 경우 그 결정에 대하여 행정소송을 제기할 수 있다.
⑤ 제1항 또는 제2항에 따른 결정의 효력은 피청구인인 행정청이 소속된 국가·지방자치단체 또는 공공단체에 미치며, 결정서 정본은 제4항에 따른 소송제기와 관계없이 민사집행법에 따른 강제집행에 관하여는 집행권원과 같은 효력을 가진다. 이 경우 집행문은 위원장의 명에 따라 위원회가 소속된 행정청 소속 공무원이 부여한다.
⑥ 간접강제 결정에 기초한 강제집행에 관하여 이 법에 특별한 규정이 없는 사항에 대하여는 민사집행법의 규정을 준용한다. 다만, 민사집행법 제33조(집행문부여의 소), 제34조(집행문부여 등에 관한 이의신청), 제44조(청구에 관한 이의의 소) 및 제45조(집행문부여에 대한 이의의 소)에서 관할 법원은 피청구인의 소재지를 관할하는 행정법원으로 한다.

제50조【위원회의 직접처분】① 위원회는 피청구인이 제49조 제3항에도 불구하고 처분을 하지 아니하는 경우에는 당사자가 신청하면 기간을 정하여 서면으로 시정을 명하고 그 기간에 이행하지 아니하면 직접 처분을 할 수 있다. 다만, 그 처분의 성질이나 그 밖의 불가피한 사유로 위원회가 직접 처분을 할 수 없는 경우에는 그러하지 아니하다.
② 위원회는 제1항 본문에 따라 직접 처분을 하였을 때에는 그 사실을 해당 행정청에 통보하여야 하며, 그 통보를 받은 행정청은 위원회가 한 처분을 자기가 한 처분으로 보아 관계 법령에 따라 관리·감독 등 필요한 조치를 하여야 한다.

7. 제6장 재결 중 재결의 효력

재결의 효력	
개설	• 행정심판법은 재결의 효력에 관하여 기속력에 관한 규정만을 두고 있다(제49조). • 재결도 행정행위의 일종이므로 행정행위가 가지는 일반적인 효력인 구속력·불가쟁력(형식적 존속력)이 있고, 준사법적 작용이므로 불가변력(실질적 존속력), 형성력, 기속력을 갖는다. • 다만, 재결의 경우 기판력은 발생하지 않는다.

(1) 재결의 효력 중 형성력

① 처분의 취소 또는 변경재결 그리고 처분재결이 있으면 해당 행정처분은 별도의 행정처분을 기다릴 것 없이 재결자체에 의해 당연히 취소되어 소멸된다.
② 형성력은 위원회가 스스로 취소·변경하는 형성재결에서만 발생하고, 취소심판 중 처분청에게 변경을 명령하는 변경명령재결과 의무이행심판 중 이행(처분)명령재결에서는 발생하지 않는다.
③ 재결의 형성력은 제3자에게도 효력이 있다.

(2) 재결의 효력 중 기속력

의의	심판청구를 인용하는 재결을 할 경우 피청구인인 처분청 및 그 밖의 관계 행정청이 재결의 취지에 따르도록 구속하는 효력을 말한다. TIP 기각재결의 경우에는 기속력이 없다.
내용	① 반복금지효(부작위의무): 인용재결이 있는 경우 행정청은 기속력에 의하여 동일한 사정 아래에서 같은 사유로 동일인에 대하여 같은 내용의 처분을 반복하여서는 안 된다. ② 재처분의무(적극적 처분의무) 　㉠ 의무이행심판에서 당사자의 신청을 거부하거나 부작위로 방치한 처분의 이행을 명하는 재결이 있으면 행정청은 지체 없이 이전의 신청에 대하여 재결의 취지에 따라 처분을 하여야 한다(제49조 제3항). 　㉡ 취소심판 혹은 무효등확인심판에서 취소되거나 무효 또는 부존재로 확인되는 처분이 당사자의 신청을 거부하는 것을 내용으로 하는 경우 또는 신청에 따른 처분이 절차의 위법 또는 부당을 이유로 재결로써 취소된 경우에 그 처분을 행한 행정청은 재결의 취지에 따라 다시 이전의 신청에 대한 처분을 하여야 한다(제49조 제2항, 제4항). 　㉢ 간접강제: 행정심판법은 재결의 집행력을 확보하는 수단으로서 간접강제를 인정하고 있다(제50조의2). 　　TIP 배상명령형식으로 인정됨 TIP 주의: 변경명령재결의 경우에는 간접강제가 인정되지 않는다. 　　TIP 즉, 취소심판 중 취소재결, 무효등확인재결, 의무이행심판 중 이행명령재결의 경우에만 간접강제가 가능하다. 　㉣ 직접처분: 제49조 제3항에도 불구하고 처분을 하지 아니하는 경우에는 위원회가 직접처분을 할 수 있다(제50조). 　　TIP 즉, 의무이행심판 중 이행명령재결의 경우에만 직접처분이 가능하다. ③ 결과제거의무: 법령의 명문규정은 없으나 재결에 의하여 처분이 취소되거나 무효로 확인된 경우에는 행정청은 위법·부당으로 판정된 처분에 의해 야기된 상태를 제거해야 할 의무가 있다고 본다.

범위	① 주관적 범위
	   ⑤ 피청구인뿐만 아니라 그 밖의 모든 관계 행정청을 기속한다(제49조 제1항).
	   ⓒ 재결의 기속력으로 인해 처분청은 위원회의 재결에 대하여 재의를 요구할 수 없다.
	② 객관적 범위: 재결 주문 및 그 전제가 된 요건사실의 인정과 판단에만 기속력이 미친다.

8. 제7장 전자정보처리조직을 통한 행정심판 절차의 수행

제52조【전자정보처리조직을 통한 심판청구 등】③ 제1항에 따라 제출된 전자문서는 그 문서를 제출한 사람이 정보통신망을 통하여 전자정보처리조직에서 제공하는 접수번호를 확인하였을 때에 전자정보처리조직에 기록된 내용으로 접수된 것으로 본다.
  ④ 전자정보처리조직을 통하여 접수된 심판청구의 경우 제27조에 따른 심판청구 기간을 계산할 때에는 제3항에 따른 접수가 되었을 때 행정심판이 청구된 것으로 본다.

제54조【전자정보처리조직을 이용한 송달 등】① 피청구인 또는 위원회는 제52조 제1항에 따라 행정심판을 청구하거나 심판참가를 한 자에게 전자정보처리조직과 그와 연계된 정보통신망을 이용하여 재결서나 이 법에 따른 각종 서류를 송달할 수 있다. 다만, 청구인이나 참가인이 동의하지 아니하는 경우에는 그러하지 아니하다.
  ② 제1항 본문의 경우 위원회는 송달하여야 하는 재결서 등 서류를 전자정보처리조직에 입력하여 등재한 다음 그 등재 사실을 국회규칙, 대법원규칙, 헌법재판소규칙, 중앙선거관리위원회규칙 또는 대통령령으로 정하는 방법에 따라 전자우편 등으로 알려야 한다.
  ④ 제1항에 따른 서류의 송달은 청구인이 제2항에 따라 등재된 전자문서를 확인한 때에 전자정보처리조직에 기록된 내용으로 도달한 것으로 본다. 다만, 제2항에 따라 그 등재사실을 통지한 날부터 2주 이내(재결서 외의 서류는 7일 이내)에 확인하지 아니하였을 때에는 등재사실을 통지한 날부터 2주가 지난 날(재결서 외의 서류는 7일이 지난 날)에 도달한 것으로 본다.

9. 제8장 보칙

제55조【증거서류 등의 반환】
제58조【행정심판의 고지】
제59조【불합리한 법령 등의 개선】

제7장 항고소송 중 취소소송

Ⅰ. 취소소송의 성질

형성소송설(통설), 확인소송설, 준형성소송설의 대립이 있으나, 판례는 형성소송설의 입장을 취한다.

Ⅱ. 취소소송의 의의, 성질, 요건

1. 의의

소송요건이란 소가 적법한 취급을 받기 위해 구비하여야 할 사항을 말한다. 따라서 소송요건을 '적법요건'이라고도 한다.

행정소송법상 취소소송에서의 소송요건	
형식적 요건	실체적 요건
① 피고적격(제13조) ② 관할법원(제9조) ③ 예외적 행정심판전치(제18조) ④ 제소기간(제20조) ⑤ 소장(제8조 제2항)	① 원고적격 및 협의의 소의 이익(제12조) ② 대상적격 또는 처분성(제19조 및 제2조)

2. 성질

(1) 각하판결

소송요건이 결여되면 법원은 각하판결을 한다.

(2) 직권주의

요건심리는 피고의 항변을 기다릴 필요가 없는 법원의 직권조사사항이다.

3. 소송요건의 존부를 판단하는 시기

취소소송에서 소송요건의 충족 여부는 '사실심 변론종결 시'를 기준으로 판단한다. 즉, 제소 당시에는 소송요건이 흠결되어도 사실심 변론종결 시까지 이를 구비하면 적법한 소가 된다. 그러나 소송요건은 소송의 적법성의 문제이기 때문에 사실심 변론종결 시에는 물론 상고심에서도 존속하여야 한다.

Ⅲ. 피고적격

> **행정소송법 제13조 【피고적격】** ① 취소소송은 다른 법률에 특별한 규정이 없는 한 그 처분 등을 행한 행정청을 피고로 한다. 다만, 처분 등이 있은 뒤에 그 처분 등에 관계되는 권한이 다른 행정청에 승계된 때에는 이를 승계한 행정청을 피고로 한다.
> ② 제1항의 규정에 의한 행정청이 없게 된 때에는 그 처분 등에 관한 사무가 귀속되는 국가 또는 공공단체를 피고로 한다.

1. 취소소송의 피고적격

(1) 처분 등을 행한 행정청

원래는 권리·의무의 귀속주체인 행정주체가 당사자, 즉 피고가 되어야 하지만, 소송수행의 편의상 또는 피고선택의 부담을 덜어주기 위해서 행정청을 피고로 한다.

① 독임제 행정청: 독임제 행정청이 피고가 된다. 다만, 국가공무원법에 따른 처분 그 밖에 본인의 의사에 반한 불리한 처분으로 대통령이 행한 처분에 대한 행정소송의 피고는 예외적으로 '소속장관'이 된다.

② 합의제 행정청: 합의제 행정청이 한 처분에 대하여는 합의제 행정청 자체가 피고가 된다. 다만, 중앙노동위원회의 처분에 관한 소는 합의제 행정청인 중앙노동위원회가 아닌 중앙노동위원회 위원장을 피고로 제기하여야 한다. 또한 중앙해양안전심판원의 처분에 관한 소는 중앙심판원장을 피고로, 시·도인사위원회의 처분에 관한 소는 위원장을 피고로 제기하여야 한다.

(2) 권한의 위임·대리 및 내부위임의 경우

구분	권한이전	적법한 처분명의자	피고	
위임(위탁)	○	수임청	수임청	
대리 (현명주의)	×	피대리청	현명하고 자기이름으로(적법)	피대리청
			현명하지 않고 자기이름으로(위법)	대리청
내부위임	×	위임청	위임청 이름으로(적법)	위임청
			자기 이름으로(위법)	수임청

(3) 지방의회·지방자치단체의 장

구분	피고
처분적 조례	조례공포권이 있는 지방자치단체의 장. 단, 시·도의 교육·학예에 관한 사무의 경우 시·도교육감
지방의회의원에 대한 징계의결, 지방의회의 의장선출, 의장에 대한 불신임의결	지방의회

(4) 권한승계 · 폐지의 경우

승계	처분 등이 있은 뒤에 그 처분 등에 관계되는 권한이 다른 행정관청에 승계된 때에는 이를 승계한 행정청을 피고로 한다(제13조 제1항 단서).
폐지	처분청이 없게 된 때에는 그 처분 등에 관한 사무가 귀속되는 국가 또는 공공단체를 피고로 한다(제13조 제2항).

(5) 처분을 통지한 행정청이 있는 경우

처분청과 별도로 처분을 통지한 행정청이 있는 경우에도 처분청만이 피고적격을 가진다.

(6) 국가나 지방자치단체의 사무가 공법인 등에게 위임된 경우

사무를 위임받은 공법인이나 공무수탁사인 자체가 행정주체이면서 행정청으로서 취소소송의 피고가 될 수 있고 당사자소송의 피고도 될 수 있다.

2. 피고경정

> **행정소송법 제14조 【피고경정】** ① 원고가 피고를 잘못 지정한 때에는 법원은 원고의 신청에 의하여 결정으로써 피고의 경정을 허가할 수 있다.
> ② 법원은 제1항의 규정에 의한 결정의 정본을 새로운 피고에게 송달하여야 한다.
> ③ 제1항의 규정에 의한 신청을 각하하는 결정에 대하여는 즉시항고할 수 있다.
> ④ 제1항의 규정에 의한 결정이 있은 때에는 새로운 피고에 대한 소송은 처음에 소를 제기한 때에 제기된 것으로 본다.
> ⑤ 제1항의 규정에 의한 결정이 있은 때에는 종전의 피고에 대한 소송은 취하된 것으로 본다.
> ⑥ 취소소송이 제기된 후에 제13조 제1항 단서 또는 제13조 제2항에 해당하는 사유가 생긴 때에는 법원은 당사자의 신청 또는 직권에 의하여 피고를 경정한다. 이 경우에는 제4항 및 제5항의 규정을 준용한다.
> **제21조 【소의 변경】** ④ 제1항의 규정에 의한 허가결정(소변경허가결정)에 대하여는 제14조 제2항·제4항 및 제5항의 규정을 준용한다.

구분	신청·직권	새로운 피고	허용시기	효과
피고를 잘못 지정 (고의·과실 불문)	신청	피고경정 허가를 통해 새롭게 지정된 자	사실심 변론종결 시까지	① 새로운 피고에 대한 소송은 처음에 소를 제기한 때 제기한 것으로 간주 ② 종전의 피고에 대한 소송은 취하된 것으로 간주 ③ 신피고에게 결정정본 송달(피고 잘못 지정 & 소 변경의 경우)
권한승계	신청·직권	승계한 행정청		
처분청이 없게 된 때		국가 또는 공공단체		
소의 변경	소 변경 신청	• 항고소송 → 당사자소송: 국가 또는 공공단체 • 당사자소송 → 항고소송: 행정청		

Ⅳ. 관할법원

> **행정소송법 제9조【재판관할】** ① <u>취소소송의 제1심 관할법원은 피고의 소재지를 관할하는 행정법원</u>으로 한다.
> ② 제1항에도 불구하고 다음 각 호의 어느 하나에 해당하는 피고에 대하여 취소소송을 제기하는 경우에는 대법원소재지를 관할하는 행정법원에 제기할 수 있다.
> 1. 중앙행정기관, 중앙행정기관의 부속기관과 합의제행정기관 또는 그 장
> 2. 국가의 사무를 위임 또는 위탁받은 공공단체 또는 그 장
> ③ <u>토지의 수용 기타 부동산 또는 특정의 장소에 관계되는 처분등에 대한 취소소송은 그 부동산 또는 장소의 소재지를 관할하는 행정법원에 이를 제기할 수 있다.</u>

1. 관할

관할은 전속관할이 아니고 임의관할이다. 따라서 당사자의 합의(합의관할)나 피고의 응소(응소관할 또는 변론관할)에 의하여 다른 법원에 관할을 발생시킬 수 있다(전속관할은 오로지 특정법원만이 배타적으로 관할권을 갖는 것이므로 합의관할이나 변론관할의 적용이 없다).

2. 관할법원의 이송

① 관할권이 없는 법원에 소송이 제기된 경우, 다른 모든 소송요건을 갖추고 있는 한 각하할 것이 아니라 결정으로 관할법원에 소송을 이송해야 한다(행정소송법 제8조 제2항, 민사소송법 제34조 제1항).
② 원고의 고의 또는 중대한 과실 없이 행정소송이 심급을 달리하는 법원(예 지방법원, 고등법원)에 잘못 제기된 경우에도 수소법원은 관할법원에 이송한다(행정소송법 제7조).
③ 원고의 고의 또는 중대한 과실 없이 행정사건이 민사법원에 제기된 경우에도 관할이송이 적용된다.

3. 관련 청구소송의 이송 · 병합

> **행정소송법 제10조【관련 청구소송의 이송 및 병합】** ① 취소소송과 다음 각 호의 1에 해당하는 소송(이하 "관련 청구소송"이라 한다)이 각각 다른 법원에 계속되고 있는 경우에 관련 청구소송이 계속된 법원이 상당하다고 인정하는 때에는 <u>당사자의 신청 또는 직권에 의하여</u> 이를 <u>취소소송이 계속된 법원으로 이송</u>할 수 있다.
> 1. 당해 처분 등과 관련되는 <u>손해배상 · 부당이득반환 · 원상회복 등 청구소송</u>
> 2. 당해 처분 등과 관련되는 <u>취소소송</u>
> ② 취소소송에는 <u>사실심의 변론종결 시까지</u> 관련 청구소송을 병합하거나 피고 외의 자를 상대로 한 관련 청구소송을 취소소송이 계속된 법원에 <u>병합하여</u> 제기할 수 있다.

(1) 관련 청구소송의 이송

① 이송결정이 확정되면 소송은 처음부터 이송을 받은 법원에 계속된 것으로 본다(민사소송법 제40조 제1항). 이송결정은 이송받은 법원을 기속한다. 따라서 소송을 이송받은 법원은 사건을 다시 다른 법원에 이송하지 못한다(동법 제38조 제2항).
② 관련 청구소송을 이송하는 경우 소의 병합이 이루어진다.
③ 이송결정과 이송신청의 기각결정에 대하여는 즉시항고를 할 수 있다(민사소송법 제39조).

(2) 관련 청구소송의 병합

① 각 청구가 관련 청구일 것
② 각 청구에 관해 수소법원에 관할권이 있을 것
③ 각 청구가 적법요건을 갖출 것: 주된 청구와 병합하는 관련 청구는 각각 소송형태에 따른 소송요건을 구비하여야 한다. 주된 청구가 부적법하여 각하되면 병합된 관련 청구소송도 부적법하여 각하되어야 한다(판례).
④ 주된 청구소송이 사실심변론종결 전일 것(후발적 병합의 경우)
⑤ 주된 청구인 행정사건에 관련 청구를 병합할 것: 행정사건에 관련 민사사건이나 행정사건을 병합하는 방식이어야 하고, 민사법원은 행정소송에 대한 관할권이 없으므로 반대로 민사사건에 관련 행정사건을 병합할 수는 없다.

> (TIP) 행정소송 상호 간에 있어서는 어느 쪽에 병합하여도 상관없다.

⑥ 피고가 동일할 필요는 없다.

V. 전심절차

> 헌법 제107조 ③ 재판의 전심절차로서 행정심판을 할 수 있다. 행정심판의 절차는 법률로 정하되, 사법절차가 준용되어야 한다.
> 행정소송법 제18조【행정심판과의 관계】① 취소소송은 법령의 규정에 의하여 당해 처분에 대한 행정심판을 제기할 수 있는 경우에도 이를 거치지 아니하고 제기할 수 있다. 다만, 다른 법률에 당해 처분에 대한 행정심판의 재결을 거치지 아니하면 취소소송을 제기할 수 없다는 규정이 있는 때에는 그러하지 아니하다.

1. 필요적 행정심판전치주의가 적용되는 경우

공무원에 대한 징계처분, 조세소송, 도로교통법상 운전면허취소·정지처분 등

2. 필요적 행정심판전치주의에 대한 예외

> **행정소송법 제18조【행정심판과의 관계】** ① 취소소송은 법령의 규정에 의하여 당해 처분에 대한 행정심판을 제기할 수 있는 경우에도 이를 거치지 아니하고 제기할 수 있다. 다만, 다른 법률에 당해 처분에 대한 행정심판의 재결을 거치지 아니하면 취소소송을 제기할 수 없다는 규정이 있는 때에는 그러하지 아니하다.
> ② 제1항 단서의 경우에도 다음 각 호의 1에 해당하는 사유가 있는 때에는 <u>행정심판의 재결을 거치지 아니하고 취소소송을 제기할 수 있다.</u>
> 1. 행정심판청구가 있은 날로부터 60일이 지나도 재결이 없는 때
> 2. 처분의 집행 또는 절차의 속행으로 생길 중대한 손해를 예방하여야 할 긴급한 필요가 있는 때
> 3. 법령의 규정에 의한 행정심판기관이 의결 또는 재결을 하지 못할 사유가 있는 때
> 4. 그 밖의 정당한 사유가 있는 때
> ③ 제1항 단서의 경우에 다음 각 호의 1에 해당하는 사유가 있는 때에는 <u>행정심판을 제기함이 없이 취소소송을 제기할 수 있다.</u>
> 1. 동종사건에 관하여 이미 행정심판의 기각재결이 있은 때
> 2. 서로 내용상 관련되는 처분 또는 같은 목적을 위하여 단계적으로 진행되는 처분 중 어느 하나가 이미 행정심판의 재결을 거친 때
> 3. 행정청이 사실심의 변론종결 후 소송의 대상인 처분을 변경하여 당해 변경된 처분에 관하여 소를 제기하는 때
> 4. 처분을 행한 행정청이 행정심판을 거칠 필요가 없다고 잘못 알린 때
> ④ 제2항 및 제3항의 규정에 의한 사유는 이를 소명하여야 한다.

3. 행정심판전치주의의 요건

• 적법한 심판제기가 있었으나 본안심리를 하지 않고 각하된 경우	심판전치의 요건 충족 ○
• 적법한 심판제기가 있었으나 기각된 경우	심판전치의 요건 충족 ○
• 부적합한 심판제기가 있었고(예) 청구기간의 도과), 각하재결이 있었던 경우	심판전치의 요건 충족 ×
• 부적합한 심판제기를 각하하지 않고 본안에서 기각재결을 한 경우	심판청구의 요건 충족 ×

VI. 제소기간

1. 취소소송의 제소기간

> **행정소송법 제20조【제소기간】** ① 취소소송은 처분 등이 있음을 안 날로부터 90일 이내에 제기하여야 한다. 다만, 제18조 제1항 단서에 규정한 경우에는 그 밖에 행정심판청구를 할 수 있는 경우 또는 행정청이 행정심판청구를 할 수 있다고 잘못 알린 경우에 행정심판청구가 있은 때의 기간은 재결서의 정본을 송달받은 날부터 가산한다.
> ② 취소소송은 처분 등이 있은 날부터 1년(제1항 단서의 경우는 재결이 있은 날부터 1년)을 경과하면 이를 제기하지 못한다. 다만, 정당한 사유가 있는 때에는 그러하지 아니하다.
> ③ 제1항의 규정에 의한 기간은 불변기간으로 한다.

(1) 행정심판을 거치지 않고 직접 제기하는 경우

① **제소기간**: 취소소송은 처분 등이 있음을 안 날부터 90일 이내에 제기하여야 하고(동법 제20조 제1항 본문), 처분 등이 있은 날부터 1년을 경과하면 이를 제기하지 못한다. 다만, 정당한 사유가 있는 때에는 그러하지 아니한다(동법 제20조 제2항).

② **의미**
  ㉠ 처분 등이 있음을 안 날부터 90일 – 불변기간(법원이 늘리거나 줄일 수 없음)
  ㉡ 처분 등이 있은 날부터 1년 – 정당한 사유를 고려
  ㉢ **처분이 있은 날**: 처분이 있은 날이란 처분의 효력발생을 의미한다. 즉, 처분이 외부에 표시된 날 또는 상대방 있는 처분의 경우에는 상대방에게 고지되어 효력이 발생한 날을 말한다(도달주의).
  ㉣ **정당한 사유가 있는 때**: '정당한 사유'라 함은 건전한 사회관념에 따라 판단되는 객관적 사유를 말하는 바, 행정심판청구기간에 관한 행정심판법 제27조 제2항 소정의 "천재지변·전쟁·사변 그 밖의 불가항력"보다는 넓은 개념이다.

(2) 행정심판을 거친 경우

① **제소기간**: 행정심판을 거쳐 취소소송을 제기하는 경우에는 재결서의 정본을 송달받은 날부터 90일 이내에 제기하여야 한다(동법 제20조 제1항). 다만, 재결서의 정본을 송달받지 못한 경우에는 재결이 있은 날부터 1년이 경과하면 취소소송을 제기하지 못한다. 다만, 정당한 사유가 있는 때에는 그러하지 아니하다(동법 제20조 제2항).

② **적법한 행정심판**: '행정심판'은 행정심판법상의 행정심판뿐만 아니라 이의신청 등 특별행정심판을 모두 포함하는 광의의 행정심판을 말한다. 또한 이때의 행정심판청구는 '적법'한 것이어야 한다.

Ⅶ. 소장

> **행정소송법 제8조【법적용례】** ① 행정소송에 대하여는 다른 법률에 특별한 규정이 있는 경우를 제외하고는 이 법이 정하는 바에 의한다.
> ② 행정소송에 관하여 이 법에 특별한 규정이 없는 사항에 대하여는 <u>법원조직법과 민사소송법 및 민사집행법의 규정을 준용</u>한다.

행정소송법에는 소장에 관한 특별한 규정이 없으므로 동법 제8조 제2항에 따라 민사소송법의 소장규정이 준용된다. 따라서 소의 제기는 일정한 형식을 갖춘 서면인 소장을 법원에 제출하는 방법에 의한다(민사소송법 제248조).

Ⅷ. 원고적격 및 협의의 소의 이익

1. 당사자능력과 당사자적격

① 당사자능력이란 소송의 주체(원고·피고)가 될 수 있는 능력을 말하며, 당사자적격이란 구체적 소송사건에서 당사자로서 소송을 수행하고, 본안판결을 받기에 적합한 자격, 즉 구체적 소송사건에서의 원고적격과 피고적격을 말한다.

② 민법 기타 법률에 의하여 권리능력을 가진 자(자연인·법인)는 당사자능력이 있다. 그러나 자연물의 일부인 동식물에게는 행정소송을 수행할 당사자능력을 인정할 수 없다. 그러나 법인격 없는 사단 또는 재단도 그 대표자 등을 통하여 그 단체의 이름으로 당사자가 될 수 있다.

2. 원고적격

> **행정소송법 제12조【원고적격】** <u>취소소송은 처분등의 취소를 구할 법률상 이익이 있는 자가 제기할 수 있</u>다. <u>처분등의 효과가</u> 기간의 경과, 처분등의 집행 그 밖의 사유로 인하여 <u>소멸된 뒤에도 그 처분등의 취소로 인하여 회복되는 법률상 이익이 있는 자</u>의 경우에는 또한 같다.

법률상 이익의 의미: 법률상 이익의 의미에 관하여 다수설·판례인 법률상 보호되는 이익구제설은 권리를 침해받은 자 외에 법률이 보호하고 있는 이익을 침해받은 자에게도 원고적격을 인정하나 반사적 이익은 제외한다.

3. 협의의 소의 이익(권리보호의 필요성)

처분의 효력이 소멸된 경우, 원상회복이 불가능한 경우 및 처분 후의 사정변경에 의해 권익침해가 해소된 경우에는 원칙적으로 소의 이익이 없다. 그러나 처분의 취소로 인하여 회복되는 법률상 이익이 있는 경우에는 예외적으로 소의 이익이 인정된다.

(1) 회복되는 법률상 이익의 범위

회복되는 법률상 이익은 취소를 통하여 구제되는 기본적인 법률상 이익뿐만 아니라 부수적 이익도 포함한다고 보는 것이 다수견해이다.

(2) 협의의 소의 이익의 인정 여부

구분		사례
처분의 효력이 소멸한 경우	부정예	① 효력기간이 정해져 있는 경우 기간 경과 ② 토석채취허가취소처분 취소소송 중 허가기간 만료 ③ 노동관계 당사자의 실효된 중재재정 취소청구 ④ 환지처분 후 환지예정지 지정처분 취소청구 ⑤ 분뇨 등 영업허가신청 반려처분 취소소송 중 직권취소 후 재반려처분을 한 경우 ⑥ 직위해제처분 후 새로운 사유에 기한 직위해제처분 시 기존 처분의 취소청구

		⑦ 조합설립추진위원회 구성승인처분을 다투는 소송 계속 중에 조합설립인가처분이 이루어진 경우
	긍정예	① 효력정지기간 중 영업정지기간이 경과한 영업정지처분 취소청구 ② 집행정지기간 중 자격정지기간이 경과한 국유임산물매수자격정지처분 취소청구 ③ 수형자의 영치품에 대한 사용신청 불허처분 후 수형자가 다른 교도소로 이송된 경우 영치품 사용 신청 불허처분의 취소청구 ④ 학교법인 임원취임승인의 취소처분 후 그 임원의 임기가 만료되고 임원 결격사유기간이 경과하거나 또는 위 취소처분에 대한 취소소송 제기 후 임시이사가 교체되어 새로운 임시이사가 선임된 경우 위 취임승인취소처분 및 당초의 임시이사선임처분의 취소청구
가중적 제재처분의 효력기간 경과	인정예	① 건축사법에 따른 건축사 업무정지처분의 기간도과 후 취소청구 ② 환경영향평가법 시행규칙에 따른 환경영향평가대행업무 정지처분의 기간도과 후 취소청구
원상회복이 불가능한 경우	부정예	① 철거처분 완료 후 대집행계고처분의 취소청구 ② 공사완료 후 이격거리 위반을 이유로 건축허가의 취소청구 ③ 일조권 침해를 이유로 준공검사 후 건물준공처분의 무효확인 또는 취소청구 ④ 현역병입영의 병역처분 취소소송 중 현역병 자진입대 ⑤ 병장진급처분 대신 이루어진 예비역편입처분 취소청구 ⑥ 소음·진동배출시설의 철거 후 동 시설설치허가취소처분 취소청구 ⑦ 부당노동행위 구제절차 진행 중 폐업으로 근로자가 복귀할 사업체가 없어진 경우 ⑧ 관리처분계획의 무효확인소송 중 이전고시가 효력을 발생한 경우 ⑨ 원천납세의무자가 과세권자의 원천징수의무자에 대한 납세고지에 대하여 제기한 취소청구 ⑩ 택시회사에 대한 과징금부과처분의 직접 당사자 아닌 당해 운전기사가 제기한 처분 취소청구
	긍정예	① 서울대학교 불합격취소소송 중 당해 연도 입학시기가 지난 경우 ② 감봉처분 후 자진퇴직한 공무원의 감봉처분 취소청구 ③ 현역병으로 입영한 자의 현역병입영통지처분 취소청구 ④ 도시개발사업의 공사 완료 후 도시계획변경결정처분 등 취소청구 ⑤ 파면처분 후 당연퇴직된 공무원의 파면 취소청구 ⑥ 소송 중 임야 사용·수익권을 상실한 자의 채석불허가처분 취소청구 ⑦ 지방자치법상 지방의원 제명처분 취소소송 중 임기만료된 경우
처분 후의 사정변경	부정예	① 행정처분이 취소되거나, 절차상 또는 형식상 무효인 처분에 대하여 적법한 절차 또는 형식을 갖추어 다시 동일한 행정처분을 한 경우 ② 치과의사국가시험 불합격처분 후 새로 실시된 시험에 합격한 경우 ③ 사법시험 제1차 시험 불합격처분 후 새로 실시된 제1차 시험에 합격한 경우 ④ 공익근무요원 소집해제신청 거부처분 취소소송 중 복무기간 만료로 소집해제처분을 받은 경우 ⑤ 건축허가취소처분 취소소송 중 해당 처분을 취소한다는 형성적 재결을 받은 경우 ⑥ 운전면허정지처분에 대한 취소소송 계속 중 일반사면이 내려진 경우

Ⅸ. 대상적격

> 행정소송법 제19조【취소소송의 대상】취소소송은 처분등을 대상으로 한다. 다만, 재결취소소송의 경우에는 재결 자체에 고유한 위법이 있음을 이유로 하는 경우에 한한다.
> 제2조【정의】① 이 법에서 사용하는 용어의 정의는 다음과 같다.
>   1. "처분"이라 함은 행정청이 행하는 구체적 사실에 관한 법집행으로서의 공권력의 행사 또는 그 거부와 그 밖에 이에 준하는 행정작용(이하 "처분"이라 한다) 및 행정심판에 대한 재결을 말한다.

1. 행정행위와 행정소송법상의 처분

행정행위 개념	처분 개념
행정청이	행정청이 행하는
구체적 사실에 대한	구체적 사실에 관한
법집행으로서 행하는	법집행으로서의
권력적 단독행위로서 공법행위	공권력의 행사 또는 그 거부와
	그 밖에 이에 준하는 행정작용

실체법적 개념설 (일원설)	행정소송법상 처분개념은 실체법적 행정행위와 동일한 개념이다.
쟁송법적 개념설 (이원설, 다수설)	① 쟁송법상 처분은 실체법상 행정행위와 별개의 독자적인 개념으로 더 넓은 개념으로 이해한다. ② 행정행위는 아니지만 쟁송법상 처분에 해당하는 것이 있다고 본다(예 권력적 사실행위).

2. 행정심판법과 행정소송법상의 처분개념

행정심판법상 처분개념(처분이라 함은)	행정소송법상 처분개념(처분 등이라 함은)
행정청이 행하는 구체적 사실에 관한 법집행으로서의	행정청이 행하는 구체적 사실에 관한 법집행으로서의
공권력의 행사 또는 그 거부와 그 밖에 이에 준하는 행정작용	공권력의 행사 또는 그 거부와 그 밖에 이에 준하는 행정작용
	행정심판의 재결

3. 경정처분

의의	행정청이 일정한 처분을 한 뒤에 당해 처분을 감축 또는 증액하는 경우가 있다. 이 경우 처음의 처분을 당초처분, 뒤의 처분을 경정처분이라 한다.

감액경정처분	판례는 감액경정처분은 그 실질이 당초처분의 일부취소라고 보았다. 따라서 감액경정처분 자체는 소송의 대상이 아니므로 전심절차나 제소기간의 준수 여부도 경정처분이 아니라, 당초처분을 기준으로 결정하여야 한다. 즉, 감액경정처분의 경우 취소되지 않고 남아 있는 부분이 위법하다 하여 다투는 항고소송의 대상은 당초처분이 된다.
증액경정처분	판례에 따르면 증액경정처분이 있으면 당초처분은 증액경정처분에 흡수되어 소멸한다. 따라서 증액경정처분의 경우 과세처분을 다투는 항고소송의 대상은 경정처분이 된다는 것이 판례의 태도이다. 다만, 증액경정처분이 고지서의 부적법 송달 등으로 무효인 경우에는 당초처분은 소멸되지 아니하고, 소송의 대상이 된다.

4. 처분의 근거나 법적 효과가 행정규칙에 규정되어 있는 경우

항고소송의 대상이 되는 행정처분이 될 수 있다.

5. 재결

> **행정소송법 제19조【취소소송의 대상】** 취소소송은 처분 등을 대상으로 한다. 다만, 재결취소소송의 경우에는 재결 자체에 고유한 위법이 있음을 이유로 하는 경우에 한한다.

① 원처분주의와 재결주의: 행정소송법 제19조, 제38조는 원처분과 아울러 재결에 대하여도 취소소송이나 무효등확인소송 등 항고소송을 제기할 수 있도록 하면서 단지 재결에 대한 소송에 있어서는 원처분의 위법을 이유로 할 수 없고 재결 자체에 고유한 위법이 있음을 이유로 하는 경우에 한하도록 하여 원처분주의를 채택하고 있다. 다만, 현행법상 원칙적으로 재결주의를 채택한 경우가 있는데 중앙노동위원회의 재심판정, 감사원의 재심의판정, 특허심판원의 심결 등이다.
② 재결이 취소소송의 대상이 되는 경우: 현행법상 행정쟁송수단으로 재결 자체에 고유한 하자가 있는 경우 예외적으로 재결취소소송이 인정된다. 재결 자체의 고유한 위법이란 원처분에는 없는 그 재결 자체의 주체·내용·형식 그리고 절차상의 위법이 있는 경우를 말한다. 즉, 원처분의 위법을 이유로 행정심판 재결에 대한 취소소송을 제기할 수 없다.
③ 재결 자체에 고유한 하자가 있는 경우
   ㉠ 행정심판의 대상이 되지 아니하여 부적법 각하하여야 함에도 본안재결을 한 경우 재결 자체에 고유한 하자가 있다.
   ㉡ 행정심판청구가 부적법하지 않음에도 실체심리를 하지 아니한 채 각하한 재결은 심판청구인의 실체 심리를 받을 권리를 박탈한 것으로서 재결에 고유한 위법이 있다.
   ㉢ 제3자효 행정행위의 경우 인용재결로 인하여 불이익을 입은 자는 그 인용재결에 대하여 항고소송을 제기할 수 있다.
④ 행정소송법 제19조 단서에 위반한 소송의 처리: 재결 자체에 고유한 위법이 있는지는 본안에서 판단하는 사항이지 소송요건은 아니다. 따라서 행정소송법 제19조 단서에 반하여 재결 자체에 고유한 위법이 없음에도 불구하고 제기한 재결취소의 소는 부적법 각하대상이 아니라 기각사항이라는 것이 다수설·판례(대판 1994.1.25, 93누16901)이다.

6. 거부처분

의의	거부처분이란 공권력의 행사를 요구할 신청권이 있는 국민의 신청에 대하여 행정청이 형식적 요건불비를 이유로 각하하거나, 이유 없음을 이유로 이를 거절하는 의사를 표시하는 것을 말한다.
반복된 거부	법규에 국민이 신청할 수 있는 횟수 등을 제한하는 규정이 없는 이상, 동일한 내용을 수차 신청할 수 있고, 그에 따라 거부처분이 수회 있는 경우, 이러한 반복된 거부처분은 각각 독립적인 처분으로서 항고소송의 대상이 된다는 것이 판례의 입장이다.
거부행위가 처분이 되기 위한 요건	① 신청인의 법률관계에 영향을 미치는 거부일 것 ② 공권력 행사의 거부일 것 ③ 신청인에게 법규상·조리상 신청권이 있을 것: 대법원 판례는 일관되게 항고소송의 대상이 되는 거부처분이 되기 위해서는 법규상 또는 조리상 신청권이 존재해야 한다고 판시하고 있다.

거부처분과 관련된 판례의 검토	
신청권 인정	① 이주대책에 따른 특별분양신청 ② 도시계획구역 내 토지소유자의 도시계획입안 신청 ③ 문화재보호구역 내 토지소유자의 문화재보호구역 지정해제신청 ④ 폐기물처리사업허가를 받기 위해 사업계획 적정통보를 받은 자가 제출한 사업부지에 대한 국토이용계획변경신청 ⑤ 중계유선방송사업자의 종합유선방송사업 승인신청 ⑥ 서울교육대학 상근강사의 정규교원 임용신청 ⑦ 임용기간이 만료된 국공립대학 기간제 교수의 재임용 여부에 관한 심사신청 ⑧ 3급 승진대상자로 결정·공표된 4급 공무원의 승진임용신청 ⑨ 유일한 면접심사 대상자로 선정된 임용지원자의 임용신청 ⑩ 평생교육법상 학력인정시설의 설치자 변경신청 ⑪ 소멸등록된 실용신안권에 대한 실용신안권자의 회복등록신청 ⑫ 공유수면점용기간 연장신청 ⑬ 금강수계 중 상수원 수질보전을 위하여 필요한 지역의 토지 등의 소유자가 국가에 그 토지 등을 매도하기 위하여 한 매수신청 ⑭ 검사임용권자에 대한 검사임용신청 ⑮ 건축위원회의 심의대상이 되는 건축물에 대한 건축허가신청
신청권 부정	① 도시계획시설 폐지·변경신청 ② 산림훼손허가를 얻은 자의 산림훼손 용도변경신청 ③ 재개발사업지구 내 토지소유자 등의 재개발구역분할 및 사업계획변경신청 ④ 철거민의 시영아파트 특별분양신청 ⑤ 제3자에 대한 건축허가와 준공검사의 취소 및 제3자 소유의 건축물에 대한 철거명령요구 ⑥ 당연퇴직공무원의 복직 또는 재임용신청 ⑦ 제소기간이 도과하여 불가쟁력이 생긴 행정처분에 대한 변경신청 ⑧ 문화재구역 내 토지소유자가 문화재청장에게 행한 재결신청

기출 주요 판례 행정소송법

- 국가보훈처장이 발행한 책자의 잘못된 기술이라든가, 서훈추천서의 행사 등은 항고소송의 대상이 되지 아니한다.
- 현행 행정소송법상 행정청으로 하여금 일정한 행정처분을 하도록 명하는 이행판결을 구하는 소송이나 법원으로 하여금 행정청이 일정한 행정처분을 행한 것과 같은 효과가 있는 행정처분을 직접 행하도록 하는 형성판결을 구하는 소송은 허용되지 아니한다.
- 검사에게 압수물 환부를 이행하라는 청구는 허용되지 아니한다.
- 피고에 대하여 신축건물의 준공처분을 하여서는 아니 된다는 내용의 부작위를 구하는 소송은 허용되지 않는다.
- 국민건강보험공단은 고시를 적용하여 요양급여비용을 결정하여서는 아니 된다는 내용의 청구는 인정되지 않는다.
- 국가가 지방자치단체의 장의 기관위임사무의 처리에 관하여 지방자치단체의 장을 상대로 취소소송을 제기하는 것은 허용되지 않는다.
- 처분행정청은 인용재결에 기속되어 재결의 취지에 따른 처분의무를 부담하게 되므로 이에 불복하여 항고소송을 제기할 수 없다.
- 국가기관(선거관리위원회 위원장)도 행정처분을 다툴 수 있는 원고적격이 인정된다.

X. 본안심리

1. 행정소송법상 심리의 기본원칙

처분권주의	소의 제기 및 종료, 심판의 대상이 당사자에 의하여 결정됨(불고불리의 원칙)
변론주의	재판의 기초가 되는 사실과 증거의 수집·제출의 의무를 당사자에게 지우고, 당사자가 수집·제출한 소송자료만을 재판의 기초로 삼는 것을 말한다.
예외적 직권심리주의	행정소송은 증거조사에 있어서 보충적으로 직권탐지주의를 채택하고 있다.
	행정소송법 제26조【직권심리】법원은 필요하다고 인정할 때에는 직권으로 증거조사를 할 수 있고, 당사자가 주장하지 아니한 사실에 대하여도 판단할 수 있다.
구술심리주의	심리에 있어서 당사자 및 법원이 소송행위, 특히 변론 및 증거조사를 구술로 행하는 원칙 (즉, 서면심리주의 X)
공개심리주의	재판의 심리와 판결의 선고를 일반인이 방청할 수 있는 상태에서 진행하는 것을 말한다.
행정심판기록 제출명령	행정소송법 제25조【행정심판기록의 제출명령】① 법원은 당사자의 신청이 있는 때에는 결정으로써 재결을 행한 행정청에 대하여 행정심판에 관한 기록의 제출을 명할 수 있다. ② 제1항의 규정에 의한 제출명령을 받은 행정청은 지체 없이 당해 행정심판에 관한 기록을 법원에 제출하여야 한다.

2. 심리의 내용

(1) 요건심리

제소된 소가 소송요건을 갖춘 것인지의 여부를 심리하는 것을 말한다. 요건심리를 갖추지 못한 경우 각하한다.

(2) 본안심리

요건심리의 결과 당해 소송이 소송요건을 갖춘 것으로 인정되는 경우 사건의 본안(예 취소소송에서의 처분의 위법 여부)에 대하여 실체적 심사를 행하는 것을 말한다. 본안심리의 결과 청구가 이유 있다고 인정되면 청구인용판결을 하고, 청구가 이유 없다고 인정되면 청구기각판결을 한다.

3. 심리의 범위

(1) 불고불리의 원칙과 그 예외

행정소송에서도 민사소송에서와 같이 원칙적으로 불고불리의 원칙이 적용된다(동법 제8조). 다만, 행정소송의 공익성을 고려하여 행정소송법 제26조가 규정되어 있으며, 이 규정은 무효등확인소송, 부작위위법확인소송 및 당사자소송에 준용되고 있다(동법 제38조, 제44조 제1항).

> **행정소송법 제26조【직권심리】** 법원은 필요하다고 인정할 때에는 직권으로 증거조사를 할 수 있고, 당사자가 주장하지 아니한 사실에 대하여도 판단할 수 있다.

(2) 재량문제의 심리

① 재량권의 일탈·남용 등 재량의 하자는 위법사유이므로 법원의 심리대상이 된다. 행정소송법 제27조도 "행정청의 재량에 속하는 처분이라도 재량권의 한계를 넘거나 그 남용이 있는 때에는 법원은 이를 취소할 수 있다."라고 규정하고 있다.

② 그러나 재량권 행사가 일탈·남용에 이르지 않고 단순한 부당에 그치는 경우에는 행정심판을 제기할 수는 있어도 행정소송의 대상은 되지 아니한다. 따라서 법원은 재량권 행사가 부당한 것인지 여부를 심리·판단할 수 없다.

(3) 법률문제·사실문제

법원은 소송의 대상이 된 처분 등의 법률문제 및 사실문제에 대하여 심리할 수 있다.

4. 위법판단의 기준이 되는 시점

(1) 취소소송과 무효등확인소송

① 처분 시 기준: 취소소송에서 행정처분의 위법성 판단의 기준시는 원칙적으로 처분 시라는 것이 통설과 판례의 입장이다.

② 제재적 처분의 경우: 소급입법에 의한 재산권제한 금지·소급처벌금지의 원칙에 의하여 제재 여부 및 그 기준은 원칙적으로 행위 시의 법령에 의하여야 한다.

(2) 부작위위법확인소송

부작위위법확인소송은 아무런 처분도 존재하지 않으므로 처분시설에 따를 수 없고, 사실심 변론종결 시(판결 시)를 기준으로 부작위상태의 위법 여부를 판단하여야 한다.

5. 심리과정의 제 문제

(1) 소의 변경

① 소의 종류의 변경

> **행정소송법 제21조【소의 변경】** ① 법원은 취소소송을 당해 처분 등에 관계되는 사무가 귀속하는 국가 또는 공공단체에 대한 당사자소송 또는 취소소송 외의 항고소송으로 변경하는 것이 상당하다고 인정할 때에는 청구의 기초에 변경이 없는 한 사실심의 변론종결 시까지 원고의 신청에 의하여 결정으로써 소의 변경을 허가할 수 있다.
> ② 제1항의 규정에 의한 허가를 하는 경우 피고를 달리하게 될 때에는 법원은 새로이 피고로 될 자의 의견을 들어야 한다.
> ③ 제1항의 규정에 의한 허가결정에 대하여는 즉시항고할 수 있다.
> ④ 제1항의 규정에 의한 허가결정에 대하여는 제14조 제2항·제4항 및 제5항의 규정을 준용한다.
> **제37조【소의 변경】** 제21조의 규정은 무효등확인소송이나 부작위위법확인소송을 취소소송 또는 당사자소송으로 변경하는 경우에 준용한다.
> **제42조【소의 변경】** 제21조의 규정은 당사자소송을 항고소송으로 변경하는 경우에 준용한다.

<u>소의 종류의 변경 요건</u>으로는 ㉠ 행정소송이 사실심에 계속 중이고 변론종결 전일 것, ㉡ 청구의 기초에 변경이 없을 것, ㉢ 소의 변경이 상당하다고 인정될 것, ㉣ 변경되는 신(新)소도 적법한 요건을 갖출 것(변경되는 새로운 소에 소송요건의 흠결이 없을 것), ㉤ 소 변경으로 피고를 달리하는 때에는 새로운 피고의 의견을 들을 것 등이다.

② 처분변경으로 인한 소의 변경

> **행정소송법 제22조【처분변경으로 인한 소의 변경】** ① 법원은 행정청이 소송의 대상인 처분을 소가 제기된 후 변경한 때에는 원고의 신청에 의하여 결정으로써 청구의 취지 또는 원인의 변경을 허가할 수 있다.
> ② 제1항의 규정에 의한 신청은 처분의 변경이 있음을 안 날로부터 60일 이내에 하여야 한다.
> ③ 제1항의 규정에 의하여 변경되는 청구는 제18조 제1항 단서의 규정에 의한 요건을 갖춘 것으로 본다.
> **제38조【준용규정】** ① 제9조, 제10조, 제13조 내지 제17조, 제19조, 제22조 내지 제26조, 제29조 내지 제31조 및 제33조의 규정은 무효등확인소송의 경우에 준용한다.
> **제44조【준용규정】** ① 제14조 내지 제17조, 제22조, 제25조, 제26조, 제30조 제1항, 제32조 및 제33조의 규정은 당사자소송의 경우에 준용한다.

<u>처분변경으로 인한 소의 변경 요건</u>으로는 ㉠ 사실심 계속 중 처분의 변경이 있을 것, ㉡ 처분의 변경이 있음을 안 날로부터 60일 이내일 것, ㉢ 구 청구가 사실심 변론종결 전일 것, ㉣ 변경되는 신 청구가 적법할 것 등이다.

(2) 소송참가

> **행정소송법 제16조【제3자의 소송참가】** ① 법원은 소송의 결과에 따라 권리 또는 이익의 침해를 받을 제3자가 있는 경우에는 당사자 또는 제3자의 신청 또는 직권에 의하여 결정으로써 그 제3자를 소송에 참가시킬 수 있다.
> ② 법원이 제1항의 규정에 의한 결정을 하고자 할 때에는 미리 당사자 및 제3자의 의견을 들어야 한다.
> ③ 제1항의 규정에 의한 신청을 한 제3자는 그 신청을 각하한 결정에 대하여 즉시항고할 수 있다.
> ④ 제1항의 규정에 의하여 소송에 참가한 제3자에 대하여는 민사소송법 제67조(필수적 공동소송에 대한 특별규정)의 규정을 준용한다.
> **제17조【행정청의 소송참가】** ① 법원은 다른 행정청을 소송에 참가시킬 필요가 있다고 인정할 때에는 당사자 또는 당해 행정청의 신청 또는 직권에 의하여 결정으로써 그 행정청을 소송에 참가시킬 수 있다.
> ② 법원은 제1항의 규정에 의한 결정을 하고자 할 때에는 당사자 및 당해 행정청의 의견을 들어야 한다.
> ③ 제1항의 규정에 의하여 소송에 참가한 행정청에 대하여는 민사소송법 제76조의 규정을 준용한다.

구분	제3자의 소송참가	행정청의 참가
요건	① 타인 간의 행정소송이 계속 중일 것 ② 소송의 결과로 권리 또는 이익(법률상 이익)을 침해받을 자일 것(판결의 기속력에 따라 권익을 침해받는 자도 포함) ③ 제3자가 참가인이 될 것	① 타인 간의 행정소송이 계속 중일 것 ② 피고 행정청 이외의 다른 행정청이 참가할 것 ③ 피고 행정청을 위한 참가할 것 ④ 참가의 필요성이 있을 것
취지	판결이 효력에 따른 제3자의 권익보호	판결의 기속력을 받는 관계 행정청의 참여로 소송의 적정한 해결을 도모
법적 성질	공동소송적 보조참가	보조참가
참가인의 소송행위	피참가인의 행위와 저촉되는 행위 가능	피참가인의 행위와 저촉되는 행위 불가
참가의 방향	원·피고 모두 가능	피고 행정청에만 가능
절차	① 당사자와 제3자의 신청 또는 직권 ② 미리 당사자와 제3자의 의견을 들어야 함	① 당사자 또는 당해 행정청의 신청 또는 직권 ② 미리 당사자 및 당해 행정청의 의견 들어야 함
불복	제3자의 신청불허 시: 제3자 즉시항고 가능 당사자의 신청불허 시: 소극설 vs 적극설 허가결정 시: 불복 불가	참가 허부 결정에 대한 불복 불가

(3) 처분사유의 추가·변경

① **의의**: 행정청이 처분을 행하면서 처분사유를 밝힌 후 당해 처분에 대한 소송의 계속 중 당해 처분의 적법성을 유지하기 위하여 처분 당시 제시된 처분사유를 변경하거나 다른 사유를 추가하는 것을 말한다. 처분사유의 추가·변경은, 원행위는 그대로 두고 처분의 사유만 추가·변경하는 것이므로 하자 있는 행위를 새로운 행위로 대체하는 행정행위의 전환과는 구별된다.

② **인정 여부**: 행정소송의 계속 중에 처분사유의 추가·변경을 허용할 것인가에 대하여 행정소송법은 명문의 규정을 두고 있지 않다. 학설과 판례는 당초의 처분사유와 기본적인 사실관계의 동일성이 인정되는 한도 내에서만 다른 처분사유를 추가·변경할 수 있다고 본다. 기본적 사실관계의 동일성 유무는 처분사유를 법률적으로 평가하기 이전의 구체적인 사실에 착안하여 그 기초인 사회적 사실관계가 기본적인 점에서 동일한지 여부에 따라 결정한다.

③ **판례**

동일성 부정 예	㉠ 인근주민의 충전소설치 반대와 커브길 교통사고로 인한 충전소폭발위험 ㉡ 택지개발사업지구 내 소유자가 아니란 점과 이주대책 신청기간 도과 ㉢ 의료보험요양기관 지정취소 처분의 사유로 본인부담금 수납대장 불비치와 관계서류 제출명령 위반 ㉣ 중고자동차매매업 거리제한규정 위반과 최소주차용지 면적 미달 ㉤ 석유판매업에 대한 인근 부대장의 부동의와 탄약창 근접으로 인한 공공안전위험 ㉥ 온천의 규정온도 미달과 공공사업에의 지장 등 ㉦ 무자료 주류판매와 무면허판매업자에게 주류판매 ㉧ (구) 정보공개법 제7조 제1항 제4호(범죄수사 등에 관한 사항)·제6호(개인식별정보)와 같은 항 제5호(의사결정 과정 또는 내부검토과정에 있는 사항) ㉨ (구) 정보공개법 제7조 제1항 제2호(국가안전보장 등을 위한 사항)·제4호(범죄수사 등에 관한 사항)·제6호(개인 식별정보)와 같은 항 제1호(다른 법령에 의한 비밀 또는 비공개사항) ㉩ 당초의 처분사유인 중기취득세의 체납과 그 후 추가된 처분사유인 자동차세의 체납 ㉪ 금융위원회위원장이 거부처분을 하면서 위 정보가 대법원에 계속 중인 사건의 관련정보라는 사유를 들었다가, 취소소송에서 다시 위 정보가 서울중앙지방법원에 계속 중인 별개의 사건의 관련정보라는 처분사유를 추가한 경우
동일성 인정 예	㉠ 자동차운수사업법 제31조 제1항 제3호에 동법 제31조와 동법 시행규칙 제15조를 적용법조로 추가(사실관계의 변경 없이 단지 그 처분의 근거법령만을 추가·변경하는 것) ㉡ 담합주도 또는 담합하여 입찰방해에서 특정인의 낙찰을 위하여 담합한 자로 적용법조 변경 ㉢ 준농림지역에서의 행위제한규정에 자연경관과 환경보전 사유 추가 ㉣ 인근 농업경영과 농어촌생활 피해로 인한 농지전용불가 사유에 폐기물처리시설부지로 부적절하다는 사유추가 ㉤ 액화석유가스판매사업 허가신청이 허가기준에 맞지 아니한다는 사유와 이격거리 기준위배 주장 ㉥ 검찰보존사무규칙 제20조(피고인 등만 재판확정기록 열람·등사 가능)에 (구) 정보공개법 제7조 제1항 제6호(개인에 관한 정보)를 적용법조로 추가

- ⊗ 토지형질변경 불허가처분의 사유로 국립공원 인접의 미개발지역 이용대책 수립 시까지 허가를 유보한다는 사유에 국립공원 주변의 환경풍치미관 등 원형유지의 필요 사유 추가
- ⊙ 지입제운영행위로 자동차운수사업법 제26조의 명의이용금지 위반과 직영으로 운영하도록 한 면허조건 위반
- ㊂ 이자소득에서 대금업에 의한 사업소득으로 사유 변경
- ㊅ 의제소득에서 현실소득 귀속으로 소득원천의 변경 주장
- ㊉ 발행주체가 불법단체라는 사유와 정간법령 소정의 첨부서류가 제출되지 아니하였다는 주장

④ 처분사유의 추가·변경의 허용범위 및 한계

㉠ **처분의 기본적 사실관계의 동일성이 유지될 것**: 처분사유의 추가·변경은 당초의 처분의 근거로 삼은 사유와 기본적 사실관계에 있어서 동일성이 인정되는 한도 내에서만 허용된다.

㉡ **동일한 소송물의 범위 내일 것(처분의 동일성이 유지될 것)**: 처분사유의 변경은 취소소송의 소송물의 범위 내에서만 가능하다. 즉, 처분의 동일성을 해치지 않는 범위 내에서 허용된다.

㉢ **처분 시에 존재하였던 사유일 것**: 행정소송법에 추가·변경되는 사유가 처분 시에 존재하여야 한다고 규정하고 있는 것은 아니다. 그러나 위법성 판단의 기준을 처분 시로 보는 통설과 판례에 의하면, 추가·변경 사유는 처분 당시에 객관적으로 존재하고 있었던 사유이어야 한다고 한다. 즉, 처분 후 소송계속 중에 발생한 사실관계나 법률관계는 처분사유의 추가·변경의 대상이 되지 않는다. 다만, 추가·변경되는 사유가 처분 시에 존재하였음을 당사자가 반드시 알아야 하는 것은 아니다.

㉣ **사실심변론종결 시까지 처분사유를 추가·변경할 것**: 처분사유의 추가·변경은 사실심변론종결 시까지만 허용된다.

6. 주장책임과 입증책임

(1) 주장책임

변론주의의 원칙상 당사자에게는 주장책임이 있다.

(2) 입증책임

소송상 일정한 사실의 존부가 확정되지 않은 경우에 불리한 법적 판단을 받게 되는 일방 당사자의 불이익 내지는 위험을 말한다. 특별한 규정이 없는 한 법률요건분류설에 따라야 한다는 견해가 통설·판례이다.

소송요건			처분의 존재, 제소기간 준수 등 소송요건의 존부는 원고에게 입증책임이 있음
본안문제	적극적 처분 (예 과세처분)	피고	권한행사 규정(예 과세처분의 적법성 및 과세요건사실의 존재)
		원고	권한불행사 규정(예 과세대상인 토지가 비과세대상이라는 주장 및 과세처분의 위법성)

소극적 처분	피고	권한불행사 규정(예 비공개사유 등)
(예 거부처분)	원고	권한행사 규정
재량행위		재량의 일탈·남용의 입증책임은 원고에게 있음
절차의 적법성		처분의 적법성 및 납세고지서 공시송달에 관한 입증책임은 피고 행정청에게 있음

XI. 가구제(잠정적 권리보호)

Plus 보충 취소소송의 제기효과

주관적 효과	① 법원: 심리의무가 발생한다. ② 당사자: 동일사건에 대해서 중복제소할 수 없다.
객관적 효과	① 우리 행정소송제도상 취소소송이 제기되어도 관련 처분의 효력이나 집행은 원칙적으로 정지되지 아니한다(집행부정지의 원칙). ② 현행법이 집행정지 대신 집행부정지의 원칙을 택한 것은 '공정력'과 관련이 있다는 견해도 있으나, 입법정책으로 보는 것이 다수의 견해이다. ③ 집행부정지의 원칙은 남소를 방지하고 행정목적을 효과적으로 달성하며, 행정작용의 신속한 집행을 위한 것이다.

1. 가처분(적극적 의미의 가구제)

가처분제도란 금전채권 이외의 계쟁물에 대한 청구권의 집행을 보전하거나(계쟁물에 대한 가처분), 다툼이 있는 권리관계에 대한 가지위(임시지위)를 정하여 후일 법률관계가 확정될 때까지 잠정적으로 법률관계를 정하는 것(임시지위를 정하는 가처분)을 말한다. 행정소송법은 가처분에 관한 규정을 두고 있지 않다. 이에 대해 통설과 판례는 소극설을 취한다.

2. 행정소송법상의 집행정지

> **행정소송법 제23조【집행정지】** ① 취소소송의 제기는 처분 등의 효력이나 그 집행 또는 절차의 속행에 영향을 주지 아니한다.
> ② 취소소송이 제기된 경우에 처분 등이나 그 집행 또는 절차의 속행으로 인하여 생길 회복하기 어려운 손해를 예방하기 위하여 긴급한 필요가 있다고 인정할 때에는 <u>본안이 계속되고 있는 법원은 당사자의 신청 또는 직권에 의하여</u> 처분 등의 효력이나 그 집행 또는 절차의 속행의 전부 또는 일부의 정지(이하 "집행정지"라 한다)를 결정할 수 있다. 다만, 처분의 효력정지는 처분 등의 집행 또는 절차의 속행을 정지함으로써 목적을 달성할 수 있는 경우에는 허용되지 아니한다.
> ③ 집행정지는 공공복리에 중대한 영향을 미칠 우려가 있을 때에는 허용되지 아니한다.
> ④ 제2항의 규정에 의한 집행정지의 결정을 신청함에 있어서는 그 이유에 대한 소명이 있어야 한다.
> ⑤ 제2항의 규정에 의한 집행정지의 결정 또는 기각의 결정에 대하여는 즉시항고할 수 있다. 이 경우 집행정지의 결정에 대한 즉시항고에는 결정의 집행을 정지하는 효력이 없다.
> ⑥ 제30조 제1항의 규정은 제2항의 규정에 의한 집행정지의 결정에 이를 준용한다.

> **제24조【집행정지의 취소】** ① 집행정지의 결정이 확정된 후 집행정지가 공공복리에 중대한 영향을 미치거나 그 정지사유가 없어진 때에는 당사자의 신청 또는 직권에 의하여 결정으로써 집행정지의 결정을 취소할 수 있다.
> ② 제1항의 규정에 의한 집행정지결정의 취소결정과 이에 대한 불복의 경우에는 제23조 제4항 및 제5항의 규정을 준용한다.

(1) 집행부정지의 원칙

취소소송의 제기는 처분 등의 효력이나 그 집행 또는 절차의 속행에 영향을 주지 아니한다(동법 제23조 제1항).

(2) 집행정지의 요건

적극적 요건 (신청인이 주장·소명)	① 신청인 적격 및 집행정지이익(법률상 이익)의 존재 ② 적법한 본안소송이 법원에 계속되어 있을 것(상고심에서도 가능) ③ 집행정지의 대상이 되는 처분이 존재할 것 ④ 처분의 집행으로 인하여 회복하기 어려운 손해가 발생할 우려가 있을 것 ⑤ 본안판결까지 기다릴 수 없는 긴급한 필요가 있을 것
소극적 요건 (행정청이 주장·소명)	① 공공복리에 중대한 영향을 미칠 우려가 없을 것 ② 본안청구가 이유 없음이 명백하지 아니할 것

(3) 주장·소명책임

집행정지의 결정을 신청함에 있어서는 그 이유에 대한 소명이 있어야 한다(행정소송법 제23조 제4항).

(4) 집행정지의 결정

① 기각결정

   ㉠ 집행정지의 요건을 갖추지 못하였을 때는 기각결정을 한다(행정소송법 제23조 제5항).
   ㉡ 판례는 집행정지의 요건 중 ⓐ 신청인적격 및 집행정지이익의 존재, ⓑ 처분의 존재, ⓒ 적법한 본안소송의 계속의 요건 등을 흠결한 경우 각하결정을 하고 있다.

② 인용결정

   ㉠ 집행정지결정의 대상: 집행정지의 대상이 되는 것은 처분의 효력, 처분의 집행 및 절차의 속행 등이다.
   ㉡ 일부정지: 처분의 내용이 가분적인 경우에는 비록 재량처분일지라도 그 일부에 대하여서만 정지하는 것이 가능하다.

③ 집행정지결정의 효력

형성력	㉠ 집행정지결정이 고지되면 행정청의 별도의 효력정지의 통지가 없더라도 결정에서 정한 대로 처분의 효력 등이 정지되며, 당해 처분이 효력 있음을 전제로 한 후속행위는 무효가 된다. ㉡ 집행정지결정 중 효력정지결정은 효력 그 자체를 잠정적으로 정지시키는 것이므로 행정처분이 없었던 원래상태와 같은 상태를 가져오지만 장래에 향하여 효력을 발생하는 것이 원칙이다. 즉, 소급효가 없다. 따라서 처분의 효력정지 결정이 내려지더라도 효력정지결정 전에 이미 집행된 부분에는 영향을 미치지 아니한다. ㉢ 집행정지결정의 효력은 당사자와 관계 행정청뿐만 아니라 제3자효 행정행위의 경우에는 제3자에게도 미친다.
기속력	집행정지결정은 취소판결의 기속력에 준하여 당해 사건에 관하여 당사자인 행정청과 그 밖의 관계 행정청을 기속한다. 따라서 행정청은 동일한 내용으로 다시 새로운 행정처분을 하거나 또는 그에 관련된 처분을 할 수 없다. 판례는 집행정지결정의 기속력에 위반하는 행정처분은 당연무효로 본다.

XII. 취소소송의 판결

1. 사정판결(事情判決)

> **행정소송법 제28조【사정판결】** ① 원고의 청구가 이유 있다고 인정하는 경우에도 처분 등을 취소하는 것이 현저히 공공복리에 적합하지 아니하다고 인정하는 때에는 법원은 원고의 청구를 기각할 수 있다. 이 경우 법원은 그 판결의 주문에서 그 처분 등이 위법함을 명시하여야 한다.
> ② 법원이 제1항의 규정에 의한 판결을 함에 있어서는 미리 원고가 그로 인하여 입게 될 손해의 정도와 배상방법 그 밖의 사정을 조사하여야 한다.
> ③ 원고는 피고인 행정청이 속하는 국가 또는 공공단체를 상대로 손해배상, 제해시설의 설치 그 밖에 적당한 구제방법의 청구를 당해 취소소송 등이 계속된 법원에 병합하여 제기할 수 있다.

요건	① 처분 등이 위법할 것: 사정판결은 원고의 청구가 이유 있다고 인정되어야 한다. 적법한 행정처분에 대하여 현저히 공공복리에 부적합하다하여 사정판결로 취소할 수는 없다(대판 1982.11.9, 81누176). ② 판례는 직권심리주의를 규정한 행정소송법 제26조를 근거로 하여 당사자의 명백한 주장이 없는 경우에도 법원이 직권으로 사정판결을 할 수 있다고 본다(대판 1992.2.14, 90누9032). ③ 처분을 취소하는 것이 현저히 공공복리에 적합하지 않을 것: 판례는 당해 처분의 취소가 현저히 공공복리에 적합하지 않음을 판단하는 기준은 이익형량이라고 판시하고 있다. 즉, 사정판결은 사익과 공공복리를 비교형량하여 불가피한 경우에만 예외적으로 인정된다.
심리	① 판단의 기준시: 사정판결의 대상이 되는 처분의 위법 여부는 처분 시를 기준으로 판단하여야 하지만, 사정판결의 필요성은 처분 후의 사정이 고려되어야 할 것이므로 '판결 시(변론 종결 시)'를 기준으로 판단하여야 한다는 것이 다수설 및 판례이다. ② 주장 및 입증책임: 사정판결의 필요성에 대한 주장·입증책임은 피고인 행정청이 부담하여야 한다.

	③ 사정조사: 법원이 사정판결을 함에 있어서는 공·사익 간의 이익형량을 위한 구체적 자료를 마련케 하기 위하여 원고가 입게 될 손해의 정도와 배상방법 그 밖의 사정을 조사하여야 한다(행정소송법 제28조 제2항).
판결	① 판결주문에 위법성의 명시: 사정판결을 하는 경우 법원은 그 판결의 주문에서 그 처분 등이 위법함을 명시하여야 한다(동법 제28조 제1항 후단). 판결주문에 위법을 명시하게 되면, 그 위법성에 대하여 기판력이 발생한다. 사정판결을 받은 경우 당해 처분 등은 그 위법성이 치유되어 적법하게 되는 것이 아니라, 위법성을 가진 채로 그 효력을 지속한다. ② 소송비용: 원고의 청구가 기각되는 원고패소 판결임에도 불구하고 소송비용을 피고인 행정청이 부담한다(동법 제32조).
원고의 권익구제	원고가 피고인 행정청이 속하는 국가 또는 공공단체를 상대로 손해배상, 제해시설의 설치 기타 적당한 구제의 청구를 용이하게 할 수 있도록 하기 위하여 이들 청구소송을 당해 취소소송이 제기된 법원에 병합하여 제기할 수 있도록 하였다(관련 청구의 병합, 동법 제28조 제3항).
사정판결에 대한 불복	사정판결에 대하여는 원고와 피고 모두가 상소할 수 있다.
적용범위	행정소송법은 취소소송의 경우에만 사정판결이 가능하다고 명시적으로 규정하고 있다. 즉, 무효등확인소송과 부작위위법확인소송에는 준용규정이 없다(동법 제38조).

2. 사정판결과 사정재결

(1) 적용범위

구분		집행정지	사정판결
항고소송	취소소송	○	○
	무효등확인소송	○	×
	부작위위법확인소송	×	×
당사자소송		×	×

구분		집행정지	사정재결
항고심판	취소심판	○	○
	무효등확인심판	○	×
	의무이행심판	×	○

(2) 권익구제방법

행정소송법 제28조 제3항	원고는 피고인 행정청이 속하는 국가 또는 공공단체를 상대로 손해배상, 제해시설의 설치 그 밖에 적당한 구제방법의 청구를 당해 취소소송 등이 계속된 법원에 병합하여 제기할 수 있다.
행정심판법 제44조 제2항	위원회는 제1항에 따른 재결(사정재결)을 할 때에는 청구인에 대하여 상당한 구제방법을 취하거나, 상당한 구제방법을 취할 것을 피청구인에게 명할 수 있다.

3. 판결의 효력

(1) 개설

자박력 (불가변력)		선고법원에 대한 효력 ① 선고법원에 대한 구속력 ② 판결이 일단 선고되면 선고법원도 판결의 내용을 취소·변경할 수 없는 힘
확정력	형식적 확정력 (불가쟁력)	불가쟁력: 소송당사자에 대한 효력 ① 당사자와 이해관계인에 대한 구속력 ② 상소제기기간의 경과, 상소의 포기, 모든 심급을 거친 경우 등으로 판결에 불복하는 자가 더 이상 상소를 통해서 그 효력을 다툴 수 없게 된 상태를 판결의 형식적 확정력이라 한다. ③ 일반적으로 판결은 형식적으로 확정되어야 판결의 내용에 따른 효력인 실질적 확정력(기판력), 형성력, 기속력이 생기게 된다.
	실질적 확정력 (기판력)	당사자와 (후소)법원에 대한 효력
형성력		청구인용판결(취소판결)이 확정되면 행정청에 의한 특별한 의사표시 내지 절차 없이 당연히 행정상 법률관계의 발생·변경·소멸을 가져오는 효력, 제3자에게도 효력이 미친다.
기속력		행정기관(처분청 및 관계 행정청)에 대한 효력
집행력		① 민사소송에서는 강제집행을 할 수 있게 하는 확정판결의 효력을 집행력이라고 한다. ② 행정소송에서는 행정소송법이 의무이행소송 등 이행소송을 인정하고 있지 않기 때문에 집행력이 원칙적으로 문제되지 않는다. ③ 다만, 당사자소송의 경우에는 학설상·실무상 이행소송이 일부 인정되고 있으며, 거부처분취소판결의 확정 시에 행정청에 부과되는 재처분의무의 이행을 확보하기 위해 행정소송법 제34조가 간접강제제도를 도입하고 있다.

(2) 취소판결의 기속력

> **행정소송법 제30조 【취소판결 등의 기속력】** ① 처분 등을 취소하는 확정판결은 그 사건에 관하여 당사자인 행정청과 그 밖의 관계 행정청을 기속한다.
> ② 판결에 의하여 취소되는 처분이 당사자의 신청을 거부하는 것을 내용으로 하는 경우에는 그 처분을 행한 행정청은 판결의 취지에 따라 다시 이전의 신청에 대한 처분을 하여야 한다.
> ③ 제2항의 규정은 신청에 따른 처분이 절차의 위법을 이유로 취소되는 경우에 준용한다.

① 성질

기판력설	기속력은 취소판결의 기판력이 행정 측에 미치는 것에 지나지 않으며 그 본질은 기판력과 같다고 보는 견해이다.
특수효력설(통설)	기속력은 취소판결의 실효성을 확보하기 위하여 행정소송법이 특별히 부여한 효력이며 기판력과는 그 본질을 달리한다고 보는 견해이다.

② 내용
　㉠ 소극적 효력(반복금지효)
　　ⓐ 의의: 취소소송에서 청구인용판결이 확정되면 당사자인 행정청과 그 밖의 관계행정청은 동일한 사실관계에 대하여 동일한 사유로 취소된 처분과 동일한 처분을 반복하여서는 아니 된다(동법 제30조 제1항 참조).
　　ⓑ 기속력에 저촉되지 않는 경우
　　　• 취소사유(위법사유)를 보완하는 경우: 특정의 행정처분이 절차상의 위법사유로 인하여 취소된 경우에는 행정청은 이러한 절차상의 하자를 보완하여 다시 새로운 행정처분을 할 수 있다.
　　　• 새로운 사유에 따른 처분의 경우: 취소판결이 확정된 후 새로운 사실관계나 신법령 등 새로운 사유를 근거로 동일 당사자에 대하여 동일한 내용의 처분을 하여도 기속력에 반하는 것이 아니다.
　㉡ 적극적 효력
　　ⓐ 재처분의무: 거부처분에 대한 취소판결이 있으면 처분청은 판결의 취지에 따라 다시 이전의 신청에 대한 재처분을 하여야 할 의무를 진다(동법 제30조 제2항). ➔ 행정청이 처분을 하지 아니하는 때에는 제1심 수소법원은 당사자의 신청에 의하여 결정으로써 상당한 기간을 정하고 행정청이 그 기간 내에 이행하지 아니하는 때에는 그 지연기간에 따라 일정한 배상을 할 것을 명하거나 즉시 손해배상을 할 것을 명할 수 있다(동법 제34조, 간접강제).
　　ⓑ 결과제거의무(원상회복의무): 취소판결이 확정되면 행정청은 취소된 처분에 의해 초래된 위법상태를 제거하여 원상회복할 의무를 진다.
③ 범위
　㉠ 주관적 범위: 기속력은 당사자인 행정청과 그 밖의 관계 행정청에 미친다(동법 제30조 제1항).
　㉡ 객관적 범위: 기속력은 취소판결 등의 실효성을 도모하기 위하여 인정된 효력이므로, 판결주문 및 그 전제가 된 요건사실의 인정과 효력의 판단에 미친다. 즉, 기속력은 '판결주문'과 '판결의 이유에 제시된 개개의 위법사유'에 대하여 미친다(대판 2001.3.23, 99두5238).
　㉢ 시간적 범위: 기속력은 처분 당시까지 존재하던 사유에 대해서만 미치고 그 이후에 생긴 사유에는 미치지 아니한다. 따라서 처분 후 '사실상태'나 '법률상태'가 변경된 경우에는 동일한 내용의 처분을 다시 할 수 있다.
④ 위반의 효과: 취소판결이 확정된 후에 그 기속력에 위반하여 같은 사유에 의한 동일한 내용의 처분은 그 하자가 중대하고도 명백하여 당연무효이다.

(3) 취소판결의 형성력

① **의의**: 청구인용판결(취소판결)이 확정되면 행정청에 의한 특별한 의사표시 내지 절차 없이 당연히 행정상 법률관계의 발생·변경·소멸을 가져오는 효력을 형성력이라 한다.

② **내용**

㉠ 형성효: 행정처분을 취소한다는 확정판결이 있으면 그 취소판결의 형성력에 의하여 처분청이 당해 행정처분의 취소나 취소통지 등의 별도의 절차를 취하지 아니하더라도 당연히 취소의 효과가 발생한다.

㉡ 소급효: 취소판결의 형성력은 처분 시에 소급한다.

㉢ 범위(제3자효 또는 대세효): 처분 등을 취소하는 확정판결은 제3자에 대하여도 효력이 있다(행정소송법 제29조 제1항). 제3자효는 집행정지의 결정 또는 집행정지결정의 취소결정에 준용된다(동법 제29조 제2항).

(4) 기판력

① **의의**: 기판력이란 일단 재판이 확정된 때에는 동일한 소송물에 대하여는 다시 소를 제기할 수 없고, 법원도 일사부재리의 원칙에 따라 확정판결과 내용적으로 모순되는 판단을 하지 못하는 효력을 말한다.

② **법적 근거**: 행정소송법상 기판력에 관한 명시적 규정은 없다. 다만, 행정소송법 제8조 제2항이 민사소송법을 준용하고 있으므로 기판력에 관한 규정인 민사소송법 제216조와 제218조가 준용된다.

③ **내용**: 판결의 기판력이 발생하면, 당사자는 동일한 소송물을 대상으로 다시 소를 제기할 수 없다(반복금지효). 뿐만 아니라 당사자는 이후의 소송에서 동일한 사항에 대하여 판결의 내용과 모순되는 주장을 할 수 없고, 법원은 전소 판결에 반하는 판결을 할 수 없다(모순금지효).

④ **범위**

㉠ 주관적 범위(인적 범위): 기판력은 원칙적으로 당해 소송의 당사자 및 당사자와 동일시할 수 있는 자(예 소송승계인)에게만 미치고, 제3자에게는 미치지 않는 것이 원칙이다.

㉡ 객관적 범위(물적 범위)

ⓐ 일반적으로 기판력은 판결의 주문에 포함된 것에 한하여 인정된다(민사소송법 제216조 제1항).

ⓑ 국가배상소송과의 관계: 취소판결의 기판력이 국가배상청구소송에 미치는지 여부는 국가배상에서의 소의 위법개념과 관련이 있다. 국가배상의 위법개념과 행정쟁송법상의 위법개념을 동일한 것으로 보게 되면, 취소소송에서의 청구기각판결의 기판력으로 인해 후의 국가배상소송에서 당해 행정처분의 위법성을 주장할 수 없게 된다. 반면에 국가배상법상 위법개념을 행정쟁송법상 위법개념보다 넓은 것으로 보는 견해에 의하면 인용판결의 기판력은 국가배상소송에 미치지만, 기각판결의 기판력은 국가배상소송에 미치지 않는다고 본다. 따라서 청구기각판결이 확정되어도 원고는 그 후의 국가배상청구소송에서 당해 처분의 위법을 주장할 수 있다.

ⓒ 무효등확인소송과의 관계: 기각판결의 대상이 무효확인소송인가 또는 취소소송인가에 따라 다르다. 전소인 취소소송에서 청구기각판결이 확정되면 처분이 적법함에 관하여 기판력이 발생하므로 무효등확인소송은 물론 처분이 무효임을 전제로 하는 부당이득반환의 민사소송에까지 미친다. 그러나 전소인 무효등확인소송에서 청구기각판결이 확정되었다면 이는 처분이 무효가 아니라는 점, 즉 유효하다는 점에 대해서만 기판력이 발생하므로 취소소송에는 기판력이 미치지 않는다. 따라서 다른 제소요건을 갖추는 한 취소소송을 제기할 수 있다.

ⓒ 시간적 범위: 기판력은 사실심의 변론종결 시를 기준으로 하여 발생한다.

XIII. 취소소송의 종료

종료사유	종료사유가 아닌 것
① 종국판결의 확정(상소권의 포기, 상소기간의 경과, 상고기각, 상고법원의 종국판결) ② 소가 취하된 경우 ③ 성질상 승계가 허용될 수 없는 소송에서 원고가 사망한 경우	① 피고 행정청이 폐지된 경우 ② 청구의 포기와 인낙(다수설) ③ 소송상 화해(다수설) ④ 조정

XIV. 취소소송의 불복절차(상소, 재심 및 헌법소원)

1. 상소

상소에는 항소·상고·항고 등 세 가지 종류가 있다. 항소와 상고는 모두 '판결'에 대한 상소이고, 항고는 '결정·명령'에 대한 상소이다.

2. 제3자에 의한 재심청구

> **행정소송법 제31조 【제3자에 의한 재심청구】**
> ① 처분등을 취소하는 판결에 의하여 권리 또는 이익의 침해를 받은 제3자는 자기에게 책임 없는 사유로 소송에 참가하지 못함으로써 판결의 결과에 영향을 미칠 공격 또는 방어방법을 제출하지 못한 때에는 이를 이유로 확정된 종국판결에 대하여 재심의 청구를 할 수 있다.
> ② 제1항의 규정에 의한 청구는 확정판결이 있음을 안 날로부터 30일 이내, 판결이 확정된 날로부터 1년 이내에 제기하여야 한다.
> ③ 제2항의 규정에 의한 기간은 불변기간으로 한다.

XV. 소송비용

행정소송의 경우는 원고가 승소하게 되면 피고인 행정청이 원고의 소송비용(인지대, 송달료, 변호사비용)을 부담하는 것이 원칙이다. 다만, 원고의 청구가 사정판결로 기각되거나, 취소소송의 계속 중에 행정청이 처분 등을 취소 또는 변경함으로 인하여 청구가 각하 또는 기각된 경우의 소송비용은 피고의 부담으로 한다(행정소송법 제32조).

제8장 항고소송 중 그 밖의 소송

1. 무효등확인소송과 부작위위법확인소송

무효등 확인소송	취소소송의 준용이 부정되는 것	• 필수적 행정심판전치주의 • 제소기간 • 사정판결 • 거부처분의 취소판결에 대한 간접강제 • 주의: 집행정지 규정은 준용됨
	보충성의 원칙이 배제됨	• 무효확인소송의 제기에 있어서 무효확인을 구할 법률상 이익 이외에 별도로 무효확인소송의 보충성이 요구되지 않는다. • 무효확인소송의 제기에 있어서 행정처분의 무효를 전제로 한 이행소송 등과 같은 직접적인 구제수단이 있는지 여부를 따질 필요가 없다.
	입증책임	원고에게 행정처분이 무효인 사유를 주장, 입증할 책임이 있다.
부작위위법 확인소송	취소소송의 준용이 부정되는 것	• 제소기간의 준용규정은 있지만 심판을 거친 경우에만 적용됨 • 처분변경으로 인한 소변경 • 사정판결 • 집행정지
	심리의 범위	• 판례: 부작위 상태의 위법성만 심리할 수 있다. 즉, 행정청이 행할 처분의 내용까지 심리할 수 없다. • 판결의 효력: 부작위 상태만 제거하면 기속력에 반하지 않는다. 즉, 행정청은 신청에 대한 거부처분도 가능하다.
	위법성 판단기준시	판결 시(사실심구두변론종결 시)

2. 당사자소송

(1) 의의

① 당사자소송이란 행정청의 처분 등을 원인으로 하는 법률관계에 관한 소송, 그 밖에 공법상의 법률관계에 관한 소송으로서 그 법률관계의 한쪽 당사자를 피고로 하는 소송을 말한다(행정소송법 제3조 제2호).

② 즉, 공권력의 행사 또는 불행사 자체를 다투는 소송이 아니라 공법상의 법률관계 자체를 다투는 소송으로서, 원고와 피고가 소송법상 대등한 지위를 가지는 소송이다.

(2) 항고소송 · 민사소송과의 구별

① 항고소송과의 구별

항고소송	당사자소송
공행정주체가 우월한 지위에서 갖는 공권력의 행사 · 불행사와 관련된 분쟁의 해결을 위한 절차	공권력의 행사 · 불행사의 결과로서 생긴 법률관계에 관한 소송, 그 밖에 대등한 당사자 간의 공법상의 권리 · 의무에 관한 소송

② 민사소송과의 구별

민사소송	당사자소송
사법상의 법률관계를 소송의 대상으로 한다.	공법상의 법률관계를 소송의 대상으로 한다.

당사자소송과 민사소송은 모두 대등한 당사자의 존재를 전제로 하고, 공권력 행사 자체를 다루는 것이 아니라는 점에서 동일 판례는 실무상 공법상 당사자소송의 성격을 가지는 국가배상청구소송, 손실보상청구소송, 결과제거청구 등을 민사소송으로 처리한다.

(3) 성질

당사자소송은 행정청의 처분 등이 있고, 사후에 이를 불복하는 항고쟁송이 아니라, 분쟁에 관하여 처음으로 다투는 '시심적 쟁송'이다. 또한 개인의 권익의 구제를 직접적인 목적으로 하는 '주관적 소송'이다.

(4) 당사자소송의 종류

① **실질적 당사자소송**: 실질적 당사자소송은 대등 당사자 간의 공법상의 권리 또는 법률관계 그 자체를 소송물로 한다. 행정소송법이 말하는 공법상의 법률관계에 관한 소송은 실질적 당사자소송을 의미한다.

② **형식적 당사자소송**: 행정청의 처분 등을 원인으로 하는 법률관계에 관하여 실질적으로는 처분 등의 효력을 다투는 것이나 형식적으로는 그 법률관계의 일방 당사자를 피고로 하여 제기하는 소송을 말한다. 즉, 실질적으로는 항고소송, 형식적으로는 당사자소송인 형태를 형식적 당사자소송이라 한다. 토지보상법과 같은 개별 법률에 이러한 소송유형이 인정되고 있다.

(5) 당사자소송의 주요 소송요건

① **원고적격과 소의 이익**: 행정소송법상으로는 당사자소송의 원고적격에 관한 특별한 규정이 없다. 하지만, 공법상 법률관계의 확인을 구하는 당사자소송의 경우, 즉 공법상 당사자소송인 확인소송의 경우에는 항고소송인 무효확인소송에서와 달리 확인의 이익이 요구된다.

② **피고적격**: 당사자소송은 국가 · 공공단체 및 그 밖의 권리주체를 피고로 한다.

③ **제소기간**
  ⊙ 당사자소송에는 취소소송의 제소기간에 관한 규정이 준용되지 않는다.
  ⓒ 당사자소송에 관하여 법령에 제소기간이 정하여져 있는 때에는 그 기간은 불변기간으로 한다.

④ 관할법원: 취소소송의 관할법원에 대한 준용규정이 있다. 따라서 피고의 소재지를 관할하는 행정법원이 제1심 관할법원이 된다. 다만, 당사자 소송의 제1심 재판관할에 있어서 국가 또는 공공단체가 피고가 되는 경우에는 '관계 행정청'의 소재지를 피고의 소재지로 본다.
⑤ 가집행선고: 행정소송법은 국가를 상대로 하는 당사자소송의 경우에는 가집행선고를 할 수 없다고 규정하고 있으나, 최근 헌법재판소에 의해 위헌 결정이 내려졌다.

3. 객관적 소송

(1) 민중소송
① 의의: 민중소송이란 국가 또는 공공단체의 기관이 법률에 위반되는 행위를 한 때에 직접 자기의 법률상 이익과 관계없이 그 시정을 구하기 위하여 제기하는 소송을 말한다.
② 성질: 민중소송은 객관적 소송으로서, 법률이 정한 경우에 법률에 정한 자에 한하여 제기할 수 있다.
③ 종류
- 공직선거법상 선거소송(선거무효소송, 당선무효소송)
- 국민투표법상 국민투표무효소송
- 지방자치법상 주민소송
- 주민투표법상 주민투표소송
- 주민소환에 관한 법률상 주민소환투표소송 등

(2) 기관소송
① 의의: 기관소송이라 함은 국가 또는 공공단체의 기관 상호 간에 있어서의 권한의 존부 또는 그 행사에 관하여 다툼이 있을 때에 이에 대하여 제기하는 소송을 말한다. 다만, 헌법재판소법 제2조의 규정에 의하여 헌법재판소의 관장사항으로 되는 소송(권한쟁의소송)은 기관소송으로부터 제외된다.
② 성질: 기관소송은 객관적 소송으로서, 동일한 법주체 내에서 행정기관 사이의 소송이다.
③ 기관소송의 예
- 지방의회의 의결 및 재의결무효확인소송
- 교육위원회의 재의결무효소송
- 주무부장관이나 상급지방자치단체장의 감독처분에 대한 이의소송 및 위임청의 직무이행명령에 대한 이의소송 등

기출 주요 판례 판결의 종류

- 당사자의 명백한 주장이 없는 경우에도 기록에 나타난 사실을 기초로 하여 직권으로 사정판결을 할 수 있다.
- 사정판결의 적용은 극히 엄격한 요건 아래 제한적으로 하여야 한다.
- 무효확인소송에는 사정판결을 할 수 없는 것이다.
- 사정판결 제도는 법치행정에 반하는 위헌적 제도는 아니다.
- 정당한 세액을 초과하는 위법의 부과처분이 있는 경우에는 그 부과처분은 정당하게 인정된 세액을 초과하는 범위에서만 취소의 대상이 된다.
- 당사자가 제출한 자료에 의하여 적법하게 부과될 정당한 부과금액을 산출할 수 없을 경우 부과처분 전부를 취소할 수밖에 없다.
- 영업정지처분이 재량권 남용이라고 판단될 때에는 그 처분의 취소를 명할 수 있을 따름이고 적정한 영업정지기간을 정하는 것은 허용되지 않는다.
- 재량권을 일탈한 과징금 납부명령에 대해서는 전부를 취소하여야 하고 어느 정도가 적정한 것인지 법원이 판단할 수 없다.

기출 주요 판례 판결의 효력 중 형성력

- 행정처분을 취소한다는 확정판결이 있으면 해당 행정처분의 별도의 취소를 요하지 않고 당연히 취소의 효과가 발생한다.
- 과세처분을 취소하는 판결이 확정된 후 과세관청의 그 과세처분의 경정처분은 무효이다.
- 취소판결의 제3자효는 소송당사자가 아니었던 제3자라 할지라도 이를 용인하지 않으면 안 된다는 것을 의미한다.

기출 주요 판례 판결의 효력 중 기판력·기속력

- 행정판결의 기판력에 저촉된 행정처분은 그 하자가 명백하고 중대하여 무효이다.
- 행정처분취소청구를 기각하는 판결이 확정된 경우 원고가 다시 이를 무효라 하여 그 무효확인을 소구할 수 없다.
- 전소의 주문에 포함된 법률관계가 후소의 선결적 법률관계가 되는 때에는 전소의 판결의 기판력이 후소에 미쳐 후소의 법원은 전에 한 판단과 모순되는 판단을 할 수 없다.
- 기판력은 사실심변론종결 시를 기준으로 효력이 발생한다.
- 취소사유가 행정처분의 절차, 방법의 위법으로 인한 것이라면 그 처분 행정청은 그 확정판결의 취지에 따라 그 위법사유를 보완하여 다시 종전의 신청에 대한 거부처분을 할 수 있다.
- 취소소송에서 소송의 대상이 된 거부처분을 실체법상의 위법사유에 기하여 취소하는 판결이 확정된 경우에는 해당 거부처분을 한 행정청은 원칙적으로 신청을 인용하는 처분을 하여야 한다.
- 거부처분 후에 법령이 개정·시행된 경우 개정된 법령에 따른 새로운 사유로 거부처분을 하는 것은 기속력에 반하지 않는다.
- 사실심변론종결 이후 새로운 사유를 내세워 다시 거부처분을 하는 것은 기속력에 반하지 않는다.

기출 주요 판례 판결의 효력 중 간접강제

- 재처분을 하였다 하더라도 그것이 종전 거부처분에 대한 취소의 확정판결의 기속력에 반하는 등 당연무효라면 간접강제가 가능하다.
- 무효등확인소송에는 취소소송에서와 같은 간접강제가 허용되지 않는다.

기출 주요 판례 그 밖의 항고소송

- 무효확인을 구하는 소에는 그 처분이 당연무효가 아니라면 그 취소를 구하는 취지도 포함되어 있는 것으로 본다.
- 처분의 하자가 당연무효인지 여부는 무효를 주장하는 원고에게 입증책임이 있다.
- 무효선언적 의미의 취소소송은 허용되나 취소소송의 전치주의나 제소기간은 준수하여야 한다.
- 부작위위법확인소송은 처분을 구할 법규상·조리상 신청권이 있는 자가 제기할 수 있다.
- 입법부작위는 부작위위법확인소송의 대상이 되지 않는다.
- 공사중지명령 이후 그 원인사유의 소멸을 이유로 한 공사중지명령철회의 신청에 대해 아무런 응답을 하지 않고 있는 경우, 행정청의 부작위는 위법하다.
- 거부처분에 대한 부작위위법확인의 소는 부적법하다.
- 부작위위법확인소송의 경우 부작위의 위법성이 판단대상이고 신청에 대한 실체적 처분의 내용까지 심리할 수 없다는 것이 판례의 입장이다.

기출 주요 판례 당사자소송을 인정한 기출 주요 판례

- 법령의 개정에 따른 국방부장관의 퇴직연금금액 감액조치
- 구 공무원연금법령의 개정 등으로 퇴직연금 중 일부 금액의 지급이 정지된 경우 공무원연금관리공단이 퇴직연금 중 일부금액에 대한 지급정지의 의사표시를 한 경우
- 지방자치단체가 보조금 지급결정을 하면서 일정 기한 내에 보조금을 반환하도록 하는 교부조건을 부가한 사안에서 보조사업자에 대한 지방자치단체의 보조금반환청구소송
- 납세의무자에 대한 국가의 부가가치세환급세액 지급의무에 대응하는 국가에 대한 납세의무자의 부가가치세 환급세액 지급청구소송
- 지방소방공무원이 자신이 소속된 지방자치단체를 상대로 초과근무수당의 지급을 구하는 소송
- 광주민주화운동관련자 보상 등에 관한 법률상의 보상에 관한 권리
- 구 석탄산업법상의 석탄가격안정지원금 지급청구의 소
- 텔레비전 방송수신료통합징수권한 부존재확인소송
- 구 도시개발법에 의한 재개발조합에 대해 조합원 자격확인을 구하는 소송
- 기타 공법상 신분관계에 관한 공법상 계약의 효력을 다투는 소송

adm.Hackers.com

해커스행정사
adm.Hackers.com

제2부

행정법 각론

제1편　행정조직법
제2편　개별행정작용법

제1편
행정조직법

제1장 정부조직법
제2장 지방자치법
제3장 공무원법

제1장 정부조직법

제1절 | 행정조직

Ⅰ. 행정조직의 구성

1. 행정조직 법정주의

행정조직에 관한 사항은 기본적으로 법률로 정하여야 한다. 정부조직에 관한 세부적인 사항에 관하여는 법률에서 구체적 범위를 정하여 명령에 위임할 수 있다.

2. 행정조직의 유형

중앙집권형과 지방분권형	중앙집권형은 권력을 중앙에 집중시키는 조직형태이고, 지방분권형은 권력을 지방에 분산시키는 조직형태이다.
독임형과 합의형	행정업무를 단독공무원의 책임하에 두는가 아니면 복수공무원의 합의(각종 위원회 등)에 의하는가에 따른 구별이다.

3. 행정조직의 특질

행정조직의 통일성과 계층성	행정목적의 통일적 수행을 위하여 행정조직은 원칙적으로 상하행정기관 사이에 명령과 복종에 의하여 규율되는 통일적이고 계층체계적인 형태를 갖는다.
행정조직의 독임성과 책임의 명확성	행정은 사무의 신속한 처리와 책임의 명확성을 위해 독임형 조직을 원칙으로 하고, 때에 따라 신중성과 공정성이 특히 요청되는 경우에는 합의형을 채택한다.
직업공무원제	현대행정의 복잡화·전문화·기술화에 대응하기 위해 직업공무원제를 원칙으로 한다.
행정조직의 민주성	민주성의 원리는 능률성의 원리와 배치되기도 하나, 양자를 조화시키는 것이 현대행정의 과제이다.

Ⅱ. 행정기관의 의의와 종류

1. 행정기관의 의의

광의의 행정기관은 행정주체의 행정사무를 담당하는 기관을 말하고, 협의의 행정기관은 일정한 범위 내의 행정사무에 관하여 행정주체의 의사를 결정·표시하는 기관을 말한다.

2. 행정기관의 개념적 특징

독립성	행정기관은 행정주체의 기관이지만 조직상으로 독립되어 있다. 기관의 구성원인 공무원이 변동되더라도 기관으로서 한 행위에는 영향이 없게 된다.
권한의 특정	행정기관은 특정한 권한을 갖는다. 그 권한은 그 기관이 속하는 행정주체를 위한 것이므로 기관의 행위에 의한 권리·의무도 행정주체에게 귀속된다.
비인격성	행정기관은 권한은 있지만 권리를 가지고 있는 것은 아니며, 법률효과의 직접적 귀속주체도 아니므로 독자적인 인격을 갖지 못한다.

3. 행정기관의 종류

행정(관)청	행정주체를 위하여 그 의사를 결정하고, 국민(주민)에 대해 이를 표시하는 권한을 가진 행정기관(행정각부장관, 지방자치단체장, 공정거래위원회 등)
보조기관	행정청에 소속되어 의사 또는 판단의 결정이나 표시를 보조함을 임무로 하는 기관(차관, 실장, 국장, 과장 등)
보좌기관	보조기관 가운데 특히 정책의 기획, 계획의 입안 및 연구·조사 등을 통해 참모적 기능을 담당하는 기관(차관보, 담당관 등)
자문기관	행정청의 자문에 응하여 또는 자발적으로 행정청의 의사결정에 참고가 될 의사를 제공하는 행정기관(국가안전보장회의, 민주평화통일자문회의, 정보공개심의회 등)
집행기관	행정청의 명을 받아 실력행사를 통하여 국가의사를 강제적으로 실현시키는 행정기관(경찰공무원, 세무공무원 등)
의결기관	행정에 관한 의사를 결정할 수 있는 권한을 가지는 합의제 행정기관. 의사결정권만 있고 외부에 표시권이 없다는 점에서 행정청과 구별된다(징계위원회, 지방의회, 교육위원회 등).
감사기관	행정기관의 사무처리나 회계를 감시·검사하는 기관(감사원 등)
부속기관	정부조직에 있어서 행정권의 직접적인 행사를 임무로 하는 기관에 부속하여 그 기관을 지원하는 기관(자문기관, 시험연구기관, 교육훈련기관, 문화기관, 의료기관, 휴양기관 등)

제2절 ▮ 행정권한

Ⅰ. 행정권한

1. 권한 설정의 원칙

행정권한법정주의, 명확성의 원칙, 권한불변경의 원칙이 있다.

2. 권한의 의의

행정청의 권한이란 행정청이 행정주체를 대표하여 의사를 결정하고 외부에 표시할 수 있는 범위를 말한다.

Ⅱ. 권한의 대리

1. 의의

행정관청의 권한의 전부 또는 일부를 다른 행정기관이 대신하여 행사하고 그 행위가 피대리관청의 행위로서 법적 효과를 발생하는 것을 말한다.

2. 구별개념

대표	대표자의 행위는 바로 국가 또는 지방자치단체의 행위가 되나 대리행위의 경우는 그렇지 않다.
위임	위임이란 행정청(위임청)이 그 권한의 일부를 다른 행정기관(수임청)에 이양하는 것으로 위임청의 당해 권한이 소멸된다는 점에서 그러한 권한의 소멸 없이 단지 권한을 대신 행사하는 데 그치는 대리와 구별된다.
내부위임	• 행정청이 그 보조기관 또는 하급기관에 대해 소관사무를 처리하도록 하면서 그 업무에 관한 대외적 권한행사는 원래 행정청의 명의로 하는 경우를 말한다. • 위임은 보통 권한이 이전되나 내부위임은 권한의 이전이 없고, 대리는 이를 외부에 표시하나 내부위임은 대외적으로 그 내용을 표시하지 않는다는 점에서 차이가 있다.

3. 대리의 종류

(1) 임의대리

① 의의: 피대리관청의 대리권부여라는 수권행위에 의해 대리관계가 발생하는 경우를 임의대리라 한다.

② 법적 근거: 명문의 규정이 없는 경우에도 허용되는지에 대해서는 견해가 나뉜다. 다수설은 권한의 이전이 없다는 것을 근거로 법적 근거를 필요로 하지 않는다고 본다.

③ 대리권의 범위: 수권행위에 정해진 범위가 대리권의 범위가 된다. 임의대리의 수권에는 권한의 일부에 대해서만 가능하고 권한 전부에 대한 대리는 허용되지 않는다는 점, 법령에서 반드시 특정 기관만이 하도록 규정한 행위는 수권의 대상이 되지 않는다는 점 등의 한계가 있다.

④ 대리행위의 효과: 대리관청의 행위는 피대리관청(행정청)의 행위로 귀속된다. 권한을 넘은 대리행위의 경우 민법상 표현대리 규정이 유추적용될 수 있다.

⑤ 대리관청과 피대리관청의 관계: 대리관청은 피대리관청의 권한을 자기의 책임하에 자기의 이름으로 행사하게 된다. 피대리관청은 대리관청을 지휘·감독하는 권한을 가지며, 대리관청의 행위에 대하여 책임을 부담한다.

⑥ 복대리: 임의대리는 피대리관청과 대리관청 간의 신뢰관계에 기초하여 성립하는 것이므로 복대리가 원칙적으로 허용되지 않는다.

⑦ 대리권 종료: 수권행위의 철회, 수권행위에서 정한 기한의 경과, 조건의 성취 등으로 종료한다.

(2) 법정대리

① 의의: 법령의 규정에 의하여 일정한 사실의 발생에 따라 당연히 또는 일정한 자의 지정에 의해 성립하는 대리를 뜻한다.

② 종류
- ㉠ 협의의 법정대리: 법정사실이 발생하면 당연히 대리관계가 발생하는 대리이다.
- ㉡ 지정대리: 법정사실의 발생 시 일정한 자가 대리자를 지정함으로써 대리관계가 발생한다. 지정대리는 피대리관청의 지위에 있는 자가 일시 유고 시에 행해지는 것이 보통이다. 공석인 경우 그 대리자를 지정하는 것을 서리라 한다. 서리를 지정대리로 봄이 일반적이다.

③ 대리권의 범위: 대리관청의 행위는 당연히 피대리관청의 행위로서 효과가 발생한다. 협의의 법정대리와 지정대리 모두 대리권은 피대리관청의 권한의 전부에 미친다.

④ 지휘·감독: 대리관청은 피대리관청의 권한을 자기의 책임하에 행사한다. 그러나 피대리관청은 대리관청의 선임·지휘·감독에 책임을 지지 않는다는 점에서 임의대리와 다르다.

⑤ 복대리: 법정대리에는 복대리가 가능하다고 본다.

⑥ 대리권의 소멸: 대리권을 발생하게 한 법정사유의 소멸에 의해 소멸한다.

Ⅲ. 권한의 위임

1. 의의

행정관청이 그 권한의 일부를 다른 행정기관에 이전하여 그 수임기관이 자기의 명의와 책임 아래 권한을 행사하는 것을 말한다. 소속 하급행정청에 대한 위임은 위임청의 일방적 위임행위에 의하여 성립하고, 수임기관의 동의를 요하지 않는다.

2. 법적 근거

권한의 위임은 법령에 규정된 권한의 법적 귀속을 변경하는 것이므로 반드시 위임을 허용하는 법적 근거가 있어야 한다.

3. 구별개념

내부위임(전결)	• 내부위임은 행정청의 내부적 사무처리의 편의를 도모하기 위하여 그 보조기관 또는 하급 행정청으로 하여금 그 권한을 '사실상' 행하게 하는 것을 말한다. 수임자는 위임관청의 명의로 권한을 행사하여야 한다. • 내부위임은 법률의 근거가 없이도 가능하나 위임은 법률의 근거를 요한다.
대결	• 행정관청 내부에서 그 구성원의 일시 부재 시에 보조기관이 대신 결재하는 것을 대결이라 한다. • 대결은 일시적으로 행해진다는 점에서 내부위임(전결)과 구별된다.
권한이양	권한의 이양은 법률상 권한 자체가 확정적으로 다른 기관에 이전된다는 점에서, 권한행사의 권한과 의무가 수임기관에 이전되는 권한의 위임과 구별된다. 권한의 위임은 잠정적이고 언제나 회수할 수 있지만 권한의 이양은 수권규범의 변경을 통하여 이루어지므로 수권규범의 변경이 없는 한 권한의 회수는 불가능하다.

4. 위임의 방식

권한의 위임은 직접 법령으로 정하거나, 법령에 근거한 위임관청의 의사결정으로 행하여진다.

5. 위임의 한계

권한의 위임은 위임청의 권한의 일부에 한하여 인정되며 권한의 전부 또는 위임청의 존립근거를 위태롭게 하는 주요부분의 위임은 인정되지 않는다. 권한의 재위임도 마찬가지이다.

6. 권한위임의 효과

(1) 권한의 이전

권한이 위임된 경우 위임청은 당해 위임사항을 처리할 수 있는 권한을 잃게 되고, 그 사항은 수임기관의 권한으로 된다.

(2) 지휘·감독권

위임 및 위탁기관은 수임 및 수탁기관의 수임 및 수탁사무 처리에 대하여 지휘·감독하고, 그 처리가 위법하거나 부당하다고 인정될 때에는 이를 취소하거나 정지시킬 수 있다.

(3) 사전승인 등의 제한

수임 및 수탁사무의 처리에 관하여 위임 및 위탁기관은 수임 및 수탁기관에 대하여 사전승인을 받거나 협의를 할 것을 요구할 수 없다.

(4) 항고소송의 피고

권한의 위임의 경우 수임청이 피고가 된다. 내부위임의 경우 위임청 이름으로 처분한 경우 위임청이 피고가 되나, 수임기관이 자기의 이름으로 처분을 한 경우 수임기관이 피고가 된다.

7. 비용부담

원칙적으로 수임사무의 처리에 드는 비용은 위임기관이 부담한다.

8. 위임의 종료

위임은 위임의 해제 또는 종기의 도래 등에 의해 종료되고, 당해 권한은 다시 위임청의 권한으로 된다.

구분	대리		내부위임(전결규정)	위임
	임의대리	법정대리		
권한의 이전 여부	이전되지 않음	이전되지 않음	이전되지 않음	이전됨
법적근거	불요	필요	불요	필요(∵ 권한의 실질적 변경이므로)
행위방식	현명주의	현명주의	위임기관의 명의로 행위	수임기관의 명의로 행위
대상	권한의 일부	권한의 전부 또는 일부	권한의 일부	권한의 일부
사무처리효과귀속	피대리청	피대리청	위임기관	수임기관
복대리 여부	불가	가능	불가	불가
공시 여부	불요	불요	불요	필요(∵ 권한의 이전이므로)
항고소송의 피고	피대리청	피대리청	위임기관	수임기관

제3절 ▌ 행정관청 상호 간의 관계

Ⅰ. 상하행정청 간의 관계

1. 감시

상급관청이 감독권 행사의 기초로서 하급관청의 사무처리상황을 파악하기 위해 보고를 받거나, 서류장부를 검사하는 등 사무감사를 행하는 것을 말한다.

2. 훈령

(1) 의의

하급행정청의 권한 행사를 일반적으로 지휘하기 위하여 상급행정청이 감독권의 당연한 작용으로서 사전에 발하는 명령을 말한다. 이는 상급행정청의 하급행정청에 대한 명령이라는 점에서 상관의 부하직원에 대한 직무상의 명령인 직무명령과 구별된다.

(2) 성질

훈령은 행정조직 내부에 발하는 행정규칙으로 원칙상 그 법규성이 인정되지 않는다. 따라서 수명기관이 이를 위반하더라도 당해 위반행위가 위법이 되는 것은 아니나 징계사유는 될 수 있다.

(3) 훈령의 종류

협의의 훈령, 지시, 예규, 일일명령

(4) 훈령의 요건
① 형식적 요건: 훈령권이 있는 상급관청이 하급관청의 권한에 속하는 사항으로 하급관청의 직무상 권한행사가 독립적으로 보장되고 있지 않은 사항에 대하여 발하여야 한다.
② 실질적 요건: 실질적 요건 내용이 적법·타당하고 확실하고 실현 가능하여야 한다.

(5) 하자 있는 훈령
형식적 요건에 대해서는 하급기관이 심사권을 가진다고 본다. 실질적 요건에 대해서는 중대·명백한 하자로 무효인 경우에 복종의무가 없지만 그 외의 경우에는 복종의무가 있다고 보고 있다.

(6) 훈령의 경합
상호 모순되는 훈령이 경합되는 때에는 ① 하급행정기관은 주관상급관청의 훈령을 따라야 하고, ② 주관상급관청이 서로 상하관계에 있는 때에는 직근상급관청의 훈령을 따라야 한다는 것이 다수설이다.

3. 인가·승인
하급관청의 일정한 권한행사에 대해 미리 상급관청의 동의나 승인을 받게 하는 것을 말한다. 예방적 감독수단에 해당하며 행정기관 상호 간의 내부행위로서 항고소송의 대상이 되는 처분에 해당하지 않는다.

4. 취소·정지
상급행정청은 법적 근거가 없는 경우에도 지휘·감독권에 기해 하급행정청의 위법·부당한 행위를 취소 또는 정지할 수 있는가에 관하여 견해대립이 있다. 사후적 감독수단에 속한다.

5. 쟁의의 결정
상급행정청은 하급행정청 상호 간에 권한에 관한 다툼이 있는 경우 권한 있는 기관을 결정할 권한을 갖는다. 행정 각부 간의 권한의 획정은 국무회의 심의를 거쳐 대통령이 결정한다.

6. 대집행
상급행정청이 하급행정청의 권한을 대집행하기 위해서는 별도의 법적 근거가 있어야 한다.

II. 대등행정청 간의 관계

1. 권한의 상호존중
대등관청 사이에서는 서로 다른 관청의 권한을 존중하고 협력하여야 한다. 행정관청이 그 권한 내의 행위를 한 경우 그 하자가 중대·명백하여 무효이지 않은 이상, 공정력이 있으므로 다른 행정청은 그에 구속된다.

2. 상호협력관계

(1) 협의
① 의의: 행정업무가 여러 행정청의 권한과 관련된 경우 주무행정청이 업무처리에 대한 결정권을 가지고 관계행정청은 협의권을 갖게 된다.
② 협의의 구속력: 관계기관의 협의의견은 원칙적으로 주무행정청을 구속하지 않지만, 법령상 협의로 규정되어 있다 하더라도 해석상 동의라고 보아야 하는 경우에 그 협의의견은 실질적으로 동의 의견으로서 법적 구속력을 가진다는 것이 판례이다.
③ 협의절차의 하자: 법령에 규정된 협의를 거치지 않은 처분에 대해 판례는 원칙적 취소사유로 보고 있다.

(2) 동의
① 의의: 행정업무가 여러 행정청의 권한과 관련된 경우 주무행정청이 업무처리에 대해 관계행정청의 동의를 받아야 하는 경우가 있다.
② 동의의 구속력: 주무행정청은 관계행정청의 동의 또는 부동의 의견에 구속된다.
③ 동의절차의 하자: 동의를 받아야 함에도 동의 없이 한 처분은 무권한의 처분으로 원칙상 무효라는 것이 다수설이다.
④ 동의절차에 대한 쟁송: 관계행정청의 부동의 자체는 행정기관 간의 행위로서 항고소송의 대상이 되는 처분에 해당하지 않는다.

3. 사무위탁·촉탁

대등관청 사이에 있어 하나의 관청에 직무상 필요한 사무가 다른 행정청의 관할에 속하는 경우 그 행정청에 사무처리를 위탁하는 것을 말한다.

4. 행정응원

대등한 행정관청의 일방이 다른 관청의 요청에 의해 또는 자발적으로 그 다른 행정관청의 권한행사에 협력하는 것을 말한다.

제2장 지방자치법

제1절 ▮ 자치행정조직

Ⅰ. 공공단체

1. 의의

국가 밑에서 그 자체의 고유한 존립목적을 가지고 법인격이 부여된 단체로서 공행정주체의 지위를 가지는 단체를 공공단체라 한다.

2. 공공단체의 종류

지방자치단체	• 특별시, 광역시, 도, 특별자치시, 특별자치도, 시, 군, 구 • 제주특별자치도에는 지방자치단체인 시와 군을 두지 아니한다.
공법상 사단법인(공공조합)	국가로부터 부여된 목적을 수행하기 위한 자치권이 부여된 법인을 뜻한다(농업협동조합, 대한변호사협회, 상공회의소 등).
공법상 재단법인	국가나 지방자치단체가 출연한 재산을 관리하기 위하여 설립된 법인을 말한다(학술진흥재단, 한국과학기술재단 등).
영조물법인	공행정목적의 계속적 수행을 위한 인적·물적 종합시설인 영조물에 법인격이 부여된 것을 말한다(각종 공사, 특수은행, 각종 공단 등).

Ⅱ. 지방자치단체

1. 지방자치단체의 법적 지위

① 지방자치단체는 국가와 독립된 법인으로서 권리의무의 주체가 된다.
② 지방자치단체라 할지라도 처분의 상대방이 될 경우에는 항고소송의 원고적격이 인정된다.
③ 지방자치단체는 기본권의 주체성이 인정되지 않으므로 헌법소원을 제기할 수 없다는 것이 헌법재판소의 입장이다.

2. 지방자치단체 상호 간의 협력

(1) 사무의 위탁

지방자치단체나 그 장은 소관 사무의 일부를 다른 지방자치단체나 그 장에게 위탁하여 처리하게 할 수 있다.

(2) 행정협의회
지방자치단체는 2개 이상의 지방자치단체에 관련된 사무의 일부를 공동으로 처리하기 위하여 관계 지방자치단체 간의 행정협의회를 구성할 수 있다.

(3) 지방자치단체의 장 등의 협의체
지방자치단체의 장이나 지방의회의 의장은 상호 간의 교류와 협력을 증진하고, 공동의 문제를 협의하기 위하여 전국적 협의체를 설립할 수 있다.

(4) 지방자치단체조합
① 2개 이상의 지방자치단체가 하나 또는 둘 이상의 사무를 공동으로 처리할 필요가 있을 때에는 규약을 정하여 지방의회의 의결을 거쳐 시·도는 행정안전부장관의 승인, 시·군 및 자치구는 시·도지사의 승인을 받아 지방자치단체조합을 설립할 수 있다.

② 다만, 지방자치단체조합의 구성원인 시·군 및 자치구가 2개 이상의 시·도에 걸쳐 있는 지방자치단체조합은 행정안전부장관의 승인을 받아야 한다.

3. 지방자치단체 상호 간의 분쟁해결

(1) 지방자치단체분쟁조정위원회
분쟁의 조정과 협의사항의 조정에 필요한 사항을 심의·의결하기 위하여 행정안전부에 지방자치단체중앙분쟁조정위원회를, 시·도에 지방자치단체지방분쟁조정위원회를 둔다.

(2) 행정안전부장관 또는 시·도지사의 조정
① 지방자치단체 상호 간 또는 지방자치단체의 장 상호 간에 사무를 처리할 때 의견이 달라 다툼이 생기면 다른 법률에 특별한 규정이 없으면 행정안전부장관이나 시·도지사가 당사자의 신청을 받아 조정할 수 있다.

② 다만, 그 분쟁이 공익을 현저히 해쳐 조속한 조정이 필요하다고 인정되면 당사자의 신청이 없어도 직권으로 조정할 수 있다.

(3) 권한쟁의심판
국가기관 상호 간, 국가기관과 지방자치단체 간 및 지방자치단체 상호 간에 권한의 유무 또는 범위에 관하여 다툼이 있을 때에는 해당 국가기관 또는 지방자치단체는 헌법재판소에 권한쟁의심판을 청구할 수 있다.

제2절 ▍지방자치법

Ⅰ. 지방자치단체의 구역

1. 매립지 등의 구역획정

공유수면법에 따른 매립지와 공간정보관리법상의 지적공부에 등록이 누락되어 있는 토지가 속할 지방자치단체는 행정안전부장관이 결정한다. 행정안전부장관의 결정에 이의가 있으면 지방자치단체장은 그 결과를 통보받은 날부터 15일 이내에 대법원에 소송을 제기할 수 있다.

2. 지방자치단체의 구역변경

(1) 유형

① 폐치 · 분합: 지방자치단체의 신설 또는 폐지의 결과가 발생한다.

> **Plus 보충** 폐치 · 분합의 유형
>
> | | |
> |---|---|
> | 분할 | 하나의 지방자치단체를 둘 이상의 지방자치단체로 나누는 것 |
> | 분립 | 하나의 지방자치단체의 일부 구역을 나누어 새로운 지방자치단체를 설립하는 것 |
> | 신설합병 | 둘 이상의 지방자치단체를 합하여 하나의 지방자치단체를 만드는 것 |
> | 흡수합병 | 하나의 지방자치단체를 다른 지방자치단체에 흡수시키는 것 |

② 경계변경: 지방자치단체의 존폐와 관계없이 단지 그 경계의 변경만 발생한다.

(2) 지방자치단체의 명칭과 구역

① 지방자치단체의 명칭과 구역을 바꾸거나 지방자치단체를 폐지하거나 설치하거나 나누거나 합칠 때에는 법률로 정한다. 다만, 지방자치단체의 관할구역 경계변경과 한자 명칭의 변경은 대통령령으로 정한다.

② 지방자치단체를 폐지하거나 설치하거나 나누거나 합칠 때 또는 그 명칭이나 구역을 변경할 때에는 지방의회의 의견을 들어야 한다. 다만, 주민투표법 제8조에 따라 주민투표를 한 경우에는 그러하지 아니하다.

(3) 지방자치단체의 경계변경에 대한 조정

① 지방자치단체의 장은 관할 구역과 생활권과의 불일치 등으로 인하여 주민생활에 불편이 큰 경우 등 대통령령으로 정하는 사유가 있는 경우에는 행정안전부장관에게 경계변경이 필요한 지역 등을 명시하여 경계변경에 대한 조정을 신청할 수 있다. 이 경우 지방자치단체의 장은 지방의회 재적의원 과반수의 출석과 출석의원 3분의 2 이상의 동의를 받아야 한다.

② 관계 중앙행정기관의 장 또는 둘 이상의 지방자치단체에 걸친 개발사업 등의 시행자는 대통령령으로 정하는 바에 따라 관계 지방자치단체의 장에게 제1항에 따른 경계변경에 대한 조정을 신청하여 줄 것을 요구할 수 있다.

(4) 자치구가 아닌 행정구역의 명칭과 구역(지방자치법 제7조 제1항)

자치구가 아닌 구와 읍·면·동의 명칭과 구역은 종전과 같이 하고, 이를 폐지하거나 설치하거나 나누거나 합칠 때에는 행정안전부장관의 승인을 받아 그 지방자치단체의 조례로 정한다. 다만, 명칭과 구역의 변경은 그 지방자치단체의 조례로 정하고, 그 결과를 특별시장·광역시장·도지사에게 보고하여야 한다.

(5) 구역변경의 효과

지방자치단체의 구역을 변경하거나 지방자치단체를 폐지하거나 설치하거나 나누거나 합칠 때에는 새로 그 지역을 관할하게 된 지방자치단체가 그 사무와 재산을 승계한다. 다만, 승계되는 사무와 재산에서 기관위임된 국가사무는 제외된다.

(6) 주민의 헌법소원

Ⅱ. 지방자치단체의 주민

1. 주민의 의의

지방자치단체의 구역 안에 주소를 가진 자는 그 지방자치단체의 주민이 된다. 주민등록법에서는 공법관계의 주소는 주민등록지로 하고 있으므로 주민등록지가 주소가 되는 것이 원칙이다.

2. 주민의 권리

(1) 공공시설이용권

주민은 법령으로 정하는 바에 따라 지방자치단체의 재산과 공공시설을 이용할 권리와 그 지방자치단체로부터 균등하게 행정의 혜택을 받을 권리를 가진다(지방자치법 제17조 제2항). 이 권리는 구체적 권리로 볼 수 없다는 것이 판례이다.

(2) 참정권

① 선거권: 18세 이상의 주민(외국인 포함)은 지방자치단체의 의회의원 및 장의 선거권을 가진다.
② 피선거권: 선거일 현재 계속하여 60일 이상 해당 지방자치단체의 관할구역에 주민등록이 되어 있는 주민으로서 18세 이상의 국민은 그 지방의회의원 및 지방자치단체의 장의 피선거권이 있다.

(3) 주민투표권

① 법률상 권리: 주민투표권은 법률이 보장하는 권리일 뿐 헌법이 보장하는 기본권 또는 헌법상 제도적으로 보장되는 주관적 공권으로 볼 수 없다.
② 주민투표권자: 18세 이상 주민(외국인 포함)은 주민투표권을 가진다.
③ 주민투표의 대상: 주민에게 과도한 부담을 주거나 중대한 영향을 미치는 지방자치단체의 주요 결정사항은 주민투표에 부칠 수 있다.

④ 주민투표 대상 제외사항

㉠ 법령에 위반되거나 재판 중인 사항

㉡ 국가 또는 다른 지방자치단체의 권한 또는 사무에 속하는 사항

㉢ 지방자치단체의 예산·회계·계약 및 재산관리에 관한 사항과 지방세·사용료·수수료·분담금 등 각종 공과금의 부과 또는 감면에 관한 사항

㉣ 행정기구의 설치·변경에 관한 사항과 공무원의 인사·정원 등 신분과 보수에 관한 사항

㉤ 다른 법률에 의하여 주민대표가 직접 의사결정주체로서 참여할 수 있는 공공시설의 설치에 관한 사항. 다만, 제5항의 규정에 의하여 지방의회가 주민투표의 실시를 청구하는 경우에는 그러하지 아니하다.

㉥ 동일한 사항(그 사항과 취지가 동일한 경우를 포함한다)에 대하여 주민투표가 실시된 후 2년이 경과되지 아니한 사항 등은 이를 주민투표에 부칠 수 없다.

⑤ 주민투표의 실시요건

18세 이상의 주민의 청구	주민투표청구권자 총수의 20분의 1 이상 5분의 1 이하의 범위 안에서 지방자치단체의 조례로 정하는 수 이상의 서명으로 그 지방자치단체의 장에게 청구
지방의회	재적의원 과반수의 출석과 출석의원 3분의 2 이상의 찬성
지방자치단체의 장	그 지방의회 재적의원 과반수의 출석과 출석의원 과반수의 동의

⑥ 주민투표 결과의 확정

확정	주민투표권자 총수의 4분의 1 이상의 투표와 유효투표수 과반수의 득표
미달 또는 동수인 경우	찬성과 반대 양자를 모두 수용하지 아니하거나, 양자택일의 대상이 되는 사항 모두를 선택하지 아니하기로 확정

⑦ 불복절차

㉠ 주민투표의 효력에 이의가 있는 주민투표권자는 주민투표권자 총수의 100분의 1 이상의 서명으로 주민투표 결과가 공표된 날부터 14일 이내에 관할 선거관리위원회 위원장을 피소청인으로 하여 시·도선거관리위원회나 중앙선거관리위원회에 소청할 수 있다.

㉡ 소청결정에 대한 불복은 결정서를 받은 날로부터 10일 이내에 시·도의 경우 대법원에, 시·군·구의 경우 관할 고등법원에 소를 제기할 수 있다.

(4) 청원권

주민은 지방의회에 대해 지방의회의원의 소개를 받아 청원할 수 있다.

(5) 조례의 제정·개폐청구권

① 청구권자: 주민(외국인 포함, 나이 제한 ×)은 조례의 제정·개폐에 대한 청구권을 가진다.

② 청구의 상대방: 해당 지방자치단체의 의회에 청구할 수 있다.

③ 청구대상: 조례의 제정·개정·폐지가 모두 포함된다.

④ 제외사항

⑦ 법령을 위반하는 사항

ⓒ 지방세 · 사용료 · 수수료 · 부담금을 부과 · 징수 또는 감면하는 사항

ⓒ 행정기구를 설치하거나 변경하는 사항

② 공공시설의 설치를 반대하는 사항

(6) 규칙의 제정 · 개폐 의견제출권

① 의견제출권: 주민(외국인 포함, 나이 제한 ×)은 규칙(권리 · 의무와 직접 관련되는 사항으로 한정한다)의 제정, 개정 또는 폐지와 관련된 의견을 해당 지방자치단체의 장에게 제출할 수 있다.

② 의견제출의 상대방: 해당 지방자치단체의 장에게 제출할 수 있다.

③ 의견제출에 대한 통보: 지방자치단체의 장은 제출된 의견에 대하여 의견이 제출된 날부터 30일 이내에 검토 결과를 그 의견을 제출한 주민에게 통보하여야 한다.

(7) 감사청구권

① 청구권자: 18세 이상인 주민 일정 수의 연대서명에 의한다. 공직선거법 제18조에 따른 선거권이 없는 사람은 제외된다.

② 감사청구대상: 그 지방자치단체와 그 장의 권한에 속하는 사무의 처리가 법령에 위반되거나 공익을 현저히 해친다고 인정되면 감사를 청구할 수 있다(자치사무 · 단체위임사무 · 기관위임사무 모두 포함).

③ 제외사항

⑦ 수사나 재판에 관여하게 되는 사항

ⓒ 개인의 사생활을 침해할 우려가 있는 사항

ⓒ 다른 기관에서 감사하였거나 감사 중인 사항. 다만, 다른 기관에서 감사한 사항이라도 새로운 사항이 발견되거나 중요 사항이 감사에서 누락된 경우와 주민소송의 대상이 되는 경우에는 그러하지 아니하다.

② 동일한 사항에 대하여 주민소송이 진행 중이거나 그 판결이 확정된 사항

④ 감사청구의 제한: 감사청구는 사무처리가 있었던 날이나 끝난 날부터 3년이 지나면 제기할 수 없다.

⑤ 감사청구의 상대방: 시 · 도에서는 주무부장관에게, 시 · 군 및 자치구에서는 시 · 도지사에게 청구할 수 있다.

⑥ 감사청구의 처리: 주무부장관이나 시 · 도지사는 감사청구를 수리한 날부터 60일 이내에 감사청구된 사항에 대하여 감사를 끝내야 하며, 감사결과를 청구인의 대표자와 해당 지방자치단체의 장에게 서면으로 알리고, 공표하여야 한다.

(8) 주민소송

① **민중소송**: 주민소송은 지방자치단체의 위법한 재무회계행위를 시정하고자 하는 공익목적을 가지고 제기하는 민중소송이며, 구체적인 법률상 이익의 침해가 없어도 제기하고 적법성 통제를 목적으로 하는 객관적 소송에 해당한다.

② **원고적격**: 감사청구한 주민만 소송을 제기할 수 있다. 1명이 청구하는 것도 가능하다.

③ **소송대상**: 주민감사청구 중 공금의 지출에 관한 사항, 재산의 취득·관리·처분에 관한 사항, 해당 지방자치단체를 당사자로 하는 매매·임차·도급 계약이나 그 밖의 계약의 체결·이행에 관한 사항 또는 지방세·사용료·수수료·과태료 등 공금의 부과·징수를 게을리한 사항을 대상으로 한다.

④ **소송의 형태**
  ㉠ **중지소송**: 해당 행위를 계속하면 회복하기 곤란한 손해를 발생시킬 우려가 있는 경우에 그 행위의 전부나 일부를 중지할 것을 요구하는 소송
  ㉡ **처분소송**: 행정처분인 해당 행위의 취소 또는 변경을 요구하거나 그 행위의 효력 유무 또는 존재 여부의 확인을 요구하는 소송
  ㉢ **위법확인소송**: 게을리한 사실의 위법 확인을 요구하는 소송
  ㉣ **손해배상·부당이득반환청구소송**: 해당 지방자치단체의 장 및 직원, 지방의회의원, 해당 행위와 관련이 있는 상대방에게 손해배상청구 또는 부당이득반환청구를 할 것을 요구하는 소송

⑤ **주민소송의 상대방**: 해당 지방자치단체의 장을 피고로 소송을 제기한다.

⑥ **소제기기간**: 감사결과의 통지를 받은 날 등 각 불복사유가 발생한 날로부터 90일 이내에 제기하여야 한다.

⑦ **제소제한**: 주민소송이 계속 중인 때에는 다른 주민은 동일한 사항에 대하여 별도의 소송을 제기할 수 없다.

⑧ **소송중단**: 소송의 계속 중에 소송을 제기한 주민이 사망하거나 주민의 자격을 잃으면 소송절차는 중단된다. 소송대리인이 있는 경우에도 또한 같다.

⑨ **청구포기의 제한**: 당사자는 법원의 허가를 받지 아니하고는 소의 취하, 소송의 화해 또는 청구의 포기를 할 수 없다.

(9) 주민소환권

① **의의**: 주민은 그 지방자치단체장 및 지방의회의원을 소환할 권리를 가진다. 다만 비례대표 지방의회의원은 제외된다.

② **사유**: 주민소환 사유는 별도의 제한이 없다. 헌법재판소는 주민소환 사유에 아무런 제한을 두지 않은 것은 소환대상자의 공무담임권을 침해하지 않는 것으로 본다.

③ **주민소환투표권자**: 19세 이상의 주민(외국인 포함)은 주민소환투표권을 가진다.

④ **주민소환투표 청구**: 주민소환에 관한 법률상 일정 수 이상의 서명으로 그 소환사유를 서면에 구체적으로 명시하여 관할선거관리위원회에 주민소환투표의 실시를 청구할 수 있다.

⑤ 청구금지: 아래의 경우 청구할 수 없다.
　㉠ 선출직 지방공직자의 임기개시일부터 1년이 경과하지 아니한 때
　㉡ 선출직 지방공직자의 임기만료일부터 1년 미만일 때
　㉢ 해당 선출직 지방공직자에 대한 주민소환투표를 실시한 날부터 1년 이내인 때
⑥ 주민소환투표의 확정

확정	주민투표권자 총수의 3분의 1 이상의 투표와 유효투표수 과반수의 득표
미달	개표를 하지 아니한다.

⑦ 확정의 효력: 주민소환투표대상자는 관할 선거관리위원회가 주민소환투표안을 공고한 때부터 주민소환투표결과를 공표할 때까지 그 권한행사가 정지되며, 주민소환이 확정된 때에는 주민소환투표대상자는 그 결과가 공표된 시점부터 그 직을 상실한다. 그 직을 상실한 자는 그로 인하여 실시하는 해당 보궐선거에 후보자로 등록할 수 없다.
⑧ 주민소환투표 효력에 대한 불복: 주민소환투표 결과가 공표된 날부터 14일 이내에 특별시·광역시·도선거관리위원회나 중앙선거관리위원회에 소청할 수 있으며, 소청결과에 불복이 있는 경우 10일 이내에 시·군·구에서는 고등법원에, 시·도에서는 대법원에 소를 제기할 수 있다.

3. 주민의 의무

주민은 법령으로 정하는 바에 따라 소속 지방자치단체의 비용을 분담하여야 하는 의무를 진다. 그 외 일정시설에 대한 이용강제의무가 부과되기도 한다.

Ⅲ. 지방자치단체의 사무

1. 자치사무

자치단체의 본래적 사무로서 지방자치단체는 국가 또는 다른 자치단체의 전권에 속하는 사무를 제외하고는 그 지방주민의 복리에 관한 공공사무를 포괄적으로 처리할 수 있다.

2. 위임사무

위임사무란 지방자치단체 또는 그 기관이 국가 또는 다른 공공단체의 위임에 근거하여 행하는 사무를 뜻한다. 위임사무는 단체위임사무와 기관위임사무 등이 있다.

구분	자치사무	단체위임사무	기관위임사무
사무처리 효과	해당 지방자치단체에 귀속	국가 등에 귀속	국가 등에 귀속
조례제정가능성	가능	가능	불가(법령의 위임 시 예외 인정)
지방의회 관여	가능	가능	불가
경비부담	지방자치단체	위임자	위임자
감독범위	합법성	합법성 + 합목적성	합법성 + 합목적성

Ⅳ. 지방자치단체의 권한

1. 자치입법권

(1) 의의

지방자치단체는 법령의 범위 안에서 자치에 관한 규정을 제정할 수 있다. 자치법규로는 조례와 규칙, 교육자치법규로는 교육규칙이 있다.

(2) 조례

① 제정사항

  ㉠ 조례제정권: 지방자치단체는 법령의 범위 안에서 그 권한에 속하는 모든 사무에 관하여 조례를 제정할 수 있다.

  ㉡ 기관위임사무: 기관위임사무는 원칙적으로 조례제정사항에서 제외되지만, 법령의 위임이 있는 경우 예외적으로 제정될 수 있다.

  ㉢ 지방자치단체장의 전속적 권한: 자치사무나 단체위임사무라도 법령에 의해 지방자치단체장의 전속적 권한으로 정한 사항은 조례로 정할 수 없고, 그러한 조례는 무효이다.

② 법령의 근거: 조례는 원칙적으로 법령의 범위 안에서 자주적으로 제정할 수 있는 것이므로 법령의 위임이 있어야만 하는 것은 아니지만, 주민의 권리·의무에 관한 사항이거나 벌칙에 관한 사항은 법률의 위임을 요한다.

③ 조례제정권의 한계

  ㉠ 법령에 위반되는 조례는 무효이다.

  ㉡ 조례로써 조례위반행위에 대해 1천만 원 이하의 과태료를 정할 수 있다.

④ 조례에 대한 통제

  ㉠ 지방자치단체장에 의한 통제

단체장의 재의 요구	ⓐ 조례안이 지방의회에서 의결되면 지방의회의 의장은 의결된 날부터 5일 이내에 그 지방자치단체의 장에게 이송 ⓑ 지방자치단체의 장은 조례안을 이송받으면 20일 이내에 공포 ⓒ 지방자치단체의 장은 이송받은 조례안에 대하여 이의가 있으면 20일 이내에 이유를 붙여 지방의회로 환부하고, 재의를 요구[일부재의(✕), 수정재의(✕)] ⓓ 지방의회는 재의 요구를 받으면 조례안을 재의에 부치고 재적의원 과반수의 출석과 출석의원 3분의 2 이상의 찬성으로 전과 같은 의결을 하면 그 조례안은 조례로서 확정

  ㉡ 감독청에 의한 통제: 지방의회의 의결이 법령에 위반되거나 공익을 현저히 해친다고 판단되면 시·도에 대하여는 주무부장관이, 시·군 및 자치구에 대하여는 시·도지사가 재의를 요구하게 할 수 있다.

ⓒ 법원에 의한 통제: 조례에 근거한 처분에 대해 소가 제기되어 조례가 재판의 전제가 된 경우에는 법원이 재판하는 구체적 규범통제가 인정된다. 다만, 조례가 집행행위의 개입 없이도 그 자체로서 직접 국민의 구체적인 권리의무나 법적 이익에 영향을 미치는 처분조례인 경우 항고소송의 대상이 된다. 이 경우 피고는 단체장이 된다.

ⓔ 헌법소원: 조례가 그 자체로 기본권을 침해하는 경우 조례 자체에 대하여 헌법소원을 제기할 수 있다는 것이 헌법재판소의 입장이다.

(3) 규칙

규칙은 지방자치단체의 장이 법령 또는 조례가 위임한 범위 안에서 그 권한에 속하는 사무에 관하여 제정하는 규범이다.

2. 자치조직권

① 자치구가 아닌 구와 읍·면·동을 폐지하거나 설치하거나 나누거나 합칠 때에는 행정안전부장관의 승인을 받아 그 지방자치단체의 조례로 정한다.
② 리의 명칭과 구역을 변경하거나 리를 폐지하거나 설치하거나 나누거나 합칠 때에는 그 지방자치단체의 조례로 정한다.
③ 지방자치단체는 그 보조기관·소속행정기관·하부행정기관에 대한 자주조직권을 갖는다.

3. 자치행정권

지방자치단체가 자기의 독자적 사무를 원칙적으로 중앙정부의 간섭을 받지 않고 자주적으로 처리할 수 있는 권한을 말한다.

4. 자치재정권

지방자치단체는 그 자치사무와 위임사무의 처리를 위한 경비의 지출의무가 있으므로 그 경비를 충당하기 위하여 필요한 세입을 확보하고 지출을 관리하는 권한을 가진다.

Ⅴ. 지방자치단체의 기관

1. 지방의회

(1) 지방의회의 법적 지위

주민의 직접·비밀·보통·평등선거로 선출된 일정 수의 의원으로 구성되는 주민의 대표기관이다.

(2) 지방의회의 권한

지방의회는 ① 의결권, ② 행정사무에 대한 감사·조사권, ③ 각종 자율권, ④ 단체장 또는 공무원에 대한 출석·답변요구권, ⑤ 서류제출요구권, ⑥ 지방자치단체장의 선결처분에 대한 승인권, ⑦ 청원수리·의결권 등을 갖는다.

(3) 지방의회의원의 권한과 의무

① **권한**: 지방의회의원의 임기는 4년으로 의정활동비·여비 외에 직무활동에 대한 월정수당을 받을 권리, 당해 지방의회의 기관의 선거권과 피선거권, 의안발의·발언·투표 등 의사에 참여할 권리를 갖는다.

② **의무**: 일정한 직책을 겸직할 수 없고 당해 지방자치단체 및 공공단체와 영리를 목적으로 하는 거래를 할 수 없으며 직무수행상 공공이익의 우선의무, 성실의무, 청렴의무, 품위유지의무, 지위남용금지의무 등을 진다.

2. 지방자치단체의 장

(1) 단체장의 지위

지방자치단체의 장은 집행기관의 장으로서, 당해 자치단체의 사무를 일반적으로 관장·집행하고, 당해 자치단체를 통할·대표한다. 단체장이 기관위임사무를 수행하는 한도에서는 국가의 하급행정기관의 지위에 선다. 지방자치단체의 장의 임기는 4년으로 하며, 지방자치단체의 장의 계속 재임은 3기에 한한다.

(2) 단체장의 권한

① **일반적 권한**: 지방자치단체의 대표권, 사무관리집행권, 규칙제정권, 직원의 임면·지휘·감독권, 하급행정기관에 대한 행정감독권, 직속기관이나 소속행정기관 설치권 등의 권한이 있다.

② **지방의회에 대한 권한**: 임시회 소집요구권, 의회출석·진술권, 의안발의권, 조례공포권, 지방의회 의결에 대한 재의요구권, 지방의회 재의결에 대한 대법원에의 제소권, 선결처분권 등이 있다.

③ **선결처분권**: 지방자치단체의 장은 지방의회가 지방의회의원이 구속되는 등의 사유로 의결정족수에 미달될 때와 지방의회의 의결사항 중 주민의 생명과 재산 보호를 위하여 긴급하게 필요한 사항으로서 지방의회를 소집할 시간적 여유가 없거나 지방의회에서 의결이 지체되어 의결되지 아니할 때에는 선결처분을 할 수 있다.

3. 지방자치단체의 장의 재의 요구

① 지방자치단체의 장은 지방의회의 의결이 월권이거나 법령에 위반되거나 공익을 현저히 해친다고 인정되면 그 의결사항을 이송받은 날부터 20일 이내에 이유를 붙여 재의를 요구할 수 있다.

② 재의한 결과 재적의원 과반수의 출석과 출석의원 3분의 2 이상의 찬성으로 전과 같은 의결을 하면 그 의결사항은 확정된다.

③ 지방자치단체의 장은 재의결된 사항이 법령에 위반된다고 인정되면 대법원에 소(訴)를 제기할 수 있다.

Ⅵ. 지방자치단체에 대한 국가의 관여

1. 입법적 관여
지방자치단체의 조직과 운영에 관한 기본적 사항은 법률로 정하고 있다.

2. 사법적 관여
넓은 의미로는 행정심판에 의한 통제와 행정소송에 의한 통제 및 헌법재판소에 의한 통제 방식이 있고, 법원에 의한 통제로는 항고소송, 당사자소송, 선거소송 및 기관소송 등이 있다.

3. 행정적 관여

(1) 감독기관

① 지방자치단체나 그 장이 위임받아 처리하는 국가사무에 관하여 시·도에서는 주무부장관, 시·군 및 자치구에서는 1차로 시·도지사, 2차로 주무부장관의 지도·감독을 받는다.
② 시·군 및 자치구나 그 장이 위임받아 처리하는 시·도의 사무에 관하여는 시·도지사의 지도·감독을 받는다.

(2) 지방의회 의결의 재의 요구와 제소

① 지방의회의 의결이 법령에 위반되거나 공익을 현저히 해친다고 판단되면 시·도에 대해서는 주무부장관이, 시·군 및 자치구에 대해서는 시·도지사가 해당 지방자치단체의 장에게 재의를 요구하게 할 수 있다.
② 시·군 및 자치구의회의 의결이 법령에 위반된다고 판단됨에도 불구하고 시·도지사가 제1항에 따라 재의를 요구하게 하지 아니한 경우 주무부장관이 직접 시장·군수 및 자치구의 구청장에게 재의를 요구하게 할 수 있다.
③ 재의 요구 지시를 받은 지방자치단체의 장은 의결사항을 이송받은 날부터 20일 이내에 지방의회에 이유를 붙여 재의를 요구하여야 한다.
④ 지방의회가 재의한 결과 재적의원 과반수의 출석과 출석의원 3분의 2 이상의 찬성으로 전과 같은 의결을 하면 그 의결사항은 확정된다.
⑤ 지방자치단체의 장은 재의결된 사항이 법령에 위반된다고 인정되면 재의결된 날로부터 20일 이내에 대법원에 소를 제기할 수 있다(집행정지결정 신청 가능).
⑥ 해당 지방자치단체의 장이 제소하지 않는 경우 감독청이 제소를 지시하거나 직접 제소할 수 있다(집행정지결정 신청 가능).

(3) 위법·부당한 명령·처분의 시정명령과 취소·정지

① **시정명령 대상**: 자치사무와 단체위임사무를 대상으로 하고 기관위임사무는 포함되지 않는다는 것이 판례이다.
② **시정범위**: 시정명령이나 취소 또는 정지는 자치사무의 경우 위법한 경우에 한하고, 단체위임사무는 위법뿐만 아니라 부당(합목적성의 결여)한 경우도 포함된다.
③ **소송대상**
  ㉠ 자치사무에 관한 취소 또는 정지처분에 한하여 지방자치단체의 장이 대법원에 제소할 수 있고, 단체위임사무에 관한 취소 또는 정지처분은 취소소송을 인정하고 있지 않다.
  ㉡ 한편, 판례는 시정명령은 명문의 규정이 없으므로 대법원에 소를 제기하는 것을 허용하지 않는다(기관소송은 법률에 규정이 있는 경우에 한하므로).

(4) 지방자치단체의 장에 대한 직무이행명령

① 지방자치단체의 장이 법령에 따라 그 의무에 속하는 국가위임사무나 시·도위임사무의 관리와 집행을 명백히 게을리하고 있다고 인정되면 시·도에 대해서는 주무부장관이, 시·군 및 자치구에 대해서는 시·도지사가 기간을 정하여 서면으로 이행할 사항을 명령할 수 있다.
② 주무부장관이나 시·도지사는 해당 지방자치단체의 장이 이행명령을 이행하지 아니하면 그 지방자치단체의 비용부담으로 대집행 또는 행정상·재정상 필요한 조치(이하 "대집행 등"이라 한다)를 할 수 있다. 이 경우 행정대집행에 관하여는 행정대집행법을 준용한다.
③ 주무부장관은 시장·군수 및 자치구의 구청장이 법령에 따라 그 의무에 속하는 국가위임사무의 관리와 집행을 명백히 게을리하고 있다고 인정됨에도 불구하고 시·도지사가 이행명령을 하지 아니하는 경우 시·도지사에게 기간을 정하여 이행명령을 하도록 명할 수 있다.
④ 주무부장관은 시·도지사가 이행명령을 하지 아니하면 직접 시장·군수 및 자치구의 구청장에게 기간을 정하여 이행명령을 하고, 그 기간에 이행하지 아니하면 주무부장관이 직접 대집행 등을 할 수 있다.
⑤ 주무부장관은 시·도지사가 시장·군수 및 자치구의 구청장에게 이행명령을 하였으나 이를 이행하지 아니한 데 따른 대집행 등을 하지 아니하는 경우에는 시·도지사에게 기간을 정하여 대집행 등을 하도록 명하고, 그 기간에 대집행 등을 하지 아니하면 주무부장관이 직접 대집행 등을 할 수 있다.
⑥ 지방자치단체의 장은 이행명령에 이의가 있으면 이행명령서를 접수한 날부터 15일 이내에 대법원에 소를 제기할 수 있다(집행정지 신청 가능).

제3장 공무원법

제1절 ▌ 공무원관계의 발생·변경·소멸

Ⅰ. 개설

경력직 공무원 (직업공무원)	일반직 공무원	행정 일반 또는 기술·연구를 담당하는 공무원
	특정직 공무원	법관, 검사, 외무공무원, 경찰공무원, 소방공무원, 교육공무원, 군인, 군무원, 헌법재판소 헌법연구관, 국가정보원의 직원과 특수 분야의 업무를 담당하는 공무원으로서 다른 법률에서 특정직공무원으로 지정하는 공무원
특수경력직 공무원	정무직 공무원	• 선거로 취임하거나 임명할 때 국회의 동의가 필요한 공무원 • 고도의 정책결정 업무를 담당하거나 이러한 업무를 보조하는 공무원으로서 법률이나 대통령령에서 정무직으로 지정하는 공무원
	별정직 공무원	비서관·비서 등 보좌업무 등을 수행하거나 특정한 업무 수행을 위하여 법령에서 별정직으로 지정하는 공무원

Ⅱ. 공무원관계의 발생·변경·소멸

1. 임명(임용)의 의의 및 법적 성격

국가 또는 지방자치단체가 사인과 포괄적 권리·의무를 내용으로 하는 공법상 근무관계를 설정하는 행위이다. 상대방의 동의를 결한 임명행위는 무효이며, 임명행위는 항고소송의 대상이 된다.

2. 임명의 요건

(1) 능력요건(소극적 요건)

① 공무원이 되기 위해서는 국가공무원법상의 결격사유에 해당하지 않아야 한다. 외국인도 공무원으로 임용할 수 있지만, 대한민국의 국적이 없는 자는 외무공무원이 될 수 없다.

② 결격사유

> 1. 피성년후견인
> 2. 파산선고를 받고 복권되지 아니한 자
> 3. 금고 이상의 실형을 선고받고 그 집행이 끝나거나(집행이 끝난 것으로 보는 경우를 포함한다) 집행이 면제된 날부터 5년이 지나지 아니한 자
> 4. 금고 이상의 형의 집행유예를 선고받고 그 유예기간이 끝난 날부터 2년이 지나지 아니한 자
> 5. 금고 이상의 형의 선고유예를 받은 경우에 그 선고유예 기간 중에 있는 자
> 6. 법원의 판결 또는 다른 법률에 따라 자격이 상실되거나 정지된 자

> 7. 공무원으로 재직기간 중 직무와 관련하여 형법에 규정된 죄를 범한 자로서 300만 원 이상의 벌금형을 선고받고 그 형이 확정된 후 3년이 지나지 아니한 사람
> 8. 성폭력범죄의 처벌 등에 관한 특례법에 규정된 죄를 범한 사람으로서 100만 원 이상의 벌금형을 선고받고 그 형이 확정된 후 2년이 지나지 아니한 자
> 9. 미성년자에 대한 다음 각 목의 어느 하나에 해당하는 죄를 저질러 파면·해임되거나 형 또는 치료감호를 선고받아 그 형 또는 치료감호가 확정된 사람(집행유예를 선고받은 후 그 집행유예기간이 경과한 사람을 포함한다)
>   가. 성폭력범죄의 처벌 등에 관한 특례법 제2조에 따른 성폭력범죄
>   나. 아동·청소년의 성보호에 관한 법률 제2조 제2호에 따른 아동·청소년대상 성범죄
> 10. 징계로 파면처분을 받은 때부터 5년이 지나지 아니한 자
> 11. 징계로 해임처분을 받은 때부터 3년이 지나지 아니한 자

(2) 성적요건(적극적 요건)

경력직 공무원은 소극적 요건 외에 시험성적, 근무성적, 기타 능력의 실증에 의해 적극적 자격요건을 갖추어야 한다.

(3) 요건흠결의 효력

능력요건이 결여된 자에 대한 임용은 당연무효이나, 성적요건이 결여된 자에 대한 임용은 취소할 수 있는 행위가 된다. 임용결격자가 공무원으로 임용되어 사실상 근무하였다 하더라도 공무원으로서의 신분은 처음부터 없었던 것이므로 공무원연금법이나 근로기준법 소정의 퇴직금청구를 할 수 없다. 다만 임용요건이 결여된 공무원이 행한 행위 자체는 사실상 공무원이론에 의하여 유효한 것이 되는 경우도 있다.

(4) 차별금지

국가기관의 장은 소속 공무원을 임용할 때 합리적인 이유 없이 성별, 종교 또는 사회적 신분 등을 이유로 차별해서는 아니 된다.

3. 임명의 효력발생시기

공무원은 임용장이나 임용통지서에 적힌 날짜에 임용된 것으로 보며, 임용일자를 소급해서는 아니 된다.

4. 공무원관계의 변경

종류		내용
승진		동일한 직렬 안에서 하위직급에서 상위직급으로 임용되는 것
전직 등	전직	직렬을 달리하는 임명. 전직시험을 거쳐야 한다.
	전보	같은 직급 내에서의 보직변경
	전입	서로 다른 기관 소속 공무원을 임용하는 것. 시험을 거쳐야 한다.

휴직	공무원의 신분은 보유하나 직무에 종사하지 못하는 것. 직권휴직과 의원휴직이 있다.
직위해제	공무원에게 직무수행을 계속하게 할 수 없는 사유가 발생한 경우, 공무원의 신분은 보유하나 보직을 해제하여 직무담당을 하지 못하게 하는 것
강임	같은 직렬 내에서 하위직급에 임명하거나 하위직급이 없어 다른 직렬의 하위직급으로 임명하는 것
복직	휴직, 직위해제 중에 있는 공무원을 본래의 직위에 복귀시키는 것
징계	파면, 해임, 강등, 정직, 감봉, 견책

(1) 승진

승진은 공무원의 법적 지위에 변경을 가져오는 것으로 항고소송의 대상이 되는 처분성이 인정된다.

(2) 직위해제

① 직위해제는 잠정적인 조치로서의 보직의 해제를 의미하므로 징벌적 제재로서의 징계와는 성질이 다르다.

② 직위해제처분 후 파면처분을 한 경우 직위해제처분은 효력을 상실한다.

③ 직위해제 중인 자에 대해 동일한 사유로 다시 직권면직 또는 징계처분을 하여도 일사부재리의 원칙에 위반되지 않는다.

④ 직위해제처분과 직권면직처분 사이에는 하자의 승계가 부정된다.

⑤ 직위해제처분은 재량행위이다.

⑥ 국가공무원법상 직위해제처분은 행정절차법상 당해 행정작용의 성질상 행정절차를 거치기 곤란하거나 불필요하다고 인정되는 사항 또는 행정절차에 준하는 절차를 거친 사항에 해당하므로, 처분의 사전통지 및 의견청취 등에 관한 행정절차법의 규정이 별도로 적용되지 않는다.

5. 공무원관계의 소멸

공무원관계의 소멸 원인에는 당연퇴직과 면직이 있다.

(1) 당연퇴직

① **의의**: 임용권자의 의사와 관계없이 법이 정한 일정한 사유의 발생으로 당연히 공무원관계가 소멸되는 것을 말한다. 당연퇴직의 인사발령은 항고소송의 대상이 되는 처분에 해당하지 않는다.

② **사유**

  ㉠ 공무원임용결격사유의 하나에 해당한 때(예외 규정 有)

  ㉡ 공무원의 임기만료

  ㉢ 공무원의 사망

  ㉣ 공무원이 정년에 달한 때

③ **퇴직발령**: 퇴직발령은 퇴직된 사실을 알리는 관념의 통지에 불과하다.

(2) 면직

면직이란 특별한 행위로 인해 공무원관계가 소멸되는 것으로 의원면직과 강제면직이 있다. 강제면직은 징계면직과 직권면직으로 나누어진다.

① 의원면직: 공무원 자신의 사의표시에 의한 공무원관계의 소멸행위로, 공무원의 사의표명 후 면직처분이 있어야 효력이 발생한다. 공무원이 한 사직의 의사표시는 수리되기 전까지는 철회할 수 있다.

② 강제면직
  ㉠ 징계면직: 파면과 해임이 이에 해당한다.
  ㉡ 직권면직: 징계면직과 다른 공무원법상 직권면직 사유에 해당할 때 일방적으로 행해지는 면직이 직권면직이다.

6. 불이익처분에 대한 구제

(1) 처분사유설명서

공무원에 대하여 징계처분 등을 할 때나 강임·휴직·직위해제 또는 면직처분을 할 때에는 그 처분권자 또는 처분제청권자는 처분사유를 적은 설명서를 교부하여야 한다. 다만, 본인의 원(願)에 따른 강임·휴직 또는 면직처분은 그러하지 아니하다.

(2) 고충심사청구

공무원은 누구나 인사·조직·처우 등 각종 직무 조건과 그 밖에 신상 문제에 대하여 인사 상담이나 고충심사를 청구할 수 있으며, 이를 이유로 불이익한 처분이나 대우를 받지 아니한다.

(3) 소청

① 의의: 공무원의 징계처분이나 기타 본인의 의사에 반한 불리한 처분을 받은 공무원이 그 처분에 불복하는 경우에 관할 소청심사위원회에 불복을 신청하는 것을 말한다.

② 소청사항: 징계처분만이 아니라 강임·휴직·직위해제 또는 면직처분, 기타 불리한 처분을 대상으로 한다.

③ 소청심사기관
  ㉠ 소청 심사기관인 소청심사위원회가 심사한다. 소청심사위원회는 합의제 행정청이다.
  ㉡ 행정기관 소속 공무원의 소청에 대해서는 국무총리 소속의 인사혁신처에 소청심사위원회를 두며, 기타 각 소속 공무원의 소청에 대해서는 국회사무처, 법원행정처, 헌법재판소사무처 및 중앙선거관리위원회사무처에 각각 해당 소청심사위원회를 둔다.

(4) 소청절차

① 심사청구: 처분사유 설명서를 받은 공무원이 그 처분에 불복할 때에는 그 설명서를 받은 날부터, 그 외 공무원이 본인의 의사에 반한 불리한 처분을 받았을 때에는 그 처분이 있은 것을 안 날부터 각각 30일 이내에 소청심사위원회에 이에 대한 심사를 청구할 수 있다.

② 소청심사: 소청심사위원회는 직권조사할 수 있고, 불이익변경금지의 원칙이 적용된다. 소청심사 시에는 반드시 진술의 기회를 주어야 하며 이 절차를 거치지 않은 결정은 무효이다.

(5) 결정

① 소청 사건의 결정은 재적 위원 3분의 2 이상의 출석과 출석 위원 과반수의 합의에 따르되, 의견이 나뉠 경우에는 출석 위원 과반수에 이를 때까지 소청인에게 가장 불리한 의견에 차례로 유리한 의견을 더하여 그중 가장 유리한 의견을 합의된 의견으로 본다.

② 파면·해임·강등 또는 정직에 해당하는 징계처분을 취소 또는 변경하려는 경우와 효력 유무 또는 존재 여부에 대한 확인을 하려는 경우에는 재적 위원 3분의 2 이상의 출석과 출석 위원 3분의 2 이상의 합의가 있어야 한다. 이 경우 구체적인 결정의 내용은 출석 위원 과반수의 합의에 따르되, 의견이 나뉘어 출석 위원 과반수의 합의에 이르지 못하였을 때에는 과반수에 이를 때까지 소청인에게 가장 불리한 의견에 차례로 유리한 의견을 더하여 그중 가장 유리한 의견을 합의된 의견으로 본다.

(6) 행정소송

징계처분, 그 밖에 본인의 의사에 반한 불리한 처분이나 부작위에 관한 행정소송을 제기하기 위해서는 소청심사위원회의 심사·결정을 거쳐야만 하며, 거치지 아니하면 행정소송을 제기할 수 없다(필수적 행정심판전치주의). 행정소송을 제기할 때에는 대통령의 처분 또는 부작위의 경우에는 소속 장관을, 중앙선거관리위원회 위원장의 처분 또는 부작위의 경우에는 중앙선거관리위원회 사무총장을 각각 피고로 한다.

제2절 ▮ 공무원관계의 권리·의무

Ⅰ. 공무원의 권리와 의무

1. 권리

공무원의 신분과 지위의 특수성상 공무원에 대해서는 일반 국민에 비해 보다 넓고 강한 기본권 제한이 가능하다.

신분상 권리	① 신분보유권·직위보유권(1급 공무원, 시보 임용 중인 공무원, 특수경력직 공무원은 신분보장이 인정되지 않음), ② 직무집행권·직명사용권·제복착용권, ③ 고충심사청구권, ④ 직장협의회설립·운영권, ⑤ 노동조합설립·운영권 등
재산상 권리	① 보수청구권, ② 연금청구권, ③ 실비변상청구권

2. 국가공무원법상 공무원의 의무

(1) 일반적 의무

선서의무	공무원은 취임할 때에 소속 기관장 앞에서 선서하여야 한다.
성실의무	모든 공무원은 성실히 직무를 수행하여야 한다.
품위유지의무	• 공무원은 직무의 내외를 불문하고 그 품위가 손상되는 행위를 하여서는 아니 된다. • 국가공무원으로 임용되기 전의 행위라도 이로 인하여 임용 후의 공무원의 체면 또는 위신을 손상하게 된 경우에는 품위유지의무의 위반이 된다.
청렴의무	공무원은 직무와 관련하여 직접적이든 간접적이든 사례, 증여 또는 향응을 주거나 받을 수 없다.

(2) 직무상 의무

① 법령준수의무: 공무원은 법령을 준수할 의무를 진다.

② 보조의무

  ㉠ 의의: 공무원은 직무를 수행할 때 소속 상관의 직무상 명령에 복종하여야 한다.

  ㉡ 한계: 위법한 직무명령에 대한 복종의무와 관련하여 형식적 요건이 결여된 경우 복종을 거부할 수 있다. 하지만 실질적 요건에 대해서는 위법이 명백한 직무명령일 경우 복종의무가 없고, 명백하지 않은 경우 복종의무가 있다.

③ 직무전념의무

  ㉠ 직장이탈금지의무: 공무원은 소속 상관의 허가 또는 정당한 사유가 없으면 직장을 이탈하지 못한다. 연가신청에 대한 허가가 있기 전에 근무지를 이탈한 행위, 사직원이 수리되기 전 출근하지 아니한 경우 등은 직장이탈금지의무 위반이 된다.

  ㉡ 영리업무 및 겸직의 금지: 공무원은 공무 외에 영리를 목적으로 하는 업무에 종사하지 못하며 소속 기관장의 허가 없이 다른 직무를 겸할 수 없다.

(3) 종교중립의 의무

① 공무원은 종교에 따른 차별 없이 직무를 수행하여야 한다.

② 공무원은 소속 상관이 제1항에 위배되는 직무상 명령을 한 경우에는 이에 따르지 아니할 수 있다.

(4) 친절·공정의무

공무원은 국민 전체의 봉사자로서 친절하고 공정하게 직무를 수행하여야 한다.

(5) 비밀엄수의무

공무원은 재직 중은 물론 퇴직 후에도 직무상 알게 된 비밀을 엄수하여야 한다. 비밀은 행정기관이 비밀이라고 형식적으로 정한 것에 따를 것이 아니라 실질적으로 비밀로서 보호할 가치가 있는지를 기준으로 한다.

(6) 영예의 제한

공무원이 외국 정부로부터 영예나 증여를 받을 경우에는 대통령의 허가를 받아야 한다.

(7) 정치운동의 금지

① 공무원은 정당이나 그 밖의 정치단체의 결성에 관여하거나 이에 가입할 수 없다.

② 공무원은 선거에서 특정 정당 또는 특정인을 지지 또는 반대하기 위한 행위를 하여서는 아니 된다.

③ 공무원은 다른 공무원에게 제1항과 제2항에 위배되는 행위를 하도록 요구하거나, 정치적 행위에 대한 보상 또는 보복으로서 이익 또는 불이익을 약속하여서는 아니 된다.

(8) 집단행위의 금지

공무원은 노동운동이나 그 밖에 공무 외의 일을 위한 집단행위를 하여서는 아니 된다. 다만, 사실상 노무에 종사하는 공무원은 예외로 한다. 공무 외의 일을 위한 집단 행위는 단체의 결성단계에는 이르지 아니한 상태에서의 행위를 말한다.

II. 공무원의 책임

1. 공무원법상 책임

(1) 징계책임

① 징계원인

㉠ 공무원의 고의·과실에 관계없이 성립하며, 감독의무를 해태한 감독자도 책임을 진다.

㉡ 임용 전 행위도 예외적으로 징계사유로 삼을 수 있다.

② 징계의 종류

징계	내용	효과
견책	훈계 및 회개	승진·승급제한
감봉	신분유지, 직무유지, 보수감액(1~3월 이하)	승진·승급제한, 보수 1/3 감액
정직	신분유지, 직무정지(1~3월 이하), 보수감액(1~3월 이하)	18개월 동안 승진·승급제한, 보수의 전액 감액
강등	1계급 아래로 직급을 강등, 신분유지, 직무정지(3개월), 보수감액	3개월 보수의 전액 감액
해임	신분박탈	3년간 공무원임용 금지, 퇴직급여 감액 ×
파면	신분박탈	5년간 공무원임용 금지, 퇴직급여 감액 ○
징계부가금	금전, 물품, 부동산, 향응 또는 그 밖에 대통령으로 정하는 재산상 이익을 취득하거나 제공한 경우, 일정 법령상의 횡령(橫領), 배임(背任), 절도, 사기 또는 유용(流用)한 경우	이러한 행위로 취득하거나 제공한 금전 또는 재산상 이득(금전이 아닌 재산상 이득의 경우에는 금전으로 환산한 금액을 말한다)의 5배 내의 징계부가금 부과

③ 징계권자: 징계권은 원칙적으로 징계위원회가 설치된 소속 기관장이 징계처분권자이다. 파면과 해임은 임용권자나 임용권을 위임한 상급 감독기관의 장이 징계처분권자이다. 징계는 징계위원회의 의결을 거쳐야 한다.

④ 징계절차

  ㉠ 징계의결 요구: 징계권자는 징계사유에 해당하는지 여부에 관하여 판단할 재량이 있지만 공무원이 징계사유에 해당하는 것이 명백할 때에는 징계의결을 반드시 요구하여야 한다. 징계의결 등의 요구는 징계 등의 사유가 발생한 날부터 3년(금품 및 향응 수수, 공금의 횡령·유용의 경우에는 5년)이 지나면 하지 못한다.

  ㉡ 징계위원회의 의결: 중징계의 경우 특별한 사유가 없는 한 징계혐의자를 출석시켜 진술기회를 부여하여야 한다.

  ㉢ 징계절차의 중단: 감사원에서 조사 중인 사건에 대하여는 조사개시 통보를 받은 날부터 징계의결의 요구나 그 밖의 징계절차를 진행하지 못한다. 검찰·경찰 그 밖의 수사기관에서 수사 중인 사건에 대하여는 수사개시 통보를 받은 날부터 징계의결의 요구나 그 밖의 징계절차를 진행하지 아니할 수 있다.

  ㉣ 집행: 징계의결서를 받은 날로부터 15일 이내에 징계처분사유설명서를 교부하여 이를 집행하여야 한다.

⑤ 징계에 대한 구제

  ㉠ 소청: 징계처분에 대한 소청은 처분사유설명서를 받은 날부터 30일 이내에 청구하여야 한다. 소청사항의 심사는 소청심사위원회가 한다. 소청인의 진술권은 보장되며 진술기회를 주지 않은 결정은 무효이다. 소청심사위원회의 결정은 처분행정청을 기속한다.

  ㉡ 행정소송: 소청심사위원회의 결정에 대해서는 항고소송을 제기할 수 있다. 소청심사위원회의 결정에 고유한 위법이 있다면 위원회의 결정을 소송대상으로 할 수 있지만, 고유한 위법이 없다면 원징계처분을 소송대상으로 하여야 한다. 행정소송은 소청심사위원회의 심사·결정을 거치지 아니하면 제기할 수 없다.

  ㉢ 재징계의결 요구: 징계처분권자는 소청심사위원회 또는 법원에서 징계처분 등의 무효 또는 취소의 결정이나 판결을 받은 경우에는 다시 징계의결 또는 징계부가금 부과의결을 요구하여야 한다.

(2) 변상책임

① 국가배상법에 의한 변상책임: 국가배상법상 국가가 손해를 배상한 경우, 공무원에게 고의·중과실이 있거나 그 손해의 원인에 대한 책임이 있을 때 국가는 공무원에게 구상할 수 있다.

② 회계관계직원 등의 변상책임: 회계관계직원 등의 책임에 관한 법률 등에 의해 변상책임이 있다.

2. 형사상 책임

형사법상 공무원의 책임이란 공무원의 행정법상의 의무위반행위가 동시에 형법 등의 형사법에 위반하는 범죄가 되어, 공무원이 이 범죄에 대하여 부담하는 책임을 말한다. 광의로 형사법상 책임에는 형사법에 위반한 경우뿐만 아니라 행정형벌이 따르는 행정법규에 위반한 경우에 부담하는 책임까지 포함한다.

3. 민사상 책임

공무원의 직무상 불법행위로 국가나 지방자치단체가 배상책임을 질 때에, 공무원의 고의·중과실에 의한 경우 공무원 개인의 책임도 인정되나 그 외의 경우 민사상의 불법행위책임까지도 부담하지 않는다는 것이 판례이다.

adm.Hackers.com

제2편
개별행정작용법

제1장　경찰작용법
제2장　공물작용법
제3장　공용부담법
제4장　규제행정법
제5장　재무행정법

제1장 경찰작용법

제1절 ▎ 경찰의 개념과 조직

Ⅰ. 경찰의 개념

1. 형식적 의미의 경찰

실정법상 보통경찰기관의 권한으로 되어 있는 모든 작용을 형식적 의미의 경찰이라 한다. 실질적 의미의 경찰 외에 범죄수사로서의 사법경찰이 포함되어 있다.

2. 실질적 의미의 경찰

사회공공의 안녕질서를 유지하기 위하여 개인에게 명령·강제하는 작용을 실질적 의미의 경찰이라 한다. 실질적 의미의 경찰을 행정경찰이라고도 한다. 보안경찰과 협의의 행정경찰로 구분된다.

(1) 보안경찰

보통경찰기관이 수행하는 행정경찰과 같이 다른 종류의 행정작용에 부수하지 아니하고 독립적으로 행하여지는 행정경찰을 보안경찰이라 한다(교통경찰, 정보경찰, 소방경찰, 해양경찰 풍속경찰 등).

(2) 협의의 행정경찰

다른 행정작용을 수행하는 행정기관에 의해 부수적으로 수행되는 행정경찰을 말한다(위생경찰, 건축경찰, 철도경찰 등).

3. 국가경찰과 자치경찰

(1) 조직법상 구별

① **구별**: 조직법상 국가에 속해 있는 경찰을 국가경찰이라 하고, 지방자치단체에 속한 경찰을 자치경찰이라 한다.

② **현행법상 자치경찰**: 현행 국가경찰과 자치경찰의 조직 및 운영에 관한 법률은 조직법상 자치경찰집행조직은 별도로 설치하지 않고 자치경찰사무를 국가경찰조직인 시·도경찰청과 경찰서장 및 경찰공무원이 수행하는 것으로 규정하고 있다.

③ **경찰위원회**: 국가경찰위원회와 시·도경찰위원회를 두어 일정한 사항에 대해 심의·의결하도록 하고 있다.

(2) 작용법상 구별

작용법상으로 국가경찰사무를 수행하는 경찰을 국가경찰이라 하고, 자치경찰사무를 수행하는 경찰을 자치경찰이라 한다.

Ⅱ. 경찰기관의 종류

1. 보통경찰기관

보통경찰기관이란 경찰작용을 주된 업무로 수행하는 행정기관을 말한다. 행정관청인 보통경찰관청, 의결 및 협의기관인 경찰위원회, 집행기관인 경찰집행관이 있다.

보통경찰관청	경찰청장, 지방경찰청장, 경찰서장 등
경찰위원회	① 국가경찰위원회와 시·도경찰위원회가 있다. ② 경찰행정의 중요사항에 대해 심의·의결한다.
집행기관	① 경찰공무원이 집행기관이다. ② 경찰공무원이 사법경찰에 관한 사무를 수행하는 경우 사법경찰관리라고 한다.

2. 협의의 행정경찰기관

협의의 행정경찰기관이란 협의의 행정경찰을 수행하는 행정기관을 말한다.

협의의 행정경찰관청	① 협의의 행정경찰을 담당하는 중앙행정기관장 ② 지방자치단체의 장에게 기관위임된 사무의 경우 당해 지방자치단체의 장
협의의 행정경찰집행기관	협의의 행정경찰관청의 집행권한이 있는 소속 공무원

제2절 ▎경찰권의 근거와 한계

Ⅰ. 경찰권의 근거

1. 법률유보의 원칙

경찰은 전형적인 침해행정이므로 행정의 법률적합성의 원칙에 따라 법률의 근거가 있어야 한다. 이와 관련하여 일반조항 내지는 개괄조항이 수권규범으로 허용되는지가 문제된다.

2. 경찰법상 개별적 수권조항(표준조치)

(1) 일반경찰법상 개별적 수권조항

① 의의: 표준조치란 경찰법상 전형적인 경찰권 행사들을 유형화한 것으로, 일반경찰법상의 개별 수권에 의한 경찰권을 말한다. 경찰관 직무집행법 제3조 이하의 규정방식이 이에 해당한다.

② 유형: 불심검문, 보호조치 및 긴급구호, 위험발생방지조치, 범죄의 예방과 제지, 위험방지를 위한 출입 및 검색, 사실의 확인, 경찰장비·장구·무기의 사용 등이 표준조치의 예이다.

(2) 불심검문 및 임의동행

불심검문	① 수상한 행동이나 그 밖의 주위 사정을 합리적으로 판단하여 볼 때 어떠한 죄를 범하였거나 범하려 하고 있다고 의심할 만한 상당한 이유가 있는 사람 ② 이미 행하여진 범죄나 행하여지려고 하는 범죄행위에 관한 사실을 안다고 인정되는 사람	
흉기소지 조사	질문 시 흉기소지 조사 가능	
임의동행	대상	불심검문의 대상자를 정지시킨 장소에서 질문을 하는 것이 그 사람에게 불리하거나 교통에 방해가 된다고 인정될 때
	방법	① 가까운 경찰서·지구대·파출소 또는 출장소로 동행요구 ② 동행요구 거절 가능(즉, 강제성 ×)
	통지의무	① 동행한 사람의 가족이나 친지 등에게 동행한 경찰관의 신분, 동행 장소, 동행 목적과 이유를 통지 ② 변호인의 도움을 받을 권리 고지
	제한	① 6시간을 초과하여 경찰관서에 머물게 할 수 없음(상대방은 6시간 전이라도 퇴거 가능) ② 형사소송법에 따르지 아니하고는 신체를 구속당하지 아니하며, 그 의사에 반하여 답변을 강요당하지 아니함

(3) 보호조치

대상자	① 정신착란을 일으키거나 술에 취하여 자신 또는 다른 사람의 생명·신체·재산에 위해를 끼칠 우려가 있는 사람 ② 자살을 시도하는 사람 ③ 미아, 병자, 부상자 등으로서 적당한 보호자가 없으며 응급구호가 필요하다고 인정되는 사람(본인이 구호를 거절하는 경우는 제외)	
작용의 내용	보호조치	① 보건의료기관이나 공공구호기관에 긴급구호를 요청 ② 경찰서에서 보호하는 등 적절한 조치(24시간 초과 ×)
	요청거부금지	긴급구호를 요청받은 보건의료기관이나 공공구호기관은 정당한 이유 없이 긴급구호를 거절할 수 없음
	물건영치	구호대상자가 휴대하고 있는 무기·흉기 등 위험을 일으킬 수 있는 것으로 인정되는 물건을 경찰관서에 임시로 영치(10일 초과 ×)
	가족 등에의 통지 등	① 구호대상자의 가족, 친지 또는 그 밖의 연고자에게 통지 ② 연고자가 발견되지 아니할 때에는 구호대상자를 적당한 공공보건의료기관이나 공공구호기관에 즉시 인계
	경찰관의 보고	① 경찰관은 구호대상자를 공공보건의료 기관이나 공공구호 기관에 인계하였을 때에는 즉시 그 사실을 소속 경찰서장이나 해양경찰서장에게 보고 ② 보고를 받은 소속 경찰서장이나 해양경찰서장은 구호대상자를 인계한 사실을 지체 없이 해당 공공보건의료기관 또는 공공구호기관의 장 및 그 감독행정청에 통보

(4) 위험 발생의 방지 등

사유	사람의 생명 또는 신체에 위해를 끼치거나 재산에 중대한 손해를 끼칠 우려가 있는 천재, 사변, 인공구조물의 파손이나 붕괴, 교통사고, 위험물의 폭발, 위험한 동물 등의 출현, 극도의 혼잡, 그 밖의 위험한 사태가 있을 때	
작용의 내용	방지조치	① 그 장소에 모인 사람, 사물(事物)의 관리자, 그 밖의 관계인에게 필요한 경고 ② 매우 긴급한 경우에는 위해를 입을 우려가 있는 사람을 필요한 한도에서 억류하거나 피난시키는 것 ③ 그 장소에 있는 사람, 사물의 관리자, 그 밖의 관계인에게 위해를 방지하기 위하여 필요하다고 인정되는 조치
	보고	① 경찰관은 방지조치를 하였을 때에는 지체 없이 그 사실을 소속 경찰관서의 장에게 보고 ② 보고를 받은 경찰관서의 장은 관계 기관의 협조를 구하는 등 적절한 조치
대간첩 작전 시 통제	경찰관서의 장은 대간첩 작전의 수행이나 소요사태의 진압을 위하여 필요하다고 인정되는 상당한 이유가 있을 때에는 대간첩 작전지역이나 경찰관서·무기고 등 국가중요시설에 대한 접근 또는 통행을 제한·금지	

(5) 범죄의 예방과 제지

범죄 예방	범죄행위가 목전에 행하여지려고 하고 있다고 인정될 때에는 이를 예방하기 위하여 관계인에게 필요한 경고
범죄 제지	그 행위로 인하여 사람의 생명·신체에 위해를 끼치거나 재산에 중대한 손해를 끼칠 우려가 있는 긴급한 경우에는 그 행위를 제지

(6) 위험방지를 위한 출입

사유	위험한 사태가 발생하여 사람의 생명·신체 또는 재산에 대한 위해가 임박한 때
출입	다른 사람의 토지·건물·배 또는 차에 출입
출입요구	① 흥행장, 여관, 음식점, 역, 그 밖에 많은 사람이 출입하는 장소 ② 관리자 등은 해당 장소의 영업시간이나 해당 장소가 일반인에게 공개된 시간에 그 장소에 출입하겠다고 요구하면 정당한 이유 없이 그 요구를 거절할 수 없음
검색	대간첩 작전 수행에 필요할 때 검색
증표제시 등	① 경찰관은 필요한 장소에 출입할 때에는 그 신분을 표시하는 증표를 제시 ② 함부로 관리자 등이 하는 정당한 업무를 방해해서는 아니 됨

(7) 사실의 확인 등

사유	① 경찰관서의 장 ② 직무수행에 필요하다고 인정되는 상당한 이유가 있을 때
조회	① 국가기관이나 공사(公私) 단체 등에 직무수행에 관련된 사실을 조회 가능 ② 긴급한 경우에는 소속 경찰관으로 하여금 현장에 나가 해당 기관 또는 단체의 장의 협조를 받아 그 사실을 확인
출석요구	사유	① 미아를 인수할 보호자 확인 ② 유실물을 인수할 권리자 확인 ③ 사고로 인한 사상자 확인 ④ 행정처분을 위한 교통사고 조사에 필요한 사실 확인
	절차	관계인에게 출석하여야 하는 사유·일시 및 장소를 명확히 적은 출석 요구서를 발송하고 출석 요구

(8) 정보의 수집 등

사유	① 경찰관 ② 범죄·재난·공공갈등 등 공공안녕에 대한 위험의 예방과 대응을 위해
방법	정보의 수집·작성·배포와 이에 수반되는 사실의 확인

(9) 경찰장비의 사용 등

사유		① 경찰관 ② 직무수행 중 ③ 사람의 생명이나 신체에 위해를 끼칠 수 있는 경찰장비(위해성 경찰장비)를 사용할 때에는 필요한 안전교육과 안전검사를 받은 후 사용
경찰장비		무기, 경찰장구, 경찰착용기록장치, 최루제와 그 발사장치, 살수차, 감식기구, 해안 감시기구, 통신기기, 차량·선박·항공기 등 경찰이 직무를 수행할 때 필요한 장치와 기구
한계	개조 등 금지	경찰장비를 함부로 개조하거나 경찰장비에 임의의 장비를 부착하여 일반적인 사용법과 달리 사용함으로써 다른 사람의 생명·신체에 위해를 끼쳐서는 아니 됨
	비례원칙	위해성 경찰장비는 필요한 최소한도에서 사용
안전성 검사		① 경찰청장 ② 위해성 경찰장비를 새로 도입하려는 경우에는 안전성 검사를 실시하여 그 안전성 검사의 결과보고서를 국회 소관 상임위원회에 제출 ③ 안전성 검사에는 외부 전문가를 참여시켜야 함

(10) 경찰장구의 사용

사유	① 현행범이나 사형·무기 또는 장기 3년 이상의 징역이나 금고에 해당하는 죄를 범한 범인의 체포 또는 도주 방지 ② 자신이나 다른 사람의 생명·신체의 방어 및 보호 ③ 공무집행에 대한 항거 제지
경찰장구	경찰관이 휴대하여 범인 검거와 범죄 진압 등의 직무수행에 사용하는 수갑, 포승, 경찰봉, 방패 등
한계	필요하다고 인정되는 상당한 이유가 있을 때, 필요한 한도에서 사용

(11) 분사기 등의 사용

사유	① 범인의 체포 또는 범인의 도주 방지 ② 불법집회·시위로 인한 자신이나 다른 사람의 생명·신체와 재산 및 공공시설 안전에 대한 현저한 위해의 발생 억제
분사기와 최루탄	① 분사기: 사람의 활동을 일시적으로 곤란하게 하는 최루 또는 질식 등을 유발하는 작용제를 분사할 수 있는 기기 ② 최루탄
한계	부득이한 경우에는 현장책임자가 판단하여 필요한 최소한의 범위

(12) 무기 등의 사용

사유		범인의 체포, 범인의 도주 방지, 자신이나 다른 사람의 생명·신체의 방어 및 보호, 공무집행에 대한 항거의 제지
사용	무기사용	사람의 생명이나 신체에 위해를 끼칠 수 있도록 제작된 권총·소총·도검 등
	공용화기	대간첩·대테러 작전 등 국가안전에 관련되는 작전을 수행할 때
위해발생의 정당화	정당방위 등	무기 등 사용이 정당방위와 긴급피난에 해당할 때
	항거·도주	① 사형·무기 또는 장기 3년 이상의 징역이나 금고에 해당하는 죄를 범하였거나 의심할 충분한 이유가 있는 자 ② 체포·구속영장과 압수·수색영장을 집행하는 과정에서 경찰관의 직무집행에 항거하거나 도주 ③ 사람을 도주시키려고 경찰관에게 항거할 때 ④ 범인이나 소요를 일으킨 사람이 무기·흉기 등 위험한 물건을 지니고 경찰관으로부터 3회 이상 물건을 버리라는 명령이나 항복하라는 명령을 받고도 따르지 아니하면서 계속 항거
	대간첩 작전	무장간첩이 항복하라는 경찰관의 명령을 받고도 따르지 아니할 때

(13) 특별경찰법상 개별적 수권 규정

도로교통법·선박법 등 교통상 안전 및 질서유지를 위한 법령, 식품위생법·공중위생법 등 영업경찰법령, 의료법 등 보건관계법령 등 특별행정법의 모든 영역에서 경찰권을 개별적으로 수권하고 있다.

3. 손실보상

① 국가는 경찰관의 적법한 직무집행으로 인하여 다음 각 호의 어느 하나에 해당하는 손실을 입은 자에 대하여 정당한 보상을 하여야 한다.

> 1. 손실발생의 원인에 대하여 책임이 없는 자가 생명·신체 또는 재산상의 손실을 입은 경우(손실발생의 원인에 대하여 책임이 없는 자가 경찰관의 직무집행에 자발적으로 협조하거나 물건을 제공하여 생명·신체 또는 재산상의 손실을 입은 경우를 포함한다)
> 2. 손실발생의 원인에 대하여 책임이 있는 자가 자신의 책임에 상응하는 정도를 초과하는 생명·신체 또는 재산상의 손실을 입은 경우

② 보상을 청구할 수 있는 권리는 손실이 있음을 안 날부터 3년, 손실이 발생한 날부터 5년간 행사하지 아니하면 시효의 완성으로 소멸한다.

4. 개괄조항(일반조항)에 의한 일반적 수권

(1) 의의

개괄적 수권조항이란 경찰권 발동을 위한 개별적 수권규정이 규율하지 못하는 예외적인 위험발생사태를 대비하여 이를 위한 보충적 근거법규로서 마련된 일반적이고 포괄적인 내용의 수권조항을 말한다. 사회발전에 따른 다양한 위험을 하나의 조항으로 완전히 규정할 수 없는 입법현실 때문에 필요성이 인정된다.

(2) 현행법상 개괄조항의 인정 여부

경찰관 직무집행법 제2조는 경찰의 직무범위를 규정하면서 제7호에서 '기타 공공의 안녕과 질서'를 규정하고 있다. 이를 개괄조항으로 인정한 판례가 있다.

(3) 일반조항에 의한 경찰권 발동의 요건

① 공공의 안녕·질서에 대한 위해의 존재

㉠ 공공의 안녕: 국가의 법질서와 공공시설 및 개인의 생명·신체·재산·자유·명예 등에 대해 어떠한 침해가 없는 상태를 말한다.

㉡ 공공의 질서: 통상적인 사회·윤리개념상 그 준수가 사회에서 공동생활을 위해 불가결한 것으로 인정되는 불문규범의 총체를 말한다.

㉢ 위해의 존재: 위해란 위험과 장해를 포함하는 말이다. 외관상으로 공공의 안녕과 질서에 대한 위해의 발생이 있는 경우이므로 이를 제거 또는 예방하기 위해 발동된 경찰권의 행사는 적법한 것으로 판단할 수 있다.

② 위해를 예방하거나 제거할 필요: 위해를 예방하거나 제거할 필요를 판단하는 부분에 있어서는 재량권이 인정된다.

Ⅱ. 경찰권의 한계

1. 법규상의 한계

경찰법규는 경찰권의 수권 근거인 동시에 경찰권의 한계가 된다. 법령이 정하는 범위를 벗어나는 경찰권의 행사는 위법하다.

2. 일반원칙상의 한계

경찰소극의 원칙		① 사회공공의 안녕·질서에 대한 위해의 방지·제거라는 소극적 목적을 위해서만 발동 ② 공공복리라는 적극적 목적을 위해서는 발동 불가
경찰공공의 원칙		① 사생활불가침의 원칙, 사주소불가침의 원칙, 민사관계불가침의 원칙 ② 사적 생활의 한계를 넘어 사회질서유지나 공공의 안전에 중대한 위해가 발생되는 경우에는 경찰권 발동 가능
경찰책임의 원칙	행위책임	① 자신의 행위 또는 자신의 보호·감독하에 있는 자의 행위로 인하여 공공의 안녕과 질서에 대한 위해 발생 ② 고의·과실 불문 ③ 성년인가 미성년인가 불문 ④ 책임의 승계 부정
	상태책임	① 물건·동물로부터 위해 발생 ② 소유자 외에 현실적인 지배권을 가지고 있는 자에게 그 부담이 귀속 ③ 책임의 승계 긍정
	혼합책임	① 위해가 다수인의 행위 또는 다수인이 지배하는 물건의 상태에 기인 ② 행위책임과 상태책임의 중복에 기인 ③ 가장 신속하고 효과적으로 제거할 수 있는 사람에 대하여 경찰권 발동
	경찰긴급권	① 경찰책임자 외의 제3자에게 경찰권 발동 ② 긴급한 위해, 경찰 스스로는 위해의 제거가 불가능할 것
경찰비례의 원칙		최소침해의 원칙
경찰평등의 원칙		상대방의 성별·종교·사회적 신분·인종 등을 이유로 불합리한 차별 금지

제2장 공물작용법

제1절 ▎공물의 개념과 분류

Ⅰ. 공물의 개념적 징표

1. 공물은 '직접적' 공공목적에 쓰이는 물건이다.

직접 공공목적에 제공된다는 점에서 일반재산과 같은 재정재산은 제외된다.

2. 공물은 '공공목적'에 제공된 물건이다.

공공목적이라 함은 일반공중의 사용을 위해 제공된 것과 행정주체의 고유한 사무를 위해 제공된 것도 포함된다.

3. 공물은 '행정주체'에 의해 제공된 물건이다.

사실상 공공목적에 제공된 물건이라도 그에 대한 처분권이 전적으로 사인에게 있다면 이는 공물이 아니다. 그러나 행정주체가 반드시 소유권을 가져야만 공물로 성립할 수 있는 것은 아니다. 따라서 사유물이라도 공물이 될 수 있다.

4. 공물은 개개의 유체물과 관리할 수 있는 무체물 및 집합물·공공시설이다.

공물은 기본적으로 물적 개념이므로 공적 목적에 제공된 인적·물적 시설의 종합체인 영조물과는 구별된다. 전통적인 견해는 유체물에만 한정했지만 최근에는 무체물을 포함하는 견해가 유력하다.

Ⅱ. 공물의 분류

목적에 의한 분류	공공용물	일반공중의 사용에 제공된 공물(도로·하천·공원 등)
	공용물	직접 행정주체 자신의 사용에 제공된 공물(관공서 청사 등)
	보존공물	공공목적을 위하여 그 물건의 보존이 강제되는 공물(문화재보호법상 문화재, 산림법상 보안림 등)
소유권자에 따른 분류	국유공물	국가가 소유권자인 공물
	공유공물	지방자치단체가 소유권자인 공물
	사유공물	사인이 소유권자인 공물
소유주체와 관리주체의 일치 여부	자유공물	공물의 귀속주체와 관리주체가 일치하는 공물
	타유공물	공물의 관리주체와 공물의 귀속주체가 다른 공물

공물의 성립과정의 차이	자연공물	자연 상태로 공적 목적에 제공되는 공물(하천, 해안, 해변, 갯벌 등)
	인공공물	인공을 가하여 공적 목적에 제공되는 공물(도로, 공원 등)
물건의 성질에 따른 분류	부동산 공물	공물이 부동산인 경우(관공서 청사 등)
	동산 공물	공물이 동산인 경우(경찰견, 국립도서관의 도서 등)
규율법률의 존재 여부	법정공물	법률에 의해 규율되고 있는 공물
	법정 외 공물	공물관계법률에 의해 규율되고 있지 않은 공물
예정공물		장래 공물이 될 것이 예정되어 있는 공물. 공물이 아니므로 공물법의 적용대상이 되지 않지만 공물법의 일부를 준용하는 경우가 많다(공원예정지 등).

Ⅲ. 국유재산의 종류

① 국유재산은 그 용도에 따라 행정재산과 일반재산으로 구분한다.
② 행정재산의 종류

> 1. 공용재산: 국가가 직접 사무용·사업용 또는 공무원의 주거용(직무 수행을 위하여 필요한 경우로서 대통령령으로 정하는 경우로 한정한다)으로 사용하거나 대통령령으로 정하는 기한까지 사용하기로 결정한 재산
> 2. 공공용재산: 국가가 직접 공공용으로 사용하거나 대통령령으로 정하는 기한까지 사용하기로 결정한 재산
> 3. 기업용재산: 정부기업이 직접 사무용·사업용 또는 그 기업에 종사하는 직원의 주거용(직무 수행을 위하여 필요한 경우로서 대통령령으로 정하는 경우로 한정한다)으로 사용하거나 대통령령으로 정하는 기한까지 사용하기로 결정한 재산
> 4. 보존용재산: 법령이나 그 밖의 필요에 따라 국가가 보존하는 재산

③ 일반재산이란 행정재산 외의 모든 국유재산을 말한다.

Ⅳ. 공물의 법률적 특색

1. 소유권 등 사권의 대상

공물이 소유권 등 사권의 대상이 될 수 있다는 것이 일반적 견해이다. 공물의 특성상 개별법에 의해 사권의 행사가 제한된다.

2. 공물에 대한 사권행사의 제한(불융통성)

(1) 공물의 사적 거래의 제한

공물은 통상 법률에 의해 사적 거래가 전적으로 금지 또는 일부 제한된다. 이러한 특성을 공물의 불융통성이라 한다. 행정재산은 처분을 하지 못하므로 이를 처분하기 위해서는 용도폐지를 하여 일반재산으로 전환한 후 처분하여야 한다.

(2) 공물에 대한 사권 설정 제한

공물의 사적 거래는 허용하되 사용·수익이 제한되는 경우가 있고, 공물의 사적 거래를 제한하면서 사용·수익을 제한하는 경우도 있다.

3. 공물에 대한 강제집행의 제한

국유공물은 사권을 설정하지 못하므로 민사집행법에 의한 강제집행이 될 수 없다. 사유공물만 강제집행의 대상이 된다.

4. 공물의 취득시효 제한

실정법상 공물의 시효취득을 인정할 것인가에 대한 명문의 규정은 없다. 다만, 국유재산법과 공유재산 및 물품관리법은 행정재산의 시효취득을 명문으로 금지하고 있다.

제2절 ▎공물의 성립과 사용·관리

Ⅰ. 공물의 성립과 소멸

1. 공물의 성립

(1) 공공용물의 성립

① 자연공물: 자연공물은 자연적 상태에 의해 당연히 공물로서의 성질을 가지는 것으로 그 성립에 있어 행정주체의 특별한 의사표시를 요하지 않는다는 것이 통설과 판례이다.

② 인공공물
 ㉠ 형체적 요건으로는 당해 물건이 일반공중의 이용목적에 제공될 수 있는 구조를 갖추어야 한다.
 ㉡ 의사적 요건으로는 공용개시가 있어야 한다.

(2) 공용물의 성립

공용물은 일반공중의 사용에 제공되는 것은 아니므로, 행정주체가 사실상 사용할 수 있는 형태적 요소만 갖추면 공물로서 성립하고 의사적 행위로서 공용지정은 필요 없다는 것이 통설이다.

(3) 보존공물

보존공물도 공물로서의 형태적 요소와 법적 행위인 공용지정을 통하여 성립하게 된다.

2. 공물의 소멸

(1) 공공용물의 소멸

① **자연공물**: 자연공물은 자연적 상태의 멸실에 의해 당연히 공물로서 성질을 상실하며 별도의 공용폐지를 요하지 않는다는 것이 학설이나, 판례는 공용폐지가 있어야 한다는 입장이다.

② **인공공물**
  ㉠ 인공공물은 공용폐지행위에 의하여 소멸한다.
  ㉡ 공공용물의 형체적 요소가 멸실된 경우 법령상 특별한 규정이 없는 한 명시적 또는 묵시적 공용폐지의 의사표시가 있어야 한다는 것이 다수설이다.

③ **취득시효**: 공용폐지가 되지 않은 행정재산은 사법상 거래의 대상이 되지 않는다. 공용폐지 전 행정재산은 사법상 거래의 대상이 될 수 없으므로 시효취득이 인정되지 않는다.

(2) 공용물의 소멸

공용물은 사실상 그 사용을 폐지하거나 공용물의 형체적 요소의 멸실로 소멸하는 것이고 별도의 공용폐지를 요하지 않는다는 것이 다수설이다. 그러나 판례는 공용폐지의 행위가 있어야 한다는 입장이다.

(3) 보존공물

보존공물은 행정주체의 지정해제행위에 의해 공물로서의 성질을 상실한다. 형체적 요건의 멸실로 보존공물이 소멸하는지에 대해서는 지정해제행위까지 요한다고 보는 견해와 요하지 않는다는 견해의 대립이 있다.

Ⅱ. 공물의 관리와 공물경찰

1. 의의

(1) 공물관리

공물관리란 공물관리권에 기해 행정주체가 공물의 존립을 유지하고 당해 물건을 공적 목적에 공용함으로써 공물의 목적을 달성하기 위하여 행하는 일체의 작용을 말한다.

(2) 공물경찰

공물경찰이란 경찰권의 주체가 일반경찰권에 근거하여 공물의 사용과 관련해서 발생하는 사회공공의 안녕·질서에 대한 위해를 예방·제거하기 위하여 행하는 작용을 말한다.

2. 공물관리와 공물경찰의 구별

구분	공물관리	공물경찰
목적	적극적 공물 본래의 목적 달성	소극적 공물사용관계상 질서유지
권력적 기초	공물관리권	일반경찰권
발동범위	공물의 계속적 독점적 사용권 설정	일시적 허가
강제수단	사용관계에서 배제	행정벌 또는 강제집행

3. 공물관리와 공물경찰의 관계

현실적으로는 도로관리청의 차량통행금지와 경찰서장의 도로통행금지·제한과 같이 서로 경합적으로 행사되는 경우도 있다.

Ⅲ. 공물의 사용관계

1. 일반사용

공물을 그 본래의 목적과 용도대로 자유로이 사용하는 것을 일반사용이라 한다.

(1) 공공용물의 일반사용

① **일반주민의 일반사용**: 일반주민은 공물의 그 본래의 용도대로 타인의 공동이용을 방해하지 아니하는 한도에서 자유로이 사용할 수 있음에 그친다. 일반사용의 경우에는 원칙적 사용료를 부과하지 않는다.

② **인접주민의 고양된 일반사용**: 도로나 하천이 일반주민의 이용과 달리 생활상 도구로 밀접하게 관련된 사람인 인접주민에 대해서는 일반인의 일반사용권을 넘어선 고양된 일반사용권이 인정된다고 보고 있다. 이를 고양된 일반사용권이라 한다. 공물의 인접주민이라도 구체적으로 공물을 사용하지 않고 있는 경우 고양된 일반사용권이 인정되지 않는다. 일반주민에게는 도로 등의 용도폐지를 다툴 법률상 이익이 없지만, 인접주민에게는 용도폐지를 다툴 법률상 이익이 있다는 것이 판례이다.

③ **일반사용의 법적 성질**: 종래 통설은 일반사용권을 반사적 이익으로 봤으나 현재는 법률상 이익이라는 것이 다수설이다. 다만, 공물의 자유사용권은 본질적으로는 그 자유사용의 침해를 배제하는 데 그치는 소극적 권리이며 이 권리에 기해 도로의 용도변경·폐지를 구할 수는 없다고 본다.

(2) 공용물의 일반사용

행정주체가 직접 사용하는 것이 공용물이므로 그 본래의 목적을 방해하지 아니하는 범위 내에서 예외적으로 그 일반사용이 허용된다.

2. 공물의 허가사용과 특허사용

(1) 의의
① **허가사용**: 공물의 일반사용이 사회공공의 안녕·질서에 장해를 미칠 우려가 있는 때에, 공공의 질서유지 차원에서 일반적으로 사용을 금지한 후 그 금지를 해제하여 사용을 허용하는 것을 허가사용이라 한다.
② **공물의 특허사용**: 공물관리권에 의하여 일반인에게는 허용되지 않는 특별한 공물사용의 권리를 특정인에 대하여 설정하여 주는 것을 공물의 특허라 하고 이에 의한 사용이 특허사용이다. 도로점용허가 등을 예로 들 수 있다.

(2) 허가사용
① **성질**: 공물의 자유사용에 대한 일반적 제한·금지의 해제이며 기속행위이다.
② **형태**: 공물관리권에 의한 허가사용과 공물경찰권에 의한 허가사용으로 나눌 수 있다.
③ **내용**: 성질상 일시적 사용에 국한되고, 공물의 계속적 점용을 내용으로 하는 것은 공물사용의 특허로 봐야 한다.
④ **사용허가와 부담**: 일반적으로 상대방에게 사용료지급의무 등을 내용으로 부담을 부가함이 일반적이다.
⑤ **공용물의 허가사용**: 공용물도 그 목적을 방해하지 않는 범위 내에서 예외적으로 그 사용이 허가되는 경우가 있다.

(3) 특허사용
① **성질**: 일반인에게 인정되지 않는 권리를 설정하는 설권행위이며 재량행위이다. 행정재산의 사용·수익허가가 대표적이다(하천부지에 대한 점용허가 등).
② **공물사용권의 법적 성질**: 공권성, 채권성[배타적 지배권(물권)은 아님], 재산권성이 인정된다. 하천부지의 점용허가를 받은 사람은 그 하천부지를 권원 없이 점유·사용하는 자에 대하여 직접 부당이득의 반환을 구할 수 있다.
③ **기간**: 행정재산의 사용허가기간은 5년 이내로 한다. 허가기간이 끝난 재산에 대하여 대통령령으로 정하는 경우를 제외하고는 5년을 초과하지 아니하는 범위에서 종전의 사용허가를 갱신할 수 있다.

3. 관습법상 특별사용

지역적 관행에 의하여 성립한 공물사용권에 의한 공물사용을 관습법상 사용이라 한다. 판례상 용수권이나 입어권에 관해 인정되고 있다. 관습법상의 특별사용도 권리로서의 성질을 가진다.

4. 사법상 계약에 의한 사용

공물사용이 사법상 계약에 의해 인정될 것인가에 대해서 판례는 이를 부정하고 있다.

5. 행정재산의 목적 외 사용

(1) 의의

행정재산은 일반재산과 달리 이를 대부·매각·교환·양여 또는 신탁을 할 수 없는 것이 원칙이나, 예외적으로 그 용도 또는 목적에 장애가 되지 않는 범위 내에서 행정재산에 대해 사용 또는 수익을 허가할 수 있다. 이를 행정재산의 목적 외 사용이라 한다(관공서건물의 일부에서의 매점허가 등).

(2) 법적 성질

사법관계라는 견해도 있지만 판례는 행정재산의 목적 외 사용·수익에 대한 허가는 강학상 특허에 해당한다고 하여 이를 공법관계로 보고 있다.

(3) 사용·수익자의 의무

목적에 장애가 되는 행위의 금지, 대여금지, 사용료 납부의무, 원상반환의무

(4) 허가기간

행정재산의 사용허가기간은 5년 이내이다. 허가기간이 끝난 재산에 대하여는 5년을 초과하지 않는 범위에서 갱신할 수 있으나, 수의방법으로 사용허가를 할 수 있는 경우가 아니면 1회만 갱신할 수 있다.

6. 변상금부과처분

(1) 변상금부과의 대상

중앙관서의 장 등은 국유재산의 무단점유자에 대해 그 재산에 대한 사용료나 대부료의 100분의 120에 상당하는 변상금을 징수한다. 국유재산의 무단점유에 대한 변상금은 무단점유를 하게 된 경우, 무단점유지의 용도 및 해당 무단점유자의 경제적 사정 등을 고려하여 5년의 범위에서 징수를 미루거나 나누어 내게 할 수 있다.

(2) 변상금부과처분의 성질

변상금부과처분은 항고소송의 대상이 되는 처분에 해당한다. 변상금을 징수할 것인가는 처분청의 재량이 허용되지 않는 기속행위이다.

제3장 공용부담법

제1절 ▎공용부담의 종류

공용부담이란 일정한 공공복리를 적극적으로 증진하기 위하여 개인에게 부과되는 공법상의 경제적 부담을 말한다.

Ⅰ. 인적 공용부담

공익사업의 수요를 충족시키기 위하여 특정인에게 작위·부작위 또는 급부의무를 부과하는 것을 인적 공용부담이라 한다. 특정인에 대한 부담이라는 점에서 물적 공용부담과 다르다.

1. 부과방법에 따른 분류

개별부담	각 개인에게 개별적으로 부과하는 부담
연합부담	개인의 총합체에 공동으로 부과하는 부담

2. 부담근거에 따른 분류

일반부담	일반 국민에 대해 능력에 따라 부과하는 부담
특별부담	① 특정한 공익사업과 특별한 관계에 있는 자에 대해 부과하는 부담 ② '수익자부담', '원인자부담', '손상자부담' 등
우발부담	우연히 당해 사업의 수요를 충족시킬 지위에 있는 자에 대해 부과하는 부담(노역·물품)

3. 내용에 따른 분류

부담금	특정 공익사업과 특별한 이해관계에 있는 자에 대하여 그 사업에 필요한 경비의 전부 또는 일부를 부담시키기 위해 과하는 공법상 금전급부의무
부역·현품	특정 공익사업의 수요를 충족시키기 위하여 노역 또는 물품과 금전과의 선택적 급부의무를 내용으로 하는 것. 노역과 금전과의 선택적 급부를 부역이라 함
노역·물품	특정한 공익사업을 위하여 필요한 노역 또는 물품 그 자체를 급부할 의무. 금전과의 선택적 급부가 불가
시설부담	공익사업과 특별한 관계에 있는 사람 또는 우발적으로 그 수요를 충족시킬 수 있는 지위에 있는 사람에게 과하여지는 공사 기타 일정한 시설을 할 공법상 의무
부작위부담	특정 공익사업을 위하여 일정한 부작위의무를 과하는 인적 공용부담

Ⅱ. 물적 공용부담

특정한 재산권에 일정한 제한 또는 침해를 가하는 것을 물적 공용부담이라 한다.

1. 공용제한

특정한 공익사업 기타 복리행정상의 목적을 위해, 또는 물건의 효용을 보존하기 위해 특정한 재산권에 가해지는 공법상의 제한을 뜻한다.

2. 공용수용

(1) 의의

공익사업을 위하여 법률에 근거하여 타인의 토지 등의 재산권을 강제적으로 취득하는 것을 공용수용이라 하며, 이를 공용징수라고도 한다.

(2) 목적물

특정한 재산권이 대상이 된다.

(3) 주체

공용수용의 주체는 곧 당해 공익사업의 주체이다. 따라서 이 주체는 국가나 공공단체 또는 사인일 수도 있다.

(4) 손실보상

수용의 상대방은 특별한 침해에 해당하므로 손실보상을 하여야 한다.

3. 공용환지

(1) 의의

토지의 이용가치를 증진시키기 위하여 특정 토지에 관한 소유권 등 기타의 권리를 강제적으로 교환·분합하는 것을 공용환지라 한다.

(2) 환지계획

도시개발사업이 완료된 경우에 행할 환지처분의 계획을 뜻한다.

(3) 환지예정지 지정

도시개발 공사가 완료되기까지 상당한 시일이 걸리므로 도시개발사업이 완료되기 전이라도 환지처분이 있는 것과 같은 상태를 형성할 필요에서 환지예정지 지정을 한다. 환지예정지 지정행위는 항고소송의 대상이 되나 환지처분이 있게 되면 그 효력이 소멸된다.

(4) 환지처분

종전의 토지에 대해 소유권을 가진 자에게 종전의 토지에 갈음하여 환지계획에서 정해진 토지를 할당하여, 종국적으로 이를 귀속시키는 처분으로 형성적 행정행위에 속한다.

4. 공용환권

(1) 의의

토지의 효용을 증진하기 위하여 일정한 지구 내의 토지의 구획·형질을 변경하여 권리자의 의사를 불문하고 종전의 토지·건축물에 관한 권리를 토지정리 후에 새로 건축된 건축물 및 토지에 관한 권리로 강제로 변환시키는 토지의 입체적 변환방식을 말한다.

(2) 환권계획

환권계획이란 정비사업의 완료 후에 행할 환권처분의 계획을 말하며 환권처분의 내용은 환권계획으로 정하여진다. 법상으로 관리처분계획이라 한다.

제2절 ▌ 공용수용과 환매

Ⅰ. 공용수용의 절차

1. 사업인정

(1) 의의

특정 사업이 공용수용을 할 수 있는 공익사업에 해당함을 인정하여 사업시행자에게 일정 절차의 이행을 조건으로 하여 특정한 재산권의 수용권을 설정하여 주는 행위를 말한다.

(2) 법적 성질

판례는 사업인정에 의해 사업시행자와 토지소유자 사이에 구체적인 권리·의무관계가 형성되므로 행정행위의 성질을 가지며, 사업인정에 의해 수용권이 부여된다는 점에서 설권적 처분으로 본다.

(3) 사업인정권자

원칙적으로는 국토교통부장관이나 그 밖의 자에게 인정되는 경우도 있다.

(4) 사업인정의 고시

국토교통부장관이 사업인정을 할 때에는 이를 관보에 고시한다. 고시는 사업인정의 효력발생 요건으로, 고시일로부터 효력이 발생한다.

(5) 사업인정의 실효

① 재결신청기간 경과: 사업시행자가 사업인정의 고시일부터 1년 이내에 토지수용위원회에 대한 재결을 신청하지 아니할 때에는 그 기간만료일의 다음 날부터 사업인정은 효력을 상실한다.
② 사업의 폐지·변경: 사업인정의 고시 후 그 사업의 전부 또는 일부를 폐지·변경함으로써 토지수용의 필요가 없게 된 경우에는 시·도지사는 사업시행자의 신고 또는 직권으로 이를 고시하여야 하며, 그 고시일부터 사업인정은 그 전부 또는 일부가 효력을 상실한다.

2. 토지·물건의 조서작성

조서의 작성은 원칙적으로 토지소유자 및 관계인을 입회시켜 그 서명날인을 받아야 한다.

3. 협의

(1) 의의

사업인정고시가 있은 후 사업시행자는 그 토지에 관하여 권리를 취득하거나 소멸시키기 위하여 토지소유자 및 관계인과 협의하여야 한다. 협의는 필수적 절차이며 협의를 거치지 않고 재결을 신청할 수 없다.

(2) 성질

공법상 계약설과 사법상 계약설이 있다. 판례는 협의취득의 법적 성질에 대해 사법상 계약으로 본다.

(3) 효과

협의가 성립하면 공용수용절차는 종결되고 수용의 효과가 발생한다. 사업시행자는 수용의 시기까지 보상금을 지급 또는 공탁하고, 피수용자는 그 시기까지 토지·물건을 사업시행자에게 인도 또는 이전함으로써 사업시행자는 목적물에 관한 권리를 취득하고 피수용자는 그 권리를 상실한다.

4. 재결

(1) 의의

재결은 협의의 불성립 또는 협의 불능 시에 행하여지는 공용수용의 종국적 절차로서 사업시행자에게 부여된 수용권의 구체적 내용을 결정하고 그 실행을 완성시키는 형성적 행정행위이다.

(2) 재결기관

토지수용위원회이다.

(3) 재결신청 및 청구

① 재결의 신청: 사업시행자는 사업인정의 고시가 있은 날로부터 1년 이내에 재결을 신청할 수 있다.

② 재결신청의 청구: 재결신청은 사업시행자만이 할 수 있으며, 토지소유자 및 관계인에게는 사업시행자에게 재결신청을 조속히 하도록 청구할 수 있다.

(4) 재결의 효과

재결이 있으면 공용수용절차는 일정한 조건 아래 수용의 효과가 발생한다.

(5) 재결에 대한 불복

중앙토지수용위원회에 이의신청을 할 수 있고 이의신청의 재결에 대해 불복이 있는 경우 행정소송을 제기할 수 있다. 행정소송을 제기하는 경우 보상액 증감만을 다투는 소송은 형식적 당사자소송을 인정하고 있다. 수용재결에 대한 행정소송의 제기는 사업의 진행 및 토지의 수용 또는 사용을 정지시키지 아니한다.

Ⅱ. 환매권

1. 의의

환매권이란 공용수용의 목적물이 당해 공익사업에 불필요하게 되었을 때, 원래의 피수용자가 일정한 요건하에 다시 그것을 매수하여 소유권을 회복할 수 있는 권리를 뜻한다.

2. 성질

공권설과 사권설의 대립이 있다. 판례는 사권으로 본다.

3. 환매권자

환매권을 가지는 자는 협의취득일 또는 수용 당시에 당해 토지의 소유자 또는 그 포괄승계인이다. 따라서 지상권자나 기타 소유권자가 아닌 권리자는 환매권이 없으며 이 권리는 양도될 수 없다. 환매권은 수용의 등기가 되어 있을 때 제3자에게 대항할 수 있다.

4. 목적물

토지 소유권이 목적물이다. 토지에 관한 소유권 이외의 권리 및 토지 이외의 물건은 환매의 대상이 되지 않는다.

5. 환매사유와 행사기간

공익사업의 폐지·변경 또는 그 밖의 사유로 취득한 토지의 전부 또는 일부가 필요 없게 된 경우 토지의 협의취득일 또는 수용의 개시일 당시의 토지소유자 또는 그 포괄승계인은 다음 각 호의 구분에 따른 날부터 10년 이내에 그 토지에 대하여 받은 보상금에 상당하는 금액을 사업시행자에게 지급하고 그 토지를 환매할 수 있다.

> 1. 사업의 폐지·변경으로 취득한 토지의 전부 또는 일부가 필요 없게 된 경우: 관계 법률에 따라 사업이 폐지·변경된 날 또는 제24조에 따른 사업의 폐지·변경 고시가 있는 날
> 2. 그 밖의 사유로 취득한 토지의 전부 또는 일부가 필요 없게 된 경우: 사업완료일

6. 환매대금

환매가격은 원칙적으로 토지 및 토지에 관한 물건 이외의 권리에 대해 지급한 보상금에 상당한 금액을 말한다.

7. 통지의무

사업시행자는 환매할 토지가 생겼을 때에는 지체 없이 이를 환매권자에게 통지하여야 하며, 다만 사업시행자가 과실 없이 환매권자를 알 수 없을 때에는 공고해야 한다.

8. 환매권 소멸

환매권은 통지받은 날 또는 공고의 날로부터 6월을 경과함으로써 소멸한다.

제4장 규제행정법

제1절 ▮ 토지에 대한 규제

Ⅰ. 국토의 계획 및 이용에 관한 법률상 용도구분

1. 용도지역

용도지역은 도시·군관리계획으로 결정하며, 서로 중복되어 지정될 수 없다는 점에서 용도지구와 다르다.

도시지역	주거지역, 상업지역, 공업지역, 녹지지역
관리지역	보전관리지역, 생산관리지역, 계획관리지역
농림지역	도시지역에 속하지 아니하는 농지법에 따른 농업진흥지역 또는 산지관리법에 따른 보전산지 등으로서 농림업을 진흥시키고 산림을 보전하기 위하여 필요한 지역
자연환경보전지역	자연환경·수자원·해안·생태계·상수원 및 문화재의 보전과 수산자원의 보호·육성 등을 위하여 필요한 지역

2. 용도지구

(1) 의의

용도지구는 용도지역의 기능을 보완하는 의미를 가지는 것으로 용도지역 위에 지정되지만, 용도지역과 달리 도시계획구역 전체에 대하여 지정되어야 하는 것은 아니며, 동일 지역에 2개 이상의 용도지구가 중복 지정될 수 있다.

(2) 종류

경관지구, 미관지구, 고도지구, 방화지구, 방재지구, 보존지구, 시설보호지구, 취락지구, 개발진흥지구, 특정용도제한지구, 그 밖에 대통령령으로 정하는 지구

3. 용도구역

개발제한구역, 도시자연공원구역, 시가화조정구역, 수산자원보호구역

Ⅱ. 토지거래허가제

1. 의의

토지의 투기적 거래를 막기 위해 토지거래계약을 체결하고자 하는 자는 시장·군수 또는 구청장의 허가를 받도록 하는 제도를 말한다.

2. 토지거래허가제의 법적 성질

(1) 강학상 인가

학설의 대립이 있지만 강학상 인가의 성질을 가진다는 것이 판례이다. 따라서 거래계약 후라도 허가 전에는 거래계약의 효력이 유동적 무효상태가 된다.

(2) 기속행위

토지거래는 자유이고 토지거래허가 거부는 토지거래에 대한 중대한 기본권을 제한하는 것이므로 토지거래허가는 기속행위로 보아야 한다는 것이 판례이다.

3. 무허가토지거래계약의 효력

① 토지의 소유권 등 권리를 이전 또는 설정하는 내용의 거래계약은 관할 관청의 허가를 받아야만 그 효력이 발생하고 허가를 받기 전에는 물권적 효력은 물론 채권적 효력도 발생하지 아니하여 무효이다. 다만, 일단 허가를 받으면 그 계약은 소급하여 유효한 계약이 되고 이와 달리 불허가가 된 때에는 무효로 확정되므로 허가를 받기까지는 유동적 무효의 상태에 있다고 보는 것이 타당하다.

② 허가받을 것을 전제로 한 거래계약은 허가받기 전의 상태에서는 거래계약의 채권적 효력도 전혀 발생하지 않으므로 권리의 이전 또는 설정에 관한 어떠한 내용의 이행청구도 할 수 없으나 일단 허가를 받으면 그 계약은 소급해서 유효화되므로 허가 후에 새로이 거래계약을 체결할 필요는 없다.

4. 형사처벌

허가 또는 변경허가를 받지 아니하고 토지거래계약을 체결하거나, 속임수나 그 밖의 부정한 방법으로 토지거래계약 허가를 받은 자는 2년 이하의 징역 또는 계약 체결 당시의 개별공시지가에 따른 해당 토지가격의 100분의 30에 해당하는 금액 이하의 벌금에 처한다.

5. 불허가처분에 대한 불복

(1) 이의신청

1개월 이내에 이의신청을 할 수 있고 이의신청에 불복하는 경우 행정소송을 제기할 수 있다. 이의신청은 필요적 전치절차는 아니다.

(2) 매수청구권

허가신청에 대해 불허가처분을 받은 자는 불허가처분의 통지를 받은 날부터 1개월 이내에 시장·군수 또는 구청장에게 당해 토지에 관한 권리의 매수를 청구할 수 있다. 시장 등은 국가·공공기관 또는 공공단체 중에서 매수할 자를 지정하여 예산의 범위에서 공시지가를 기준으로 하여 해당 토지를 매수하게 하여야 한다. 매수는 예산범위 내에서 이루어진다.

Ⅲ. 부동산 가격공시제도

1. 의의

부동산의 적정가격을 국가가 공시하여 지가의 비정상적인 상승과 부동산의 왜곡된 이용현상으로 인한 분배의 불평등현상의 심화를 방지하기 위한 제도이다.

2. 종류

(1) 표준지공시지가

① 의의: 부동산 가격공시에 관한 법률에 따라 국토교통부장관이 조사·평가하여 공시한 표준지의 단위면적당 가격을 말한다.

② 성질: 판례는 표준지공시지가결정의 처분성을 인정하여 항고소송의 대상이 된다고 본다.

③ 효과: 표준지공시지가는 토지시장의 지가정보를 제공하고, 일반적인 토지거래의 지표가 되며, 국가·지방자치단체 등의 기관이 그 업무와 관련하여 지가를 산정하거나 감정평가업자가 개별적으로 토지를 감정평가하는 경우에 그 기준이 된다.

(2) 개별공시지가

① 의의: 시장·군수·구청장이 결정·고시하는 개별토지의 단위면적당 가격을 개별공시지가라고 한다.

② 성질: 판례는 개별공시지가결정을 항고소송의 대상이 되는 처분으로 본다.

③ 산정기준: 시장·군수 또는 구청장이 개별공시지가를 결정·공시하는 경우에는 당해 토지와 유사한 이용가치를 지닌다고 인정되는 하나 또는 둘 이상의 표준지의 공시지가를 기준으로 토지가격비준표를 사용하여 지가를 산정하되, 당해 토지의 가격과 표준지공시지가가 균형을 유지하도록 하여야 한다.

④ 검증: 시장·군수 또는 구청장은 개별공시지가를 결정·공시하기 위하여 개별토지의 가격을 산정한 때에는 그 타당성에 대하여 감정평가업자의 검증을 받고 토지소유자 그 밖의 이해관계인의 의견을 들어야 한다. 다만, 시장·군수 또는 구청장은 감정평가업자의 검증이 필요 없다고 인정되는 때에는 지가의 변동상황 등 대통령령이 정하는 바에 따라 감정평가업자의 검증을 생략할 수 있다.

⑤ 효과: 개별공시지가가 이후의 부담금 등의 가격산정을 위한 기준이 되고, 조세 등의 산정기초가 되는 경우가 있다.

제2절 | 환경행정

Ⅰ. 환경행정의 기본원칙

사전배려의 원칙	미래예측적이고 형성적인 계획의 책정에 의해 행정주체가 환경보호적으로 행동하고 그 결정과정에 있어 최대한 환경영향을 고려해야 한다는 원칙
존속보장의 원칙	환경보호의 목표를 현상의 유지·보호에 두는 것
원인자책임의 원칙	자기의 영향권 내에 있는 자의 행위 또는 물건의 상태로 인해 환경오염의 원인을 제공한 자는 환경오염의 방지·제거 또는 손실보상책임을 져야 한다는 원칙
공동부담의 원칙	원인자에게 비용을 부담시키는 것만으로 환경보전에 비효율적인 경우 국가 또는 공공단체가 비용을 부담해야 한다는 원칙. 원인자책임의 원칙이 우선 적용되고, 공동부담의 원칙은 보충적으로 적용됨
협력의 원칙	국가는 개인과 기업을 비롯한 다른 환경주체와 협동하여야 한다는 원칙
지속가능한 개발의 원칙	개발을 함에 있어서 환경을 고려하여 환경적으로 건전한 개발을 해야 한다는 원칙. 개발과 환경의 조화를 기본원리로 함
수익자부담의 원칙	환경개선으로 이익을 보는 자는 그 개선비용을 분담하여야 한다는 원칙
정보공개 및 참여의 원칙	환경정보의 공개와 환경행정에 대한 주민의 참여로 국민 내지 주민의 협력을 증대시키기 위해 요청됨

Ⅱ. 환경영향평가

1. 의의

환경에 미치는 영향이 큰 사업에 대한 계획을 수립·시행함에 있어서 당해 사업이 자연환경, 생활환경, 사회·경제환경에 미치는 영향을 미리 예측·평가하여 이에 대한 대책을 강구하는 것을 말한다.

2. 절차

(1) 환경영향평가서의 제출

① 주체: 환경영향평가 대상사업을 하고자 하는 사업자가 평가서의 작성주체이다. 스스로 작성할 수도 있고, 영향평가대행자로 하여금 대행하게 할 수도 있다.

② 대상사업: 환경에 중대한 영향을 미치는 대규모 개발사업으로 환경영향평가법에 한정적으로 열거되어 있다.

③ 의견수렴: 사업자는 평가서를 작성함에 있어서 설명회 또는 공청회 등을 개최하여 대상사업으로 인한 영향을 받게 되는 지역 안의 주민의 의견을 듣고 이를 평가서의 내용에 포함시켜야 한다.

④ 평가서제출: 사업자는 사업계획 등에 대한 승인 등을 받기 전에 승인기관의 장에게 평가서를 제출하여야 한다.

(2) 환경부장관과 협의

승인기관장 등은 환경영향평가 대상사업에 대한 승인 등을 하거나 환경영향평가 대상사업을 확정하기 전에 환경부장관에게 협의를 요청하여야 한다. 이 경우 승인기관의 장은 환경영향평가서에 대한 의견을 첨부할 수 있다.

(3) 사업계획승인과 환경부장관의 협의내용의 반영

① 승인기관의 장은 사업계획 등에 대하여 승인 등을 하려면 협의내용이 사업계획 등에 반영되었는지를 확인하여야 한다. 이 경우 협의내용이 사업계획 등에 반영되지 아니한 경우에는 이를 반영하게 하여야 한다.

② 환경부장관과의 협의를 거친 이상 환경부장관의 환경영향평가에 대한 의견에 반하는 처분을 하였다고 하여 그 처분이 위법하다고 할 수 없다는 것이 판례이다.

Ⅲ. 환경영향평가의 하자와 사업계획승인처분의 효력

① 환경영향평가법상 환경영향평가를 실시하여야 할 사업에 대하여 환경영향평가를 거치지 아니하였음에도 승인 등 처분을 한 경우 이러한 행정처분의 하자는 법규의 중요한 부분을 위반한 중대한 것이고 객관적으로도 명백한 것이라고 하지 않을 수 없어, 이와 같은 행정처분은 당연무효이다.

② 환경영향평가를 거쳤다면 그 환경영향평가의 내용이 다소 부실하다 하더라도, 그 부실의 정도가 환경영향평가제도를 둔 입법 취지를 달성할 수 없을 정도이어서 환경영향평가를 하지 아니한 것과 다를 바 없는 정도의 것이 아닌 이상, 그 부실은 당해 승인 등 처분에 재량권 일탈·남용의 위법이 있는지 여부를 판단하는 하나의 요소로 됨에 그칠 뿐, 그 부실로 인하여 당연히 당해 승인 등 처분이 위법하게 되는 것이 아니다.

제5장 재무행정법

제1절 ▌ 재무행정의 기본내용

Ⅰ. 재정법의 기본원칙

1. 재정의회주의

(1) 조세법률주의

조세의 부과·징수는 반드시 의회가 제정한 법률이 정하는 바에 의해야 한다.

(2) 영구세주의

조세는 법률의 형식으로 국회의 의결이 있으면 다시 국회에 부의하지 않고 부과·징수할 수 있다.

(3) 의회예산심의·확정주의

예산을 국회로 하여금 심의하게 한다.

(4) 의회결산심의주의

헌법은 예산의 집행결과인 결산에 대하여도 감사원의 결산검사보고에 따른 국회심사권을 인정하고 있다.

2. 엄정관리주의

국가나 지방자치단체의 재산은 국민 또는 주민 전체의 재산이므로 그 재산이 멸실·훼손되지 않도록 엄정하게 관리하여야 한다는 원칙이다.

3. 예산

(1) 기채금지원칙

국가나 지방자치단체의 세출은 부득이한 경우 국회의 의결 또는 지방의회의 의결이 있는 경우를 제외하고는 원칙적으로 국채 또는 차입금을 그 재원으로 하여서는 안 된다.

(2) 감채원칙

매 회계연도에 있어서 세입·세출결산상의 잉여금이 있을 때에는 세출예산에 구애되지 않고 국채의 원리금과 차입금을 우선적으로 상환할 수 있다.

(3) 예산총계주의

한 회계연도의 모든 수입을 세입으로 하고, 모든 지출을 세출로 한다(국가재정법 제17조 제1항).

(4) 예산의 구성

예산은 예산총칙·세입세출예산·계속비·명시이월비 및 국고채무부담행위를 총칭한다(국가재정법 제19조).

(5) 예비비와 계속비

① 정부는 예측할 수 없는 예산 외의 지출 또는 예산초과지출에 충당하기 위하여 일반회계 예산총액의 100분의 1 이내의 금액을 예비비로 세입세출예산에 계상할 수 있다. 다만, 예산총칙 등에 따라 미리 사용목적을 지정해 놓은 예비비는 본문에도 불구하고 별도로 세입세출예산에 계상할 수 있다.

② 완성에 수년이 필요한 공사나 제조 및 연구개발사업은 그 경비의 총액과 연부액을 정하여 미리 국회의 의결을 얻은 범위 안에서 수 년도에 걸쳐서 지출할 수 있다.

Ⅱ. 재정행정의 내용

1. 재정하명

행정주체가 재정목적을 위하여 국민에 대하여 일정한 작위·부작위, 수인, 급부를 명하는 행정행위를 말한다.

2. 재정허가

재정목적을 위해 부과되어 있는 일반적 금지를 해제하는 행위를 말한다.

3. 재정면제

재정목적을 위해 가하여진 작위 또는 지급의무를 특정한 경우에 해제시키는 행위로서, 의무의 해제라는 점에서는 재정허가와 같으나 해제되는 의무의 내용이 다르다.

4. 재정강제

(1) 재정상 강제집행

재정상 의무를 이행하지 않는 경우 의무불이행자의 재산에 직접 실력을 행사하여 의무이행상태를 만드는 것을 말한다. 강제징수가 대표적이다.

(2) 재정상 즉시강제

의무를 명할 시간적 여유가 없거나, 그 성질상 의무를 명하여서는 목적을 달성하기 어려운 경우 의무를 명하지 아니하고 직접 실력을 행사하여 목적을 달성하는 것을 말한다.

5. 재정벌

재정범에 대해 가하는 벌로서 주로 재산형을 가하는 경우가 보통이나 자유형을 병과할 수도 있다.

제2절 ▎ 조세행정의 기본원칙

Ⅰ. 조세행정

1. 조세의 개념
국가 또는 지방자치단체가 그 경비에 충당할 수입을 취득하기 위해 법률에 기하여 일방적으로 부과·징수하는 무상의 금전부담을 말한다.

2. 구별개념

(1) 부담금
부담금은 특정한 공익사업과 관련이 있는 자에게 부담시키는 금전급부의무라는 점에서 일반적인 경비에 충당하기 위한 조세와 구별된다.

(2) 사용료
사용료는 국가나 지방자치단체의 특별한 급부에 대한 반대급부라는 점에서 무상의 금전부담인 조세와 구별된다.

3. 조세법의 기본원칙

(1) 조세법률주의
① 의의: 조세의 종목과 세율만이 아니라 납세의무자·과세물건·과세표준 등 과세요건이 모두 법률로 규정되어야 한다는 헌법상의 원칙이다. 조세법률주의의 예외로서 조례에 의한 경우, 조약에 특별한 규정이 있는 경우 관세에서의 특례를 들 수 있다.
② 명확성의 원칙: 과세권의 발동을 위해서는 국민의 예측가능성을 확보하기 위해 과세의 요건과 절차 등을 미리 법률로 명확하게 정해 놓아야 한다는 원칙이다.
③ 소급과세금지의 원칙: 조세법규는 소급하여 적용될 수 없으며 이미 조세를 납부할 의무가 성립한 소득이나 거래에 대해 신법을 적용할 수 없다는 원칙이다.
④ 유추해석금지의 원칙: 조세법률주의의 원칙상 과세요건이나 비과세요건 또는 조세감면요건을 막론하고 조세법규의 해석은 특별한 사정이 없는 한 법문대로 해석해야 하고 합리적 이유 없는 확장해석이나 유추해석은 허용되지 않는다.

(2) 조세평등의 원칙
모든 국민이 능력에 따라 균등하게 조세를 부담해야 한다는 원칙이다.

(3) 실질과세의 원칙
과세물건의 명목상의 귀속 여하에 관계없이 사실상으로 과세물건이 귀속된 자를 납세의무자로 하여 조세를 부과하여야 한다는 원칙으로 명목과세원칙의 반대 개념이다.

(4) 근거과세의 원칙

납세의무자가 세법에 따라 장부를 갖추어 기록하고 있는 경우에는 해당 국세의 과세표준의 조사와 결정은 그 비치·기장한 장부와 이에 관계되는 증거자료에 의해야 한다는 것을 의미한다. 인정과세의 반대 개념이다.

(5) 신의성실의 원칙

납세자가 그 의무를 이행할 때는 신의에 따라 성실하게 하여야 하고, 세무공무원이 그 직무를 수행할 때에도 또한 같다.

(6) 신뢰보호의 원칙

세법의 해석이나 국세행정의 관행이 일반적으로 납세자에게 받아들여진 후에는 그 해석이나 관행에 의한 행위 또는 계산은 정당한 것으로 보며, 새로운 해석이나 관행에 의하여 소급하여 과세하지 아니한다.

(7) 조세비례의 원칙

조세의 강제징수와 관련하여 필요 이상으로 위법하게 행사되어서는 안 된다는 원칙이다.

Ⅱ. 불복구제방법

1. 과세전적부심사

세무조사결과에 대한 서면통지, 과세예고통지를 받은 자는 그 통지를 받은 날로부터 30일 이내에 통지를 한 세무서장이나 지방국세청장에게 통지내용의 적법성에 관한 심사를 청구할 수 있다.

2. 행정쟁송

(1) 행정심판

조세부과·징수에 관한 행정심판은 국세기본법, 관세법, 지방세기본법이 적용되고 행정심판법이 적용되지 않는다. 이의신청은 임의적이나, 심사청구 또는 심판청구 중 한 가지는 거친 후 항고소송을 제기할 수 있다. 심사청구나 심판청구는 필수적 전치절차이다.

(2) 감사원에 대한 심사청구

국세·관세·지방세의 부과처분에 대해서 감사원에 심사청구를 할 수 있다. 감사원의 심사청구를 거친 처분에 대하여는 조세심판전치주의에 대한 예외를 인정하여 심사청구에 대한 감사원의 결정통지를 받은 날로부터 90일 이내에 처분청을 피고로 항고소송을 제기할 수 있다.

(3) 행정소송(행정심판전치주의)

조세에 대한 행정소송은 심사청구 또는 심판청구와 그에 대한 결정을 거치지 아니하면 이를 제기할 수 없다. 동일한 처분에 대해서는 심사청구와 심판청구를 중복하여 제기할 수 없다.

(4) 과오납반환청구소송

다수설은 당사자소송을 제기해야 한다고 보지만, 판례는 민사소송에 의하고 있다.

Memo